古代歷史文化研究輯刊

九 編

王明蓀 主編

第4冊

周秦漢出土法律文獻研究（上）

詹今慧 著

國家圖書館出版品預行編目資料

周秦漢出土法律文獻研究(上)／詹今慧 著 -- 初版 -- 新北市：
花木蘭文化出版社，2013〔民 102〕
目 4+254 面；19×26 公分
（古代歷史文化研究輯刊 九編；第 4 冊）
ISBN：978-986-322-186-9（精裝）
1. 簡牘學　2. 研究考訂
618　　　　　　　　　　　　　　　　　102002666

ISBN-978-986-322-186-9

9 789863 221869

古代歷史文化研究輯刊
九　編　第四　冊　　　　　　ISBN：978-986-322-186-9

周秦漢出土法律文獻研究（上）

作　　者　詹今慧
主　　編　王明蓀
總 編 輯　杜潔祥
出　　版　花木蘭文化出版社
發 行 所　花木蘭文化出版社
發 行 人　高小娟
聯絡地址　235 新北市中和區中安街七二號十三樓
　　　　　電話：02-2923-1455／傳眞：02-2923-1452
網　　址　http://www.huamulan.tw 信箱 sut81518@gmail.com
印　　刷　普羅文化出版廣告事業
初　　版　2013 年 3 月
定　　價　九編 27 冊（精裝）新台幣 45,000 元

周秦漢出土法律文獻研究（上）

詹今慧　著

作者簡介

詹今慧，臺灣苗栗人，國立政治大學中國文學系學士、碩士、博士。曾任中央研究院歷史語言研究所、資訊科學研究所計畫助理，以及耕莘健康管理專科學校國文科兼任講師，現任中央研究院資訊科技創新研究中心計畫助理。著有《先秦同形字研究舉要》（政大中文所碩士論文，2005 年 1 月）、《周秦漢出土法律文獻研究》（政大中文所博士論文，2012 年 1 月），編有《Unicode 電腦漢字及異體字研究附字典》（2011 年 1 月）。

提 要

　　本論文《周秦漢出土法律文獻研究》，擬以「西周金文」、「包山楚簡」、「睡虎地秦簡」和「張家山漢簡」的法律文獻為主。依次從「家庭」、「社會」、「國家」的角度切入，為「中國古代政治社會結構」之「因襲」與「變革」，進行規律性表述，且萃取引領其發展的「血緣倫理」精神。

　　「家庭」是「中國古代政治社會結構」的最基本單位，故〈第二章〉隨即探討與「家庭成員」密切相關之「血緣倫理」與「奴隸人權」。先從「孝道」、「家罪」、「非公室告」、「親屬相容隱」、「收孥」、「連坐」、「復讎」、「繼承」等議題，分析戰國秦漢出土法律文獻已具備「血緣倫理」的價值取向。再從戰國秦漢出土法律文獻中與「奴隸」相關的史料，論證當時的「奴隸人權」，正逐步透過國家律令獲得保障。最後討論中國古代法律規範，並不會因特重「血緣倫理」，而漠視部分「家庭成員」（如子女與奴隸）的「基本人權」。

　　〈第三章〉先將與「血緣倫理」相關的議題從「家庭」擴大至「宗族」，藉西周〈琱生三器〉所載，大宗召伯虎對小宗琱生的「法律治理權」與「土地分配權」，讓西周「宗族等級社會」的生活實貌精彩重現。其次將〈琱生三器〉依照「血緣身份」分配土地，與《張家山漢墓竹簡・二年律令・戶律》（簡 310-316）依照「軍功爵位」分配土地相較，探究中國古代社會結構轉型的時代意義，且觀察究竟遵循何種「分配體系」，會比較符合中國古代社會的「正當期待」。

　　〈第四章〉則將論述焦點提升至「國家政體」的層次。春秋、戰國正值國家政治體制的轉型期，此時必會呈現若干共存、競爭的中間形態。本章擬從戰國《包山楚簡》法律文獻的「地方行政權屬」，與「戰國秦漢簡牘」所載之「舍人」身分歸屬，雙管齊下地探究戰國秦漢之際的「國家政權結構」，是如何從西周「封建」，轉型成集「封建、郡縣」為一體，最後由「皇帝專政」的新局勢。

　　〈第五章〉為論述「國家」形成的重要標誌──「國家」如何在「社會」創建一個超然的「法權」機構。首先將西周金文、《左傳》、《國語》和戰國秦漢出土法律文獻中，所提及的「職官士」相較；分析中國古代「司法權」，如何在「官僚行政體系」對司法職能「專業化」的訴求下漸趨獨立。其次，從《包山楚簡・疋獄簡》與〈受期簡〉考證，〈疋獄簡〉之「原告」與「被告」，和〈受期簡〉之「負責官員」與「被告」，經分析皆包含「上級對下級」、「下級對上級」和「平等」三種關係，推論戰國時期楚國「司法」體系的「平等意識」已深植人心。

　　最後歸納統治階級在同族血緣的基礎上，發展跨越族群、設官分職、具政治臣屬的「國家」體制，乃大勢所趨。但是中國古代「國家」的地方行政組織，仍必須與「社會」的血緣宗族聚落融合，因為傳統中國始終以「血緣關係」作為人際交往的根柢，所以法律規範務必顧及「血緣倫理」。但「周秦漢出土法律文獻」，既然以「法律」稱之，它們還是具備「法律」應有之普世價值，譬如強制性、公開性等形式條件，與本論文曾大幅討論之對「公平、正義」的理念認同。

目次

凡　例

1. 本論文援引之古文字釋文，若未直接涉及議題討論者，採用寬式隸定。與議題相關且需考釋者，先以原圖形顯示，再於原圖形後以括號附上隸定；無法隸定者，逕以原圖形顯示。

2. 缺字使用中央研究院資訊科學研究所文獻處理實驗室謝清俊先生、莊德明先生開發的「漢字構形資料庫」（http://www.sinica.edu.tw/~cdp/）。

3. 標點符號依照古文字學界慣例，□表示缺一字；☑表示缺若干字；……表示前後文還有字；（　）表示今字、通假字；（？）表示括號前一字的隸定有疑問；〔　〕表示依前後文義應補的字。

4. 本文引用青銅器銘文範例：

〈曆鼎〉：曆肇（肇）對元德，考（孝）眷（友）隹（唯）井（型），乍（作）寶障彝，其用夙夕𤔔 ●（享）。【《集成》02614，西周早期，《銘文選》332】〔註1〕

5. 本文引用《包山楚簡》釋文範例：

……𢼸（矧）戲（列）之少僮鹽族鄅一夫、痪（瘠）一夫，凥（處）於鄲迻（路）區𤔔（溹）邑……【包3】〔註2〕

〔註 1〕 《集成》02641，指參考中國社會科學院考古研究所編《殷周金文集成》（北京：中華書局，1984～1994 年），第 02614 號拓片。

　　　　《銘文選》332，指參考馬承源《商周青銅器銘文選》（北京：文物出版社，1988 年），第 332 號銘文解釋。

　　　　青銅器釋文主要參考中央研究院歷史語言研究所金文工作室之「殷周金文暨青銅器資料庫」（https://db1.sinica.edu.tw/~textdb/test/rubbing/query.php）。

　　　　《殷周金文集成》未收錄者，會另外加註出處。

〔註 2〕 《包山楚簡》釋文主要參考陳偉等編《楚地出土戰國簡冊（十四種）》（北京：經濟科學出版社，2009 年）。

6. 本文引用《睡虎地秦墓竹簡》釋文範例：

> 「**盜**（盜）及者（諸）它罪，同居所當坐。」可（何）謂「同居」？・
> 戶爲「同居」，坐隸，隸不坐戶謂**殹**（也）。【法律答問 22，98】〔註3〕

7. 本文引用《張家山漢墓竹簡》釋文範例：

> 關内侯九十五頃，大庶長九十頃，駟車庶長八十八頃，大上造八十
> 六頃，少上造八十四頃，右更八十二頃，中更八十頃，左更七十八
> 頃，右庶長七十六頃，左庶長七十四頃，五大夫廿五頃，公乘廿頃，
> 公大夫九頃，官大夫七頃，大夫五頃，不更四頃，簪裹三頃，上造
> 二頃，公士一頃半頃，公卒、士五（伍）、庶人各一頃，司寇、隱官
> 各五十畝。不幸死者，令其後先擇田，乃行其餘。它子男欲爲戶，
> 以受其殽田予之。其已前爲戶而毋田宅，田宅不盈，得以盈。宅不
> 比，不得。【二年律令・戶律 310～313，216～219】〔註4〕

8. 本文對所有受業恩師與前輩學者，皆不加「師」、「先生」等敬稱，敬祈見
   諒。

〔註3〕【法律答問 22，98】，指參考睡虎地秦墓竹簡整理小組編《睡虎地秦墓竹簡》
（北京：文物出版社，1990 年），〈法律答問〉簡 22、頁 98。

〔註4〕【二年律令・戶律 310～313，216～219】，指參考陳偉、彭浩、工藤元男主編
《二年律令與奏讞書：張家山二四七號漢墓出土法律文獻釋讀》（上海：上海
古籍出版社，2007 年版），〈二年律令・戶律〉簡 310～313、頁 216～219。

第一章　緒　論

第一節　研究動機與範圍

　　周秦漢是中國歷史發展相當關鍵的環節，中國傳統社會的基本結構與文化性格，歷兩千年未經革命性變化的格局架構，皆奠基於此。其中的「春秋」、「戰國」，正值世界文明史上爲雅斯培（Karl Theodor Jaspers）、派深思（Talcott Parsons）等所稱頌之「樞軸時代」（Axial age）或「哲學突破」（Philosophical breakthrough）。〔註1〕中華文明與印度、希臘等世界古文明，一起脫離原始信仰，進而產生「人」的「理性」自覺，從「宗教」轉而重視「人」的價值。

　　中華文化除具有與世界文化相接軌的共性，亦有與世界文化相區隔的特殊性，如中國歷史傳統之「連續性」，即迥異於西方歷史傳統之「斷裂性」。〔註2〕在中國歷史高度的「連續性」傳統中，僅有幾個可歸類爲「變異」或「斷裂」的區段，最早的即是——「春秋」、「戰國」。顧炎武在《日知錄‧周末風俗》說：

> ……如**春秋**時猶尊禮重信，而**七國**則絕不言禮與信矣。**春秋**時猶宗
> 周王，而**七國**則絕不言王矣。**春秋**時猶嚴祭祀，重聘享，而**七國**則

〔註1〕 雅斯培（Karl Theodor Jaspers）著，魏楚雄、俞新天譯，《歷史的起源與目標》（北京：華夏出版社，1989年），頁7～29。派深思（Talcott Parsons）著，章英華譯，《社會的演化》（臺北：遠流出版社，1991年），〈第四章：歷史帝國〉，頁89～122。

〔註2〕 張光直，〈連續與破裂：一個文明起源心說的草稿〉，《九州學刊》，第一期，1986年，頁1～8；又見《中國青銅時代（第二集）》（臺北：聯經出版事業公司，2001年初版四刷），頁131～143。

無其事矣。**春秋**時猶論宗姓氏族，而**七國**則無一言及之矣。**春秋**時猶宴會賦詩，而**七國**則不聞矣。**春秋**時猶有赴告策書，而**七國**則無有矣⋯⋯〔註3〕

上文揭示了琳瑯滿目可供研究的課題，諸子百家之所以會於此時蓬勃發展，即肇因於此是一個可供有志之士大展鴻圖的時代，舊秩序正在瓦解，新秩序尚未建立，一切正在轉變，隨處充斥著無限的可能。

若從整體宏觀的視角剖析「春秋」、「戰國」，將會發現此時不單是政治制度更迭，而是連同它的社會基礎，即政治制度所依存的社會環境，都發生了根本性遞變，比方：「姓→氏；世襲→尚賢；財產宗族共有→財產家庭私有；食邑制→俸祿制；階級制→齊民化；禮制→法制；封建制→郡縣制⋯⋯等等」。〔註4〕所以此「田疇異畝、車涂異軌、律令異法、衣冠異制、言語異聲、文字異形」（《說文解字敘》）的時代，總是能激發研究者的興致。

本論文《周秦漢出土法律文獻研究》，旨在關注「周、秦、漢」此中國歷史上著名的轉型期，其對中國傳統法律制度的形成與發展，具有哪些開風氣之先的引領作用。首先，因所引證材料多為使用古文字書寫的出土文獻，故勢必在訓詁字詞的基礎上，展開下一階段的研究。其次，再分別以「家庭」、「社會」與「國家」的角度切入，探討「法律制度」與「家族主義」、「社會結構」、「國家體制」的關聯。試圖為「周秦漢出土法律文獻」在整個「中國傳統法律發展史」中定位，進而萃取強勢主導其發展走向的「倫理」精神。

下文擬分別從「周秦漢出土法律文獻」、「社會與國家」、「血緣性宗法社會組織與地緣性法治國家組織」、「禮制與法律」四個層次，依序勾勒出本論文在撰寫過程中，逐步限定「研究範圍」的學思歷程。

（一）周秦漢出土法律文獻

《周秦漢出土法律文獻研究》，為了彰顯中國古代法律制度與法律思想的歷史演進，在引用史料時，務必橫越中國歷史上著名的轉型期——「春秋」、「戰國」。本文在多方考量後，擬以「西周金文」與「戰國秦漢簡牘」作為研究「中國古代法形成」的參照史料。如是界定乃因中國傳統法制史學者，對

〔註3〕 顧炎武著，黃汝成集釋，欒保群、呂宗力校點，《日知錄集釋》（上海：上海古籍出版社，2007年9月2刷），〈卷十三 周末風俗〉，頁749。
〔註4〕 管東貴，《從宗法封建制到皇帝郡縣制的演變：以血緣解鈕為脈絡》（北京：中華書局，2010年9月），〈從李斯廷議看周代封建制的解體〉，頁159～160。

於漢唐以下各朝代的研究成果已屬斐然；反觀西漢初年以前的研究，屢爲傳世文獻材料不足所限，故成果相對匱乏。但近年地不愛寶，層出不窮的法律文獻相繼面世，爲我們提供不少重建中國古代法制史的「同時資料」；〔註 5〕故將時代下限斷在西漢初年。至於上限爲何不將商周甲骨文一併納入，因爲甲骨文頗多殘斷、片面訊息，若要依此重建商周法制史，與長篇完整的金文、簡牘內容相較，亟需更多的歷史想像，推測成分太高，故只好暫時擱置，存而不論。

　　出土材料與傳世文獻相較，出土材料的最大價值爲其「同時性」，引用出土材料可相對減少後世主流意識形態的干擾。出土材料可供研究的課題甚夥，茲以簡帛材料的內容性質爲例，可簡單劃分爲「書籍」與「文書」兩大類。〔註 6〕若從語言文字的地域性而言，「文書」類簡牘的價值，會大於「書籍」類簡牘。因爲「書籍」類簡牘，如《郭店楚墓竹簡》和《上海博物館藏戰國楚竹書》等楚地出土文獻，並非完全歸屬楚國。而「文書」類簡牘，則多是當地人使用當地文字紀錄當地事物的「同時資料」，所以《包山楚墓竹簡》、《睡虎地秦墓竹簡》、《張家山漢墓竹簡》等，對楚、秦、漢語言文字的地域性價值將不容小覷。但綜觀目前總體研究趨勢，已有學者參考中國古代出土書籍類材料探究「中國經典形成」，甚至組成研究團隊。〔註 7〕反觀，引用中國古代出土文書類材料重構「中國古代法形成」，卻相對鮮少有人特意關注；若有，亦是將心力投注於法典成熟後的秦漢帝國。故運用「西周金文」與「戰國秦漢簡牘」等出土材料，嘗試擬構「中國古代法形成」的歷史圖像，迄今仍大有可爲。

　　「中國古代法形成」的傳世文獻，除了《尚書》、《周禮》等儒家經典外，還有《左傳》、《國語》、《史記》、《漢書》等歷史檔案，以及《荀子》、《韓非子》等諸子思想。其總特色爲言簡意賅，實在很難憑這些吉光片羽，拼湊出中國古代法律制度應有之原貌。而出土法律文獻則不然，它們多爲詳贍的案例實錄，

〔註 5〕太田辰夫著，蔣紹愚、徐昌華譯，《中國語歷史文法》（北京：北京大學出版社，1987 年），頁 382。

〔註 6〕李學勤，〈簡帛書籍的發現及其影響〉，《文物》，1999 年 10 月，頁 38～43、59。曾憲通，〈秦至漢初簡帛篆隸的整理與研究〉，《中國文字研究》3（桂林：廣西教育出版社，2002 年 10 月），頁 148～151。李均明，〈簡牘文書學概要〉，臺北：中國文化大學史學系主辦「第一屆簡帛學術討論會論文」，1999 年。

〔註 7〕中研院文哲所的「儒家經典之形成」
http://www.litphil.sinica.edu.tw/confucian/03_ plan.html。

西周金文法制史料如〈儕匜〉（《殷周金文集成》10285）、〔註8〕〈五年琱生殷〉（《集成》04292）、〈六年琱生殷〉（《集成》04293），和2006年在陝西省扶風縣出土的兩件〈琱生尊〉。〔註9〕戰國秦漢簡牘法制史料更是不勝枚舉，若依張伯元分類，可概分為「法典詔制」與「判牘及檢驗」兩大類，前者如《秦律十八種》，後者如《張家山漢墓竹簡·奏讞書》。〔註10〕若依李均明分類：

1. 成文法：睡虎地秦簡、龍崗秦簡、王家臺秦簡、張家山漢簡、青川郝家坪秦牘。

2. 判例：睡虎地秦簡封診式、張家山漢簡奏讞書。

3. 司法文書：包山楚簡、里耶秦簡。〔註11〕

戰國秦漢出土法制類簡牘，楚國尚包括湖北江陵磚瓦廠楚簡；秦國尚包括四川郝家坪秦更修〈為田律〉，湖北雲夢龍崗六號〈秦律〉，湖北江凌王家台〈效律〉，湖南龍山里耶古城M1官文書，和湖南嶽麓書院收購的秦簡等。但是這些材料或因數量太少，如湖北江陵磚瓦廠楚簡，記司法案例之文書僅有四枚。或因內容與本論文探討課題關係較遠，如湖北雲夢龍崗M6的〈禁苑〉、〈馳道〉、〈馬牛羊〉、〈田贏〉等。或因出土報告尚未完全公布，如《嶽麓書院藏秦簡》，目前僅出版〈質日〉、〈為吏治官及黔首〉和〈占夢書〉。〔註12〕所以本論文無論從簡文數量或是簡文內容考量，都勢必以「西周金文」、「包山楚簡」、「睡虎地秦墓竹簡」和「張家山漢墓竹簡」的出土法律文獻為主。

〔註8〕 中國社會科學院考古研究所編，《殷周金文集成》（北京：中華書局，1984～1994年），10285號。

〔註9〕 寶雞市考古隊·扶風縣博物館，〈陝西扶風縣新發現一批西周青銅器〉，《考古與文物》，2007年4期，頁3～11。

〔註10〕 張伯元，《法律文獻學》（杭州：浙江人民出版社，1999年），頁71～105。

〔註11〕 李均明，〈簡牘法制史料概說〉，《中國史研究》，2005年增刊，頁63～74。

〔註12〕 陳偉，〈楚國第二批司法簡芻議〉，《簡帛研究》第三輯（桂林：廣西教育出版社，1998年），頁116～121。滕壬生、黃錫全，〈江陵磚瓦廠M370楚墓竹簡〉，《簡帛研究二〇〇一》（上冊），2001年9月，頁218～221。劉信芳、梁柱，《雲夢龍崗秦簡》（北京：科學出版社，1997年）。中國文物研究所、湖北省文物考古研究所，《龍崗秦簡》（北京：中華書局，2001年8月）。湖南省文物考古研究所等，〈湖南龍山里耶戰國秦代古城一號井發掘簡報〉，《文物》，2003年1期，頁4～35。湖南省文物考古研究所等，〈湘西里耶秦代簡牘選釋〉，《中國歷史文物》，2003年1期，頁8～25。陳松長，〈嶽麓書院所藏秦簡綜述〉，《文物》，2009年3期，頁85～86。朱漢民、陳松長主編，《嶽麓書院藏秦簡（壹）》（北京：上海辭書出版社，2011年1月）。

（二）「社會」與「國家」

　　中國傳統歷史特質，除了「連續性」外，還有「渾融一體性」。所以錢賓四認爲中國政治史、社會史、經濟史，皆當在文化傳統之「一體性」研究，不可個別分割。〔註 13〕即所有歷史事件都是環環相扣；但囿於論文時限與個人學力，且爲了突顯本論文的歷史意義，事先選定研究方向，還是無可避免的抉擇。

　　當歷史學家針對「春秋」、「戰國」進行斷代研究時，經常會圍繞「國家」問題展開討論，因此時正是中華民族「國家」形成的關鍵時刻。尤其特別關切當時社會是否有「血緣解鈕」現象；因爲據世界古代文明慣例，「血緣解鈕」通常爲「國家」形成的前兆。中國夏商周時期的社會組織，都具有「城邑式宗族統治」特點；故其「國家」政治型態，經常被歸類爲介於「部落」與「帝國」間的「王國」階段。〔註 14〕所以，若是我們能證明「春秋」、「戰國」的血緣組織開始解鈕，是否即可依此闡述「中華帝國」已然成形；或是中華文化又再次地展演其迥異於西方文明的特殊性，地方上的血緣宗族組織並未如預期解鈕。

　　本論文特以「法律文獻」作爲研究文本，導因於本身對中國古代政治社會的濃厚興致使然。若要研究任何時代的政治社會結構，「法律文獻」都絕對是參照的首選。「法律」與「社會」的關係，如瞿同祖所言：

> 法律是社會產物，是社會制度之一，是社會規範之一……它反映某一時期、某一社會的社會結構，法律與社會的關係極爲密切……任何社會的法律都是爲了維護並鞏固其社會制度和社會秩序而制定的，只有充分了解產生某一種法律的社會背景，才能了解這些法律的意義和作用。〔註 15〕

陶希聖也說「法律是社會的形式」。〔註 16〕而「法律」與「國家」的關係，「法律」是「國家」政治運作的依據，如漢代行政公文多以「如律令」作結；「法

〔註 13〕錢穆，《中國歷史研究法》（北京：三聯書店，2007 年 2 月 8 刷），頁 61。

〔註 14〕張光直，《中國青銅時代》（臺北：聯經出版事業公司，1998 年初版六刷），頁38～39。張光直，《中國青銅時代（第二集）》（臺北：聯經出版事業公司，2001年初版四刷），頁 116～120。張光直，《考古學專題六講》（臺北：稻鄉出版社，1999 年 6 月 3 刷），頁 12。

〔註 15〕瞿同祖，《中國法律與中國社會》（北京：中華書局，2003 年 9 月），〈導論〉。

〔註 16〕陶希聖，《食貨月刊・編者的話》， 1971 年 1 卷 6 期，頁 343。

律」也是「國家」全力支持的社會規範，沒有「國家」作後盾，「法律」便頓失效力。

簡言之，研究「法律文獻」，不但可掌握「國家」政權特性，更可重現「社會」生活實貌。中國自「春秋」、「戰國」以來，列國在中央集權過程中，頒行成文法典是必要措施；本論文擬以「社會」、「國家」作爲分析「周秦漢出土法律文獻」的研究面向，首先界定「社會」的意義、再論及「國家」的意義，因爲就發生順序而言，「社會」優先於「國家」存在。

西方「社會」，泛指人群組織，可小至村落社會，大至國際社會。或依生活需要，或依同類意識，或依利益連帶關係而形成的人群集合體。或是結構化的社會關係體系，依據某種共享文化，將人們連繫在一起。或者人與人之間的關係就是「社會」，甚至把「社會」作爲個人和家族外的「殘餘範疇」處理，即對「社會」不給予積極和確定的定義。而中國「社會」，始終以「血緣關係」作爲社會組織基礎，缺乏西方「社會」的市場性、個人主義及經濟中心等特質。此乃因中國傳統家族組織太過發達，已能滿足個人大部分的經濟與社會生活，以致個人主義無從發生，也限制了市場的發展。〔註17〕

西方「國家」，定義也非常多元，不同學者通常強調其不同元素，但是將「土地」、「人民」、「主權」、「政府」視爲「國家」的四大要件，應該沒有疑慮。恩格斯（Friedrich Von Engels）提出「國家」的形成條件爲：

一、社會組織從**血緣**變爲**地緣**。

二、具備軍隊警察和法律的公共權力機構出現。〔註18〕

Elman Service 將原始社會演化劃分爲「遊團（band）」、「部落（tribe）」、「酋邦（chiefdom）」和「國家（state）」。〔註19〕「國家」是歷史發展的必然，Willam T. Standers 與 Babara J. Price 據此從考古學觀點將「國家」定義爲：

〔註17〕安東尼・吉登斯（Anthony Giddens），《社會學第五版》（北京：北京大學出版社，2009 年 4 月），頁 851。陳其南，《傳統制度與社會意識的結構》（臺北：允晨文化實業股份有限公司，1998 年），頁 8、89。

〔註18〕恩格斯（Friedrich Von Engels），《家庭、私有制和國家起源》（北京：人民出版社，1972 年），頁 167～171。

〔註19〕Elman R.Service,Primitive Social Organization：An Evolutionary Perspective（New York：Random House,1962）。Elman R.Service,Orinins of the State and Civilization：The Process of Cultural Evolution（New York：W. W. Norton,1975）。

國家是一種更大的社會，有更複雜的組織，國家是以一種與合法的**武力**有關的特殊機械作用所團結起來的。它依**法律**組成，它把它使用武力的方式和條件說明，而依以從法律上對個人之間與社會的法團之間的爭執加以干涉這種方法來阻止武力的其他方式的使用……〔註20〕

近代社會學家吉登斯（Anthony Giddens）認為傳統和現代「國家」共有的特質是：

有一個**政治機器**（political apparatus）（指政府的機關如法院、議會或國會以及公務人員）在一個既定的領域範圍中進行統治，而這個政治機器的權威是由**法律**系統所支撐，且具有使用**武力**（force）來推動政策施行的能力。〔註21〕

由此可知，「國家」除軍隊、警察所代表的「武力」外，必會與「專業化的審判系統」，和「形式化的法律條文」相伴而生。所以「國家」領導者，必總攬最高的「軍政權」與「法律權」。以中國古代政治領袖「王」字為例，其字形與「士」字同源，「王」、「士」之甲骨文字形本義皆為「斧鉞」，不僅是作戰兵器，也是砍頭刑具。〔註22〕且「武力」與「法律」相較，「國家」若想長治久安，「法律體制」的建構，遠比「武力軍備」的擴增更為重要；此可參漢高祖劉邦與儒生陸賈關於「馬上得天下」與「馬上治天下」的辯論（《史記‧酈生陸賈列傳》）。

西方式定義的「國家」，通常還有另外一項頗具甄別性的條件為「官僚體系（bureaucracy）」；中國式定義的「國家」是否具此要件：

中國傳統的國家本質偏重於文化認同，以致缺乏社會性的凝聚力，因此這個國家很難產生共同體的社會意識，其所以能夠以一個國家體制的型態存在於歷史上，主要是透過**專制的官僚體系**才能維持不墜。〔註23〕

〔註20〕Mesoamerica：The Evolution of a Civilization（New York：Random House,1968）。張光直，《中國青銅時代》（臺北：聯經出版事業股份有限公司，1998 年 6 刷），頁 56～58。

〔註21〕安東尼‧吉登斯（Anthony Giddens），《社會學（上冊）》（臺北：唐山出版社，1997 年 7 月），頁 322。

〔註22〕林澐，〈說王〉，《考古》，1965 年 6 期，頁 311～312。

〔註23〕陳其南，《傳統制度與社會意識的結構》（臺北：允晨文化實業股份有限公司，1998 年），頁 80。

中國式「國家」早有「官僚體系」，否則龐大的「中華帝國」將無法有效率地運作。但與近代西方定義之「官僚體系」略有不同，其中「專業分工制度」的不完全，就是其中相當值得觀察的變項。

中國古代傳世文獻定義的「國家」，簡言之即諸侯有「國」，大夫有「家」，可參師服曰：

> 吾聞**國家**之立也，本大而末小，是以能固。故**天子建國，諸侯立家**，卿置側室，大夫有貳宗，士有隸子弟，庶人工商各有分親，皆有等衰……（《左傳‧桓公二年》）

「天子建國」是「天子分封諸侯」；「諸侯立家」是「諸侯分采邑與卿大夫」。〔註24〕此處的「建」與「立」，都是「再向下分配」，被分配者隨即擁有土地權和人民管轄權，故該封地人民需對他們繳納租稅、服力役與兵役。

中國式定義的「國」為諸侯領土，茲舉周成王分封魯國為例：

> 昔武王克商，成王定之，選建明德，以蕃屏周。故周公相王室，以尹天下，於周為睦。分魯公以大路、大旂，夏后氏之璜，封父之繁弱，殷民六族，條氏、徐氏、蕭氏、索氏、長勺氏、尾勺氏，使帥其宗氏，輯其分族，將其類醜，以法則周公。用即命于周。是使之職事于魯，以昭周公之明德。分之土田陪敦、祝、宗、卜、史，備物、典策，官司、彝器；因商奄之民，命以伯禽而封於少皞之虛……（《左傳‧定公四年》）

周王將禮器、權杖、典冊、官司、人民、土地等下分，意味將「魯」立「國」，「國」的組成要件，包括「土地」、「人民」和「職官有司」。中國式定義的「家」，為貴族宗族或政治組織；西周末年至春秋中葉可謂「諸侯立家」時期，如魯國展氏、臧氏和三桓；晉國的韓、趙、魏、范、中行、知、郤等。

但中國古代之「社會」、「國家」是否真能二分，梁漱溟認為中國「社會」與「國家」相互混融。溝口雄三認為中國民間「社會」，非自立於「國家」之外、自我完善的秩序空間，而是透過共同秩序的觀念，與「國家」形成「連續體」。梁治平認為中國古代「國家」、「社會」都不過是「家」的擴大。〔註25〕李朝遠

〔註24〕 楊伯峻，《春秋左傳注》（臺北：洪葉文化事業有限公司，1993 年 5 月），頁94。

〔註25〕 梁漱溟，《中國文化要義》（上海：學林出版社，1987），頁 162～188。溝口雄三，〈中國與日本公私觀念之比較〉，《二十一世紀》，1994 年 2 月號，頁 94～96。梁治平，〈從身分到契約：社會關係的革命〉，《法辨》（北京：中國政法

甚至直言，西周是「國家」、「社會」一體化時代；直到近代資本主義，「國家」、「社會」的一體化，才由商品經濟的迅速發展而趨向解體。〔註26〕所以中國古代「國家」、「社會」，與西方的「國家」、「市民社會」無法等同，而中國式定義的「國家」、「社會」又是如何一體化，將是下文討論的重點。

（三）「血緣性宗族社會組織」與「地緣性法治國家組織」

世界上眾多古代文明「國家」的形成過程，似皆有「血緣關係」漸被「地緣關係」取代的趨勢；但中國古代文明「國家」的形成過程，「血緣關係」似乎未被「地緣關係」取代，西周甚至是將「血緣」、「政治」緊密結合。〔註27〕中國古代「社會」形成，主要依循父系血緣關係組成的宗族社會；「國家」產生，並非以宗族社會的瓦解作代價，反倒是讓「血緣」與「地緣」犬牙交錯，從而把舊宗族社會與新法治國家鎔鑄為一，此即上文所言「國家」、「社會」之「一體化」。

在討論「血緣性宗族社會組織」前，得先辨析「宗族」、「宗法」的異同，下文擬先談「宗族」、再述「宗法」。

「宗族」，始見於《左傳·僖公二十四年》和《論語·子路》。《爾雅·釋親》下分〈宗族〉、〈母黨〉、〈妻黨〉和〈婚姻〉，專文介紹親屬稱謂，在〈婚姻〉首次定義「父之黨為宗族」。班固的《白虎通·宗族》亦有定義：「宗者，何謂也？宗者，尊也。為先祖主也，宗人之所尊也……」；「族者何也？族者，湊也，聚也，謂恩愛相流湊也。生相親愛，死相哀痛，有會聚之道，故謂之族」。簡言之，「宗族」的「宗」為「世系規模」，「族」為「聚居規模」。〔註28〕

「宗法」，始稱於北宋張載，有廣、狹兩種定義。狹義的是典型存在於周代貴族宗族的特殊世系，史稱大、小宗之法。廣義的是周代以後廣泛遺留於社會各階層宗族的普遍世系，史稱宗子之法。〔註29〕若採用「宗法」的狹義

　　　大學出版社，2002年11月），頁42～43。

〔註26〕李朝遠，《西周土地關係論》（上海：上海人民出版社，1997年1月），頁106～108。

〔註27〕張光直，《中國青銅時代》（臺北：聯經出版事業公司，1998年初版六刷），頁38～39。張光直，《中國青銅時代（第二集）》（臺北：聯經出版事業公司，2001年初版四刷），頁116～120。張光直，《考古學專題六講》（臺北：稻鄉出版社，1999年6月3刷），頁12。

〔註28〕錢杭，《中國宗族史研究入門》（上海：復旦大學出版社，2009年5月），頁58。

〔註29〕楊寬，《古史新探》（北京：中華書局，1965年），頁166。謝維揚，《周代家

解釋，「宗法」、「宗族」之別，爲「宗法」既是「血緣」關係，又是「政治」
關係，立基於血緣建立政治組織，讓國家政治組織與血緣宗族組織緊密聯結。

　　本文歷時周、秦、漢，既探討「世系傳承」、又探討「居住型態」，早已
突破周代貴族大、小宗法的限制，且不囿於周代封建框架；故較宜採用「宗
法」的廣義解釋。或是爲避免「宗法」廣、狹定義之混淆，遂以「宗族」稱
之。

　　西周的「大宗」、「小宗」，可參考：

> ……別子爲祖，繼別爲宗，繼禰者爲小宗。有五世而遷之宗，其繼
> 高祖者也。是故祖遷於上，宗易於下。尊祖故敬宗，敬宗所以尊祖
> 禰也。庶子不祭祖者，明其宗也……（《禮記‧喪服小記》）

大宗是由承繼別子（始封之祖）的嫡長子（大宗宗子）組成，其餘嫡子及庶
子則分別組成無數小宗。大宗是百世不遷，百世不易其宗；小宗範圍較小，
且易變動。〔註30〕

　　而「血緣性宗族組織」對「國家」、「社會」的功能，可參考：

> 君有合族之道，族人不得以其戚戚君，位也……親親故尊祖，尊祖
> 故敬宗，敬宗故收族，收族故宗廟嚴，宗廟嚴故重社稷，重社稷故
> 愛百姓，愛百姓故刑罰中，刑罰中故庶民安，庶民安故財用足，財
> 用足故百志成，百志成故禮俗刑，禮俗刑然後樂。（《禮記‧大傳》）

「血緣性宗族組織」之「族長」，有「合族」、「收族」的責任與義務，對於社
會秩序的維持，和國家政權的統一皆有助益。且「族長」還握有「財產處理
權」，雖「異居而同財」，但「有餘則歸之宗，不足則資之宗」（《儀禮‧喪服傳》），
「族長」可直接幫「國家」解決不少「社會」問題，更能照顧每位族民的溫
飽。

　　「封建」，是周天子利用血緣親情倫理，維繫天子和諸侯、諸侯和諸侯間
的政治統屬支配。先周從古公亶父、季歷、文王和武王，皆同時兼掌族權與
政權，周公賡續武王初行封建之例，以血緣作爲政權基礎，將周人血緣組織
改成宗法制，利用它強大的內聚力，轉化爲政治組織運作的向心力。西周善
用親緣關係穩固封建政權，宗統、君統交疊，血緣、政治融合，將「親親」

庭形態》（北京：中國社會科學出版社，1990 年），頁 169。史鳳儀，《中國古
代的家族與身份》（北京：社會科學出版社，1999 年 9 月），頁 28。錢杭，《中
國宗族史研究入門》（上海：復旦大學出版社，2009 年 5 月），頁 91～92。
〔註30〕瞿同祖，《中國法律與中國社會》（北京：中華書局，2003 年 9 月），頁 20。

的宗法觀念和「尊尊」的政治原則相聯繫,「宗法」因此成為西周「封建國家」的構成要件。但也不宜因此混淆「宗法」與「封建」這兩種截然不同的制度;「宗法」在宗族內部實施,以父系血緣關係為前提;而「封建」在國家境內執行,並不嚴格要求血緣關係,周初「封建」侯國,除了「同姓諸侯」,還有「異姓功臣」,其本質與「政治權力分配」更加相關。

西周晚期「地緣性法治國家組織」興起的原因眾多,譬如人口膨脹、社會體積大增;族群多元、文化禮俗不同;再加上周人分封各地後,逐漸「地域化」,無論那個封國,都是由一個以上的族群與文化融合。凡此皆促使周民族務必在原本姬族的「血緣組織」上,發展出設官分職、跨越族群的「政治組織」。〔註31〕但在「地緣性法治國家組織」興起過程中,是否必伴隨著「血緣性宗族社會組織」的解體或重組。據前輩學者研究,中國古代社會在「血緣紐帶」十分強韌的傳統下,「國家」還是必須在「血緣性宗族社會組織」的基礎上,發展出跨越族群、具政治臣屬關係的「地緣性法治國家組織」。本文將參照「周秦漢出土法律文獻」,檢視它們是否與大家統整之歷史演變規律相一致。

(四)「禮制」與「法律」

「禮制」與「法律」皆是社會規範的總和,舉凡倫理規範、禮儀習俗、法律政令、典章制度,都可歸為「禮制」或「法律」。「禮制」和「法律」是中國古代建構、維護家庭、社會與國家秩序的兩大不可或缺手段。

「禮」,王國維從字形分析,認為最早指以器皿盛兩串玉獻祭神靈,其後指以酒獻祭神靈,再來泛指一切祭祀。〔註32〕林澐分析「豐」字從「玨」從「壴」,如此構形乃因古代行禮時常用「玉」和「鼓」。〔註33〕其實,「禮」除祭祀本義外,還包括行為規範、習俗慶典,和政治制度等。〔註34〕譬如唯有

〔註31〕李朝遠,《西周土地關係論》(上海:上海人民出版社,1997年1月),頁180～208。管東貴,《從宗法封建制到皇帝郡縣制的演變:以血緣解鈕為脈絡》(北京:中華書局,2010年9月),〈周人「血緣組織」和「政治組織」間的互動與互變〉,頁28～51;和〈柳宗元《封建論》讀後〉,頁123。

〔註32〕王國維,《觀堂集林‧釋禮》(北京:中華書局,2004年),頁291。

〔註33〕林澐,〈豐豊辨〉,《古文字研究》12,1985年,頁181～186。

〔註34〕楊寬,《古史新探‧冠禮新探》(北京:中華書局,1965年),頁234。陳來,《古代宗教與倫理》(臺北:允晨文化實業股份有限公司,2005年6月),頁258、271、300。

「禮」能規範「男女父子兄弟」的「倫理關係」，與「君臣上下」的「階級屬性」，如：

1. 孔子曰：「……非禮無以辨君臣上下長幼之位也，非禮無以別男女父子兄弟之親、昏姻疏數之交也……」（《禮記・哀公問》）

2. 凡人之所以為人者，禮義也。禮義之始，在於正容體、齊顏色、順辭令。容體正，顏色齊，辭令順，而后禮義備。以正君臣、親父子、和長幼。君臣正，父子親，長幼和，而后禮義立。（《禮記・冠義》）

3. 禮也者，貴者敬焉，老者孝焉，長者弟焉，幼者慈焉，賤者惠焉。（《荀子・大略》）

除此，「禮」還支配著由國家強制力保障實施的「法」，因「法出於禮」（《管子・法法》）。「禮」與「制度」義相關的傳世文獻如：

1. 禮，經國家，定社稷，序民人，利後嗣者也。（《左傳・隱公十一年》）

2. 禮者君之大柄也，所以別嫌明微，儐鬼神，考制度，別仁義，所以治政安君也。（《禮記・禮運》）

3. 禮之於正國也，猶衡之於輕重也，繩墨之於曲直也，規矩之於方圓也。（《禮記・經解》）

4. 禮者，治辨之極也，強固之本也，威行之道也，功名之總也。王公由之，所以得天下也；不由，所以隕社稷也。（《荀子・議兵》）

「禮」的「制度」義，若參《禮記・王制》，可包含官僚、土地、關稅、刑律、朝覲、喪祭、學校、養老等。至於「禮制」支配「法律」，可以「唐律」為例，因「唐律」竟有「道德人倫主義」和「家族主義」等「禮制」特質。[註35]

　　「法」，《說文》：「灋，刑也。平之如水，從水；廌，所以觸不直者，去之，從去」。其在《尚書》、《左傳》等作「名詞」使用，大別有三種意義：（一）法度。指一切典章制度，包括禮在內。（二）刑。刑罰律令。（三）典型。[註36]

[註35] 戴炎輝，《唐律通論》（臺北：國立編譯館，1964 年），頁 18～22。徐道鄰，《唐律通論》（臺北：台灣中華書局，1966 年），頁 28～36。

[註36] 張亨，〈荀子的禮法思想試論〉，《臺大中文學報》，第 2 期，1988 年 11 月，頁 75～76。

據傳世文獻記載,「法律」出現的上限可溯源至夏、商、周,如:

1. 夏有亂政,而作禹刑;商有亂政,而作湯刑;周有亂政,而作九刑。(《左傳‧昭公六年》)

2. 維四年孟夏,王初祈禱于宗廟,乃嘗麥于大祖。是月,王命大正正刑書。(《逸周書‧嘗麥》)

沈家本解釋《逸周書‧嘗麥》說:「此成王四年,大正蓋司寇也。正者,蓋修改之。曰授、曰舉、曰藏,實有書在,是周之律令有書矣」。〔註37〕

但多數法制史學者,還是依照「鄭子產鑄刑書」(《左傳‧昭公六年》),和「晉趙鞅鑄刑鼎」(〈昭公二十九年〉),判斷「法律」應興於春秋中葉,逮戰國而大盛。興盛的消極動機為國家內部階級制度之蔽已達極點,積極動機為富國強兵。〔註38〕戰國秦漢年間「成文法」的歷時演變,可參:

是時承用秦漢舊律,其文起自魏文侯師李悝。悝撰次諸國法,著法經。以為王者之政,莫急於盜賊,故其律始於盜賊。盜賊須劾捕,故著網捕二篇。其輕狡、越城、博戲、借假不廉、淫侈、踰制以為雜律一篇,又以具律具其加減。是故所著六篇而已,然皆罪名之制也。商君受之以相秦。漢承秦制,蕭何定律,除參夷連坐之罪,增部主見知之條,益事律興、徭、戶三篇,合為九篇。叔孫通益律所不及,傍章十八篇,張湯越宮律二十七篇,趙禹朝律六篇,合六十篇。又漢時決事,集為令甲以下三百餘篇,及司徒鮑公撰嫁娶辭訟決為法比都目,凡九百六卷。(《晉書‧刑法志》)

春秋晚期,諸侯國內世族瓦解,卿大夫執政湧現,以「郡縣制」和「官僚制」為基礎的「君主集權制」,取代以「貴族世族」為基礎的「封建」型態。「中國古代法」也乘勢而起,乃當時一連串經濟、社會、政治大變革中的一環;中華帝國傳統法律的基本性格於此底定,從秦漢傳承至明清;迄民國成立前,未曾發生足以撼動整個法律傳統的根本性變革。

「禮」、「法」之隔,多數人皆認定為「階級性」有無,如「禮是舊貴族專政的法權形式,區別貴賤尊卑上下的法度;法是國民階級(貴族、自由民、

〔註37〕 沈家本,《歷代刑法考(二)》(北京:中華書局,1985 年),頁 832。
〔註38〕 范忠信選編,《梁啟超法學文集》(北京:中國政法大學出版社,2004 年 3 月),頁 69~120。楊鴻烈,《中國法律思想史》(臺北:臺灣商務印書館,1993 年 3 月八刷),頁 3。

手工業者）統治人民的政權形式」，〔註39〕或普遍徵引「禮不下庶人，刑不上大夫」（《禮記・曲禮》）爲證。爲正確理解此文獻，茲將全文列出：

……國君撫式，大夫下之；大夫撫式，士下之；禮不下庶人。刑不

上大夫，刑人不在君側。兵車不式，武車綏旌，德車結旌。……

從完整的上下文判斷，僅有「過宗廟下車之禮」不下及庶人，因爲庶人的生活條件無法乘車。而「刑不上大夫」充其量爲漢儒理想，《左傳》即有用刑大夫的實證。〔註40〕但是「垄（刑）不隶（逮）於君子，豊（禮）不隶（逮）於小人」（《郭店楚簡・尊德義》簡32）〔註41〕、「由士大夫以上必以禮樂節之，眾庶百姓必以法數制之」（《荀子・富國》），和「禮爲有知制，刑爲無知設」（《白虎通・德論》），似乎仍隱含「禮」、「法（刑）」之「階級」差異。

中國傳統法律制度特質，通常被總結爲「禮主刑輔」或「禮本刑用」，以「德」、「禮」爲主、「政」、「刑」爲輔，如「道之以政，齊之以刑，民免而無恥；道之以德，齊之以禮，有恥且格」（《論語・爲政》）。但荀子在賦予「禮」更多強制性與客觀性的同時，也擴大「法」的內涵，使「禮」與「法」近乎對立的關係，轉換成相互延伸的順承關係，如「治之經，禮與刑，君子以脩百姓寧。明德慎罰，國家既治四海平」（《荀子・成相》）。〔註42〕

其實「禮」、「法」本就相輔相成，如「故禮以道其志，樂以和其聲，政以一其行，刑以防其姦。禮樂刑政，其極一也；所以同民心而出治道也」（《禮記・樂記》）。又如「夫禮者，禁於將然之前；而法者，禁於已然之後」（《漢書・賈誼傳》）。再如「禮之所去，刑之所取，出禮則入刑」（《後漢書・陳寵傳》）。所以梁啓超說「中國古代禮與法視同一物」，瞿同祖也認爲正因「禮法相通，禮才成爲法的指導原則」。〔註43〕「禮」乃圍繞「家族倫常」推衍而出的規則體系，是所有社會關係中最穩定的一面，所以「法律」須以「禮俗」

〔註39〕侯外廬，《中國思想通史》（北京：人民出版社，1992年），頁15。

〔註40〕楊一凡主編，《中國法制史考證・甲編第一卷》（北京：中國社會科學出版社，2003年9月），頁367～3725。章景明，〈《曲禮》「禮不下庶人，刑不上大夫」的解釋〉，《孔德成先生學術與薪傳研討會論文集》（臺北：臺灣大學中國文學系，2009年12月），頁1～16。

〔註41〕荊門市博物館編著，《郭店楚墓竹簡》（北京：文物出版社，1998年），頁174。

〔註42〕張亨，〈荀子的禮法思想試論〉，《臺大中文學報》，第2期，1988年11月，頁76。

〔註43〕梁啓超，《先秦政治思想史》（北京：東方出版社，1996年），頁26。瞿同祖，《中國法律與中國社會》（北京：中華書局，1981年），頁320。

爲據，才能有效地發揮社會控制。對中國人而言，「禮」、「法」相互爲用，不至於衍生歧見。

西周長期爲材料所限，攸關「宗法」的討論多半只能針對上層貴族，下層庶民是否有「宗法」，一直爭論不休；但秦漢時期庶民已有「宗法」卻是肯定的。因爲周代後期，「宗法」不再專指政治實體，不再參與國政，「宗法」僅保有社會層次；「宗法」也因此開始向中下層庶民移動，完成「宗法平民化」。〔註44〕所以中國古代基層社會之國家「公法」與家族「私禮」長期抗衡，已有不少學者專門對此展開一系列的分析與討論。

簡言之，本論文擬依據「周秦漢出土法律文獻」，考證中國古代「社會」、「國家」之互動模式。「血緣性宗法社會組織」與「地緣性法治國家組織」在相互頡頏時，有什麼多元競逐的聲音曾被忽略，且在此劇烈變動的浪潮裡，又有哪些深藏在法律制度背後的禮俗價值，被歷久彌新地傳承至今呢！

第二節　研究回顧與評述

本論文研究課題與「周秦漢出土法律文獻」、「中國法制史」和「中國古代史」密切相關。故下文擬分項條列對本論文「章節選題」與「組織架構」深具影響力的代表性著作，並簡要評述於後。

（一）周秦漢出土法律文獻

本論文主要以「西周金文」與「戰國秦漢簡牘」，作爲研究「中國古代法」形成歷程的參照史料。故下文擬分項介紹「西周金文」、《包山楚簡》、《睡虎地秦墓竹簡》和《張家山漢墓竹簡》，與「法律」相關的材料與研究現況。依照張伯元對「法律文獻」的分類：

1. 「法律文件類文獻」：「法典詔制」、「判牘及檢驗」和「檔案及規約」；

2. 「法制史料類文獻」：「鐘鼎碑石法律文獻」和「簡牘法制史料」；

〔註44〕閻愛民，〈第二章　中古士族制與宗族〉，見馮爾康等著，《中國宗族社會》（杭州：浙江人民出版社，1994年11月），頁97。錢杭，《中國宗族史研究入門》（上海：復旦大學出版社，2009年5月），頁111。

3.「法學論著類文獻」；

4.「法律文獻學專家及其著述」。〔註45〕

本論文以「法律文件類文獻」和「法制史料類文獻」爲主。

1. 西周金文法律文獻

西周金文法律文獻，主要參照《中國珍稀法律典籍集成・金文法律文獻譯註》。〔註46〕陳公柔、郭錦、馮卓慧和胡留元等，皆曾援引西周金文，作爲中國古代法制史的研究材料。尤其是馮卓慧和胡留元，不但長期有期刊論文發表，還集結成專書《夏商西周法制史》出版。此書〈第二編 西周法律制度〉，善用西周金文探討當時的「立法思想」、「立法活動」、「刑事法規」、「民事法規」、「婚姻法規」、「經濟法規」、「行政法規」和「司法機構」等，提供無數研擬課題之靈感。〔註47〕

本論文對西周金文，主要依據章節主題，挑選合適的銘文佐證。例如將西周〈琱生三器〉（〈五年琱生毁〉、〈六年琱生毁〉，和〈琱生尊〉）依循「血緣身份」進行土地分配的案例，和秦漢簡牘依循「軍功爵位」進行土地分配的制度相較，剖析它們在「社會結構」與「分配原則」之異同。又如將西周〈儕匜〉，與戰國《包山楚簡》法律文書相對照，辨證「司法」層面之「平等」思潮，已在「春秋」、「戰國」政經社會大變革的背景下悄然萌生等。

2.《包山楚簡》法律文獻

《包山楚簡》，1987年於湖北荊門包山二號楚墓，出土278支楚簡。內容涵蓋〈司法文書〉（簡 1～196）、〈卜筮祭禱〉（簡 197～250）和〈遣策〉（簡

〔註45〕張伯元，《法律文獻學》（杭州：浙江人民出版社，1999年），頁71～124。

〔註46〕劉海年、楊一凡編，《中國珍稀法律典籍集成》（北京：科學出版社，1994年），頁233～365。

〔註47〕陳公柔，〈西周金文中所載約劑之研究〉，《第二屆國際中國古文字學研討會論文集》（香港：香港中文大學，1993年10月），頁323～326。陳公柔，〈西周金文訴訟辭語釋例〉，《第三屆國際中國古文字學研討會論文集》（香港：香港中文大學，1997年10月），頁231～240。陳公柔，〈西周金文中的法制文書述例〉，《容庚先生百年誕辰紀念文集》（廣州：廣東人民出版社，1998年4月），頁307～325。郭錦，〈䧹攸比鼎三則——兼論中國早期之法律觀念及其法律的性質〉，《第二屆國際中國古文字學研討會論文集 續編》（香港：香港中文大學，1993年10月），頁285～308。郭錦，〈西周刑罰理論〉，《第三屆國際中國古文字學研討會論文集》（香港：香港中文大學，1997年10月），頁485～516。馮卓慧，胡留元，《西周法制史》（西安：陝西人民出版社，1988年）。

251～278）。其中「司法文書」包括：一有篇題者，分爲〈集箸〉（簡 1～13）、〈集箸言〉（簡 14～18）、〈受期〉（簡 17～79）、和〈疋獄〉（簡 80～102）；二「訴訟記錄或摘要」（簡 103～161）；三「各地匯總上報案件的簡要記錄」（簡 162～196）。時間上限不會早於公元前 323 年，下限爲公元前 316 年。〔註48〕

《包山楚簡》自 1991 年以《包山楚簡》和《包山楚墓》二書公佈以來，相關論著頗多，如 1992 年 10 月在南京召開的「中國古文字研究會 第九屆學術討論會」，其《論文集》就收錄相當多篇文字考釋文章，如黃錫全〈《包山竹簡》釋文校釋〉、湯餘惠〈包山楚簡讀後記〉、劉釗〈包山楚簡文字考釋〉等。爾後，又陸續出版張光裕、袁國華編《包山楚簡文字編》、劉信芳《包山楚簡解詁》，和陳偉等編《楚地出土戰國簡冊〔十四種〕・包山二號墓簡冊（附簽牌）》等，近來以朱曉雪《包山楚墓文書簡、卜筮祭禱簡集釋及相關問題研究》晚出最完備。凡此，皆是本論文引用《包山楚簡》法律文書文字釋讀的重要參考資料。〔註49〕

除此，應用《包山楚簡》法律文書，進行法制史研究的著名學者及代表作，包括黃盛璋〈包山楚簡辨證、決疑與發復〉，李零〈包山楚簡研究文書類〉，陳偉《包山楚簡初探》，周鳳五〈「舍罤命案文書」箋釋——包山楚簡司法文書研究之一〉、〈包山楚簡「集箸」、「集箸言」析論〉，和劉信芳〈包山楚簡職官與官府通考（上）、（下）〉等。其中陳偉《包山楚簡初探》，開創在詳細考釋楚簡文字的基礎上，對楚國制度進行系統式的考察分析，尤其是〈第二章 文書制度〉、〈第三章 地域政治系統〉、〈第四章 名籍與身分〉和〈第五章 司法制度〉，其中不乏精闢的見解，對於本論文的組織架構影響頗鉅。〔註50〕

〔註48〕彭浩〈包山楚簡反映的楚國法律與司法制度〉，《包山楚墓》（北京：文物出版社，1991 年），頁 548～554。王紅星〈包山簡牘所反映的楚國曆法問題〉，劉彬徽〈從包山楚簡記時材料論及楚國記年與楚曆〉，均見《包山楚墓》（北京：文物出版社，1991 年），頁 521～532、533～547。

〔註49〕湖北省荊沙鐵路考古隊編，《包山楚簡》（北京：文物出版社，1991 年）。湖北省荊沙鐵路考古隊編，《包山楚墓（上/下）》（北京：文物出版社，1991 年）。張光裕、袁國華編，《包山楚簡文字編》（臺北：藝文印書館，1992 年）。劉信芳，《包山楚簡解詁》（臺北：藝文印書館，2003 年）。陳偉等編，《楚地出土戰國簡冊（十四種）》（北京：經濟科學出版社，2009 年）。朱曉雪，《包山楚墓文書簡、卜筮祭禱簡集釋及相關問題研究》（長春：吉林大學古籍研究所，2011 年 6 月 8 日）。

〔註50〕黃盛璋，〈包山楚簡辨證、決疑與發復〉，中國古文字第九屆學術研討會，1992 年 10 月。李零，〈包山楚簡研究文書類〉，中國古文字研究會第九屆學術討論

3. 《睡虎地秦墓竹簡》法律文獻

《睡虎地秦墓竹簡》，1975 年於湖北雲夢睡虎地十一號墓，出土 1175 支秦簡。內容包含〈編年記〉、〈語書〉、〈秦律十八種〉、〈效律〉、〈秦律雜抄〉、〈法律答問〉、〈封診式〉、〈爲吏之道〉、〈日書〉等。〔註 51〕除〈編年記〉和〈日書〉外，其餘皆與律法相關。睡虎地秦律涵蓋時間很長，如〈法律答問〉（部分）是孝公時商鞅所定，但〈爲吏之道〉末尾又抄有兩條戰國魏律。〔註 52〕歸納其頒布時段，竟歷經孝公、惠文王、武王、昭王、孝文王、莊襄王、始皇等七位秦王。

本論文徵引《睡虎地秦墓竹簡》的相關釋文，是以「睡虎地秦墓竹簡整理小組」1990 年版爲主。〔註 53〕除此，應用簡文進行「秦律法制史」研究的專書，包括高敏《雲夢秦簡初探》，中華書局編輯部編《雲夢秦簡研究》，臺灣簡牘學會編輯部編《簡牘學報》第 10 期《秦簡研究專號》，栗勁《秦律通論》，傅榮珂《睡虎地秦簡刑律研究》，余宗發《雲夢秦簡中思想與制度鈎撢》，徐富昌《睡虎地秦簡研究》，吳福助《睡虎地秦簡論考》，高敏《睡虎地秦簡初探》，曹旅寧《秦律新探》，張金光《秦制研究》，和工藤元男《睡虎地秦簡所見秦代國家與社會》等。單篇文章的彙整，可參考王偉〈睡虎地秦簡論著目錄〉。〔註 54〕

會，1992 年 11 月。陳偉《包山楚簡初探》（武漢：武漢大學出版社，1996 年 8 月）。周鳳五，〈「舍罪命案文書」箋釋——包山楚簡司法文書研究之一〉，《臺大文史哲學報》，41 期，1994 年 6 月，頁 1～17。周鳳五，〈包山楚簡「集著」「集著言」析論〉，《中國文字》，新 21 期，1996 年 12 月，頁 23～49。劉信芳，〈包山楚簡職官與官府通考（上）〉，《故宮學術季刊》，15 卷 1 期，1997 年 9 月，頁 45～70。劉信芳，〈包山楚簡職官與官府通考（下）〉，《故宮學術季刊》，15 卷 2 期，1997 年 12 月，頁 139～162。

〔註 51〕 睡虎地秦墓竹簡整理小組編，《睡虎地秦墓竹簡》（北京：文物出版社，1990 年）。

〔註 52〕 黃盛璋，〈雲夢秦簡辨證〉，《考古學報》，1979 年 1 期，頁 1～26。黃展岳，〈雲夢秦律簡論〉，《考古學報》，1980 年 1 期，頁 1～27。

〔註 53〕 睡虎地秦墓竹簡整理小組編《睡虎地秦墓竹簡》（北京：文物出版社，1990 年）。

〔註 54〕 高敏，《雲夢秦簡初探》（鄭州：河南人民出版社，1979 年）。中華書局編輯部編，《雲夢秦簡研究》（北京：中華書局，1981 年 7 月版）。臺灣簡牘學會編輯部編，《簡牘學報‧秦簡研究專號》，1981 年 7 月。栗勁，《秦律通論》（濟南：山東人民出版社，1985 年）。傅榮珂，《睡虎地秦簡刑律研究》（臺北：商鼎文化出版社，1992 年）。余宗發，《雲夢秦簡中思想與制度鈎撢》（臺北：文津出版社，1992 年）。徐富昌，《睡虎地秦簡研究》（臺北：文史哲出版社，1993

　　茲以最早出版且集眾大家之作的《雲夢秦簡研究》為例，其中如吳樹平〈雲夢秦簡所反映的秦代社會階級狀況〉、于豪亮〈秦簡中的奴隸〉，和高恒〈秦簡中的私人奴隸問題〉，對於本論文特闢〈戰國秦漢出土法律文獻所載奴隸人權的保障與提升〉，專節討論「奴隸」問題頗有啟發。再以最近翻譯出版工藤元男《睡虎地秦簡所見秦代國家與社會》為例，其〈第二章　秦的都官和封建制度〉，提出秦在戰國中期以後「中央集權化」的過程中，將宗室貴族所據的舊邑，和因軍功褒獎所產生的封邑，都歸屬於「都」，且編入「郡縣制」管理。〔註55〕此可與本論文〈包山楚簡法律文書的地方行政權屬〉，所引述「封建」、「郡縣」相制衡的楚國政制相對照。

4. 《張家山漢墓竹簡》法律文獻

　　《張家山漢墓竹簡》，1983 年 12 月於湖北江陵（今荊州市荊州區）城外西南的江陵磚瓦廠張家山 247 號墓，出土 1236 支漢簡。其中涉及法律者為《二年律令》和《奏讞書》。《二年律令》包括〈賊律〉、〈盜律〉、〈具律〉、〈告律〉、〈捕律〉、〈亡律〉、〈收律〉、〈襍律〉、〈錢律〉、〈置吏律〉、〈均輸律〉、〈傳食律〉、〈田律〉、〈囗市律〉、〈行書律〉、〈復律〉、〈賜律〉、〈戶律〉、〈效律〉、〈傅律〉、〈置後律〉、〈爵律〉、〈興律〉、〈徭律〉、〈金布律〉、〈秩律〉、〈史律〉、〈津關律〉等。《奏讞書》的「讞」本作「瓛」，李學勤認為是刑獄之事有疑上報，所以《奏讞書》是議罪案例的彙集。〔註56〕

　　《張家山漢墓竹簡·二年律令》的「二年」，一般認為是呂后二年，因為簡文有優待呂宣王及其親屬的律法，且同墓曆譜為漢高祖五年至呂后二年。〔註57〕但是張建國認為可能是漢高祖二年，因為《史記·蕭何世家》和〈太史公自序〉，有蕭何在漢二年「為法令約束」與「蕭何次律令」的記載。

　　年）。吳福助，《睡虎地秦簡論考》（臺北：文津出版社，1994 年 7 月）。高敏，《睡虎地秦簡初探》（臺北：萬卷樓圖書股份有限公司，2000 年 4 月）。曹旅寧，《秦律新探》（北京：中國社會科學出版社，2002 年 12 月）。張金光，《秦制研究》（上海：上海古籍出版社，2004 年 12 月）。工藤元男，《睡虎地秦簡所見秦代國家與社會》（上海：上海古籍出版社，2010 年 11 月）。王偉，〈睡虎地秦簡論著目錄〉，武漢大學簡帛網，2009 年 11 月 30 日，http://www.bsm.org.cn/show_article.php? id=1185。

〔註55〕工藤元男，《睡虎地秦簡所見秦代國家與社會》（上海：上海古籍出版社，2010 年 11 月），頁 50～72。

〔註56〕李學勤，《簡帛佚籍與學術史》（南昌：江西教育出版社，2001 年），頁 183。

〔註57〕張家二四七號漢墓竹簡整理小組編，《張家山漢墓竹簡》（北京：文物出版社，2001），頁 133。

〔註58〕邢義田認為可能是漢惠帝二年，因為律文有呂后除詔的「三族罪」。
〔註59〕曹旅寧認為可能是漢惠帝元年，因為〈二年律令〉有 29 條不避漢惠帝劉盈諱的簡文。〔註60〕高敏認為可能是呂后二年之前諸帝制定律令的彙抄。〔註61〕李力總結認為呂后二年只是下限，而抄寫上限始於高祖五年。〔註62〕參照上述《睡虎地秦墓竹簡》的年代推論，當今出土的法律文書，或許根據當時律文編纂體例，多是歷時各代而成，故參李力之說，〈二年律令〉是歷經高帝、惠帝、呂后三代漢王而成。

《張家山漢墓竹簡》的釋文，同樣有各式版本，2001 年首次公佈，2006年修訂本問世，〔註63〕但難免前修未密；比較之下，還是以陳偉、彭浩和工藤元男三人主編的《二年律令與奏讞書：張家山二四七號漢墓出土法律文獻釋讀》後出轉精；〔註64〕且此書經紅外線照射，解決不少疑難字詞考釋，故本論文選用此版。除此，應用簡文進行「漢律法制史」研究的專書，包括朱紅林《張家山漢簡二年律令集釋》和《張家山漢簡二年律令研究》，曹旅寧《張家山漢律研究》，蔡萬進《張家山漢簡奏讞書研究》，劉欣寧《由張家山漢簡二年律令論漢初的繼承制度》，曾加《張家山漢簡法律思想研究》，李力《張家山 247 號墓漢簡法律文獻研究及其述評》，楊振紅《出土簡牘與秦漢社會》，和王彥輝《張家山漢簡《二年律令》與漢代社會研究》等。單篇文章的彙整，可參考上述李力專書。〔註65〕

〔註58〕張建國，〈試析漢初約法三章的法律效力——兼談二年律令與蕭何的關係〉，《法學研究》，1996 年 1 期，頁 154〜160。

〔註59〕邢義田，〈張家山漢簡《二年律令》讀記〉，武漢大學簡帛網，2006 年 1 月 14、17 日，http://www.bsm.org.cn/show_article.php?id=173、175），又《燕京學報》，新 15，2003 年，頁 1〜46。

〔註60〕曹旅寧，〈張家山 247 號墓漢律製作時代新考〉，《出土文獻研究》第六輯（上海：上海古籍出版社，2004 年），頁 118〜119。

〔註61〕高敏，〈《張家山漢墓竹簡‧二年律令》中諸律的製作年代試探——讀張家山漢簡劄記四〉，《史學月刊》，2003 年 9 期，頁 36。

〔註62〕李力，《張家山 247 號墓漢簡法律文獻研究及其述評》（東京外國語大學アジア‧アフリカ言語文化研究所，2009 年 11 月 13 日），頁 361〜362。

〔註63〕張家二四七號漢墓竹簡整理小組編，《張家山漢墓竹簡》（北京：文物出版社，2001 年）。張家二四七號漢墓竹簡整理小組編，《張家山漢墓竹簡釋文修訂本》（北京：文物出版社，2006 年）。

〔註64〕陳偉、彭浩、工藤元男編，《二年律令與奏讞書：張家山二四七號漢墓出土法律文獻釋讀》（上海：上海古籍出版社，2007 年版）。

〔註65〕朱紅林，《張家山漢簡二年律令集釋》（北京：社會科學文獻出版社，2005

（二）中國法制史研究

本論文參考「中國法制史」專著，包括沈家本《歷代刑法考》，程樹德《九朝律考》，瞿同祖《中國法律與中國社會》，戴炎輝《中國法制史》，楊鴻烈《中國法律思想史》，陳顧遠《中國文化與中國法系》，王曉波《中國法家思想史論》，梁治平《尋求自然秩序中的和諧》，武樹臣《中國傳統法律文化》，黃源盛《中國傳統法制與思想》，和楊鶴皋《中國法律思想史》等。〔註66〕而利用「出土文獻」研究「中國法制史」的專著，包括孔慶明《秦漢法律史》，李力《出土文物與先秦法制》，崔永東《金文簡帛中的刑法思想》和《簡帛文獻與古代法文化》，高恒《秦漢簡牘中法制文書輯考》，以及李均明的《簡牘法制論稿》等。〔註67〕日文專著，包括堀毅《秦漢法制史論考》，大庭脩《秦漢法制史研究》，滋賀秀三《中國家族法原理》，冨谷至《秦漢刑罰制度研究》，和

年）。朱紅林，《張家山漢簡二年律令研究》（哈爾濱市：黑龍江人民出版社，2008 年）。曹旅寧，《張家山漢律研究》（北京：中華書局，2005 年）。蔡萬進，《張家山漢簡奏讞書研究》（桂林：廣西師範大學出版社，2006 年）。劉欣寧，《由張家山漢簡二年律令論漢初的繼承制度》（臺北：臺灣大學出版委員會，2007 年）。曾加，《張家山漢簡法律思想研究》（北京：商務印書館，2008 年）。李力，《張家山 247 號墓漢簡法律文獻研究及其述評》（東京外國語大學アジア・アフリカ言語文化研究所，2009 年 11 月 13 日）。楊振紅，《出土簡牘與秦漢社會》（桂林：廣西師範大學出版社，2009 年 12 月）。王彥輝《張家山漢簡《二年律令》與漢代社會研究》（北京：中華書局，2010 年 8 月）。

〔註66〕沈家本，《歷代刑法考》（北京：中華書局，1985 年）。程樹德，《九朝律考》（上海：上海書店，1989 年）。瞿同祖，《中國法律與中國社會》（北京：中華書局，2003 年 9 月）。戴炎輝，《中國法制史》（臺北：三民書局，1966 年 6 月初版，2000 年 10 月 12 刷）。楊鴻烈，《中國法律思想史》（臺北：台灣商務印書館，1964 年 11 月 1 刷，1993 年 3 月 8 刷）。陳顧遠，《中國文化與中國法系》（臺北：三民書局，1969 年 4 月初版，1977 年 12 月 3 刷）。王曉波，《中國法家思想史論》（臺北：聯經出版事業公司，1991 年）。梁治平，《尋求自然秩序中的和諧》（上海：上海人民出版社，1991 年）。武樹臣，《中國傳統法律文化》（北京：北京大學出版社，1994 年）。黃源盛，《中國傳統法制與思想》（臺北：五南圖書股份有限公司，1998 年）。楊鶴皋，《中國法律思想史》（北京：北京大學出版社，2000 年）。

〔註67〕孔慶明，《秦漢法律史》（西安：陝西人民出版社，1992 年）。李力，《出土文物與先秦法制》（鄭州：大象出版社，1997 年 12 月）。崔永東，《金文簡帛中的刑法思想》（北京：清華大學出版社，2000 年 3 月）。崔永東，《簡帛文獻與古代法文化》（武漢：湖北教育出版社，2003 年）。高恒，《秦漢簡牘中法制文書輯考》（北京：社會科學文獻出版社，2008 年）。李均明，《簡牘法制論稿》（桂林：廣西師範大學出版社，2011 年 4 月）。

仁井田陞《中國法制史》等。〔註68〕西文專著，包括丹尼斯・羅伊德（Dennis Lloyd）《法律的理念》，和約翰・羅爾斯（John Rawls）的《正義論》與《作爲公平的正義：正義新論》。〔註69〕但西方理論僅發揮「緣助性作用」，〔註70〕因爲本論文架構還是從「周秦漢出土法律文獻」的文本立論。

　　本論文擬以「法律文化」的宏觀視角研究「周秦漢出土法律文獻」。所謂「法律文化」，包括「法律制度」與「法律思想」。「法律制度」主要受瞿同祖《中國法律與中國社會》的啓發，這是一部較早從「法律」角度研究「社會史」的專著，深入論述歷史上法律制度與家族制度的密切關係，所舉事例雖多爲宋元明清事，但對於秦漢的家族關係仍有參考價值。「法律思想」主要受楊鴻烈《中國法律思想史》和陳顧遠《中國文化與中國法系》的影響，深信任何法律制度背後，都有一套支配法律內容的根本原理。譬如楊鴻烈說「刑罰是以助成倫理的義務之實踐爲目的」。陳顧遠說「中國固有法系以義務爲本位，特別重視人與人之關係」、「數千年間個人皆以家族爲歸宿，人倫皆以家族爲中心，法制皆以家族制度爲基礎」，又舉「清律」將「喪服圖」列於律首，爲親屬間身分刑罰之參考等。〔註71〕在在顯示中華法系的根本精神即「血緣倫理」，故本論文在章節安排時，除第一章〈緒論〉，第二、三章隨即探究「血緣倫理」，且無論面對哪一批材料，首先抉發的也是隱含其中的「血緣倫理」精神。

　　至於日本學者堀毅《秦漢法制史論考》的研究方法，多集中表現在比較法、統計法、表解法、和數學計算法等，其科學方法非常值得借鏡。但他的

〔註68〕堀毅，《秦漢法制史論考》（北京：法律出版社，1988年8月）。大庭脩，《秦漢法制史研究》（上海：上海人民出版社，1991年）。滋賀秀三，《中國家族法原理》（北京：法律出版社，2003年）。冨谷至，《秦漢刑罰制度研究》（桂林：廣西師範大學出版社，2006年4月）。仁井田陞，《中國法制史》（上海：上海古籍出版社，2011年7月）。

〔註69〕丹尼斯・羅伊德，《法律的理念》（北京：新星出版社，2005年11月）。約翰・羅爾斯，《正義論》（北京：中國社會科學出版社，1988年3月）。約翰・羅爾斯，《作爲公平的正義：正義新論》（臺北：左岸事業有限公司，2002年11月）。

〔註70〕余英時，〈關於新教倫理與儒學研究〉，《儒家倫理與商人精神》（桂林：廣西教育出版社，2004年4月），頁362。

〔註71〕楊鴻烈，《中國法律思想史》（臺北：台灣商務印書館，1964年11月1刷，1993年3月8刷），頁1、6、31。陳顧遠：《中國文化與中國法系》（臺北：三民書局，1969年4月初版，1977年12月3刷），頁19、55、57、79。

不少新見解，並非通過史料的鉤沉索隱，而是通過假設、推理，和以此爲條件的比較、統計、表解與計算，從而呈現一些推理有餘，但證據不足的情況。此推論過度的弊病，則需引以爲鑒。〔註72〕

　　另外「中國法制史研究」還出版一些叢書，譬如張晉藩主編的《中國法制通史》，楊一凡主編的《中國法制史考證》和《中國法制史考證續編》，以及《中國古代法律文獻研究》1～4 輯等。〔註73〕茲以楊一凡主編的《中國法制史考證》和《中國法制史考證續編》爲例，前者分爲甲、乙、丙三編，甲編爲《歷代法制考》，乙編爲《法史考證重要論文選編》，丙編爲《日本學者考證中國法制史重要成果選譯》。後者爲丁編，收錄《法史考證系列專著》。此套叢書可說是近百年來，匯聚海內外學者，包括法學、歷史學、考古學、民族學、社會學等，考證中國法制史學術精華的總集，非常值得參考。

（三）中國古代史研究

　　本論文參考「中國古代史」專著，包括張光直《中國青銅時代》、《中國青銅時代（第二集）》、《考古學專題六講》；許倬雲《西周史》、《中國古代社會史論——春秋戰國時期的社會流動》；杜正勝《周代城邦》、《編戶齊民：傳統政治社會結構之形成》、《古代社會與國家》；邢義田《秦漢史論稿》、《治國安邦：法制、行政與軍事》、《地不愛寶：漢代的簡牘》、《天下一家：皇帝、官僚與社會》；裘錫圭《古代文史研究新探》；李學勤《青銅器與古代史》、《東周與秦代文明》；朱鳳瀚《商周家族型態研究（增訂本）》和李峰《西周的政體：中國早期的官僚制度和國家》等等。〔註74〕

〔註72〕高敏，《睡虎地秦簡初探》（臺北：萬卷樓圖書有限公司，2000 年 4 月），頁
　　　　291～309。
〔註73〕張晉藩主編，《中國法制通史》（北京：法律出版社，1999 年）。楊一凡主編，
　　　　《中國法制史考證》（北京：中國社會科學出版社，2003 年）。楊一凡主編，《中
　　　　國法制史考證續編》（北京：中國社會科學出版社，2009 年）。中國政法大學
　　　　法律古籍整理研究所編，《中國古代法律文獻研究》，1～4 輯（成都：巴蜀書
　　　　社，1999 年月、2004 年 6 月、2007 年月、2010 年）。
〔註74〕張光直，《中國青銅時代》（臺北：聯經出版事業公司，1998 年初版六刷）。
　　　　張光直，《中國青銅時代（第二集）》（臺北：聯經出版事業公司，2001 年初
　　　　版四刷）。張光直，《考古學專題六講》（臺北：稻鄉出版社，1999 年 6 月 3
　　　　刷）許倬雲，《西周史》（北京：三聯書店，2001 年 1 月）。許倬雲，《中國
　　　　古代社會史論——春秋戰國時期的社會流動》（桂林：廣西師範大學出版社，
　　　　2006 年 1 月 1 刷，此書英文版作於 1965 年）。杜正勝，《周代城邦》（臺北：

　　茲以杜正勝《編戶齊民：傳統政治社會結構之形成》和《古代社會與國家》作說明。《編戶齊民：傳統政治社會結構之形成》，上自春秋中晚期，下迄嬴秦滅亡，歸納四百年間，中國社會從古典封建轉入傳統郡縣的要義，突顯傳統政治社會結構的特質。〔註75〕《古代社會與國家》，揭示「社會」和「國家」是歷史發展的兩大骨架，也是史學研究的主流。全書針對中國早期國家形成、夏商周三代政治社會結構本質、古代城邑、傳統家族等課題進行研究。〔註76〕本論文亦是選擇「社會」、「國家」作爲研究面向，故杜先生對「政治社會結構本質」的研究過程和成果，對本論文的影響力無庸置疑。再以古文字學大家裘錫圭爲例，其《古代文史研究新探・關於商代的宗族組織與貴族和平民兩個階級的初步研究》，和〈戰國時代社會性質〉二篇，對於本論文構思「國家政權格局」與「社會組織結構」，皆深具啓發性；且對於裘先生如何善用古文字材料建構古代史，可資借鑑的不僅是結論，更可貴的是其引證資料論述的方式。

　　不可諱言，本論文還受到若干日本學者的影響，如西嶋定生、增淵龍夫、守屋美都雄等。由其是西嶋定生《中國古代帝國的形成與結構》，和守屋美都雄《中國古代的家族與國家》。〔註77〕譬如本論文〈戰國秦漢簡牘所載的舍人

聯經出版事業股份有限公司，1979 年 1 月初版，2003 年 11 月初版 5 刷）。杜正勝，《編戶齊民 傳統政治社會結構之形成》（臺北：聯經出版事業股份有限公司，1990 年 3 月初版，2004 年 6 月初版 3 刷）。杜正勝，《古代社會與國家》（臺北：允晨文化實業股份有限公司，1992 年 10 月 20 日）。邢義田，《秦漢史論稿》（臺北：東大圖書股份有限公司，1987 年 6 月）。裘錫圭《古代文史研究新探》（南京：江蘇古籍出版社，2000 年 1 月 2 刷）。李學勤，《青銅器與古代史》（臺北：聯經出版事業股份有限公司，2005 年 5 月）。李學勤，《東周與秦代文明》（上海：上海人民出版社，2007 年 11 月）。朱鳳瀚，《商周家族型態研究增訂本》（天津：天津古籍出版社，2004 年 7 月）。邢義田，《治國安邦：法制、行政與軍事》《地不愛寶：漢代的簡牘》、《天下一家：皇帝、官僚與社會》（北京：中華書局，2011 年 1 月）。李峰《西周的政體：中國早期的官僚制度和國家》（北京：生活・讀書・新知三聯書店，2010 年 8 月）。

〔註75〕杜正勝，《編戶齊民 傳統政治社會結構之形成》（臺北：聯經出版事業股份有限公司，1990 年 3 月初版，2004 年 6 月初版 3 刷），〈序〉，頁 1。

〔註76〕杜正勝，《古代社會與國家》（臺北：允晨文化實業股份有限公司，1992 年 10 月 20 日），〈序〉，頁 1。

〔註77〕劉俊文主編，《日本學者研究中國史論著選譯（二）・專論》（北京：中華書局，1993 年 10 月）。《日本學者研究中國史論著選譯（三）・上古秦漢》（北京：中華書局，1993 年 11 月）等。西嶋定生，《中國古代帝國的形成與結構》（北京：

身分歸屬〉，即參考西嶋定生「家長式的家內奴隸制」，和守屋美都雄「任俠性的人際結合關係」，〔註78〕作為探討當時「主人」、「舍人」關係的兩個假設。

第三節 研究方法與步驟

　　本論文的「研究方法」，擬分成「古文字學與文獻學」、「歷史學」和「社會學」三個層面作說明，最後再附上本論文的「進行步驟」作結。

　　首選「古文字學與文獻學」，因為本論文在採用「周秦漢出土法律文獻」時，立即面臨如何正確釋讀史料的棘手問題，故需善用「古文字學」與「文獻學」知識。其次挑選「歷史學」與「社會學」，原因可參下列學者主張：錢賓四說「社會的橫切平斷面，正由許多歷史傳統縱深不同的線條交織而成。社會就是歷史進程的當前歸宿，社會是一部眼前的新歷史」，〔註79〕管東貴說「歷史要研究變遷的道理，必有時間深度。社會科學家著眼的是同一橫切面上、諸事務之間的互動關係」。〔註80〕杜正勝說「史學集中在事件與行動的順序及發展線索，社會學毋寧著重於型態及轉變方面」。〔註81〕簡言之，唯有將「周秦漢出土法律文獻」，同時放置於「歷史」與「社會」相互交疊的研究視域內，方能讓錯綜複雜的歷史事件，在更精準的時空座標與社會脈絡中，彰顯其文化縱深，讓整體研究更富立體性。

（一）古文字學與文獻學

　　援用「周秦漢出土法律文獻」，展開「主題式」研究，由其是時代較早的「西周金文」與戰國《包山楚簡》，它們使用「古文字」書寫法律案例或條文，非今日我們熟悉的書體，在研究過程中會憑添諸多正確判讀文字的難度。

中華書局，2004 年 10 月）。守屋美都雄，《中國古代的家族與國家》（上海：上海古籍出版社，2010 年 3 月）。

〔註78〕 西嶋定生，〈關於中國古代社會結構特質的問題所在〉，《日本學者研究中國史論著選譯（二）》（北京：中華書局，1993 年 10 月），頁 18～25。守屋美都雄，〈關於高祖集團的性質〉，《中國古代的家族與國家》（上海：上海古籍出版社，2010 年 3 月），頁 103～141。

〔註79〕 錢穆，《中國歷史研究法》（北京：三聯書店，2007 年 2 月 8 刷），頁 44。

〔註80〕 管東貴，〈我對「歷史」與「史學」的看法〉，《歷史月刊》第二期，1988 年，頁 10～17。

〔註81〕 杜正勝，《古代社會與國家》（臺北：允晨文化實業股份有限公司，1992 年 10 月 20 日），頁 987。

　　出土材料通常在原始資料公布後，在文本復原與內容闡釋會歷經一段眾說紛紜，終至形成共識的過程。但是「周秦漢出土法律文獻」的解讀之難，即在此使用「古文字」書寫的案例或條文，無論是單字釋讀或是全句理解，很多至今仍待議。所以如何在諸說中，挑選較爲精闢的見解，與當時的法律情境相吻合，是所有研究者皆無法迴避的挑戰。

　　遵循原先近似乾嘉學派的「古文字學」考證訓練，正確的程序必將所有的待考字還原至文獻脈絡；考釋某難字，得先將所有與此難字相關的證據列出，最理想的狀態是所有證據皆相互支持地指向某答案，以解決此難字的釋讀。故「考證法」最圓滿的境界，應可臻於「如常山之蛇，擊其首則尾應，擊其尾則首應，擊其中則首尾皆應。以諸子之年證成一子。一子有錯，諸子皆搖」。〔註82〕但眾所周知，古文字考釋經常受限於出土材料的片面性，而無法落實此境界，可見文字考釋工作艱困之一斑。

　　文獻解讀是治史的必由之路，任何文獻訓讀都必須恪守文本脈絡，不能任憑讀者的想像過度詮釋；所以研究者尊重史料、審慎詮釋是基本要件。歷史學者多十分重視文獻內涵的正確理解，因爲歷史無非是文字紀錄，掌握文字表達的眞確意義，大有利於歷史眞相的追尋；即使是當今歷史學院派的主流，也認爲歷史解釋可經由檔案文獻的驗證，不同解釋皆可藉由原始史料進行修正或辯駁；因爲辨別眞僞虛實的過程，還是具有基本理性和論證標準。〔註83〕由此可知，歷史檔案文獻的考證對於歷史研究的重要性。而法律檔案文獻考證的方法，據張伯元歸納，他認爲包括書目分類、版本收集與鑑別，以及運用文字、音韻、訓詁學知識對法律文獻進行校勘考辨等。〔註84〕

　　本論文在參酌「古文字」與「古文獻」的專業方法後，決定在引用各種出土文獻時，大抵先選定一個最新、最好的底本，再依此進行細部文字釋讀與斷句編聯的調整。譬如西周較無爭議的金文，以《殷周金文集成》和中央研究院歷史語言研究所金文工作室之「殷周金文暨青銅器資料庫」爲底本。〔註85〕至於聚訟紛紜者，如西周〈珊生三器〉和戰國《包山楚簡》，則必須

〔註82〕錢穆，《先秦諸子繫年》（臺北：聯經出版事業股份有限公司，1994年），〈序〉。
〔註83〕汪榮祖，《史學九章》（臺北：麥田出版社，2002年12月），頁303。
〔註84〕張伯元，《法律文獻學》（杭州：浙江人民出版社，1999年），〈前言〉。
〔註85〕中國社會科學院考古研究所，《殷周金文集成》（北京：中華書局，1984～1994年）。殷周金文暨青銅器資料庫，網址
　　　　https://db1.sinica.edu.tw/~textdb/test/rubbing/ query.php。

稽考眾說、重新編寫釋文。凡此，都是研究中國古代法律制度與法律思想的一項極其重要的基礎工作，因為任何非立基於踏實文獻考證的研究成果都是相當危險的。

　　但不可否認，「歷史考證」有其侷限性；故若是能在「歷史考證」的根柢上，加入「歷史學」以及「社會學」視野，對中國古代法律的共時結構與歷時發展，展開「歷史敘述」或「歷史詮釋」，其「歷史意義」將更容易因此而顯豁。

（二）歷史學

　　「歷史」的英文 history，源於希臘文 historia，本義是「研究調查」。據歷史學家定義：「歷史」是以往實際發生的事件（簡言之為往事），或是以往實際發生事件的紀錄（往事的紀錄）。「歷史」是一個已經過去的變遷過程，研究「歷史」就是研究這個不會再變的變遷過程。「歷史」乃相干人事，在時間與空間中的變遷，而此變遷之人事，古往今來，務得其「眞」。〔註86〕任何研究若是捨棄「歷史」視野，便會將不同時間層已有變化之事，壓縮在同一時段，忽略其演變。史學研究的重要目的，即是對事物發展變化作出規律性表述；本論文即借助此「史學方法」，對「周秦漢出土法律文獻」的發展歷程，作出規律性表述。

　　「歷史」本就是一門客觀求眞、根據資料解釋史實的科學；所以中國史學家奉行的史學方法，譬如細緻敘事、審慎解釋、精確考證等仍不可偏廢。但史學方法也相當重視「整體性」。所以史學界永遠視「顯微鏡式的細窺」與「望遠鏡式的鳥瞰」，在史學研究中互為表裡。〔註87〕單一歷史事件必置於大格局理解；然大格局的建構，也須由許多單一歷史事件中累積。

　　「歷史知識」為對歷史實情的認知，而歷史實情包括「事」與「理」。對「事」的認知，只是史學研究的基礎；必須透過「事」而推知其「理」，才能為預測提供參考。但歷史現象背後的「理」具有層次深度，未經「歷史敘事」

〔註86〕杜維運，《史學方法論（增訂新版）》（臺北：三民書局，2005 年 3 月），頁 23
　　　　～24。管東貴，〈我對「歷史」與「史學」的看法〉，《歷史月刊》第二期，1988
　　　　年，頁 10～17。汪榮祖，《史學九章》（臺北：麥田出版社，2002 年 12 月），
　　　　頁 359。
〔註87〕杜維運，《史學方法論（增訂新版）》（臺北：三民書局，2005 年 3 月），〈序〉
　　　　頁 5，頁 8、14。汪榮祖，《史學九章》（臺北：麥田出版社，2002 年 12 月），
　　　　頁 272。

或「歷史解釋」將無法彰顯；只有冶「敍事」與「解釋」於一爐，「歷史」才不致淪為年鑑或是斷爛朝報。但在「歷史解釋」時，不可避免會被迫尋求「通則」，而「通則」總是蘊藏史家的價值判斷，實在很難達到完全客觀、全無爭議。是以在研究過程中，務必盡量讓「通則」自「證據（資料）」出，且不斷以「新資料」修正「通則」；讓「史實」、「理論」間維繫良好的互動。〔註88〕

　　本文特別倚重「史學家」為「歷史事件」所作的「整體性詮釋」。「整體性」為「望遠鏡式的鳥瞰」，因個別歷史事件只有在整體邏輯結構，即在歷史背景聯繫（Historical Context）中才有意義；否則即使將它們研究得再清楚，也只能是「沒有形狀的一堆事件被不恰當的稱作歷史」（The shapeless heap of facts improperly called history ——孔德語）。「解釋」為尋求「通則」的「歷史解釋」，因為「歷史」基本上是「針對過去所發生各事件間的關係，以及這些眾多事件為什麼如此聯繫之解釋系統」。〔註89〕本論文《周秦漢出土法律文獻研究》，可納入「歷史學」之「制度史」範疇，研究「中國制度史」必留意兩點：「一、不該專從制度本身看，而該會通與此制度相關之一切史實來研究。二、必須明白在制度背後都有一套思想與理論存在」。〔註90〕前者側重的是「整體」概念，後者強調則近似於「解釋」的層次。

　　茲再引述「古史研究」在「材料」與「方法」，至少應包含的三項要素：「（一）以信實的考古發掘新材料，（二）以縝密的訓詁考據判別舊文獻，（三）參照社會人文科學的方法及借用某些自然科學的協助闡釋新舊資料。當然最基本的史學見識不可或缺，以便發現歷史問題……」。〔註91〕前兩項為「出土材料」與「傳世文獻」交互為用的「二重證據法」；第三項是「問題意識」。本論文為符合「問題意識」，曾投注不少精神為每個章節設計「問題」，不斷鞭策自己帶著「問題」進入「周秦漢出土法律文獻」去尋覓「答案」，嘗試描繪「中國古代法」的形成歷程，且萃取其中彰而未顯的「歷史精神」。

〔註88〕 管東貴，〈我對「歷史」與「史學」的看法〉，《歷史月刊》第二期，1988年，頁10～17。杜維運，《史學方法論（增訂新版）》，〈第十三章　歷史敍事與歷史解釋〉，（臺北：三民書局，2005年3月），頁225～247。汪榮祖，《史學九章》（臺北：麥田出版社，2002年12月），頁278～279。

〔註89〕 有關「整體」和「解釋」的概念，主要參考李峰，《西周的政體：中國早期的官僚制度與國家》（北京：三聯書店，2010年7月），〈序〉。

〔註90〕 錢穆，《中國歷史研究法》（北京：三聯書店，2007年2月8刷），頁28～29。

〔註91〕 杜正勝，《古代社會與國家》（臺北：允晨文化實業股份有限公司，1992年），頁54。

　　但在擬定「問題」時，得小心翼翼地針砭自己不要預設立場，摒除主題先行「應該是」或「只能是」的逆向單線思考，謹守「價值中立」，讓歷史材料自己發聲。因此本論文的整體架構，在每個章節得出小結後，都勢必再進行若干調整，此即是讓材料客觀展示的策略。且若是因為材料出現斷層，阻礙完整「歷史敘述」或「歷史詮釋」的提出，亦不刻意強求。

（三）社會學

　　本論文特別標舉「社會學」研究方法，理由有二：一、「法律是社會的主要形式」，故非常適合以「社會學」的角度切入，探討「周秦漢出土法律文獻」中，與「家族主義」、「社會結構」、「國家制度」等相關的議題。二、社會學家側重「共時結構」分析，可與上述歷史學家偏重「貫時發展」描述的方法相得益彰。

　　西方「社會學」的設問思路有四：

　　　1. 事實性問題（發生了什麼？）

　　　2. 比較性問題（這種現象隨處可見嗎？）

　　　3. 發展性問題（這種現象長期發生嗎？）

　　　4. 理論性問題（這種現象的背後是什麼？）〔註92〕

　　此「設問思路」，提供一套定義清晰的分析工具，故本論文在處理每個章節時，必會循此「設問思路」，依序對「周秦漢出土法律文獻」展開研究。

　　另外，本論文習用與「社會學理論」相關的立場有二，一、本論文的基本假設近似孔德（Auguste Comte），相信人類社會在競爭中有著「趨同」的大發展走向。意圖從「宏觀總體社會面」解釋政治現象，非今日受美國學風影響的「微觀社會學」。〔註93〕二、參照涂爾幹（Émile Durkheim），「比較社會學」非「社會學」的特別分支，它就是「社會學」。〔註94〕韋伯（Max Weber）的「比較社會學」，更具體地提出雙重比較分析，一是發展史的問題（文化內的比較分析），二是類型學的問題（文化間的比較分析）。〔註95〕

〔註92〕安東尼・吉登斯（Anthony Giddens），《社會學第五版》（北京：北京大學出版社，2009年4月），頁61。

〔註93〕王皓昱，《政治社會學：政治學的宏觀視野》（臺北：三民書局，2008年9月），〈自序〉頁13，內文頁1。

〔註94〕彼得・柏克（Peter Burke），《歷史學與社會理論》（臺北：麥田出版社，2002年），頁71。

〔註95〕林端，《韋伯論中國傳統法律》（臺北：三民書局，2004年5月初版2刷），〈自

　　本論文預設人類社會有著「趨同」的大發展走向，且採納「比較社會學」之「文化內」與「文化間」的比較分析，故贊同借用「『近代』、『西方』理論」，作爲「『中國』、『傳統』社會」研究的對照組，期待在中西對話中，突顯兩者之間的共性與特殊性。至於援用「近代」制度，乃在於認定古今制度的同質性。且承蒙「宏觀總體社會面」與「比較社會學」分析方法的啓發，故本論文會出現「宏觀」面向的「比較」章節。譬如第三章分別以「西周宗法體制依循血緣身份」，與「秦漢郡縣體制依循軍功爵位」相較，探討「血緣身份」與「軍功爵位」，對於「土地分配制度」的歷史意義。又如第五章以「西周金文紀錄的職官士」，與「春秋《左傳》、《國語》所載的晉國士氏家族」，和「戰國秦漢出土法律文獻提及的職官士」相較，嘗試論述「兩周」是否具備「司法獨立」的條件。上述二例，皆兼具「時間發展性」與「結構類型性」的「宏觀比較」；在分析過程中，既可檢視「歷史趨勢」，又可分析「社會類型」。此「大敘述」式的書寫策略，的確可讓個別事件不致於支離破碎；但不可否認，其同時也潛藏捨異求同的危機，此將是本論文不得不然，卻又無法迴避的挑戰。

　　最後選以「法國年鑑學派」，作爲本論文同時採用「歷史學」與「社會學」研究方法的小結。本論文引用「法國年鑑學派」，與「歷史學」相關的理論爲「長時段」。「周秦漢出土法律文獻」，顧名思義其時間從西周延續至漢初，如是「長時段」安排，乃爲了抉發法律因應時代變動的軌跡。中國傳統法律同樣具有高度連續性，若非橫越「春秋」、「戰國」這段中國歷史上著名的轉型期，將「春秋」、「戰國」前的「西周」，與「春秋」、「戰國」後的「秦漢」相較，此間「法律制度」與「法律思想」歷史演變所乘載的文化意義，將無法彰顯。

　　其次，本論文引用「法國年鑑學派」，與「社會學」相關的理論爲「結構功能」。「結構」爲相對持久的「模式」系統，「功能」爲結構內部的運動過程。〔註96〕本論文無論是「法律」、「家族」、「社會」或「國家」，其體制內皆包含一相對持久的「模式」系統；周、秦、漢爲順應時代需求，「法律」、「家族」、

序與導論〉，頁 9～10。內文，頁 1～3。

〔註96〕杜維運，《史學方法論（增訂新版）》（臺北：三民書局，2005 年 3 月），頁 458。管東貴，〈結構探討法在歷史研究上的時間幅度問題〉，《中央研究院歷史語言研究所集刊》60 本 3 分，1989 年 9 月，頁 683。汪榮祖，《史學九章》（臺北：麥田出版社，2002 年 12 月），頁 119。

「社會」和「國家」等，皆必須展開一系列結構內部的運動調適。

　　簡言之，本論文爲針對「周秦漢出土法律文獻」，進行「長時段」之「家族」、「社會」與「國家」的「模式系統」轉型研究。

（四）進行步驟

　　傳統中國向來維持「家國一元」之政治社會結構，故本論文「周秦漢出土法律文獻研究」，在章節安排時，預先埋伏了由「家」往「國」的擴展歷程。

　　中國政治社會結構的基本單位是「家庭」，而「家庭」內部的權力支配模式主要有二，一是父子間的「血緣」支配，二是主奴間的「擬血緣」支配。故本論文在〈第一章　緒論〉後，隨即在〈第二章〉展開攸關「父系血緣倫理」與「奴隸人權」的專題討論。首先，依次以《包山楚簡》、《睡虎地秦墓竹簡》，和《張家山漢墓竹簡》的法律文獻爲例，論證中華法系於戰國秦漢之際，已開啓稟受「血緣倫理」意識形態支配的先例。其次，從甲骨、金文與戰國秦漢簡牘中與「奴隸」相關的史料，證實「奴隸人權」正逐步獲得國家律令保障。總之，中國古代社會在「法律規範」調節下，並未因過度發達的「血緣意識」，而漠視部分家庭成員，如具血緣關係的「子」，和不具血緣關係的「奴」之「基本人權」。

　　第三章首先延續中華法系對「血緣倫理」的重視，將與「血緣倫理」相關的議題從「家族」擴大至「宗族」，藉西周〈琱生三器〉應證中國古代社會的「宗族」等級結構。〈琱生三器〉透過大宗召伯虎對小宗琱生的「法律治理權」與「土地分配權」，讓西周尊重父系血緣長幼親疏，規範宗族成員「義務」與「責任」的生活實貌精彩重現，讓我們更能體悟「宗族共同體」內「血緣倫理」的關鍵性。其次將〈琱生三器〉依照「血緣身份」進行土地分配，與《張家山漢墓竹簡・二年律令・戶律》（簡 310～313、314～316）改依照「軍功爵位」進行土地分配相較，探究當時社會結構的轉型意義。財產分配雖屬經濟過程，但同時也是社會過程，因爲分配參照標準的轉換，與當時社會結構息息相關。如本論文探討時段的社會結構，便歷經從「血緣長幼身分」至「軍功 20 等爵位」的轉變。但是「宗族」等級結構在中國古代社會，依舊保有超級穩定地位，非但不會與漸趨成熟的「地緣性法治國家組織」相抵觸，甚至還會與之縮合成中國特有的「家國同構」模式。

　　第四章則順著中國「家國一元」之政治社會結構，將全文提升至「國家

政治建構」的層次。因爲「周秦漢出土法律文獻」，除了反應古人在「家庭」與「宗族」內的「血緣情感」與「倫理規範」外；由於「家國同構」之故，「家庭」、「宗族」又不可避免地與「國家政治」的結構性因素發生關聯；故本章的延伸，對中國古代社會而言，是既自然又必然的發展。中國古代「國家政治體制」，可約略概分成「封建體制」與「郡縣官僚體制」兩大類。前者權力比較分散，由貴族世襲，等級嚴密，人的社會地位很難改變；後者權力比較集中，由國君直接或間接任命職官，比較開放，等級間具有流動性。但當兩種「國家政治體制」轉型時，必會歷經一段共存、競爭的中間形態。本論文擬從戰國《包山楚簡》法律文書的「地方行政權屬」，與「戰國秦漢簡牘」所載之「舍人」身分歸屬，雙管齊下地論證戰國秦漢之際的「國家行政權力結構」，是如何從西周「封建」，轉型成集「封建、郡縣」爲一體，最後由「皇帝專政」的新體制。

　　第五章因爲本論文主要引用「周秦漢出土法律文獻」，故本章擬將論述主軸回歸「法律制度」本身。集中探討「國家」形成的重要標誌──公共權力機構的設立，「國家」如何在「社會」中，創建一個超然的「法權」機構。「法律」爲因應「春秋」、「戰國」之際「社會經濟變動」與「集權官僚政治」，所衍生的產物。「集權官僚政治」是繼「封建」崩潰而起的新形式，秩序的維繫不再依賴血緣宗法，而是公開明文的法律。此時君王的法令，必需藉由分層負責的官僚下達編戶齊民，所以「國家」必須設置官僚體系，以運籌龐大的行政事務；且務必制定周全的法律條文，作爲官僚行政運作的憑據。故本章首要關注國家「官僚行政體制」內的「法權機構」是否成型且獨立運作，嘗試將「西周金文」、《左傳》、《國語》和「戰國秦漢法律文書」中，所提及的「職官士」相較；分析中國古代的「司法權」，如何在「官僚行政體系」對司法職能「專業化」的訴求下漸趨獨立。其次，從《包山楚簡‧疋獄簡》與〈受期簡〉考證，推論戰國時楚國「司法」體系的「平等意識」已深植人心。凡此，皆爲「國家官僚行政」體制成熟的參照值。

　　最後總結上述五章的討論，首先歸納中國古代從西周至漢初在「政治社會結構」的因襲與變革；其次論述「血緣倫理」如何支配「法律規範」；最後附上本論文的「自我檢討」與「未來展望」作結。通篇〈結論〉的書寫策略，擬將交代本論文章節安排所蘊藏的各式「辯證關係」，譬如本論文的二、三章偏重於「宗族血緣結構」，四、五章側重於「國家政治權力」，即本論文最大

的一組「辯證關係」。雖然中國古代宗族血緣結構，似乎強大到可以滿足行政管理需求；但是歷史發展的整體趨勢卻顯示，「宗族血緣結構」還是必須與「國家政治權力」相結合，若是缺乏「國家政治權力」的考慮，將無法說明「國家」是如何將不同的「宗族血緣結構」統整成一個政治實體。此也是中國古代法律為何會於此時成熟且湧現的重要成因，故理當與本論文再三強調中華法系所蘊藏的「血緣倫理」精神等量齊觀。當然整本論文的「辯證關係」並非如此簡單，於〈結論〉時，將會更細緻的交代每個章節中其他層次的辯證關係。

　　總之，依我個人淺薄的學力，許多複雜糾結的歷史問題，將無法於本論文立即提供一套周全且完善的詮釋，但我還是希望能夠略盡棉薄之力，貢獻一些未必成熟的淺見，作為我嘗試跨領域研究的階段性報告。

第二章　血緣倫理的確立與「人」基本價值的提升

　　中國古代社會向來維持「家國一元」之政治結構，所以「家庭」並非「國家」、「社會」的對立物；相反地，「國家」、「社會」皆不過是「家庭」的擴大。在此「家國同構」模式裡，「家庭」是政治社會的原型。所以與「家庭」攸關的「父系血緣倫理」與「主奴擬血緣倫理」，非但是「國家」制定「法律規範」的依據，亦是「社會」編制「人際關係」的準則。因此本論文擬以「家庭」中的「血緣倫理」，與「家庭」中所有成員的「人權」概況，作為本論文研究的開端。

　　傳統中國社會的「血緣」，多指同宗、共姓且共祀的男性血族團體。「倫理」可為父子、夫婦、兄弟、朋友等親友關係，亦可為維繫此諸關係的重要原則。本文「血緣倫理」，為維繫「同宗、共姓且共祀的男性血族團體」的重要原則。歷來研究中國傳統法律史學者，皆十分認同「血緣倫理」對於中國傳統法律的支配性。例如楊鴻烈說「刑罰是以助成倫理義務之實踐為目的」。陳顧遠說「中國固有法系以義務為本位，特別重視人與人之關係」、「數千年間個人皆以家族為歸宿，人倫皆以家族為中心，法制皆以家族制度為基礎」，又舉「清律」將「喪服圖」列於律首，是親屬間身分刑罰的參考。戴炎輝、徐道鄰則說「唐律」中與「禮」相關者，為「道德人倫主義」，具「家族主義論」特質。〔註1〕上述所引各家說法，皆證明「血緣倫理」著實是貫穿整個中

〔註 1〕 楊鴻烈，《中國法律思想史》（臺北：臺灣商務印書館，1964 年 11 月 1 刷，1993 年 3 月 8 刷），頁 6、31。陳顧遠，《中國文化與中國法系》（臺北：三民書局，

華法系的根本思想。但中華法系此項重視「血緣倫理」之「特殊性」，是否會與「法律規範」講究的「普遍性」釀成衝突，向來是中西法學家熱衷評論的議題，本文也將嘗試展開些檢討。

中華法系著重「血緣倫理」特質，以「家庭」為本位，與近代西方法律以「個人」為本位，迥然不同。中國傳統「父家長制」社會，每個「家庭」以「父家長」作代表，其他「家庭成員」似乎皆缺乏「完全」的行為能力。所以中國古代「國家」，向來以「家庭」作為直接統治的對象，而非「個人」。因為某些「個人」在「家庭」中會喪失自主能力，其「個體人格」會被「家庭」吸收，任憑「父家長」處置，無法與近代法律保障之「權利主體」相比擬，以今日眼光衡量，可說是毫無「人權」。但中國古代文明向以「人文精神」著稱，此「人文意識」的覺醒，即雅斯培（Karl Theodor Jaspers）、派深思（Talcott Parsons）所稱頌之「樞軸時代」（Axial age）與「哲學突破」（Philosophical breakthrough）。當時的世界文明古國，皆同步擺脫原始信仰，產生「人」的「理性」自覺。〔註2〕本論文探究的時代背景正與此相吻合，故聲稱當時擬制的法律規範不重視「人權」，是會與當時的思想潮流相背離。或者中國古代對「人」的定義與西方近代相異，中國式傳統定義的「人」，除了是父親的兒子，也是兒子的父親，是祖父的孫子，也是孫子的祖父，與同宗之「先祖」與「後裔」皆有濃厚的血緣聯繫；真正的「人」，應在此「父系血緣關係網絡」中，決定其生命的意義。

所以本章〈第一節　戰國秦漢出土法律文獻所載「血緣倫理」與「法律規範」間的匯合衝突〉，首先依據《包山楚簡》、《睡虎地秦墓竹簡》、《張家山漢墓竹簡》法律文書的釋文分析，勾勒戰國秦漢之際的「宗族組織」與「家庭型態」。其次從「孝道」、「家罪」、「公室告」、「非公室告」、「親屬相容隱」、「宗族連坐」、「宗族復讎」、「宗族繼承」等選題，論證戰國秦漢之「法律規範」，已開始繼受「血緣倫理」意識形態支配。最後討論兩則可能與「血緣倫理」相衝突的議題，一是「血緣倫理」是否會與法律規範所必備的「公共倫

1969 年 4 月初版，1977 年 12 月 3 刷），頁 19、55、57、79。戴炎輝，《唐律通論》（臺北：國立編譯館，1964 年），頁 18～22。徐道鄰，《唐律通論》（臺北：臺灣中華書局，1966 年），頁 28～36。

〔註 2〕雅斯培（Karl Theodor Jaspers）著，魏楚雄、俞新天譯，《歷史的起源與目標》（北京：華夏出版社，1989 年），頁 7～29。派深思（Talcott Parsons）著，章英華譯，《社會的演化》（臺北：遠流出版社，1991 年），〈第四章：歷史帝國〉，頁 89～122。

理」相衝突；二是「血緣倫理」是否會與法律規範所保障的「基本人權」相
抵觸。

　　「法律」為幫助人們規劃「政治社會生活」的「基本制度」，既需符合普
羅大眾的心理期待，又需獲得政治學說的理論證成。「政治社會」由「個人」
匯聚而成，完善的「基本制度」應建立在「人」的根柢上。所以「政治哲學」
經常以「人性」的假定作為前提，或是將「人性善惡」的論辯作為基礎，因
此本論文完全無法迴避與「人」相關的課題討論。

　　一個完整的「人」，必備各種繁複向度，可以是「道德主體」、「法政主體」、
「知識主體」，或其他形形色色的「主體」。本論文探討「周秦漢出土法律文
獻」中的「人」，自然會依「法律文獻」，將焦點鎖定在「法政主體」。但「中
國是以道德主體為法政主體預定了位置」，〔註3〕所以中國古代法律之「人」，
不能單純地以「法政主體」視之，得加入「道德主體」的考量。且現今法律
定義之「人」，包括「自然人」與「法人」，二者均為「權利義務主體」，法律
均賦予「權力能力」。〔註4〕本論文需採「自然人」，因為「法人」多指「自然
人」以外，具權利能力的社會組織。再以現今法律觀點衡量，所有「自然人」
皆必備諸如「平等」等權利，反觀中國古代出土法律文獻中的「人」，是否也
具備這些權利呢？

　　展開與「人權」相關的討論前，得先確認何謂「人權」。「人權」，更精確
的說法是「基本人權」，或「人民公權」。指人民對國家享有的權利，國家不
得以權力侵犯。最初本以為出自天賦，爾後變成國家賦與，先見於美國「獨
立宣言」，再見於法國「人權宣言」。現今各國大都將之列於憲法，如「中華
民國憲法」的平等權、自由權、生存權、受益權和參政權等。〔註5〕「基本人
權」是與生俱來的天賦人權，除非自然死亡，否則不得由國家權力或法律手
段加以泯滅，此是時下堅決廢除死刑者最常引用的理據。近代西方的「人權」
學說，總是蘊藏挑戰「國家」權威的立場，故經常成為政治制度與理論合法
化的淵源，是歐、美國家許多法定程序的基本架構。〔註6〕但為何在當今憲政

〔註3〕蔣年豐，《海洋儒學與法政主體》（臺北：桂冠圖書股份有限公司，2005 年 3
　　　月），頁 208～209、257～258。

〔註4〕鄭玉波著、黃宗樂修訂，《法學緒論》（臺北：三民書局，2005 年 9 月 16 版 1
　　　刷），頁 154。

〔註5〕鄭玉波著、黃宗樂修訂，《法學緒論》（臺北：三民書局，2005 年 9 月 16 版 1
　　　刷），頁 140～145。

〔註6〕黃俊傑，〈儒學與人權──古典孟子學的觀點〉，《儒家思想與現代世界》（臺

民主多元的國際社會裡，還是潛藏著無數斲傷「人權」的事件引發輿論撻伐呢？以此「人權」定義檢討中國古代社會，中國古代社會是否根本沒有預留任何與「人權」相關的討論空間呢？其實中國式的「人權」定義，與西哲康德（Immanuel Kant）較為近似，強調「人權」的目的價值，特別關心每位「法律（道德）主體」的「人性尊嚴」；〔註 7〕重視「人格」是否有往理想方向充分發展的「完全權利」，關注每個「人」的「生命權」、「自由權」和「私有財產權」等，是否僅為某些社會階級壟斷，並未成為普世價值等。

中國古代法律經常出現一些和「家庭」相關的術語，譬如「宗族」、「親屬」和「家屬」，三者的指涉不盡相同：

1. 「宗族」，同宗共姓且共祀的男系血族團體；

2. 「親屬」，依血緣主義，包括外親；

3. 「家屬」，同居共財的親屬，包括異姓親（義子、贅婿）、部曲（或明清代的僱工人）和奴婢。〔註 8〕

中國古代的「家庭」定義，與上述「家屬」最為近似。

「家庭」內存在各式權力關係，除了「父子」的「血緣」關係外，其次是「主奴」的「擬血緣」關係。「主人」與「奴隸」間並無真正的「血緣」關係，若是參照上述中國古代依照「父系血緣關係」定義「人」，「奴隸」皆非「社會人」，甚至「奴隸律比畜產」（《唐律疏議》），毫無「人格」。所以本章擬以「奴隸階級」作為起點，觀察當時法律準備如何安置這批社會最底層「奴隸」的「人權」。

當前《世界人權宣言》第四條說：「任何人不得使為奴隸或奴役；一切形式的奴隸制度和奴隸買賣均應予以禁止」，〔註 9〕特別規範善待「奴隸」的方式，作為「人權」保障的底線。故若欲知悉中國古代社會是否曾讓每位「法律（道德）主體」擁有「基本人權」，分析社會最底層的「奴隸人權」，將會是個不錯的切入點。「奴隸」為主人的「物」、「東西」和「動產」，他們一般僅具生物意

北：中研院文哲所籌備處，1997），頁 37。

〔註 7〕麥可‧桑德爾（Michael J. Sandel），《正義：一場思辨之旅》（臺北：雅研文化出版股份有限公司，2011 年 3 月），頁 118～122、139。

〔註 8〕戴炎輝，《中國法制史》（臺北：三民書局，1966 年 6 月初版，2000 年 10 月 12 刷），頁 190～191。

〔註 9〕聯合國大會 1948 年 12 月 10 日第 217A（III）號決議通過並宣佈，〈世界人權宣言〉，http://wildmic.npust.edu.tw/sasala/human%20rights.htm。

義的「人」，不具「人」的「權利」與「義務」，如他們無權上法庭，因他們缺乏「人」之所以爲「人」的「法權」。〔註10〕所以「奴隸階級」本身即違反「人權」；反之，若是「奴隸階級」的「基本人權」漸受保障，是否可視爲「奴隸階級」正逐步從社會結構中減量的前兆呢；且若是連社會最底層的「奴隸人權」都漸受保障，其他位居「奴隸階級」以上的成員，其「人權」只會更受重視，或是與「奴隸階級」共同晉升至法律「形式平等」的境界。

古代希臘著名的思想家亞里斯多德（Aristotélēs）認爲「奴隸」是自然制度，理想的「正義」至多可施於自由的希臘人，不包括「奴隸」和「野蠻人」。〔註11〕兩千年後，此不合人道的「奴隸制度」依然殘存，如印度的「種姓制度」，將印度人分爲「婆羅門」、「刹帝利」、「吠捨」和「首陀羅」。「婆羅門」爲祭司貴族；「刹帝利」是雅利安人的軍事貴族，包括國王以下的各級官吏；「吠捨」爲中下階層，包括農民、手工業者和商人；「首陀羅」是失去土地的自由民和被征服的達羅毗荼人，正處於「奴隸」地位。儘管印度獨立後，廢除「種姓制度」，印度憲法甚至明文規定不准階級歧視，但「種姓制度」仍對當今印度社會，特別是印度農村發揮很大的影響力。〔註12〕反觀中國傳統文化價值系統，「人」的尊嚴是遍及一切「人」，雖「奴隸」也不例外。〔註13〕其實，中國古代奴婢雖也曾喪失作爲「人」該有的自由與尊嚴，如會被視爲財物賞賜、買賣，人口登記時會與田宅、牛馬、車船等同列財產簿籍等。但隨著「編戶齊民」時代的蒞臨，和世界史「哲學突破」所帶來「人」之意識覺醒，皆對「奴隸人權」的提升興起正向作用。

所以本章〈第二節　戰國秦漢出土法律文獻所載奴隸人權的保障與提升〉，首先判斷商代甲骨文與西周金文的哪些身分可歸爲「奴隸」，統整其缺乏「人權」的事證。其次再判斷戰國秦漢簡牘法律文獻中的哪些身分可歸爲「奴隸」，概括其「人權」漸獲保障的事證。兩相對照後，嘗試論述操縱此歷史演進背後所潛藏的政治背景或思想啓蒙，且評估中國古代社會的「人權」應當如何定義。

〔註10〕何炳棣，〈商周奴隸社會說糾謬〉，《人文及社會科學集刊》7 卷 2 期，1995 年 9 月，頁 80。

〔註11〕丹尼斯・羅伊德（Dennis Lloyd），《法律的理念》（北京：新星出版社，2005 年 11 月），頁 58。

〔註12〕維基百科：http://zh.wikipedia.org/zh-hk/種姓制度。

〔註13〕余英時，《中國傳統思想的現代詮釋》（南京：江蘇人民出版社，1995 年），頁 17、33。

第一節　戰國秦漢出土法律文獻所載「血緣倫理」與「法律規範」間的匯合與衝突

研究中國傳統法律者皆深知「血緣倫理」乃貫穿整個中華法系的根本思想。「血緣」指同宗共姓且共祀的男性血族團體。「倫理」是不同身分、不同關係的人與人之間所當遵循的行為尺度。本文擬分析《包山楚簡》、《睡虎地秦墓竹簡》與《張家山漢墓竹簡》的法律文獻，從其所載與「父子」、「兄弟」、「同姓宗族」相關之倫理案件，論述支援「法律規範」深具「血緣倫理」特質的條件。

首先，從戰國秦漢出土法律文獻的釋文考證與文義解讀，勾勒戰國秦漢時期的「宗族組織」與「家庭型態」。其次，再分別從「孝道」、「家罪」、「公室告」、「非公室告」、「親屬相容隱」、「宗族連坐」、「宗族復讎」、「宗族繼承」等議題舉證，說明戰國秦漢出土法律文獻已有「血緣倫理」價值取向。最後，研擬兩則可能與「血緣倫理」相牴觸的議題，包括「血緣倫理」與「法律規範」，以及「血緣倫理」與「基本人權」間的匯合與衝突。（本節因參照前輩學者對《睡虎地秦墓竹簡》與《張家山漢墓竹簡》的研究方法，重新觀察《包山楚簡》法律文書，所以在徵引材料時，會先列舉秦漢簡，再引證戰國楚簡）。

一、戰國秦漢出土法律文獻所載之「宗族組織」與「家庭型態」

中國古代社會多以「宗族組織」型態為主，由同宗、共姓且共祀的男性血族團體組成，包括血統上下相連的「直系血親」，以及血統同出一源的「旁系血親」。「宗族」雖非共同生產和消費的單位，但中國古代社會為了增強「宗族」間的協同關係，維護政治的、經濟的、社會的共同勢力，多數「宗族」都是採取結集型態聚族而居。所以「宗族」聚居的原因，除了深受漢代以後儒家孝悌倫理觀念的影響外，最根本的因素還是導源於當時的社會經濟型態。

中國古代社會對「家庭」的定義，多指「同居共財」的「親屬」，共同生活、生產和消費的經濟活動單位；成員包括同姓親、異姓親（義子、贅婿）、姻親、部曲（或明清僱工人）和奴婢。在傳世典籍中，還可稱為「同居」、「共居」、「同爨」、「同財」、「共財」、「共衣食」等。戰國秦漢以降，「家庭」不僅是「經濟」單位，還是「政權」的基礎，尤其在「戶籍制」出現後，「家庭」之「家」還會與「戶籍」之「戶」並稱「家戶」。且為了順應新興的「戶籍制」

與「郡縣鄉里什伍制」,「家庭型態」也作了若干調整,引發後世爭論,最著名的是戰國秦漢之際的「家庭型態」,是否轉以「五口之家」為主。若是,則「五口之家」是以「核心家庭」或是「主幹家庭」的型態出現呢?〔註14〕牧野巽首先根據漢代戶口統計,推算平均一戶為五人,秦漢是以「核心家庭」為主,父母同居者不多,兄弟姐妹同居者更少;許倬雲、杜正勝大體贊成。〔註15〕但是黃金山卻認為「主幹家庭」才是標準的「五口之家」,漢代雖盛行「生分」,但分家後長子一般與父母居住,組成「父母妻子型」家庭。所以更周延的陳述方式:漢代家庭以「父母妻子三代型」與「父妻子二代型」家庭為主要形式。〔註16〕

　　綜上所述,中國古代社會的「宗族」與「家庭」,其區分方式有二,一為「父系血緣關係」,「宗族」必為父系血緣團體,「家庭」則可包括非父系的母系血緣團體、姻親團體,甚至是奴隸。二為「共同的經濟職能」,此與戰國時期財產制的整體趨勢——由「宗族共有制」演變為「家庭私有制」息息相關,原有的「宗族經濟共同體」不復存在,所以學者經常將是否具有「共同的經濟職能」,作為「宗族」、「家庭」之分界。〔註17〕

　　春秋、戰國至秦漢年間,列國為加強境內土地人口的社會控制,只能貫徹執行「戶籍制」與「郡縣鄉里什伍制」,但是鄉村里坊之宗族社會型態,似乎並未因此而改變,它們只是對原有聚落重新編組,形成「鄉」與「族」的疊合,如「是以入則孝慈於親戚,出則弟長於鄉里」(《墨子‧非命》)、「內者宗族,外者鄉里」(《墨子‧明鬼》),和「出則為宗族患,入則為鄉里憂」(《韓

〔註14〕　「核心家族」(nuclear family),由一對已婚夫婦及其未婚子女組成。「主幹家族」(stem family),包括一對夫妻及其子女與夫的父母(男系繼嗣)或妻的父母(女係繼嗣或招贅婚)。上述定義參見杜正勝,《古代社會與國家》(臺北:允晨文化實業股份有限公司,1992年10月20日),頁784。朱鳳瀚,《商周家族型態研究增訂本》(天津:天津古籍出版社,2004年7月),頁9~10。

〔註15〕　許倬雲,〈漢代家庭的大小〉,《求古編》(臺北:聯經出版事業股份有限公司,1982年初版,2003年9月初版五刷),頁515~541。杜正勝,〈傳統家族試論〉,《大陸雜誌》,65卷2~3期,1982年,頁57~85、127~151。張金光,〈商鞅變法後秦的家庭制度〉,《歷史研究》,1988年6期,頁74~90。

〔註16〕　黃金山,〈論漢代家庭的自然構成和等級構成〉,《中國史研究》,1987年4期,頁81~89。

〔註17〕　戴炎輝,《中國法制史》(臺北:三民書局,1966年6月初版,2000年10月12刷),頁190~191。史鳳儀,《中國古代的家族與身份》(北京:社會科學出版社,1999年9月),頁78。馮爾康等著,《中國宗族社會》(杭州:浙江人民出版社,1994年11月),頁325。

詩外傳》卷四）。〔註18〕所以下文將先據「戰國秦漢出土法律文獻」敘述「宗族組織」，再探討為因應「戶籍制」與「郡縣鄉里什伍制」，對「家庭型態」所產生的影響。

（一）宗族組織

1.《睡虎地秦墓竹簡》、《張家山漢墓竹簡》

戰國時期的秦國，是列國變法的典範，從秦獻公十年「為戶籍相伍」（《史記·秦始皇本紀》），秦孝公商鞅變法「令民為什伍」（《史記·商君列傳》），秦始皇統一六國後，配合「郡縣制」，在全國推行「戶籍制」與「郡縣鄉里什伍制」。但歷經秦孝公、惠文王、武王、昭王、孝文王、莊襄王、始皇等七位秦王，編纂而成的《睡虎地秦墓竹簡》，其中還遺留若干「宗族組織」。如《睡虎地秦墓竹簡》，經常將「典」、「老」並舉：

1. 匿敖童，及占癃（癃）不審，典、老贖耐，·百姓不當老，至老時不用請，敢為酢（詐）偽者，貲二甲；典、老弗告，貲各一甲；伍人，戶一盾，皆暨（遷）之。·傅律。【秦律雜抄 32～33，87～88】

2. 賊入甲室，賊傷甲，甲號寇，其四鄰、典、老皆出不存，不聞號寇，問當論不當？審不存，不當論；典、老雖不存，當論。【法律答問 98，116】

3. 甲誣乙通一錢黥城旦罪，問甲同居、典、老當論不當？不當。【法律答問 183，137】

「典」為里正，由上級政府機構任命，代表國家權力，屬官方人物。「老」為父老，戰國時原只是村落領袖長者的泛稱，漢代成為地方行政具特定意義的專名。〔註19〕戰國秦漢時期，「里正」與「父老」並列基層聚落的領導階級，負責里中口戶之數、居民年齡、稅收、治安、教化等事務。所以例 1 隱匿成童，申報廢疾、免老不確實，例2里中居民遭盜賊殺傷等，「里典」與「父老」都會因職責所在而被「連坐」。例3遇到里中誣告行賄的居民，應當如何懲處，

〔註18〕邢義田，〈從戰國至西漢的族居、族葬、世業論中國古代宗族社會的延續〉，《新史學》，6 卷 2 期，1995 年 6 月，頁 4。

〔註19〕邢義田，〈漢代的父老、僤與聚族里居——「漢侍延里父老僤買田約束石券」讀記〉，《漢學研究》1 卷 2 期，1983 年，頁 355～377。

也會徵詢他們的意見。當時基層社會對「父老」的倚重，不下於「里典」，所以「父老」所代表的「血緣性聚落」勢力，並未完全被「里典」的「地緣性行政單位」取而代之。

「漢承秦制」，漢高祖劉邦雖然推翻了暴秦，但政治制度卻多是沿襲秦制，譬如中央集權、郡縣、監察、官吏選任等，當然也包括「戶籍制」與「郡縣鄉里什伍制」。故歷經漢高帝、惠帝、呂后而成的《張家山漢墓竹簡》，也同《睡虎地秦墓竹簡》，保留了「族業」此「宗族組織」特徵，同姓之人世代從事相同生業。

《睡虎地秦墓竹簡》之例為：

> 令㩓〈敕〉史毋從事官府。非史子殹（也），毋敢學學室，犯令者有罪。内史雜【秦律十八種 191，63】

若非「史」官之子，是不被容許在學室學習，背離此法者有罪。此與西周〈史牆盤〉（《集成》10175），歷數其家族世代皆任史官，可謂是一脈相承。

《張家山漢墓竹簡》之例為：

> ……疇官各從其父疇，有學師者學之。【二年律令・傅律 365，234】

「疇官」的「疇」為世業。《史記・曆書》集解引如淳曰：「家業世世相傳為疇」。當時的人到了特定年齡，得從其「父」學，或以「吏」為師，繼承家族衣缽。

2.《包山楚簡》

戰國時期楚國，也是變法圖強相當成功的範例，如「昔者吳起教楚悼王以楚國之俗曰：『大臣太重，封君太眾，若此則上偪主而下虐民，此貧國弱兵之道也。不如使封君之子孫三世而收爵祿，絕滅百吏之祿秩，損不急之枝官，以奉選練之士。』」（《韓非子・和氏》）。楚國為削弱「大臣」、「封君」勢力，也曾大力推行「戶籍制」與「郡縣制」；雖然楚國「封君」勢力，與列國相較可說是異常龐大，但可以肯定的是楚國當時確已步入以「官僚行政體制」為主的「中央集權」時代，此是否會對原有的宗族社會組織造成影響，下文將參照戰國楚懷王時的《包山楚簡》法律文書，據其所展示當時楚國民眾的「居住狀態」、「職業類型」與「喪葬形式」等，推論當時楚國民間，仍維繫著「宗族組織」的社會型態。

下列引用釋文所認定的「縣」，主要參考陳偉、顏世鉉和吳良寶的考證。〔註20〕至於其他行政單位如「寏（域）」、「敔」、「宮」、「㡭（列）」等，皆是隸

〔註20〕陳偉，《包山楚簡初探》（武漢：武漢大學出版社，1996 年 8 月），頁 94～100；

屬於「郡縣」體制的權力結構。〔註21〕

首先列舉與戰國時期楚國人民「居住狀態」相關的簡文：

1. 劾（刜）〔註22〕戲（列）之少僮監族郙一夫、疾（癈）一夫，尻（處）於郙逡（路）區潊邑……【包3】

2. 鄹戲（列）上連嚻（教）之還窠（集）瘳〔註23〕族潤（潤）〔註24〕一夫，尻（處）於鄹或（域）之少（小）桃邑，才（在）墜（陳）豫之典。【包10～11】

3. 十月癸巳之日，让大敏（令）珊之州加公周運、里公周戥受期，乙未之日不遅（將）让御（率）（嘉）以廷，阫（登）門（聞）又（有）敗。 王娿邀。【包74】

4. □□之日，上臨邑公臨旀，下臨邑臨昗（得）受期，己未之日，不廷，阫（登）門（聞）又（有）敗。 疋獻。【包79】

5. 冬栾之月甲唇（辰）之日，少臧之州人冶士石（佢）〔註25〕訟

和顏世鉉，《包山楚簡地名研究》（臺北：臺灣大學中文所碩士論文，1997年6月），頁114～115。吳良寶，《戰國楚簡地名輯證》（武漢：武漢大學出版社，2010年3月），頁144～295。「縣」以加「雙底線」的格式呈現。

〔註21〕 參見詹今慧，〈《包山楚簡》法律文書封建／郡縣權力結構初探〉，高明教授百歲冥誕紀念學術研討會，政治大學中文系，2008年10月4日～5日；或是本論文第四章第一節〈包山楚簡法律文書的地方行政權屬分析〉。

〔註22〕 黃錫全釋「份」，參〈包山楚簡部分釋文校釋〉，《湖北出土商周文字集輯證》（武漢：武漢大學出版社，1992年），頁190。湯餘惠釋「劑」，參〈包山楚簡讀後記〉，《考古與文物》，1993年2期，頁69。何琳儀釋「刜」，參〈包山竹簡選釋〉，《江漢考古》，1993年4期，頁55。張桂光釋「剡」，參〈古文字考釋六則〉，《于省吾教授百年誕辰紀念文集》（長春：吉林大學出版社，1996年），頁280。案：以字形隸定而言，今從何琳儀說。

〔註23〕 何琳儀讀「廖」，參〈包山竹簡選釋〉，《江漢考古》，1993年4期，頁55。劉釗讀「鄩」，參〈包山楚簡文字考釋〉，首發於1992年南京中國古文字研究會第九屆學術討論會，後收入《東方文化》，1998年1～2期，頁48。劉信芳讀「蓼」，參《包山楚簡解詁》（臺北：藝文印書館，2003年），頁16。

〔註24〕 劉釗釋「潤」，參〈包山楚簡文字考釋〉，頁49。李零釋「衍」，參〈包山楚簡研究文書類〉，中國古文字研究會第九屆學術討論會，1992年11月，又收入《李零自選集》（桂林：廣西師範大學出版社，1998年2月），頁135。陳偉等：此字亦見上博竹書《周易》簡50和《三德》簡12，濮茅左將《周易》此字釋「潤」，與今本「干」相印證，參《楚地出土戰國簡冊〔十四種〕》（北京：經濟科學出版社，2009年），頁8。

〔註25〕 李守奎、蔡麗利隸作「屋」，釋為「居」。參〈楚簡中「尸」與「人」的區別與

其州人冶士石𤱈〔註26〕，言胃（謂）剔（傷）其弟石耴𤰞。既發𥬇
（契），執勿遊（失）。　洀期戠（識）之，秀顁（履）爲李（理）。
【包 80】

例 1～2 歸〈集箸簡〉。「集箸」，原釋文、黃盛璋、劉信芳、周鳳五認爲
是戶籍資料匯編；但是李零、張光裕、袁國華、陳偉、李家浩則將「集箸」
讀作「雜書」，視爲雜錄的一般案卷紀錄。〔註27〕本文參照〈集箸〉和〈集箸
言〉的案例，發現並非所有簡文皆爲戶籍資料匯編，故採用後說。

例 3～4 歸〈受期簡〉。「受期」的「期」字作「𣄨」，原釋文認爲它從「几」
從「日」，與《說文》「期」字古文「𣆠」（從「丌」從「日」）不盡相同，應是
「期」字異體。但是袁國華認爲「期」、「𣄨」二字有別，「期」是群紐之部，「几」
是見紐脂部。〔註28〕林澐、白於藍也認爲「几」、「期」韻部相隔甚遠，「𣄨」、
「𣆠（期）」並非一字。〔註29〕裘錫圭改釋「𣄨」爲「幾」（音「機」），訓「期」，
引《詩・小雅・楚茨》：「卜爾百福，如幾如式」，毛《傳》：「幾，期」爲證。
李家浩再舉《新蔡葛陵楚簡》零 336、341 號與「𣄨」相當之字作「幾」，補證
裘說。至於「受幾（期）」的意義，原釋文認爲是受理各種訴訟及初步審理的

訛混——釋楚簡中「作」與「居」的異體〉，「網路時代與中國文字研究」國
際高級專家研討會，上海，2010 年 9 月。轉引自朱曉雪，《包山楚墓文書簡、
卜筮祭禱簡集釋及相關問題研究》（長春：吉林大學古籍研究所，2011 年 6
月 8 日），頁 121～122。案：其實楚簡的「人」、「尸」、「弓」都有訛混的可能，
因未見李守奎、蔡麗利一文的詳細考證，故暫且將此字隸定爲從「人」部件。

〔註26〕何琳儀引「諽」字籀文作「𩨞」，參〈包山竹簡選釋〉，《江漢考古》，1993 年 4
期，頁 55～61。

〔註27〕劉彬徽、彭浩、胡雅麗、劉祖信，〈包山二號楚墓簡牘釋文與考釋〉，《包山
楚墓》（北京：文物出版社，1991 年），頁 348～399。黃盛璋，〈包山楚簡辨
證、決疑與發復〉，中國古文字第九屆學術研討會，1992 年 10 月，又見《湖
南考古輯刊》第六集，1994 年 4 月，頁 186～199。李零，〈包山楚簡研究文
書類〉，頁 131～147。張光裕、袁國華，《包山楚簡文字編》（臺北：藝文印
書館，1992 年 11 月），〈緒言〉，頁 1。陳偉，《包山楚簡初探》（武漢：武漢
大學，1996 年 8 月），頁 57～60。周鳳五，〈包山楚簡「集箸」「集箸言」析
論〉，《中國文字》，新 21，1996 年 12 月，頁 23～49。劉信芳，《包山楚簡
解詁》，頁 77～96。李家浩，〈談包山楚簡「歸鄧人之金」一案及其相關問
題〉，《出土文獻與古文字研究》第一輯（上海：復旦大學出版社，2006 年
12 月），頁 16～33。

〔註28〕袁國華，《包山楚簡研究》（香港：香港中文大學博士論文，1994 年 12 月），
頁 187。

〔註29〕白於藍，〈包山楚簡文字編校訂〉，《中國文字》，新 25 期，1999 年 12 月，頁
189。

時間記錄。除了黃盛璋「受稽」；曹錦炎「年度考核」；夏淥「受鐍」（貪官收受錢財）；董蓮池「理獄宜忌書」等比較特殊外；大多直接依照「受期」解釋，如陳偉所言，「受期」為「期會」、「約定時間」的意思即可。〔註30〕

〈受期簡〉有一常見之法律術語「阞門又敗」，我曾經以「丑、升部件同形」的角度對「月」字作過討論，當楚簡文字出現「夆」部件時，可同時將「夆」分析為從「丑」或從「升」部件，皆屬合理推測。若將「月」右部釋從「丑」，可通讀作「茅」；若將「月」右部釋從「升」，則可通讀作「登」、「徵」和「證」。〔註31〕爾後，參照裘錫圭、李家浩、廣瀨熏雄和大西克也等的新說。〔註32〕再據：

　　高皇帝七年，制詔御史：「獄之疑者，吏或不敢決，有罪者久而不論，

　　無罪者久繫不決。自今以來，縣道官獄疑者，各讞所屬二千石官，

　　二千石官以其罪名當報之。所不能決者，皆移廷尉，廷尉亦當報之。

　　廷尉所不能決，謹具為奏，傅所當比律令以聞。」（《漢書·刑法志》）

加上李學勤對《張家山漢墓竹簡》之「奏讞書」為「疑難案例彙編」性質的理解，「讞」乃「對獄訟之事有疑上報」等。〔註33〕似乎皆說明「阞門又敗」，還是以李家浩釋讀作「阞（登）門（聞）又（有）敗」，「如果受期者不按照文件所說的指示辦，就以上聞有敗論處」的理解最為適切。〔註34〕

例5歸〈疋獄簡〉。「疋」，有「疏」、「胥」二說，多數學者持「疏」說，

〔註30〕黃盛璋，〈包山楚簡辨證、決疑與發復〉，頁186～199。曹錦炎，〈包山楚簡中的受期〉，《江漢考古》，1993年1期，頁68～73。夏淥，〈讀包山楚簡偶記——受賄、國幣、茅門有敗等字詞新義〉，《江漢考古》，1993年2期，頁77～85。陳偉，《包山楚簡初探》，頁47～57。陳恩林、張全民，〈包山受期簡析疑〉，《江漢考古》，1998年2期，頁68～74。董蓮池，〈也說包山簡文中的受期〉，《古籍整理研究學刊》，1999年4期，頁4～5，陳偉等編，《楚地出土戰國簡冊〔十四種〕》，頁19～20。

〔註31〕詹今慧，《先秦同形字研究舉要》（臺北：政大中文所碩士論文，2005年1月），頁186～187。

〔註32〕裘錫圭，〈釋戰國楚簡中的「𩲡」字〉，《古文字研究》26輯，2006年11月，頁250～256。李家浩，〈談包山楚簡「歸鄧人之金」一案及其相關問題〉，頁16～33。廣瀨熏雄，〈包山楚簡受期「阞門又敗」再探〉，《簡帛》第二輯，2007年11月，頁53～61。

〔註33〕李學勤，《簡帛佚籍與學術史》（南昌：江西教育出版社，2001年），頁183。

〔註34〕參見詹今慧，〈《包山楚簡》法律文書「平等意識」試探〉，《逢甲人文社會學報》18期，2009年6月，頁29～30；或是本論文第五章第二節〈包山楚簡法律文書所載「司法」層面之平等〉。

爲條記獄訟；但李零、陳偉主「胥」說，爲等待審理之獄訟。〔註35〕其實〈疋獄簡〉已經進入初步審理階段，故本文從「條記獄訟」說。

〈疋獄簡〉有一慣用法律術語「既發笒，執勿遊，某某戠之，某某爲**季**」。「笒」，只有趙平安改釋「笆」，楚簡「子」、「孓」部件同字，但與「巳」可說是涇渭分明，不宜輕改隸定。至於通讀，湯餘惠認爲「笒」從「子」聲，疑即簡札本字。李零、葛英會、劉信芳讀「節」，劉信芳認爲是一種用作授以使命的信物。史傑鵬讀「契」，因爲上古「契」、「孓」皆「見母月部」，當可通假；且「笒」乃記獄訟之詞，與《周禮》、《左傳》的「契」性質相似。〔註36〕若同時考量「笒」字從「子」（或「孓」）得聲的通假條件，以及通假後的釋義，目前以「笒（契）」說較佳。「遊」字，據《郭店楚簡・老子甲》簡11、〈老子乙〉簡6、〈老子丙〉簡11和〈緇衣〉簡18等，與傳世文獻對讀，而釋讀作「失」，〔註37〕但字形本義待考。「戠」字，黃盛璋、李零、曹錦炎、陳偉、張全民、陳恩林釋讀作「識」，「記」也；周鳳五釋讀作「職」，同《周禮・鄉士》「職聽於朝」之「職」。〔註38〕「**季**」字，鄭剛首先隸定作「李」，已獲學界共識。〔註39〕若將「某人戠之，某人爲**季**」一併考慮，「**季**（李）」字作動詞，通讀作「理」，爲「理獄」，已傳達「主理其事」義，爲避免〈疋獄簡〉簡末署名官員的職掌重複，故本文將「戠」通讀作「識」，「記錄」義。

〔註35〕劉彬徽、彭浩、胡雅麗、劉祖信，〈包山二號楚墓簡牘釋文與考釋〉，頁 348～399。黃盛璋，〈包山楚簡辨證、決疑與發復〉，頁 186～199。李零，〈包山楚簡研究文書類〉，頁 131～147。陳偉，《包山楚簡初探》，頁 36～47。

〔註36〕湯餘惠，〈包山楚簡讀後記〉，頁 70。李零，〈包山楚簡研究文書類〉，頁 131～147。葛英會，〈包山簡文釋詞兩則〉，頁 92～95。劉信芳，〈楚簡文字考釋五則〉，《于省吾教授百年誕辰紀念文集》（長春：吉林大學出版社，1996 年 9 月），頁 187～189。史傑鵬，〈讀包山司法文書簡札記三則〉，《簡帛研究》二〇〇一上冊，2001 年 9 月，頁 19～24。趙平安，〈試釋包山簡中的「笆」〉，《簡帛研究》二〇〇二、二〇〇三，2005 年 6 月，頁 1～5。

〔註37〕荊門市博物館編著，《郭店楚墓竹簡》（北京：文物出版社，1998 年），頁 111、114、118、121、130、134。

〔註38〕黃盛璋，〈包山楚簡辨證、決疑與發復〉，頁 186～199。李零，〈包山楚簡研究文書類〉，頁 131～147。曹錦炎，〈包山楚簡中的受期〉，頁 68～73。陳偉，《包山楚簡初探》，頁 57～60、36～47。陳恩林、張全民，〈包山受期簡析疑〉，頁 68～74。周鳳五，〈包山二號楚墓出土文書簡研究〉，國科會成果報告，1995 年 12 月 31 日，頁 8。

〔註39〕鄭剛，〈戰國文字中的「陵」和「李」〉，第七屆古文字學研討會，1988 年，後收入《楚簡道家文獻辨證》（廣東：汕頭大學出版社，2004 年），頁 61～75。

　　本節主要討論戰國時期楚國人民的「居住狀態」，上述例 1 爲同姓的「鹽邨」和「鹽痰（瘞）」，同居「幻戈（列）鄢洛（路）區潦邑」。例 2「瘞澗」居於「鄭域（域）之少（小）桃邑」，再從「鄭戈（列）上連囂（敖）之還𡻈（集）瘞族澗一夫」，推測「瘞澗」所屬的「瘞族」，皆同居於「鄭縣」。例 3 從「周運」、「周默」的籍貫「珊」，以及例 4「臨佗」、「臨得」的籍貫「上臨邑」，推測同姓的「周運」、「周默」同居「珊縣」，同姓的「臨佗」、「臨得」同居「上臨邑縣」。例 5，同姓的「石臂（脖）」和「石拒」，不但同居「少臧州」，且同樣任職「冶士」。

　　其次列舉與戰國時期楚國人民「職業類型」相關的簡文：

1. 八月己巳之日，司䄦（禮或俸）司敗鄒頎受期，辛未之日，不遷（將）𡻈（集）獸黃辱、黃蟲以廷，阩（登）門（聞）又（有）敗。正旦塙敢（識）之。【包 21】

2. 九月戊申之日，佶大戡（列）六敏（令）周霾之人周雁訟付墼之闕（關）人周琛、周敓，冐（謂）癵（葬）於其土。琛、敓墼（與）雁成，唯周鼉之妻癵（葬）安（焉）。　足忻敢（識）之，鄟從爲李（理）。【包 91】

3. 臭（爨）月辛酉之日，邧易（陽）之佶笑〔註40〕笑公遱〔註41〕、教敏（令）苣訟其官人番毃、番向、番期，以其反官，自敨〔註42〕於新大廄（廄）之古（故）。　正義牢，坷。【包 99】

4. 司䄦（禮或俸）之逵（夷）邑人桯甲受泲易（陽）之酷官黃齊、黃鼉。黃齊、黃鼉皆以甘臣之戠（歲）臭（爨）月死於𨛬（耶）𡉉東敨邼戊之笑邑。【包 124】

〔註40〕　劉釗讀「券」，「佶笑公」即「造券公」，參〈包山楚簡文字考釋〉，頁 57。陳偉等讀「管」，有管樂器、鑰匙、管轄等義，參《楚地出土戰國簡冊〔十四種〕》，頁 45。

〔註41〕　高智釋「遞」，但陳偉等引《郭店・緇衣》簡 36「塵（塵－展）」，朱曉雪引《上博四・曹沫之陣》簡 18「纏（纏）」，認爲此字從「塵」，應隸定作「遱」。參高智，〈包山楚簡文字校釋十四則〉，《于省吾教授百年誕辰紀念文集》，頁 184。陳偉等編《戰國出土戰國簡策〔十四種〕》，頁 34。朱曉雪，《包山楚墓文書簡、卜筮祭禱簡集釋及相關問題研究》，頁 109。

〔註42〕　周鳳五讀「屬」，歸屬、隸屬，參〈包山楚簡〈集箸〉〈集箸言〉析論〉，《中國文字》，新 21，1996 年 12 月，頁 30。劉信芳讀「誅」，自誅，猶言自我陳述，參《包山楚簡解詁》，頁 94。

5. 冬柰之月甲辱（辰）之日，少臧之州人冶士石𡷡（炬）訟其州人
冶士石𡤂（脖），言胃（謂）剔（傷）其弟石耴𨫼。既發笄（契），
執勿遯（失）。泟期戠（識）之，秀頤（履）爲李（理）。【包80】

　　例 1 歸〈受期簡〉。黃辱、黃蟲皆任「槳（集）獸」，職掌同《周禮·天官·獸人》。因爲古文字「豐」、「豐」同形，劉心源早在《奇觚室吉金文述》即說「古刻豐豐篆形無別」；容庚《金文編》、裘錫圭〈甲骨文中的幾種樂器名稱〉都贊成古文字「豐」、「豐」不分。林澐雖嘗試分辨「豐」、「豐」，「豐」字從珏從壴，因爲古代行禮時常用玉和鼓。「豐」字從拝從壴，從拝者，謂擊鼓之聲蓬蓬然，乃以丰爲聲符，因鼓聲宏大充盈，故引申有大、滿等義。「豐」是會意字，「豐」是形聲字。但因爲「豐」、「豐」二字形體相近，先秦時兩字已有訛混的可能。〔註43〕所以文例既可依劉信芳通讀作「司豐（禮）」，參《周禮·秋官·司儀》。亦可依陳偉通讀作「司豐（俸）」，司掌俸祿。〔註44〕

　　例 2 歸〈泟獄簡〉。周琭、周敔皆任「付墾之闈（關）人」。「郗墾」，徐少華認爲即「符離之塞」（《戰國策·秦策》），史傑鵬認爲可能是「柏舉」（《左傳·定公四年》），或是「無假之關」（《史記·越世家》）。〔註45〕

　　例 3 亦歸〈泟獄簡〉。番𣪠、番向、番期皆爲「官人」。「官人」，或依孫詒讓《籀廎述林·官人義》指「倌人」，「庶人在官」，無專職。〔註46〕或是官營手工作坊的工匠。〔註47〕或許二說可融合爲「任職於官營手工作坊的庶人工匠」。

　　例 4 歸「訴訟紀錄或摘要之黃齊命案」。黃齊、黃㽅皆任「酤官」，周鳳五引《說文》：「酤，酒味厚也」，推測是醴酒作坊工匠。〔註48〕

　　戰國時期楚國人民的「職業類型」，上述例 1 黃辱、黃蟲皆任「槳（集）獸」，例 2 周琭、周敔皆任「付墾之闈（關）人」，例 3 番𣪠、番向、番期皆任「官

〔註43〕 容庚，《金文編》（北京：中華書局，1998 年 11 月 6 刷），767 號。裘錫圭，〈甲骨文中的幾種樂器名稱〉，《古文字論集》（北京：中華書局，1992 年 8 月），頁 196～209。林澐，〈豐豐辨〉，《古文字研究》12，1985 年，頁 181～186。
〔註44〕 劉信芳，《包山楚簡解詁》，頁 34。陳偉等編，《楚地出土戰國簡冊〔十四種〕》，頁 22。
〔註45〕 徐少華，〈包山楚簡地名數則考釋〉，頁 105。史傑鵬，〈關於包山楚簡中的四個地名〉，《陝西歷史博物館館刊》第 5 輯，1998 年 6 月，頁 138～139。
〔註46〕 陳偉，《包山楚簡初探》，頁 116～117。
〔註47〕 周鳳五，〈包山楚簡《集箸》《集箸言》析論〉，頁 29。
〔註48〕 周鳳五，〈包山楚簡《集箸》《集箸言》析論〉，頁 43。

人」，例4黃齊、黃**皆任「酷官」。再加上前文已徵引石佢、石**皆任「冶士」（簡80），都證明當時人民的職業選擇，與同族人治何種生業密切相關。

最後討論一則與戰國時期楚國人民「喪葬形式」相關的簡文，據《包山楚簡》法律文書，「倍大戲（列）六敂（令）周霰之人周雁」，之所以狀告「付塁之闈（關）人周琜、周敓」，或許是因爲「周雁」和「周琜」、「周敓」家的墓地，因爲「族葬」之故比鄰相連，而衍生這樁土地糾紛。如此才能解釋爲何本案經調查後會發現「唯周鼷之妻䘵（葬）焉」，因「周鼷」亦與同宗「周雁」、「周琜」、「周敓」等的家族墓地相連，其妻才有越界葬於「周雁」之地的可能（簡 91）。戰國時期楚國此類「族葬」形式，可以「包山楚墓」爲證，因「包山楚墓」即由兩對具有父子親緣關係的夫妻異穴合葬墓組成。〔註49〕

（二）家庭型態

戰國、秦漢之際的「家庭型態」，是否因應「戶籍制」與「郡縣鄉里什伍制」作調整，轉以夫妻及未成年子女所組成的「核心家庭」爲主，還是除了夫妻及未成年子女外，還包括丈夫的父母，以「主幹家庭」爲主呢？

1.《睡虎地秦墓竹簡》、《張家山漢墓竹簡》

秦孝公時商鞅推行「分異令」，「民有二男以上不分異者，倍其賦」（《史記．商君列傳》），一般認爲「生分」在秦國得到徹底實踐。首先參考下述案例：

> 封守鄉某爰書：以某縣丞某書，封有鞫者某里士五（伍）甲家室、妻、子、臣妾、衣器、畜產。．甲室、人：一宇二內，各有戶，內室皆瓦蓋，木大具，門桑十木。．妻曰某，亡，不會封。．子大女子某，未有夫。．子小男子某，高六尺五寸。．臣某，妾小女子某。．牡犬一……【睡虎地秦墓竹簡．封診式 8～12，149】

從上述「士五（伍）甲」的「家室」成員，包括妻、子與臣妾，但不包括父母，應爲「核心家庭」。但尹在碩卻引簡文「一宇二內」，爲一堂二內，《漢書．晁錯傳》：「家有一堂二內」，「堂」爲廳堂，「內」爲臥室。「二內」，分別供家長夫婦和一個兒子夫婦及其幼年子女居住，爲「主幹家庭」。〔註50〕

〔註49〕王紅星，〈包山楚墓墓地試析〉，《考古》，1988年5期，頁32～34。

〔註50〕尹在碩，〈睡虎地秦簡《日書》所見「室」的結構與戰國末期秦的家族類型〉，頁145、147。

其次參考下述案例：

1. 瓽（遷）子爰書：某里士五（伍）甲告曰：「謁鋈親子同里士五（伍）丙足，瓽（遷）蜀邊縣，令終身毋得去瓽（遷）所，敢告。」……【睡虎地秦墓竹簡・封診式 46～49，155～156】

2. 告子爰書：某里士五（伍）甲告曰：「甲親子同里士五（伍）丙不孝，謁殺，敢告。」……【睡虎地秦墓竹簡・封診式 50～51，156】

上述案例皆爲父子在分居狀況所發生的訴訟，二例的父親「士五（伍）甲」，皆僅與其子「士五（伍）丙」，維持著「同里」關係，並無「同居」。

再次參考下述案例：

毒言　　爰書：某里公士甲等廿人詣里人士五（伍）丙，皆告曰：「丙有寧毒言，甲等難飲食焉，來告之。」即疏書甲等名事關諜（牒）北（背）。・訊丙，辭曰：「外大母同里丁坐有寧毒言，以卅餘歲時瓽（遷）。……【睡虎地秦墓竹簡・封診式 91～94，162～163】

「士五（伍）丙」與其「外大母丁」，也是「同里」、「別居」。顯示「生分」的確在秦國獲得實踐，成年子女通常不與父母、祖父母、外祖父母「同居」。

但是下述案例卻記錄：

律曰「與盜同法」，有（又）曰「與同罪」，此二物其同居、典、伍當坐之。云「與同罪」，云『反其罪』者，弗當坐。・人奴妾盜其主之父母，爲盜主，且不爲？同居者爲盜主，不同居不爲盜主。【睡虎地秦墓竹簡・法律答問 20～21，98】

當私家奴婢竊盜主人父母的東西，是否爲「盜主」，評判標準竟爲「主人父母」是否與「主人」同居，僅同居爲盜主。由此推論，當時社會的「家庭型態」，應是「核心家庭」（不與父母同居）與「主幹家庭」（與父母同居）並行不悖。

再加上「睡虎地出土四號秦墓」之「黑夫家書」與「驚家書」兩方木牘，「黑夫」與「驚」兩兄弟，同處於以兄長「衷」爲戶主的家庭，很顯然此乃「三世同堂」的家庭。所以戰國末期秦國民間家庭類型還是以「三世同堂」爲典型，但不否認以夫婦爲中心的單婚小家庭存在。〔註51〕

〔註51〕尹在碩，〈睡虎地秦簡《日書》所見「室」的結構與戰國末期秦的家族類型〉，頁 145、147。

　　西漢初年亦有此類「核心家庭」與「主幹家庭」共存的現象，如：

　　　　……它子男欲爲戶，以受其殺田予之。其已前爲戶而毋田宅，田宅
　　　　不盈，得以盈。宅不比，不得。【張家山漢墓竹簡・二年律令・戶律
　　　　310～313，216～218】

「爲戶」，指另立戶籍、自爲戶主。按本律規定，「後子」外的其他子男，在
父親身後想獨立爲戶，亦給予田；若在父親身前已獨立爲戶，然而無田宅，
或田宅數額未達身分標準，也可於此時從父親田宅中得到滿足。〔註52〕可見
父親生前諸子或「分異」、或「同居」，至西漢初年仍相當普遍。

　　但西漢初年的「同籍」未必「同財」，如：

　　　　民大父母、父母、子、孫、同產、同產子，欲相分予奴婢、馬牛羊、
　　　　它財物者，皆許之，輒爲定籍。孫爲戶，與大父母居，養之不善，
　　　　令孫且外居，令大父母居其室，食其田，使其奴婢，勿貿賣。孫死，
　　　　其母而代爲戶，令母敢逐（逐）夫父母及入贅及道外取其子財。【張
　　　　家山漢墓竹簡・二年律令・戶律337～339，225～226】

孫爲戶主時，大父母雖與父母同居，不僅奴婢爲孫所有，田地、居室亦爲孫
之產，大父母雖有使用權，卻無處分權。秦及漢初「戶＝同籍＝同居＝家」，
但「戶＝同籍＝同居＝家」僅「近似於同財」，同居家庭共享田宅，但允許家
內成員擁有獨立的動產所有權。〔註53〕

2.《包山楚簡》

　　既然《睡虎地秦墓竹簡》與《張家山漢墓竹簡》反應的「家庭型態」，是
「核心家庭」與「主幹家庭」共存。若此，時代稍早於它們的戰國《包山楚
簡》法律文書所展現的「家庭型態」，本文擬分別從「父子異居」與「別籍異
財」觀察。

　　「父子異居」之例爲：

　　　　東周之客鄦（許）糧至（致）作（胙）於葴郢之戠（歲），顝（夏）㞑
　　　　之月，癸卯之日，子左尹命漾陵之宮大夫戠（察）州里人陽鋋（鋋）
　　　　〔註54〕之與其父陽年同室與不同室。大宮痽、大駟（駟）尹帀（師）

〔註52〕 劉欣寧，《由張家山漢簡二年律令論漢初的繼承制度》（臺北：台灣大學出版
　　　　委員會，2007年），頁110～111。
〔註53〕 劉欣寧，《由張家山漢簡二年律令論漢初的繼承制度》，頁142～143。
〔註54〕 朱曉雪：此字所從「㫐」偏旁，見於朱家集銅器銘文，爲楚王名，歷來說法複
　　　　雜，以「前」說影響最大。《上博五・弟子問》簡1～2兩見「㫐」字，辭例爲

言胃（謂）：陽鋌不與其父陽年同室。鋌居郢，與其季父□（宗正）連囂（敖）陽必同室。大宮瘥內（入）氏（是）等（志）。【包 126～127】

本案歸「訴訟紀錄或摘要」。「陽鋌」雖不與其父「陽年」在漾陵縣同室，卻還是與任職連囂（敖）的同宗季父「陽必」在郢都同室。

「□」字，何琳儀認爲是「宗正」合文；史傑鵬隸定從「余」從「止」，讀作「舒」，指舒縣；劉信芳隸定從「宗」、「正」、「邑」，讀爲「宗」，指古國名。〔註55〕茲將「宗」、「余」字形列出：

待考字	□ 包 127
包山「余」	□ 包 137 反、□ 包 145、□ 包 149、□ 包 153、□ 包 164、□ 包 166、□ 包 171、□ 包 174、□ 包 184、□ 包 191
郭店「余」	□ □ 太一生水 14、□ 尊德義 23、□ 性自命出 33、□ 性自命出 33、□ 性自命出 36
郭店「宗」	□ 六德 28、□ □ 六德 30
望山「宗」	□ 望山一卜〔註56〕

「宗」，《說文》：「尊祖廟也，從宀從示」，據于省吾說法，「示」是神主，「宗」是屋中立神主之形。「余」，《說文》：「語之舒也，從八舍省聲」。「宗」、「余」二字形體的最大差別，爲中間豎筆是否穿透兩個並列的橫畫，「宗」字中間豎筆沒有穿透，「余」字有穿透。故從字形判斷，應隸定作「□」，指「宗正」。

「□陵季子」，即文獻的「延陵季子」；亦見於《清華簡·楚居》簡6作「□」，爲楚王名，即文獻中的「熊延」；因此《包山楚簡》此字可釋爲「鋌（延）」。參馬承源主編，《上海博物館藏戰國楚竹書（五）》（上海：上海古籍出版社，2005年12月），頁268。劉洪濤，〈說《上博五·弟子問》「延陵季子」的「延」字〉，簡帛網，2006年5月22日，http://www.bsm.org.cn/show_article.php?id=351。朱曉雪，《包山楚墓文書簡、卜筮祭禱簡集釋及相關問題研究》，頁114。

〔註55〕何琳儀，〈包山竹簡選釋〉，頁58；史傑鵬，〈關於包山楚簡中的四個地名〉，《陝西歷史博物館館刊》5，1998年6月，頁140。劉信芳，《包山楚簡解詁》，頁118。

〔註56〕滕壬生，《楚系簡帛文字編》（武漢：湖北教育出版社，1995年7月），頁613，辭例爲「□禱北宗一環」。

　　楚簡「■」字右邊所從部件，應該如何分析，長期以來眾說紛紜。若參考《郭店楚墓竹簡》，分別有「察」、「淺」、「竊」三說。〔註57〕根據許學仁與李運富的整理，「■」字「右」半，目前有「坴」、「業」、「業」、「举」、「辯字省形」、「帶」等字形分析；釋讀則有「對」、「蔽」、「驗」、「督」、「辯」、「竊」、「察」、「覆」等說法。〔註58〕構形得聲原因有劉釗、陳劍認爲從「辛」；趙彤認爲是「祭」之變體；王寧認爲由「訃」假借爲「覆」；裘錫圭、李家浩認爲從三體石經古文「踐」之聲旁；李零認爲從「卤」得聲等。〔註59〕其實從《包山楚簡》相關辭例驗證，仍以裘錫圭、廣瀨薰雄、李運富等將「■」字作「察」義理解最適當。李運富認爲此非調查，也非審判，應是對已知情況的檢驗、核實和確認（若將司法程序分爲調查、審核和判決，「譏」字應屬於第二階段）。且推論楚簡「譏」所記錄的詞語，應即《說文解字》和《爾雅》等工具書用「察」、「審」做同義詞來互訓的「覆」，「覆」、「僕（譏從僕得聲）」古音聲母相同，韻部覺屋旁轉相近，所以可借用來表示同一個詞。〔註60〕另外本文還是贊成將此類「■」字依形隸定作「譏」，因爲《包山楚簡》有從「業」部件

〔註57〕「察」，如〈五行〉簡8～9「思不清不■（察）」，帛書本對應字爲「察」，〈窮達以時〉簡1「■（察）天人之分，而知所行矣」，〈五行〉簡12～13「仁之思也清，清則■（察，察）則安，安則恩，恩則兌（悅）」，〈語叢一〉簡68「■（察）天道以化民氣」。「淺」，如〈五行〉簡46「進，莫敢不進；後，莫敢不後；深，莫敢不深；■（淺）莫敢不淺」、〈性自命出〉簡22～23「笑，禮之■（淺澤）也。樂，禮之深澤也」。「竊」，如〈語叢四〉簡8「■（竊）鉤者誅，■（竊）邦者爲諸侯」等。

〔註58〕許學仁，〈戰國楚簡文字研究的幾個問題——試讀戰國楚簡《語叢四》所錄《莊子》語暨漢墓出土《莊子》殘簡瑣記〉，古文字研究23，2002年6月，頁121～125。李運富，〈包山楚簡「譏」義解詁〉，簡帛研究網，2002年9月7日；又見《古漢語研究》，2003年1期，頁59～63；又輯入《漢字漢語論稿》（北京：學苑出版社，2008年元月），頁397～404。李運富，〈楚簡「譏」字及相關諸字考辨〉，《漢字漢語論稿》，頁405～430。

〔註59〕劉釗，〈利用郭店楚簡字形考釋金文一例〉，《古文字研究》24，2002年7月，頁277～281。趙彤，〈楚簡中用作聲旁的「祭」〉，簡帛研究網站，2002年9月12日。王寧，〈申說楚簡中的「訃」〉，簡帛研究網站，2002年9月15日。陳劍，〈甲骨金文■字補釋〉，《古文字研究》25，2004年10月，頁43。李家浩，〈談包山楚簡「歸鄧人之金」一案及其相關問題〉，頁16～33。李零，〈古文字筆記：卤與竊〉，《清華大學藏戰國楚簡壹國際學術研討會論文集》，清華大學出土文獻研究與保護中心，2011年6月。

〔註60〕李運富，〈包山楚簡「譏」義解詁〉，頁397～404。李運富，〈楚簡「譏」字及相關諸字考辨〉，頁405～430。

之字，直接從「業」得聲者，如「舒慶命案」之「**業**」字（簡 133），即隸定作「僕」，通讀作「僕」，為第一人稱謙辭。

　　周鳳五認為本案調查**鄧**年、**鄧**鏽是否同居，若非涉及連坐收孥，則當與賦稅相關。林啓屏據本案說明楚國已出現父子異居。〔註 61〕鄙參照前賢之見，推測本案所以必需存檔備查，或許在於戰國時期楚國人民的普遍情態，仍是維繫先秦「父子同居，兄弟不分家」的固有傳統之故。

　　「別籍異財」之例為：

> 遠柰之月甲寅之日，舒快訟邵**努**、邵**鼉**、邵**懌**、邵壽、邵**坙**（卒）、
> 邵**瞻**（瞻）〔註62〕，以其不分田之古（故）。　期乙丑。　郊逆（路）
> 公**蠢**哉（識）之，**剴**（列）勁為李（理）。【包 82】

本案歸〈疋獄簡〉。舒快對邵**努**、邵**鼉**、邵**懌**、邵壽、邵**坙**（卒）、邵**瞻**（瞻）等人提出訟告，導因於他們不分田。換句話說，「邵氏家族」極可能是顧及血緣倫理，所以不願意遵從政府法令強制分田，而被舒快訟告。

　　戰國時期楚國的「家庭型態」，究竟是以「核心家庭」或是「主幹家庭」為主，本文認為截至目前為止，尚缺乏直接案例佐證。縱使上述兩案似乎揭發《包山楚簡》法律文書已有「父子異居」與「別籍異財」等「核心家庭」特質；但若是上文的推測合理，似乎也並不排斥當時是以「主幹家庭」為主流。

　　以目前已公布的材料，從里耶秦代戶籍、尹灣西漢末集簿、走馬樓三國戶籍，或居延、敦煌等其他簿籍顯示的漢世戶口數，或文獻所說的「五口之家」，基本結構一致，也肯定父母加上二三未成年子女構成的家戶，是秦到三

〔註61〕 周鳳五，〈舍罕命案文書箋釋——包山楚簡司法文書研究之一〉，《臺大文史哲學報》，41 期，1994 年 6 月，頁 9。林啓屏，〈從五口之家的新社會基礎論商鞅韓非支配格局的建立〉，《臺大中文學報》11 期，1999 年 5 月，頁 25。

〔註62〕 何琳儀：從見從冒，參〈包山楚簡選釋〉，《江漢考古》，1993 年 4 期，頁 59。劉釗：從貝從冒，參〈包山楚簡文字考釋〉，頁 54。劉信芳：從視普聲，參《包山楚簡解詁》，頁 80。但是蘇建洲、徐在國、朱曉雪認為此字從「睿」，古文字「目」旁、「見」旁可通用，釋作「瞻」。此字可參考新出〈變公盨〉「叡（濬）」字作「**■**」，裘錫圭分析此字從「叔（奴）」、從「川」、從「〇（圓）」的初文。《上博二·容成氏》簡 38「璿」字作「**璿**」。參裘錫圭，〈變公盨銘文考釋〉，《中國歷史文物》，2002 年 6 期，頁 15。蘇建洲，〈郭店、上博二考釋五則〉，《中國文字》新 29，2003 年 12 月，頁 209～226。徐在國，〈郭店簡考釋二則〉，《中國文字研究》第四輯，2003 年 12 月，頁 148～150。朱曉雪，《包山楚墓文書簡、卜筮祭禱簡集釋及相關問題研究》，頁 127。

國家戶結構的主要型態。但李根蟠和王彥輝參照傳世文獻、《睡虎地秦墓竹簡》和《張家山漢墓竹簡》所作的歸納更具效力，其實「核心家庭」、「主幹家庭」與「聯合家庭」是相互依存、相互轉化，且「核心家庭」、「主幹家庭」與「聯合家庭」具有「社會階層」與「時代地域」的差異性，譬如「核心家庭」比較可能出現在「中下階層」和「秦國」，〔註63〕並不適宜一概而論。

　　總之，戰國秦漢之際的「家庭型態」，應該是「核心家庭」與「主幹家庭」共存，所以當國家在制定身分繼承、財產繼承與家族連坐法時，還是以血緣親屬作為政策導向，多將範圍限定在具有血緣關係的父母、子女或同產。

二、戰國秦漢出土法律文獻所載「血緣倫理」與「法律規範」間匯合與衝突之事例

　　下文將分別從「孝道」、「親屬相容隱」、「家罪」、「公室告」、「非公室告」、「收孥」、「緣坐」、「連坐」、「復讎」、「繼承」等議題，論證戰國秦漢出土法律文獻已深具「血緣倫理」價值取向，且觀察此特質將如何與「法律規範」匯合或衝突。

（一）孝道

　　中國是相當重視「孝道」的民族，「孝道」始終是中國古代社會倫理道德的核心價值。「孝」作為一種觀念，指「善事父母者也」（《說文解字》），或「善父母為孝」（《爾雅・釋訓》）。「孝」最遲產生於商周之際，商王朝祭祀祖先的禮儀已相當發達，故相應之「孝」觀念當已出現。西周時期的「孝」，以「享孝」、「追孝」為內涵，適用對象為已故亡人，施孝方式為祭祀。春秋時期伴隨宗族式大家庭的解體，以及對鬼神敬畏觀念的減輕，施孝對象改以奉養在世父母，成為「孝」觀念的主流。〔註64〕

〔註63〕李根蟠，〈從秦漢家庭論及家庭結構的動態變化〉，《中國史研究》，2006 年 1期，頁 3～25。王彥輝《張家山漢簡《二年律令》與漢代社會研究》（北京：中華書局，2010 年 8 月），頁 97～131。邢義田，〈從出土資料看秦漢聚落形態和鄉里行政〉，收入黃寬重主編，《中國史新論・基層社會分冊》（臺北：中央研究院・聯經出版事業公司，2009 年 6 月），頁 13～126。

〔註64〕陳來，《古代宗教與倫理》（臺北：允晨文化實業股份有限公司，2005 年 6 月），頁 312～313。貫麗英，〈秦漢不孝罪考論〉，《石家莊學院學報》，2008 年，10卷 1 期，頁 68～79。

茲列舉幾則從西周至戰國，與「孝」相關之金文爲例：

1. 〈曆鼎〉：曆肇（肇）對元德，考（孝）盨（友）隹（唯）井（型），乍（作）寶䵼彝，其用凤夕䵼言（享）。【《集成》02614，西周早期，《銘文選》332】

2. 〈墻盤〉：……害（鈇）屖（遲）文考乙公，遽趫得屯（純），無諫（責）農嗇（稼），歲䵼（稼）隹（唯）辟，孝盨（友）史墻，凤夜不彖（弛）……【《集成》10175，西周中期，《銘文選》225】

3. 〈仲殷父簋〉：中（仲）殷父鑄簋，用朝夕言（享）孝宗室，其子子孫永寶用。【《集成》03964，西周晚期】

4. 〈邾鵞簋〉：邾鵞乍（作）寶叚，用追孝于其父母，用易（賜）永壽，子子孫孫永寶用言（享）。【《集成》04040，春秋早期，《銘文選》840】

5. 〈中山王䪄壺〉：……隹（唯）躾（朕）皇祖文武，趄（桓）祖成考，是又（有）䊷（純）悳（德）遺怨（訓），以陀（施）及子孫，用隹（唯）躾（朕）所放（倣），慈孝寰（寬）惠，爨（舉）臖（賢）速（使）能……【《集成》09735，戰國晚期，《銘文選》881】

除此，《詩經·大雅·既醉》和〈小雅·蓼莪〉也是宣揚「孝道」的名作。商周皆有「不孝罪」，商代參《呂氏春秋·孝行》所載《商書》佚文：「刑三百，罪莫重於不孝」，高誘《注》：「商湯所制法也」。周代文王亦懲治「不孝」，如《尚書·康誥》：「元惡大憝，矧惟不孝不友」。《周禮·地官·大司徒》也提到「不孝之刑」等等。

戰國秦漢時期的出土法律文獻，亦有與「孝道」相關的法律條文，如：

1. ……爲人父則茲（慈），爲人子則孝……【睡虎地秦墓竹簡·爲吏之道40～41貳，169】

2. 賊殺傷父母，牧殺父母，歐（毆）詈父母，父母告子不孝，其妻子爲收者，皆錮，令毋得以爵償、免除及贖。【張家山漢墓竹簡·二年律令·賊律38，105】

例2殺傷父母必以「不孝罪」加重刑責，不得減刑。

漢代「不孝」的範圍，不限於具有「血緣關係」的「父」與「子」，茲摘

錄《張家山漢墓竹簡・奏讞書》案例二十一的部分原文於下：

……今杜瀘女子甲夫公士丁疾死，喪棺在堂上，未葬，與丁母素夜喪，環棺而哭。甲與男子丙偕之棺後內中和姦。明旦，素告甲吏，吏捕得甲，疑甲罪。廷尉毅、正始、監弘、廷史武等卅人議當之，皆曰：律，死置後之次，妻次父母；妻死歸寧，與父母同法。以律置後之次人事計之，夫異尊於妻，妻事夫，及服其喪，資當次父母如律。妻之爲後，次夫父母。<u>夫父母死，未葬，姦喪旁者，當不孝，不孝棄市；不孝之次，當黥爲城旦舂；敎（敎）悍，完之。</u>當之：妻尊夫，當次父母，而甲夫死，不悲哀，與男子和姦喪旁，致之不<u>孝，敎（敎）悍之律二章。</u>捕者雖弗案校上，甲當完爲舂，告杜論甲。……【奏讞書 180～189，374～377】

杜縣瀘里「女子甲」的丈夫「公士丁」疾死，她與婆婆在夜間守喪時，竟與「男子丙」至棺後「和姦」，第二天婆婆向官府告發，「女子甲」被捕。在上報廷尉的過程，廷尉毅、正始、監弘、廷史武等引用「不孝」、「敎悍」等律文，主張按照「不孝」、「敎悍」判處「女子甲」，黥爲城旦舂。可見漢代「不孝罪」的範圍，竟可擴大至此。但是本案的後續發展爲「廷史申」提出人倫關係當以生死爲界：

・今廷史申繇（繇）使而後來，非廷尉當。議曰：當非是。律曰：不孝棄市。有生父而弗食三日，吏且何以論子？廷尉毅等曰：當棄市。有（又）曰：有死父，不祠其冢三日，子當何論？廷尉毅等曰：不當論。有子不聽生父敎，誰與不聽死父敎罪重？毅等曰：不聽死父敎毋罪。有（又）曰：夫生而自嫁，罪誰與夫死而自嫁罪重？廷尉毅等曰：夫生而自嫁，及取（娶）者，皆黥爲城旦舂。夫死而妻自嫁，取（娶）者毋罪。有（又）曰：欺生夫，誰與欺死夫罪重？毅等曰：欺死夫毋論。有（又）曰：夫爲吏居官，妻居家，日與它男子姦，吏捕之弗得，□之，何論？毅等曰：不當〔論。曰：廷〕尉、史議皆以欺死父，罪輕於侵欺生父；侵生夫罪〔輕於侵欺死夫，□□□□□□□□與〕男子姦棺喪旁，捕者弗案校上，獨完舂，不亦重〔乎（乎）？毅〕等曰：誠失之。【奏讞書 180～189，374～377】

「廷史申」認爲既然「女子甲」的丈夫「公士丁」已經過世，就不適合再以

「不孝罪」論處「女子甲」。當然本案還有諸多待討論的空間，譬如「廷史申」的身分位階明明比「廷尉穀、正始、監弘、廷史武」低，為何可以推翻「廷尉穀、正始、監弘、廷史武」等眾人開會後定讞的判決，並獲得眾人同意等（因本文關切的是西漢初年對於「孝」的認定，故不擬在此繼續專論本案）。〔註65〕

但戰國、秦漢時期的「社會結構」與「國家體制」已經開始轉變，「國家權力」已開始滲透至「社會共同體」，甚至「家庭」內部，所以會出現「孝道」與「法律規範」相互匯合、衝突的案例。譬如下述兩則案例：

1. 豦（遷）子爰書：某里士五（伍）甲告曰：「謁鋈親子同里士五（伍）丙足，豦（遷）蜀邊縣，令終身毋得去豦（遷）所，敢告。」……【睡虎地秦墓竹簡・封診式46～49，155～156】

2. 告子爰書：某里士五（伍）甲告曰：「甲親子同里士五（伍）丙不孝，謁殺，敢告。」……【睡虎地秦墓竹簡・封診式50～51，156】

例1～2的「某里士五（伍）甲」，若認為自己的兒子「士五（伍）丙」不孝，皆務必依法報官審理，不能擅自動用私刑。

再舉《睡虎地秦墓竹簡》與《張家山漢墓竹簡》皆有的「三環」為例：

1. 免老告人以為不孝，謁殺，當三環之不？不當環，亟執勿失。【睡虎地秦墓竹簡・法律答問102，117】

2. 子牧殺父母，毆詈泰父母、父母、叚大母、主母、後母，及父母告子不孝，皆棄市。其子有罪當城旦舂、鬼薪白粲以上，及為人奴婢者，父母告不孝，勿聽。年七十以上告子不孝，必三環之。三環之各不同日而尚告，乃聽之。教人不孝，黥為城旦舂。【張家山漢墓竹簡・二年律令・賊律35～37，104～105】

「三環」，秦簡注釋者、崔永東與劉華祝將「環」讀作「原」，寬宥義，「三宥」可參《周禮・司刺》和《禮記・王制》，是審訊判決過程的規定。黃展岳認為是三審。錢大群（1988）、朱紅林和劉敏，將「環」解釋作「卻」，為三次勸

〔註65〕本案例解釋參考邢義田，〈秦或西漢初和姦案中所見的親屬倫理關係——江陵張家山二四七號墓《奏讞書》簡180～196考論〉，收入柳立言主編，《傳統中國法律的理念與實踐》（臺北：中央研究院歷史語言研究所，2008年6月），頁101～159。

阻原告，或三種拒絕受理的情況。張家山漢簡注釋者、錢大群（2003）和徐世虹，將「環」讀作「還」，覆也，反覆告三次，三次令告訴者反還，高齡父母經過「三環」（官吏多次調查瞭解）程序後，仍然堅持起訴，官府就理應受理起訴。〔註66〕

　　「三環」之「環」，就文字訓詁而言，解讀作「卻」或「還」較言之有據。將「環」作「卻」解，可參《集韻》：「環，卻也」，《周禮・夏官・環人》：「掌致師，察軍慝，環四方之故」，鄭玄《注》：「卻其以事謀來侵伐者」。賈公彥《疏》：「此則訓環爲卻」。且《睡虎地秦墓竹簡》有例證如下：

　　甲徙居，徙數謁吏，吏環，弗爲更籍，今甲有耐、貲罪，問吏可（何）論？耐以上，當貲二甲。【法律答問 147，127】

整理小組注釋「環」，引《周禮・夏官》注：「猶卻也」，推卻，退回不辦。

　　或將「環」讀作「還」，回、返回。清朱駿聲《說文通訓定聲》：「環，假借爲還」，同樣《睡虎地秦墓竹簡》亦有例證如下：

　　……虎未越泛（叟）薜（鮮），從之，虎環（還），貲一甲。……【秦律雜抄 25～27，85～86】

「越」，《小爾雅・廣言》：「越，遠也」。「泛」疑讀爲「叟」，《廣雅・釋詁一》：「棄也」。「薜」疑讀爲「鮮」，《淮南子・泰族》：「生肉」。「從」，追逐。整句是：虎沒有放棄肉餌走開，就加以追逐，使虎逃回，罰一甲。

　　但是《周禮・夏官・環人》：「掌致師，察軍慝，環四方之故」，若據清俞樾《群經平議・周禮・環人》，「鄭意蓋讀環爲還，故訓爲卻。然以勇力卻敵而謂之還，義實未安。據其職曰：『掌致師，察軍慝，環四方之故』，是環與察同意，蓋取圍環巡察之義」。若此，則「三環」之「環」，也可作「審查」

〔註66〕睡虎地秦墓竹簡整理小組，《睡虎地秦墓竹簡》，頁195。錢大群，〈秦律三環論〉，《南京大學學報》，1988年2期，頁69～74。張家山二四七號漢墓竹簡整理小組，《張家山漢墓竹簡（二四七號墓）》（北京：文物出版社，2001年），頁139。錢大群，〈秦律「三環」論考〉，見楊一凡編，《中國法制史考證》甲編第二卷《歷代法制考・戰國秦法制考》（北京：中國社會科學出版社，2003年），頁106～115。崔永東，〈張家山漢簡中的法律思想〉，《法學研究》，2003年5期，頁139～147。徐世虹，〈「三環之」、「刑復城旦舂」、「繫城旦舂某歲」解──讀〈二年律令〉札記〉，《出土文獻研究》，第6輯，2004年，頁79～82。劉華祝，〈關於秦律、漢律中的「三環」問題〉，《秦漢史論叢》（第九輯），（西安：三秦出版社，2004年），頁319～325。朱紅林，《張家山漢簡二年律令集釋》（北京：社會科學文獻出版社，2005年），頁41～46。劉敏，〈從《二年律令》論漢代「孝親」的法律化〉，《南開學報》，2006年2期，頁91～98。

義理解。

其實無論將「三環」之「環」作「退卻」、「返還」或「審查」，皆可見《睡虎地秦墓竹簡》與《張家山漢墓竹簡》對於處理「不孝罪」時態度之審慎。雖然中國古代法律「凡聽五刑之訟，必原父子之親、立君臣之義以權之」（《禮記・王制》）；但是中國古代「法律公權力」對於「親權」的約束，亦不容小覷。

秦漢政府為了鞏固每個作為「國家」支柱的「家庭」穩定發展，「孝」與「不孝」的認定仍取決於父母，且秦漢政府以立法形式，提供「家長」與「其他家庭成員」並不平等的法律特權。〔註67〕但秦漢政府也不能因此縱容父家長擅殺子女，對子女動用私刑，破壞社會秩序與危及人身安全，故還是允許法律規範介入。

（二）親屬相容隱

中國傳統法律之「親屬相容隱」，指法律禁止親屬互相告訐，同時不要求親屬在法庭上作證人等。西周訴訟案例，就有君臣、父子不能相訟的規定，如周襄王曾勸阻晉文公聽衛大夫元咺訟其君時說：「君臣皆獄，父子將獄，是無上下也」（《國語・周語中》）。孔子更大力宣揚「親屬相容隱」理念：

> 葉公語孔子曰：「吾黨有直躬者，其父攘羊，而子證之。」孔子曰：
> 「吾黨之直者異於是。父為子隱，子為父隱，<u>直在其中矣</u>。」（《論
> 語・子路》）

孔子的「直」，乃人與人的真實情感，所有的是非曲直皆需納入脈絡化的倫理解釋，合乎人倫，便是「直」。與國法認定去脈絡化、客觀意義是非公平的「直」，並不相同。孔子認為當兩者衝突時，寧取人倫的普遍主義，而捨法律的普遍主義。〔註68〕另外一則與孔子相關的「親屬相容隱」事例為：

> 孔子為魯司寇，有父子訟者，孔子拘之，三月不別，其父請止，孔
> 子舍之。（《荀子・宥坐》）

〔註67〕劉敏，〈從《二年律令》論漢代「孝親」的法律化〉，《南開學報》，2006 年 2 期，頁 91～98。徐世虹，〈秦漢簡牘中的不孝罪訴訟〉，《華東政法學院學報》，2006 年 3 期，頁 124～129。尹在碩，〈秦律所反映的秦國家政策〉，《簡帛研究譯叢（第 1 輯）》（長沙：湖南出版社，1996 年），頁 74。

〔註68〕林端，《儒家倫理與法律文化》（北京：中國政法大學出版社，2002 年 5 月），頁 101。郭齊勇，〈「親親相隱」、「容隱制」及其對當今法治的啟迪〉，《社會科學論壇》，2007 年 8 月，頁 93。

孔子基於「血緣倫理」精神，堅決反對父子興訟。

根據傳世文獻紀錄，西漢宣帝是首位將「容隱」正式納入詔令的君王：

> 自今子首匿父母，妻匿夫，孫匿大父母，皆勿坐。其父母匿子，夫匿妻，大父母匿孫，殊死，皆上請廷尉以聞。（《漢書·宣帝紀》）

但漢律的「親親得相守匿」，只規範父母與直系親屬間的「容隱」。唐朝以後，「容隱」範圍擴大至同居親屬，如：

> 居同居，若大功以上親及外祖父母、外孫，若孫之婦、夫之兄弟及兄弟妻，有罪相為隱。（《唐律疏議·名例》）〔註69〕

明清之際，更廣及妻親、岳父母和女婿。〔註70〕當今本國現行法之「親屬」，為血親、姻親和配偶。但因本節以「父系血緣倫理」的探討為主，故僅將焦點鎖定在「同宗、共姓且共祀的男性血緣宗族」。

「戰國秦漢出土法律文獻」，已有若干與「親屬相容隱」相關的規範，如《睡虎地秦墓竹簡》的「家罪」與「非公室告」。先論「家罪」：

1. 「家人之論，父時家罪殹（也），父死而誧（甫）告之，勿聽。」可（何）謂「家罪」？「家罪」者，父殺傷人及奴妾，父死而告之，勿治。【法律答問 106，118】

2. 可（何）謂「家罪」？父子同居，殺傷父臣妾、畜產及盜（盜）之，父已死，或告，勿聽，是胃（謂）「家罪」。【法律答問 108，119】

「家罪」有兩種形式，一為父親殺傷家人及奴隸，二為兒子殺傷、竊盜父親的奴婢和牲畜。對此兩種「家罪」，每位家庭成員都必須隱瞞，不得向官府控告，即使控告，官府也不受理。可見「秦」雖奉「民人不能相為隱」（《商君書·禁使》）之原則制定法律，但《秦簡》中卻保有「父子相隱」的意識形態；秦律「家罪」即是「父子相隱」思想的法律化。〔註71〕但對於文義理解，還

〔註69〕（唐）長孫無忌等撰、劉俊文點校，《唐律疏議》（北京：中華書局，1983年版），頁130～131。

〔註70〕瞿同祖，《中國法律與中國社會》（北京：中華書局，2003年9月1刷），頁62～63。

〔註71〕越智重明，〈孝思想の展開と始皇帝〉，載於《臺灣大學歷史學報》15期，1990年，頁64。崔永東，《金文簡帛中的刑法思想》（北京：清華大學出版社，2000年3月），頁47～50、57。張松，〈睡虎地秦簡與張家山漢簡反應的秦漢親親相隱制度〉，《南都學壇》25卷6期，2005年11月，頁22。

有待議之處，譬如例1「父死而告之，勿治」和例2「父已死，或告，勿聽」，是否暗示若父親在世，則可依國法處置呢？且例2「家罪」容隱的範圍是「同居」，若父子非「同居」，是否就擁有告發的權利呢？

再論「公室告」與「非公室告」的差異：

1. 「公室告」〔何〕殹（也）？「非公室告」可（何）殹（也）？賊殺傷、盜（盜）它人爲「公室」；子盜（盜）父母，父母擅殺、刑、髡子及奴妾，不爲「公室告」。【法律答問103，117】

2. 「子告父母，臣妾告主，非公室告，勿聽。」‧可（何）謂「非公室告」？‧主擅殺、刑、髡其子、臣妾，是謂「非公室告」，勿聽。而行告，告者罪。告〔者〕罪已行，它人有（又）襲其告之，亦不當聽。【法律答問104～105，118】

「非公室告」與「親屬相容隱」相關。秦簡「室」的概念，包括「父子血緣關係」與「主奴擬血緣關係」，意義近似於「親屬」或「家庭」；本節先關注「父子血緣關係」，「主奴擬血緣關係」留待下節討論。

《張家山漢墓竹簡》則是明文規定子女不能狀告父母：

> 子告父母，婦告威公，奴婢告主、主父母妻子，勿聽而棄，告者市。
> 【二年律令‧告律133，146】

「婦告威公」之「威」，婆母。參《廣雅‧釋親》：「姑謂之威」；《說文》：「威，姑也」。漢律曰：婦告威姑」；《說文》：「姑，夫母也」；皆指夫之母。「公」，爲夫之父。所以不只兒子不能狀告父母，媳婦也不能狀告公婆。此可參《漢書‧淮南衡山濟北王傳》：「……及太子爽，坐告王父不孝，皆棄市」。

但是「親屬相容隱」還是有底線，如《張家山漢墓竹簡》：

> 以城邑亭障反，降諸侯，及守乘城亭障，諸侯人來攻盜，不堅守而棄去之若降之，及謀反者，皆要斬。其父母、妻子、同產，無少長皆棄市。其坐謀反者，能偏捕，若先告吏，皆除坐者罪。【二年律令‧賊律1～2，88】

此律反倒是鼓勵卑幼狀告尊長，即使是父母、妻子、同產亦無妨，因爲將「血緣倫理」與「謀反」相較，後者的罪刑更加嚴重。〔註72〕所以「法律規範」容許之「親屬相容隱」，必須在不危害國家政權行使的前提下，方能生效。對

〔註72〕于振波，〈從「公室告」與「家罪」看秦律的立法精神〉，《湖南大學學報》，第19卷5期，2005年9月，頁39～44。

「法律規範」而言，「國家總體利益」永遠優先於「個別家族倫理」。

《包山楚簡》法律文書亦有與「親屬相容隱」相關的規範，如：

1. 東周之客璽（許）𨟻遻（歸）作（胙）於藏郢之歲（歲），九月戊午之日，宣王之㝉（窕）〔註73〕州人苛豐、登（鄧）公𦎫（鷞）之州人苛瘝、苛𦎫以受宣王之𨻰（陵）市之客苛适。執事人早募（暮）救〔註74〕适，三受不以出，阩（登）門（聞）又（有）敗。

   【包 58】

2. 九月癸亥之日，鄝之市里人醫（殷）牁受其䖒（兄）醫（殷）朔。執事人早募求朔，牁不以朔廷，阩（登）門（聞）又（有）敗。

   【包 63】

上述二例原歸〈受期簡〉，但陳偉依照格式慣例將它們從〈受期簡〉剔除，且認為是擔保制度；周鳳五認為是收受亡人、逃犯。〔註75〕例 1 苛豐、苛瘝、苛𦎫三人之所以願意擔保或窩藏苛适，例 2 殷牁之所以願意擔保或窩藏殷朔，從他們共同的姓氏推測，應該都是考量「父系血緣關係」所致。

且《包山楚簡》法律文書更是明文規定，具有相同「父系血緣關係」者，不能出庭作證，如：

……與其栽（仇）、又（有）惪（怨）不可𧪴（證）。同社、同里、同官〔註76〕不可𧪴（證）。匿（暱）至從父兄弟不可𧪴（證）……【包

〔註73〕 林澐認為即「窀穸」之「窀」，厚葬的大墓，參〈讀包山楚簡劄記七則〉，《江漢考古》，1992 年 7 期，頁 83。陳偉等讀為「屯」，戌守義，參《楚地出土戰國簡冊〔十四種〕》，頁 32。近來，李家浩認為「坉人」，即《睡虎地秦簡‧法律答問》中的「𡏋人」，其職掌為「守孝公、獻公冢者也」（簡 190），他認為「坉（從「屯」聲，定母文部）」和「𡏋（定母真部）」都應讀為「陵（來母蒸部）」，三字可通假，聲母都是舌音，韻母蒸部可與真、文二部相通，例證如新出《清華簡‧楚居》的「夷𡎺」，即古書中的「夷陵」，參李家浩，〈談清華戰國竹簡《楚居》的「夷𡎺」及其他——兼談包山楚簡的「坉人」等〉，《清華大學藏戰國楚簡壹國際學術研討會論文集》，清華大學出土文獻研究與保護中心，2011 年 6 月；又見《出土文獻》第二輯（上海：中西書局，2011 年 11 月），頁 55～66。

〔註74〕 陳偉讀為「求」，參《包山楚簡初探》，頁 48。

〔註75〕 陳偉，《包山楚簡初探》，頁 49、90。周鳳五，《香罗命案文書》箋釋——包山楚簡司法文書研究之一〉，頁 1～17。

〔註76〕 彭浩：一同供職的官吏，參〈包山楚簡反應的楚國法律與司法制度〉，《包山楚墓》（北京：文物出版社，1991 年 10 月），頁 553。周鳳五：同一手工作坊，參〈包山楚簡〈集箸〉〈集箸言〉析論〉，《中國文字》，新 21，1996 年 12 月，

138 反】

上述規定出自「舒慶殺人案」（簡 131～139 反），歸「訴訟紀錄或摘要」。原本舒慶提告，是因爲苟冒、趄卯殺害舒䢼後，趄卯自殺。但是㥆精、苟冒則反告，是舒慶、舒䢼、舒逾共同殺害趄卯。最後竟演變成「舒氏」和「㥆氏」（有時寫作「宣」或「趄」）兩個家族間的訴訟，旨在爲同宗兄弟之死討回公道。與「親屬相容隱」直接相關者，在於簡 138 反明文規定「匿（暱）至從父兄弟不可諜（證）」，同宗之「從父兄弟」不可出庭作證。

在中國古代社會裡，「親屬相容隱」不僅是法律規範，更是倫理道德，親屬間相互爭訟或是出庭指證，皆與中國人傳統的道義觀格格不入。

（三）收孥、緣坐與連坐

中國古代法律規範有「連帶刑事責任」，偏好將刑罰擴及「犯罪者」之外的「第三者」，尤其是與「犯罪者」有「血緣關係」的「第三者」，如：

〈兆域圖銅版〉：王命賈爲逃（兆）乏（法），闊（狹）小大之□□，有事者官□之，進退乏者，死亡若（赦），<u>不行王命者，快（殃）**迯**子孫，亓（其）一從，亓（其）一藏府，兩堂間八十七㡭（尺），□堂□□□㡭（尺）……【《集成》10478，戰國晚期，《銘文選》884】

其中「不行王命者，快（殃）**迯**子孫」之「**迯**」字，裘錫圭認爲應從「絲」得聲，讀爲「連」。〔註 77〕黃德寬引用〈晉侯**鞁**盨〉「其田用獸（狩），甚（湛）樂於邍（原）**遯**（隰）」之「**遯**（隰）」字作「**🉐**」，認爲〈兆域圖銅版〉之「**迯**」即〈晉侯**鞁**盨〉之「**🉐**」的省寫（省略「卩」），故可將此字隸定作「**遯**」，讀爲「襲」，《廣雅·釋詁》：「襲，及也」。〔註 78〕其實無論解讀作「快（殃）**迯**（連）子孫」或是「快（殃）**迯**（襲）子孫」，都是會連累子孫的意思，都是將「國法」、「家法」相互爲用，企圖以「族權」鞏固「政權」統治。

頁 35。陳偉：官、倌爲庶人在官者，指在同一官署供任雜務的人，參《包山楚簡初探》，頁 115～120。

〔註 77〕朱德熙、裘錫圭，〈平山中山王墓銅器銘文的初步研究〉，《文物》，1979 年 1 期，頁 51。裘錫圭，〈戰國璽印文字考釋三篇〉，《古文字論集》（北京：中華書局，1992 年），頁 479。

〔註 78〕黃德寬，〈「絲」及相關字的再討論〉，《中國古文字研究》第一輯（長春：吉林大學出版社，1999 年 6 月），頁 321～327。

　　中國古代政治思想家，對於中國古代法律規定與「犯罪者」有「血緣關係」者，必負「連帶刑事責任」，此是否合乎法理層面的「正當性」，歷代分成正、反兩派。反對者如周武王歷數商紂王的罪刑為「罪人以族」（《尚書‧泰誓上》）。又如《左傳‧昭公二十年》引〈康誥〉曰：「父子兄弟，罪不相及」。再如《孟子‧梁惠王下》：「文王之治岐也……罪人不孥」，趙岐《注》：「惡止其身，不及妻子也」。最後如《荀子‧君子》也認為只有在亂世會「以族論罪」，甚至「一人有罪而三族皆夷」。

　　擁護者為墨家和法家。墨家如「……諸有罪自死罪以上，皆逮父母、妻子、同產……歸敵者父母、妻子、同產皆車裂……城上卒若吏各保其左右，若欲以城為外謀者，父母、妻子、同產皆斷……」（《墨子‧號令》）。法家則更是推崇備至，如「重刑連其罪，則民不敢試」（《商君書‧賞刑》）；又如「重刑而連其罪，則褊急之民不鬥，狠剛之民不訟，怠惰之民不游，費資之民不作，巧諛惡心之民無變也」（〈墾令〉）。再如「公孫鞅之治秦也，設告相坐而責其實，連什伍而同其罪，賞厚而信，刑重而必，是以其民用力勞而不休，逐敵危而不卻，故其國富而兵強」（《韓非子‧定法》）。但無論中國古代政治思想家，如何針對此議題論戰，此「連帶刑事責任」，還是屢見於中國傳統法律規範中。

　　中國古代法律與「連帶刑事責任」相關的法律術語頗多，包括「連坐」、「緣坐」、「收孥」、「株連」、「族誅」等；但這些術語彼此存在著些微差異，需稍作「概念」上的辨析。本文將探討「收孥」、「緣坐」與「連坐」，主要將「連帶刑事責任」區分為具「血緣關係」和不具「血緣關係」兩大類。

　　「收孥」的定義，首見於《史記‧商君列傳》，商鞅在秦國變法之時，規定「僇力本業，耕織致粟帛多者復其身。事末利及怠而貧者，舉以為收孥」。司馬貞《索隱》曰：「末利謂工商也，蓋農桑為本，故上云本業耕織也。怠者，懈也，《周禮》謂之疲民，以言解怠不事事之人而貧者，即糾舉而收錄其妻子，沒為官奴婢。蓋其法特又重於古制也」。或是可參《史記‧孝文本紀》的紀錄：「今犯法已論，而使毋罪之父母妻子同產坐之」即「收孥」的意思。

　　「連坐」的定義，可參考「商君教秦孝公以連什伍，設告坐之過」（《韓非子‧和氏》），或是「公孫鞅之治秦也，設告相坐而責其實，連什伍而同其罪，賞厚而信，刑重而必，是以其民用力勞而不休，逐敵危而不卻，故其國富而兵強」（〈定法〉）。富谷至將「連坐」劃分成「鄰保組織中的連坐」、「血緣

關係連坐」，和「官僚組織內對上司及其同僚的連帶責任」。〔註 79〕崔永東也認爲「連坐」包括「家屬連坐」、「鄰里連坐」和「職務連坐」。〔註 80〕

　　沈家本在《歷代刑法考》首先區分「收孥」與「連坐」：「同罰即連坐之事，一家有罪，九家連坐，不論其爲親族與否，與並坐家室之律不同，蓋即《文紀》之相坐法……收者，收其孥坐，不獨罪及什五，即監臨部主亦連坐矣」。〔註 81〕

　　張伯元、閻曉君總結「收孥」與「連坐」的差異有三，一「對象不同」，「收孥」以血緣關係爲基礎，「連坐」以地緣關係爲基礎。二「起源不同」，「收孥」爲原始社會的氏族習慣，「連坐」爲法家商鞅所創制，如「令民爲什伍，而相牧司連坐」（《史記・商君列傳》），「秦用商鞅，連相坐之法，造參夷之誅」（《漢書・刑法志》）。三「學說不同」，「收孥」是將正犯的妻、子收孥，變爲官奴婢；效力在「累其心，使重犯法也」。「連坐」則視正犯罪行而定，讓鄰伍間「相收司」，相伺察，相互監督及舉告非法。〔註 82〕

　　戴炎輝總結「唐律」以來的傳統，歸納「緣坐」爲正犯的親屬或家屬亦被處罰，「連坐」乃正犯的同職或伍保負連帶責任。〔註 83〕

　　綜上所述，「連坐」所指涉的「連帶刑事責任」範圍最大，「緣坐」專指「血緣關係連坐」，而「收孥」除了「血緣關係」外，還包括「姻親關係」的妻子。雖然本文擬以「父系血緣關係連坐」爲主，但其實中國傳統社會「血緣關係」、「姻親關係」與「鄰保組織」通常休戚相關，本節會視情況附帶討論。

1.《睡虎地秦墓竹簡》、《張家山漢墓竹簡》

　　若是依照上述「收孥」、「緣坐」與「連坐」的定義，戰國秦漢出土法律文獻，可謂兼具「收孥」、「緣坐」與「連坐」案例的史料。首先，引證與「血緣關係」較相關的「收孥」與「緣坐（或專指「血緣連坐」）」；其次，再引證

〔註 79〕冨谷至，《秦漢刑罰制度研究》（桂林：廣西師範大學出版社，2006 年 4 月），頁 137。

〔註 80〕崔永東，〈張家山漢簡中的法律思想〉，頁 139～147。

〔註 81〕沈家本，《歷代刑法考・刑法分考》（北京：中華書局，1985 年），頁 81～86。

〔註 82〕張伯元，〈秦漢法典考述〉，參見王立民主編《中國法律與社會》（北京：北京大學出版社，2006 年 12 月），頁 137～150。閻曉君，〈論張家山漢簡《收律》〉，《華東政法學院學報》，2006 年 3 期，頁 129～132。

〔註 83〕戴炎輝，《中國法制史》（臺北：三民書局，1966 年 6 月初版，2000 年 10 月12 刷），頁 55。

與「血緣關係」較不相關的「鄰里連坐」與「職務連坐」。《睡虎地秦墓竹簡》的「收孥」：

1. 「隸臣將城旦，亡之，完爲城旦，收其外妻、子。子小未可別，令從母爲收。」‧可（何）謂「從母爲收」？人固買（賣），子小不可別，弗買（賣）子母謂毆（也）。【法律答問 116，121】

2. 夫盜千錢，妻所匿三百，可（何）以論妻？妻智（知）夫盜而匿之，當以三百論爲盜；不智（知），爲收。【法律答問 14，97】

3. 「夫有罪，妻先告，不收。」妻媵（賸）臣妾、衣器當收不當？不當收。【法律答問 170，133】

「收孥」的對象是「妻」與「子」，「收孥」爲沒收「妻」、「子」爲官奴。

《睡虎地秦墓竹簡》的「緣坐」（或專指「血緣連坐」）：

1. 「盜（盜）及者（諸）它罪，同居所當坐。」可（何）謂「同居」？‧戶爲「同居」，坐隸，隸不坐戶謂也。【法律答問 22，98】

2. 可（何）謂「室人」？可（何）謂「同居」？「同居」，獨戶母之謂毆（也）。‧「室人」者，一室，盡當坐罪人之謂毆（也）。【法律答問 201，141～142】

例 2「獨戶母」，佐竹靖彥將「母」字釋爲「毋」、「貫」，「戶毋」實爲「戶貫」，指戶籍。冨谷至認爲「戶毋」即「戶關」，或通「戶戉」，皆「門閈」義，「獨戶毋」指同一門閈或門內居住者爲同居。但邢義田認爲在秦的法律裡，某些情況母親比父親更重要，所以「獨戶母」是一戶中同母之人，同居有兩個相關要件，一爲同戶，二爲同母，若考慮秦的特殊倫理風俗，「獨戶母」也不一定就錯。〔註 84〕綜合各家說法，至少「連坐」的必要條件爲「同居」，不過從例 1「隸不坐戶謂也」，似乎指當時的「連坐」，並不涉及「奴隸」。

又如《睡虎地秦墓竹簡‧爲吏之道》附錄〈魏律〉二則，其中一則爲：

〔註 84〕 邢義田，〈秦或西漢初和姦案中所見的親屬倫理關係——江陵張家山二四七號墓《奏讞書》簡 180～196 考論〉，收入柳立言主編，《傳統中國法律的理念與實踐》（臺北：中央研究院歷史語言研究所，2008 年 6 月），頁 132。佐竹靖彥，〈秦國的家族與商鞅的分異令〉，《史林》63～1，1980 年，頁 13。尹在碩，〈睡虎地秦簡《日書》所見「室」的結構與戰國末期秦的家族類型〉，《中國史研究》，1995 年 3 期，頁 137～151。冨谷至，《秦漢刑罰制度研究》（桂林：廣西師範大學出版社，2006 年 4 月），頁 155～157、226～235。

廿五年閏再十二月丙午朔辛亥，○告將軍：叚（假）門逆閭（旅），
贅婿後父，或率民不作，不治室屋，寡人弗欲。**且殺之，不忍其宗**
族昆弟。今遣從軍，將軍勿恂視。享（烹）牛食士，賜之參飯而勿
鼠（予）殼。攻城用其不足，將軍以埋豪（壕）。魏奔命律【22～28
伍，175～176】

將要懲治「叚（假）門逆閭（旅），贅婿後父，或率民不作，不治室屋」時，
仍會顧及「不忍」牽連「其宗族昆弟」，說明魏國「宗族」情感之鞏固。

至於《張家山漢墓竹簡》與「收孥」與「緣坐（或專指「血緣連坐」）」
相關的律法，可說是相當集中地展現於《二年律令・收律》，如：

罪人完城旦、鬼薪以上，及坐奸府者，皆收其妻、子、財、田宅。
其子有妻、夫，若為戶、有爵，及年十七以上，若為人妻而棄、寡
者，皆勿收。坐奸、略妻及傷其妻以收，毋收其妻。【二年律令・收
律 174～175，159】

〈收律〉，為沒收犯罪人家屬與財產的法律，「家屬」包括具「血緣關係」的
「子女」，以及「姻親關係」的「妻子」。

但是《二年律令》的〈賊律〉、〈盜律〉、〈亡律〉、〈錢律〉、〈金布律〉，也
有零星與「收孥」或「緣坐（或專指「血緣連坐」）」相關的規範，如：

1. 賊殺傷父母，牧殺父母，歐（毆）詈父母，父母告子不孝，<u>其妻</u>
   <u>子為收者</u>，皆絪，令毋得以爵償、免除及贖。【二年律令・賊律
   38，105～106】

2. 劫人、謀劫人求錢財，雖未得若未劫，皆磔之。<u>罪其妻子，以為</u>
   <u>城旦舂</u>。其妻子當坐者偏捕，若告吏，吏捕得之，皆除坐者罪。
   【二年律令・賊律 68～69，118】

3. 縣官器敝不可繕者，賣之。諸收人，皆入以為隸臣妾。【二年律
   令・金布律 435，255】

「收」的對象主要為「妻子」，包括「妻子」和「兒女」。若是主犯殺害、傷
害父母，或父母告其不孝者，被牽連的「妻子」與「兒女」，不僅會被「收」，
還會被禁絪，不許以「爵」抵償，也不許以任何理由「贖免」。上述例 3，被
收之人稱為「收人」，其地位相當於「隸臣妾」。

下文將繼續引證與「血緣關係」較不相關的「鄰里連坐」與「職務連坐」。

《睡虎地秦墓竹簡》的「鄰里連坐」，秦簡只有「伍人連坐」：

1. 匿敖童，及占癃（癃）不審，典、老贖耐，·百姓不當老，至老時不用請，敢為酢（詐）偽者，貲二甲；典、老弗告，貲各一甲；伍人，戶一盾，皆遷（遷）之。·傅律。【秦律雜抄 32～33，87～88】

2. 戰死事不出，論其後。有（又）後察不死，奪後爵，除伍人；不死者歸，以為隸臣。【秦律雜抄 37，88～89】

例 1 百姓沒有確實申報免老，同伍之人每家罰一盾，且流放。例 2 在戰爭中死事不屈，應將爵位受其子，如後來察覺該人未死，應褫奪其子爵位，並懲治同伍的人。雖然「連坐」者都是「伍人」，但因為〈法律答問〉已經定義「可（何）謂四鄰」？「四鄰即伍人謂殹（也）」（簡 99，頁 116～117），所以「伍人連坐」即「四鄰連坐」，目的皆是讓民眾相互監視、相互告發，以強化國家統治。

《睡虎地秦墓竹簡》的「職務連坐」，為上、下級官員間的連坐。如：

1. ……官嗇夫免，效其官而有不備者，令與其稗官分，如其事……【秦律十八種 83，39～40】

2. 尉計及尉官吏節（即）有劾，其令、丞坐之，如它官然。【效律 54，75～76】

例 1 嗇夫遭免職，因點驗嗇夫管轄物資，有數量不足情事發生，應令嗇夫及其屬下小官，按各自所應擔負的責任分攤。例 2 縣尉會計以及縣尉官府中的吏，如犯有罪行，該縣令、丞應承擔罪責，與其他官府一樣。

《睡虎地秦墓竹簡》包含一個特殊現象，即「家屬連坐」會與「鄰里連坐」並列，如：

1. 律曰「與盜同法」，有（又）曰「與同罪」，此二物其同居、典、伍當坐之。云「與同罪」，云『反其罪』者，弗當坐。……【法律答問 20～21，98】

2. 甲誣乙通一錢黥城旦罪，問甲同居、典、老當論不當？不當。【法律答問 183，137】

例 1 的「同居」與「典、伍」並列，「同居」代表「家屬連坐」，「典、伍」分別為「里典」、「伍人」，代表「鄰里連坐」。例 2 的「同居」與「典、老」並

列，同樣有「家屬連坐」的「同居」、「老」（父老），以及「鄰里連坐」的「里典」。

但「職務連坐」比較獨立，不會擴及「家屬連坐」，如上文所舉〈秦律十八種・金布律〉的「職務連坐」（簡82～85），簡文後半提及：

> ……其已分而死，及恒作官府以負責（債），牧將公畜生而殺、亡之，未賞（償）及居之未備而死，皆出之，<u>毋責妻、同居</u>。金布【秦律十八種82～85，39～40】

如已分擔而死去，或是爲官府經營手工業而負債，或是放牧官將牲畜殺死、丟失，尚未償還及居作未完而死去，都可免除，不必責令其妻與同居者賠償。

且「職務連坐」也不會擴及「鄰里連坐」，如：

> 吏從事於官府，<u>當坐伍人不當？不當</u>。【法律答問155，129】

官吏在官府服役，不當因其同伍之人有罪而連坐。

但是《張家山漢墓竹簡》卻同時有關於「同居」、「四鄰」與「職務連坐」的規定，如：

> 盜鑄錢及佐者，棄市。<u>同居不告，贖耐</u>。<u>正典、田典、伍人不告，罰金四兩</u>。或頗告，皆相除。<u>尉、尉史、鄉部官嗇夫、士吏、部主者弗得，罰金四兩</u>。【二年律令・錢律201～202，170～171】

「同居」不告的刑責爲「贖耐」。「四鄰」（正典、田典、伍人）以及「職務」（尉、尉史、鄉部官嗇夫、士吏、部主）不告的刑責爲「罰金四兩」。相較之下，「同居」不告被「連坐」的刑責，還是高於「四鄰」與「職務」的「連坐」。

2.《包山楚簡》

戰國時期楚法與「連帶刑事責任」相關者，傳世文獻可參「荊國之法，麗兵於王尸者，盡加重罪，逮三族」（《呂氏春秋・貴卒》）；出土文獻可參《包山楚簡》法律文書，茲以《包山楚簡》下述這宗殺人案件爲例：〔註85〕

> 周客監**臣逅**（瞡）〔註86〕楚之**歲**（歲），言（享）月乙卯之日，

〔註85〕《包山楚簡》簡120～123釋文，特別參考周鳳五，〈《舍辠命案文書》箋釋——包山楚簡司法文書研究之一〉，頁1～17；和李守奎，〈包山楚簡120～123號簡補釋〉，「出土文獻與傳世典籍的詮釋——紀念譚樸森先生逝世兩周年國際學術研討會」，（上海：復旦大學，2009年6月13日～14日）。

〔註86〕李家浩：「遮」從「庶」聲，「庶」從「石」聲，「逅」讀「瞡」，訓爲至，參《九店楚簡》（北京：中華書局），頁48。

下鄰（蔡）藪（鄢）里人會（余）鼺（猾）告下鄰（蔡）釚〔註87〕敎（執）
事人易（陽）成（城）公▇（瞿）〔註88〕罕。鼺（猾）言胃（謂）：
「邜偂▇（竊）〔註89〕馬於下鄰（蔡）▇（而）償（賣）〔註90〕之
於易（陽）成（城），或（又）殺下鄰（蔡）人會（余）罕，小人命
爲晉〔註91〕以傳〔註92〕之。」易（陽）成（城）公▇（瞿）罕命▇邜
解句（拘）傳邜偂，昃（得）之。

　　言（享）月丁巳之日，下鄰（蔡）山易（陽）里人邜偂言於易（陽）
成（城）公▇（瞿）罕、大敔（虞）〔註93〕尹屈*〔註94〕、郹易（陽）

〔註87〕周鳳五：咎，罪咎過失的處理，參〈《昏罕命案文書》箋釋——包山楚簡司法
　　　　文書研究之一〉，頁15。劉信芳：「釚」字從「九」得聲，讀爲「糾」，糾正義，
　　　　參《包山楚簡解詁》，頁109。

〔註88〕陳偉等引《上博三·周易》簡23「▇」，對應之帛書本作「瞿」，傳世本作「衢」，
　　　　參《楚地出土戰國簡冊〔十四種〕》，頁58。

〔註89〕李零首釋「竊」，爾後學者多照《郭店楚簡·語叢四》簡8「▇（竊）鈎者▇（誅）」
　　　　之「竊」字改釋，參〈包山楚簡研究文書類〉，頁141。

〔註90〕「償」字作「▇（▇）」，李學勤首釋「償」，即今「鬻」字，意思是「賣」。
　　　　劉釗進一步引用《說文》和《玉篇》證明「償」、「鬻」二字皆有「賣」義。「償」
　　　　字古音爲定紐屋部，「鬻」字爲章紐覺部，二字音義皆近，顯然是一對同源詞，
　　　　或是一個詞的不同寫法。只是楷書寫作「歯」的部件，《說文》寫作「齒」，
　　　　而其古文字可能寫作「▇」和「▇」（西周金文「賣」或從此），此在構形演
　　　　變上該如何解釋？趙平安、劉釗贊成「齒」是「▇」眼睛部分豎立後的變形；
　　　　但是季旭昇、陳劍卻對「▇」和「▇」的造字本義是否相同，抱持懷疑態度。
　　　　趙平安認爲「齒」和「齒」都是「黃」的本字，是造象形字時對「黃」取象角
　　　　度不同而形成的異體字。陳劍則認爲「齒」、「齒」是音同或音近的一個字，用
　　　　作聲旁時兩者可以通用；而西周金文「▇」字「目」形上部，跟西周金文「告
　　　　（造）」形除去口的部份形體十分近似。參李學勤，〈包山楚簡中的土地買賣〉，
　　　　《中國文物報》，1992年3月22日。劉釗，〈釋「償」及相關諸字〉，《中國文
　　　　字》新28，2002年12月，頁123～132；又見《古文字考釋叢稿》（長沙：嶽
　　　　麓書社，2005年），頁230～231。趙平安，〈釋古文字資料中的「齒」及相關
　　　　諸字——從郭店楚簡談起〉，《中國文字研究》第二輯（上海：華東師範大學
　　　　中國文字研究與應用中心，2001年），頁82～83。季旭昇，《說文新證（上冊）》
　　　　（臺北：藝文印書館，2002年10月初版），頁252～253等。

〔註91〕此字從「开」得聲，劉釗引《集韻》「肝」字讀如「契」，參〈包山楚簡文字
　　　　考釋〉，頁59。李守奎讀爲「子」，「开」是見紐元部，「子」是見紐月部。

〔註92〕陳偉：傳，逮捕，參《包山楚簡初探》，頁139。

〔註93〕劉釗：讀作「虞」，虞衡，掌山之官，參〈包山楚簡文字考釋〉，頁59。

〔註94〕何琳儀、劉釗釋「遙」，參何琳儀〈包山竹簡選釋〉頁58，劉釗〈包山楚簡文
　　　　字考釋〉，頁59。李零以爲「達」字異寫，參〈讀《楚系簡帛文字編》〉，《出

莫囂（敖）臧■（獻）、會（余）羋。僕言胃（謂）：「小人不信■（竊）
馬。小人信■〔註95〕下鄩（蔡）聞（關）里人雁（鷹／應）〔註96〕
女返、東邧里人場賈、萬里人競（景）不割（害）■〔註97〕殺會（余）
羋於競（景）不割（害）之官（館）〔註98〕，而相■棄之於大迳（路）。
競（景）不割（害）不至（致）〔兵〕〔註99〕安（焉）。

　　人（孥）敚（執）場賈，里公邧■（昔）、士尹紬■〔註100〕返
孖（孥），言胃（謂）：「場賈既走於前，孖（孥）弗逯（及）。」孖（孥）
執雁（鷹／應）女返，加公臧申、里公利　返孖（孥），言胃（謂）：
「女返既走於前，孖（孥）弗逯（及）」。孖（孥）敚（執）競（景）
不割（害），里公■拘，亞〔大夫〕郘（宛）轏（乘）返孖（孥），
言胃（謂）：「不割（害）既走於前，孖（孥）弗逯（及）」。孖（孥）
收邧僕之■（攸一孥）、加公軋（範）戌、里公會（余）□返孖（孥），
言胃（謂）：「邧僕之■（攸一孥）既走於前，孖（孥）弗逯（及）」。

土文獻研究》5，1999 年 8 月，頁 142。劉信芳認爲此字又見《郭店‧六德》
簡 48「■」，讀爲「戚」，參《包山楚簡解詁》，頁 112。

〔註95〕周鳳五：似是「牙」字，讀爲「與」，參〈楚簡文字瑣記（三則）〉，《簡帛研
　　　　究匯刊》，第一輯（臺北：文化大學歷史系，2003 年 5 月），頁 10；李守奎改
　　　　釋「辯」，參〈包山楚簡 120～123 號簡補釋〉，「出土文獻與傳世典籍的詮釋
　　　　——紀念譚樸森先生逝世兩周年國際學術研討會」，（上海：復旦大學，2009
　　　　年 6 月 13 日～14 日）。

〔註96〕李守奎，〈包山楚簡 120～123 號簡補釋〉。

〔註97〕何琳儀釋「晜」，《正字通》：「晜同昆」，《說文》：「昆，同也」，參〈包山竹簡
　　　　選釋〉，頁 58。劉釗釋「僉」，《說文》：「僉，皆也」，參〈包山楚簡文字考釋〉，
　　　　頁 60。陳偉等釋「競」，引《離騷》：「眾皆競進以貪婪兮」，王逸注：「競，并
　　　　也」，「競殺」即共同殺害。，參《楚地出土戰國簡冊〔十四種〕》，頁 60。

〔註98〕劉釗讀爲「館」，參〈包山楚簡文字考釋〉，頁 60。周鳳五本認爲「館」，舍也，
　　　　即住處，參〈《爭羋命案文書》箋釋——包山楚簡司法文書研究之一〉，頁 11；
　　　　後改認爲官營或私營手工業都可稱作「官」，參〈包山楚簡〈集箸〉〈集箸言〉
　　　　析論〉，頁 30。

〔註99〕劉信芳釋「棄」，參《包山楚簡解詁》，頁 113。陳偉等編，據紅外影像釋「兵」，
　　　　「不致兵」，沒有用兵械，即未親自動手殺人，參《楚地出土戰國簡冊〔十四
　　　　種〕》，頁 60。

〔註100〕李零：「愼」的特殊寫法，參〈讀《楚系簡帛文字編》〉，頁 143。陳偉武：「訢」
　　　　字異構，從「言」、「忻」聲，「彡」爲追加聲符，參〈舊釋「折」或從「折」
　　　　之字平議〉，《古文字研究》第 22 輯，2000 年 7 月，頁 253。陳偉等編，此字
　　　　右下部似是系形，應可釋爲「繽」，參《楚地出土戰國簡冊〔十四種〕》，頁
　　　　60。

郱傺未至剬（斷），有疾，死於笱。〔註101〕

雁（鷹／應）女返、場賈、競（景）不割（害）皆既罌（盟）。

首段紀錄「畬（余）覞」向「昜（陽）成（城）公」狀告「郱傺」，因爲「郱傺」竊馬於下鄰（蔡），再賣至昜（陽）成（城），且殺其同宗兄弟「畬（余）罌」。末句「昜（陽）成（城）公箁（瞿）罌命筝郱解句（拘）傳郱傺得之」，爲本案審理者「昜成（城）公箁（瞿）罌」要求「郱解」將「郱傺」送交官署。周鳳五認爲「郱解」、「郱傺」同姓，「郱解」應是「郱傺」的家長，所以必須負「連坐」責任。〔註102〕這類事例在《包山楚簡》法律文書中亦有相關事證，如家長「周童耳」得負「連坐責任」，奉命將同宗「周斂」、「周琛」拘捕到案（簡 34 和 39）。

「筝」字，何琳儀讀爲「京氏」。周鳳五引《禮記‧郊特牲》注：「倞，猶索也」，整句是要求郱解拘捕郱傺送交官署。劉信芳釋爲「剠」，「黥」字異構。李守奎則將此字釋爲「停」，讀作「亭」，因爲「亭」可能是「京」的分化字，指官署「亭」，「筝（亭）郱解」是官署「筝（亭）」加上人名「郱解」。〔註103〕再說「句」字，陳偉武與上字連讀成「解枸」，打開桎梏。劉信芳讀爲「拘」，拘禁。陳偉等認爲郱傺不當簡稱郱，且此時郱傺未捕未判，亦無由黥之，倞郱、解句并是人名，「解」作姓氏之例可參春秋晉國解狐（《左傳‧襄公三年》）。〔註104〕依照本文釋讀，「箁（瞿）罌」、「郱解」、「郱傺」皆爲人名，所以「句」讀作「拘」最適切。加上此時「郱傺」未被判刑，所以「筝郱解」

〔註101〕李零讀「獄」，參〈讀《楚系簡帛文字編》〉，頁 147；劉信芳讀「拘」，參《包山楚簡解詁》，頁 111。史傑鵬讀「囚」，參〈包山楚簡研究四則〉，《湖北民族學院學報》，2005 年 3 期，頁 63。陳偉等編：文書簡 84 另有「獄」字作「獄」，且《郭店‧窮達以時》簡 7：「笱繇束縛」，裘錫圭云：「繇」疑讀爲「囚」，所以「笱」不應讀爲「囚」，參《楚地出土戰國簡冊〔十四種〕》，頁 61。

〔註102〕周鳳五，〈畬罌命案文書箋釋——包山楚簡司法文書研究之一〉，頁 9、14。

〔註103〕何琳儀，〈包山竹簡選釋〉，頁 58。周鳳五，〈畬罌命案文書〉箋釋——包山楚簡司法文書研究之一〉，頁 9。劉信芳，《包山楚簡解詁》，頁 111。李守奎，〈包山楚簡 120～123 號簡補釋〉。

〔註104〕陳偉武：解枸，打開桎梏，參〈戰國楚簡考釋斟議〉，《第三屆國際中國古文字學研討會論文集》（香港：香港中文大學，1997 年 10 月），頁 638～639。劉信芳讀爲「拘」，拘禁。「剠郱解句」，對郱傺施以黥刑並解押至拘所，參《包山楚簡解詁》，頁 111。陳偉等認爲郱傺不當簡稱郱，且此時郱傺未捕未判，亦無由黥之，倞郱、解句并是人名，春秋晉國有解狐，見《左傳‧襄公三年》，參《楚地出土戰國簡冊〔十四種〕》，頁 59。

的「**？**」，比較可能是官名「亭」。

次段記載「邥僌」向本案審理官「昜（陽）成（城）公**？**（瞿）罩」等坦承，和「應女返」、「場賈」、「競（景）不割（害）」，同在「競（景）不割（害）之官（館）」殺害「酓（余）罩」，故執事者分別下令捉拿「場賈」、「應女返」、「競（景）不割（害）」和「邥僌之佼（孥）」，可惜此等嫌犯在捉拿前全部脫逃。「共犯」與「連坐」分屬不同的概念，下令捉拿「場賈」、「應女返」、「競（景）不割（害）」是「共犯」，但是下令捉拿「邥僌之佼（孥）」則是「收孥」。雖然李天虹將「佼」字釋讀作「奴」，〔註105〕但本文認爲《包山楚簡》「周惃之奴」已有「奴」字作「**？**」（簡20），故從周鳳五將此字釋讀作「佼（孥）」，指嫌犯「邥僌」的家室，包括妻子兒女等。〔註106〕他們被捉拿，不是因爲犯罪，而是因爲血緣或姻緣而被「連坐」。

另外，《包山楚簡》「**？**典」（簡5）、「**？**典」（簡7）、「**？**典」（簡7）。原整理者釋爲「冘典」，讀如「沒」，引《史記‧屈原賈生列傳》：「汋深潛以自珍」，徐廣《注》：「汋，潛藏也」，隱匿名籍。湯餘惠認爲從伕、勿聲，淹沒之「沒」，不見於名籍。黃盛璋認爲即伕字，《說文》：「伕，沒也，從水、人。讀與溺同」，段《注》：「此沉溺之本字」。劉信芳認爲「溺典」，沒有正式戶籍的人口典冊。但陳偉認爲是私家附屬人口中部份或全部成員的名冊。後來陳偉又依據《郭店楚簡‧老子甲》「骨**？**（弱）堇（筋）柔」（簡33），改釋讀作「弱典」，指男子成年後登錄的名冊。〔註107〕袁國華主張「冘典」爲「籍沒之典」，尤其是下列案例：

> 齊客**墜**（陳）豫訑（賀）王之戠（歲），八月乙栖（酉）之日，王廷
> 於藍郢之遊宮，安（焉）命大莫囂（敖）屈昜（陽）爲命邦人內（入）
> 其冘典。臧王之墨以內（入）其臣之冘典：憙之子庚一夫，凥（處）
> 郢里，司馬徒箸（書）之；庚之子晤一夫、晤之子疕一夫，未才（在）
> 典。【包7～8】

〔註105〕李天虹，〈《包山楚簡》釋文補正35則〉，中國古文字第九屆學術研討會，1992年10月，後收入《江漢考古》，1993年第3期，頁84。

〔註106〕周鳳五，〈酓罩命案文書箋釋──包山楚簡司法文書研究之一〉，頁12。

〔註107〕湯餘惠，〈包山楚簡讀後記〉，頁74。黃盛璋，〈包山楚簡中若干重要制度發覆與爭論未決朱關鍵字解難、決疑〉，《湖南考古輯刊》第6輯，1994年4月，頁187～188。劉信芳，〈包山楚簡司法術語考釋〉，《簡帛研究》2，1996年，頁13。陳偉，《包山楚簡初探》，頁130～131。陳偉，〈關於包山楚簡中的弱典〉，《簡帛研究》二00一上冊，2001年9月，頁14～18。

「憙」與「憙之子庚」、「庚之子�」、「昭之子疕」皆被「籍沒」爲奴隸「臣」。〔註108〕本案若依袁說，則更能證明當時楚國確有「籍沒」制。「籍沒」，爲登記並沒入犯人所有家口與財產的一種制度，可參「其奴，男子入於罪隸，女子入於舂稾，凡有爵者，與七十者，與未齔者，皆不爲奴」（《周禮·秋官·司厲》）。

中國傳統社會觀念，「賞」、「罰」皆可在「血緣家族」內轉移，如上述「連坐」、「族刑」和「籍沒」，都是將懲罰擴及「血緣家族」，在「交互報償」的原則下，繼而又凝聚「血緣家族」的團結意識。所以「連坐」、「族刑」和「籍沒」的社會價值，便在維護「家族本位的社會結構」，以及「家族主義的文化傳統」。

至於「連坐」等，爲何深具法律效力，或許可引「所以累其心以重犯法也」（《漢書·刑法志》）爲證，因爲立法者預設常人皆會受「連坐法」背後的「血緣倫理」羈絆，而生預防犯罪心理。故西漢高祖劉邦雖僅與民約法三章，卻仍保留「夷三族」之令。高后元年曾廢「三族罪」；文帝時，左、右丞相周勃、陳平等旋即奏言恢復，當時文帝並不贊成；不過在新垣平謀逆之後，迫於形勢又復行三族之誅（參見《史記·封禪書》和《漢書·文帝本紀》）。班固對此事的評論是：「由是言之，風俗移易，人性相近而習相遠，信矣。夫以孝文之仁，平、勃之知，猶有過刑謬論如此甚也，而況庸材溺於末流者乎？」（《漢書·刑法志》）此語或可啓發我們進一步思考，歷代刑法「連坐制」之不可輕言廢除，立法者所預設「人性相近而習相遠」之「人性」究竟爲何？下文會再討論。

（四）復讎

復仇，乃原始社會流傳下來的習慣，在歷史上經過三個階段，首先是整個氏族對整個氏族復仇，其次是血親、近親復仇，再次是同態復仇，如「以牙還牙，以眼還眼」，但不許擴大復仇範圍。〔註109〕「復仇」的故事，在中國傳統民間社會裡俯拾即是，中國古代當「法律規範」與「倫理道德」相牴觸時，通常優先考量「倫理道德」，其思想依據爲「殺人之父，人亦殺其父；殺

〔註108〕袁國華，《包山楚簡研究》（香港：香港中文大學中文部博士論文，1994年12月），頁80～94。
〔註109〕史鳳儀，《中國古代的家族與身份》（北京：社會科學出版社，1999年9月），頁217。

人之兄，人亦殺其兄」（《孟子·盡心下》）；或「父之讎，弗與共戴天」（《禮記·曲禮》）；或「子不復仇，非子也」（《公羊傳·隱公十一年》）。但當「國家官僚行政體系」成熟後，血親復仇通常將不再合法，因「今兄弟被侵必攻者廉也，知友被辱隨仇者貞也，廉貞之行成，而君上之法犯矣」（《韓非子·五蠹》）。李隆獻近來對「復仇」有系列專文研究，譬如他比較不同禮書在「復仇」觀念的差異：

> 《周禮》較重視法治精神，著重由統治者的立場限制民間的復仇行
> 為，但又深知復仇行為無法根絕，遂採有限度開放的立場，與《禮
> 記》、《大戴禮》強調倫理復仇的必然性不同。〔註110〕

復仇乃宗族作為血緣共同體的表徵，每位族人都擁有權利、義務，維護本宗族的完整與尊嚴，所以「復仇」在古代社會視為「神聖的義務」。復仇源於鞏固血緣宗族凝聚力，從根本上與國家地域統治相背離。所以《周禮》設計「調人」一職，在調解非「法」的「親族復仇」事件不要發生。漢制也對報讎「時禁時除」，揭示了「倫理概念」與「法律責任」間的矛盾。《晉書·刑法志》亦有相關記載，如「……賊鬥殺人，以劾而亡，許依古義，聽子弟得追殺之。會赦及過誤相殺，不得報仇，所以止殺害也……」。〔註111〕故當「國家力量凌駕社會力量，或公共秩序超過個人正義追求」逐漸成為全民共識時，上述「血緣復仇觀」將何去何從？當「國家」成立後，所有宗族皆必須在官僚行政體制的全面管控下，還有「血緣復仇」生存的「合法」空間嗎？

《包山楚簡》法律文書，既然是法律文書，無庸置疑必會嚴格禁止民間私下的復仇行為，但本文認為其中「某人為其兄或弟之死報案伸冤的紀錄」，〔註112〕或許可視為「宗族復仇觀」在「法律案件」中的「移位換形」。再依此邏輯類推，竟然發現《包山楚簡》法律文書中「報案者」與「被害人」間的關係，除了「同宗兄弟」外，還有「父子」。故下文擬將「報案者」與「被害人」的關係分類舉證。其一，「報案者」與「被害人」為「父──子」關係：

〔註110〕 李隆獻，〈復仇觀的省察與詮釋〉，《台大中文學報》22 期，2005 年 6 月，頁120。

〔註111〕 瞿同祖，《中國法律與中國社會》（北京：中華書局，2003 年 9 月 1 刷），頁72～73、85、90。戴炎輝，《中國法制史》（臺北：三民書局，2000 年 10 月12 刷），頁 64、263。林啟屏，《先秦儒法思想中的血緣問題與國家》（臺北：臺大中文所博士論文，1995 年），頁 93～98。錢杭，《中國宗族史研究入門》（上海：復旦大學出版社，2009 年 5 月），頁 258～261。

〔註112〕 周鳳五，〈昔𦚢命案文書箋釋──包山楚簡司法文書研究之一〉，頁 14。

九月戊申之日，郞（宛）墜（陳）午之里人藍訟登（鄧）聆（令）尹之里人苛鸚，以其桑（喪）其子丹，而昘（得）之於鸚之室。義癸，圭還。【包92】

此例歸〈疋獄簡〉。宛縣陳午之里人「藍」與「丹」是父子關係，因爲登（鄧）縣聆尹之里人「苛鸚」殺害「丹」，讓「藍」失去愛子「丹」，且「藍」在「苛鸚」的住所發現「丹」，算是人贓俱獲而報官備案。

其二，「報案者」與「被害人」爲「兄——弟」關係：

1. 冬柰之月，甲曆（辰）之日，少臧之州人冶士石厗（佢）訟其州人冶士石臀（脖），言胃（謂）剔（傷）其弟石耵毻。 既發笒（契），執勿遊（失）。疋期戠（識）之，秀顁（履）爲李（理）。【包80】

2. 醤（荊）屟之月戊戌之日，鄝昜（陽）君之菓𡎚（陲或阮）〔註113〕邑人紫訟兼陵君之墜（陳）泉邑人迼塙，胃（謂）殺其弟。嬴迻（路）公角，宵陎爲李（理）。【包86】

3. 九月戊午之日，邵無戳（害）之州人鼓戁張怵訟郙（鄢）之鳴鯷（狐）邑人某（梅）戀（憐）與其嘉大市米塭人杏（本），胃（謂）杏（本）鼀（捽）〔註114〕其弟芻夭（天），戀（憐）殺之。【包95】

上述案件皆歸〈疋獄簡〉。例1的「石佢」和「石耵毻」是兄弟，因爲「石臀（脖）」傷害「石佢」的弟弟「石耵毻」，「石佢」基於同姓情誼而告官。例2鄝陽君之菓𡎚邑人「紫」，同樣因爲兼陵君之陳泉邑人「迼塙」殺害其弟而告官。例3的「張怵」和「芻天」是兄弟，因爲「杏（本）」鼀（捽）其弟，「戀」殺其弟而告官。

其三，「報案者」與「被害人」爲「弟——兄」關係：

1. 醤（荊）屟之月己丑之日，膚人〔註115〕之州人墜（陳）德訟聖（聲）

〔註113〕吳振武釋「陲」，參〈鄂君啓節「鄦」字解〉，《第二屆國際中國古文字學研討會論文集》（香港：香港中文大學，1993年10月），頁183。但近來陳劍將一系列戰國從𡊌部件的字，都改釋爲「允」，參〈試說戰國文字中寫法特殊的「允」和從「允」諸字〉，《出土文獻與古文字研究（三）》（上海：復旦大學出版社，2010年7月），頁152～182。

〔註114〕李零，〈包山楚簡研究文書類〉，頁139。詹今慧，《先秦同形字研究舉要》，頁218～219。

〔註115〕原考釋「膚」借作「盧」，古國名，湖北省南漳縣境內，後入楚，參〈包山二號楚墓簡牘釋文與考釋〉，頁377。陳偉引《考工記·廬人》，爲製作長兵器

夫人之人▨（徐）〔註116〕▨（漸）〔註117〕、▨（徐）未，胃（謂）

殺其▨（兄）、臣。正義▨（強）戠（識）之，秀期爲李（理）。

【包84】

競（景）昃（得）訟▨（繁）丘之南里人龔悚、龔酉，胃（謂）

殺其▨（兄）。……【包90】

2. 十月辛巳之日，▨（澨）〔註118〕▨（宕）人▨（范）臣訟▨（澨）

▨（宕）之南易（陽）里人隉緩、李▨，胃（謂）殺其▨（兄）。

正疋期戠（識）之，但摔爲李（理）。【包96】

3. 上新都人▨（蔡）戡訟新都南陵大宰▨瘔（憂）〔註119〕、右司寇

正陞（陳）昃（得）、正叓（史）赤，以其爲其▨（兄）▨（蔡）▨

（瘝）〔註120〕▨（斷），不▨（法）。耶（旦）佗、邽（汪）▨（可）

爲李（理）。 既▨（詒一辭）〔註121〕，牲（將）須逾，執。【包

102】〔註122〕

秘柄的工匠，膚人之州爲盧工聚集之地，參《包山楚簡初探》，頁93。

〔註116〕白於藍釋「邾」，參〈包山楚簡文字編校訂〉，《中國文字》新25，1999年12
月，頁188。李家浩釋「徐」，參〈談包山楚簡「歸鄧人之金」一案及其相關
問題〉，《出土文獻與古文字研究》第一輯（上海：復旦大學出版社，2006年
12月），頁24。

〔註117〕劉釗，〈包山楚簡文字考釋〉，頁55。

〔註118〕陳偉等：此字分析爲從水、凿、欠、臼。《郭店·老子甲》簡22，《馬王堆帛
書·老子》甲、乙作「筮」，傳世本作「逝」。《上博簡·周易》簡33，《馬王
堆帛書·周易》作「筮」，今本作「噬」，參《楚地出土戰國簡冊〔十四種〕》，
頁45。

〔註119〕劉釗：「憂」的異構，參〈包山楚簡文字考釋〉，頁58。

〔註120〕此字不從疒的寫法見於《郭店·性自命出》簡64，又見於《上博二·從政甲》
簡15，所以陳劍（〈上博簡《子羔》、《從政》篇的拼合與編連問題小議〉，簡
帛研究網，2003年1月8日，http://www.jianbo.org/Wssf/2003/chenjian01.htm。）
和周鳳五，〈郭店〈性自命出〉「怒欲盈而毋暴」說〉，《新出土文獻與古代文
明研究》（上海：上海大學出版社，2004年4月），頁185～186，都釋「暴」。

〔註121〕▨字所從的▨部件，的確有從「司」、「后」、「牙」部件同形的可能，參見詹今
慧，《先秦同形字研究舉要》，頁220～226。所以原整理者釋「詢」，參〈包
山二號楚墓簡牘釋文與考釋〉，頁356。劉信芳釋「詬」，參《包山楚簡解詁》，
頁95。陳偉等釋「詞」，讀爲「辭」，《說文》：「辭，訟也」，參《楚地出土戰
國簡冊〔十四種〕》，頁47。

〔註122〕釋文、斷句依照陳偉，〈包山102號簡解讀〉，武漢大學簡帛網，2007年2月
17日 http://www.bsm.org.cn/show_article.php?id=524。

上述案件亦皆歸〈疋獄簡〉。例1 膚人之州人「陳德」訟聖夫人之人「🔲（徐）漸、🔲（徐）未」。例2「競（景）得」訟🔲（繁）丘之南里人「辈悷、辈酉」。例3 灉窝人「軶（范）臣」訟灉窝之南易（陽）里人「陽緩、李壐（臧）」等，皆是因爲被告殺害原告兄長而興訟。例4 上新都縣人「鄰（蔡）䚕」訟新都縣南陵大宰「緣痝（憂）」、右司寇正「陳得」、正叓（史）「赤」等，則是因爲這些官員爲其覲（兄）「鄰（蔡）🔲（癢）」劃（斷）案不瀘（法）所致。

當然最具代表性者，還是上文《包山楚簡》法律文書所載的「舒慶殺人案」（簡131~139），最後演變成「舒氏」與「亘氏」兩大家族興訟，他們皆是爲了替自己已經去世的同宗兄弟討公道。

《張家山漢墓竹簡》甚至有父、母、兄、姊、弟、夫、妻、子欲代爲「乞鞫」，請求重新審理的法條：

> 罪人獄已決，自以罪不當，欲气（乞）鞫者，許之。气（乞）鞫不審，駕（加）罪一等；其欲復气（乞）鞫，當刑者，刑乃聽之。<u>死罪不得自气（乞）鞫，其父、母、兄、姊、弟、夫、妻、子欲爲气（乞）鞫，許之</u>。其不審，黥爲城旦春。……【二年律令・具律114~117，139~140】

據漢初律令，若是罪人覺得司法判決不公，罪刑不相稱，自己就可以乞鞫，請求重新審判。但是死刑，則須由父、母、兄、姊、弟、夫、妻、子等代爲乞鞫。

（五）繼承

本文「繼承」，爲現代法律概念，歸屬「民法」範疇，意指某人身亡後，其法律「權利」與「義務」的傳承。目的爲使「死者」的「法律人格（身分）」得以延續，乃社會秩序穩定發展的基礎，故成爲歷代法律的重要規範內容。

中國古代無論是物權、債權，或是婚姻等「民事案件」，原則上都直接以「家庭」作爲民事主體，法律關係的成立和解除，多以「家長」的意思爲準，謹遵「血緣倫理」規範，本節「繼承」亦不例外。研究中國古代「繼承」，通常依照傳承「標的物」的不同，區分爲「祭祀繼承」、「身分繼承」和「財產繼承」，但無庸置疑，都是以「血緣」作爲「繼承」先後順序的唯一判準。

中國古代社會之「血緣關係」可概分爲「直系」與「旁系」兩大類，「直

系」爲父子孫，由上而下相聯繫的親屬；「旁系」爲伯叔侄、兄弟姐妹等，由同源的祖先相聯絡的親屬。〔註123〕中國古代法律繼承的先後順序，「直系」通常優先於「旁系」，尤其是「直系」的「嫡長子」，更是絕對優先。

1.《睡虎地秦墓竹簡》、《張家山漢墓竹簡》

「宗法制」的其中一項特徵爲「嫡長子」繼承制。林劍鳴認爲秦國國君在春秋前期並無嚴格執行此制度，讓秦國在封建改革時，擁有許多便利條件。〔註124〕但是尹在碩卻認爲秦國繼承制，也是立基於兩周以來施行的嫡長子繼承制。〔註125〕其實，《睡虎地秦墓竹簡》已針對「後子」作過明確定義：

> ……可（何）謂「後子」？‧官其男爲爵後，及臣邦君長所置爲後大（太）子，皆爲「後子」。【法律答問 72，110】

「後子」，官方認可的爵位繼承人，以及臣邦君長立爲後嗣的太子，屬於「身分繼承」的一種。相關法條又見：

> 1. 從軍當以勞論及賜，未拜而死，有罪法耐䙴（遷）其後；及法耐䙴（遷）者，皆不得受其爵及賜。其已拜，賜未受而死及法耐䙴（遷）者，鼠（予）賜。軍爵律【秦律十八種 153～154，55】
>
> 2. 戰死事不出，論其後。有（又）後察不死，奪後爵，除伍人；不死者歸，以爲隸臣。【秦律雜抄 37，88～89】

上述法條之「後」，即「後子」，可參「天下有聖，而在後子者，則天下不離，朝不易位，國不更制，天下厭然與鄉無以異也」（《荀子‧正論》）。從軍有功者，應受爵位賞賜，有罪者應依法耐遷，若是本人尚未得到賞罰即已過世，理應依法將其功過延續至其「後子」。且參照下列條文：

> 士五（伍）甲毋（無）子，其弟子以爲後，與同居，而擅殺之，當棄市。【法律答問 71，110】

若是「士伍甲」無「子」，需以其「弟子（侄）」爲「後子」。由此可知，秦國是以「直系血親」優先繼承，若無「直系血親」，才以「旁系血親」代替。

《張家山漢墓竹簡‧二年律令》的「置後」分爲「爵位繼承」與「戶主

〔註123〕戴炎輝，《中國法制史》，頁 202。
〔註124〕林劍鳴，〈試論商鞅變法成功的原因〉，《西北大學學報》，1978 年 2 期，頁 1～15，38。
〔註125〕尹在碩，〈睡虎地秦簡和張家山漢簡反映的秦漢時期后子制和家系繼承〉，《中國歷史文物》，2003 年 1 期，頁 31～43。

繼承」，皆為「身分繼承」；但《二年律令》亦不乏「財產繼承」。本文僅列舉兩則「爵位繼承」作例證：

1. 疾死置後者，徹侯後子為徹侯，其母適（嫡）子，以孺子□□□子。關內侯後子為關內侯，卿侯〈後〉子為公乘，五大夫後子為公大夫，公乘後子為官大夫，公大夫後子為大夫，官大夫後子為不更，大夫後子為簪裊，不更後子為上造，簪裊後子為公士，其母適（嫡）子，以下妻子、偏妻子。【二年律令‧置後律 367～368，235～236】

2. ☑為縣官有為也，以其故死若傷二旬中死，皆為死事者，令子男襲其爵。毋爵者，其後為公士。毋子男以女，毋女以父，毋父以母，毋母以男同產，毋男同產以女同產。毋女同產以妻。諸死事當置後，毋父母、妻子、同產者以大父，毋大父以大母與同居數者。【二年律令‧置後律 369～371，236】

《張家山漢墓竹簡》中，「置後」與「代戶」的優先次第，皆明顯顧及性別、年齡、輩分、同產、同居和同戶籍等諸多因素，並非完全以「父系血緣關係」作為唯一判準。〔註 126〕譬如「爵位繼承」的順序，還得區分成「疾死置後者」、「死事者」（死於戰事），和「諸死事當置後」（因功殉職者）等不同情況。例 1「疾死置後」，代表正常死亡，與例 2「死事襲爵」相較，後者可突破限制，給與「死事者」之「後」相當爵位繼承的優待。〔註 127〕縱使如此，但正常情況而言，西漢初年的繼承順序，還是以「血緣」與「姻親」關係為主軸。

2.《包山楚簡》

《包山楚簡》法律文書之「番（潘）戌食田案」（簡 151～152），歸「訴訟紀錄或摘要」。本案足以應證戰國時期楚國「父系血緣」的「繼承」優先性：

〔註 126〕邢義田，〈張家山〈二年律令〉讀記〉，《燕京學報》新 15，2003 年，頁 1～46。

〔註 127〕李均明，〈張家山漢簡所見規範繼承關係的法律〉，《中國歷史文物》，2002 年 2 期，頁 26～32。劉欣寧，《由張家山漢簡二年律令論漢初的繼承制度》，頁 3、21、44～67。

左馭（御）番（潘）戌食田於邔或（域）【字】（噬）〔註128〕邑城田，一索畔（半）【字】（畹）。〔註129〕戌死，其子番（潘）寁後之。寁死無子，其弟番（潘）黚後之。黚死無子，左尹士命其從父之弟番（潘）歞後之。歞食田，病於賣（債），骨（訖），（賣）之。左馭（御）遊屚骨（訖）【字】（賈）之。〔註130〕又（有）五（伍）【字】（鈞）、王

〔註128〕陳偉等：此字分析爲從水、茁、欠、臼。《郭店・老子甲》簡 22，《馬王堆帛書・老子》甲、乙作「筮」，傳世本作「逝」。《上博簡・周易》簡 33，《馬王堆帛書・周易》作「筮」，今本《周易》作「噬」，參《楚地出土戰國簡冊〔十四種〕》，頁 45。

〔註129〕「【字】」字，釋爲「畹」或「畇」，參《楚辭・離騷》：「余既滋蘭之九畹兮」，王逸《注》：「十二畝爲畹。或曰田之長爲畹」，或《玉篇・田部》：「秦孝公兩百三十步爲畝，三十步爲畹」，都是「田畝」的度量單位。只是「【字】」字構形所從「【字】」，應分析爲從「田」、「ㄋ」聲，「ㄋ」爲「宛」字所從聲旁「夗」的變體。何琳儀、徐在國、馮勝君、季旭昇將它們與「遷」字連繫，認爲「ㄋ」形系由「遷」右上之形變來，「遷」本從「夗」聲，「象」是累加的聲符。但白於藍、施謝捷、陳劍卻認爲戰國文字確認爲「遷」字省寫的「备」，都作「【字】」形而不作「【字】」形，由此看來「【字】」是否「遷」字的省寫「备」，還需研究。若將本案「【字】」字、《上海博物館藏戰國楚竹書（一）・孔子詩論》經傳世文獻對照，確認爲《毛詩》「宛丘」之「宛」的「【字】」（簡 21）、「【字】」（簡 22）二字，與金文「遷」字相對照如下表：

待考字	【字】包 151、【字】上博一孔簡 21、【字】上博一孔簡 22
「遷」	【字】且甲罍、【字】屏敖簋蓋、【字】陳子公甗、【字】魯遷父簋、【字】單伯鬲、【字】秦石鼓文

其實「【字】」字所從「ㄋ」由「遷」右上之形變來不無可能，可參照上表〈魯遷父簋〉和〈單伯鬲〉，尤其是〈單伯鬲〉。參馮勝君，〈釋戰國文字中的夗〉，《古文字研究》，25 輯，2004 年，頁 283～284。何琳儀、徐在國，〈釋「蒝」〉，《新出楚簡文字考》（合肥：安徽大學出版社，2007 年），頁 294～298。陳劍，〈「遷」字補釋〉，《古文字研究》，27 輯，2008 年 9 月，頁 132。季旭昇，《說文新證（上冊）》（臺北：藝文印書館，2002 年 10 月初版），頁 114。陳偉等編，《楚地出土戰國簡冊〔十四種〕》，頁 73 等。

〔註130〕【字】（賈），舊釋「貯」，楊樹達首先改釋「賈」，李學勤引 1974 年山西聞喜上郭村出土〈賈子己父匜〉，與〈荀侯匜〉同出一地，「荀」、「賈」位置密邇，均爲晉武公所滅，如讀「貯」就很難解釋其地望。且引《說文》：「市也」，《左傳・桓公十年》注：「買也」作解。

至於「骨【字】（賣）之」與「骨【字】（賈）之」之「骨」字說法有二，其一讀爲「訖」，參《逸周書・皇門》注：「既也」，「訖鬻」爲已經賣了，「訖賈」爲已經買了。其二讀爲「過」，指過戶。以文義解讀，李學勤的「骨（訖）」說較

士之後郢賞間之，〔註131〕言胃（謂）番（潘）戌無後。左司馬适命
左令默定（正）之，言胃（謂）戌有後。【包 151～152】

本案陳述「番（潘）戌」任駕車左御，其位於「䢈䧊（域）㘲（噬）邑城田，
一索畔（半）㝵（畹）」的「食田」，在其死後，先後由其兩個兒子，分別爲哥
哥「番（潘）囂」、與弟弟「番（潘）黠」繼承。「番（潘）囂」和「番（潘）
黠」皆無子嗣，所以當他們過世後，「左尹士」判決讓其從父之弟「番歖」繼
承，皆不離父系血緣範圍。最後「番（潘）歖」因爲債務賣地，由另外一個
也任左御的「遊脣」購得。此時，「五（伍）㗊（㔼）」與「王士之後郢賞」
提出異議，認爲「番（潘）戌」沒有後嗣。「左司馬适」指示「左令默」判決
此案，認爲「番（潘）戌」確有後嗣，訟案於是了結。

此外，楚國的「土地繼承權」，雖僅專屬於父系血緣集團，但難免會因爲
分配不均而滋生爭奪「繼承權」的法律訴訟，如：

九月戊申之日，鄗（宛）人軋（范）紳訟軋（范）駁，以其敓（奪）
其後。邘忔，羅軍。【包 93】

爭訟的雙方爲同宗的「軋（范）紳」與「軋（范）駁」。

再將《包山楚簡》法律文書的兩則繼承案，與上述《張家山漢簡‧二年
律令‧置後律》（簡 367～368、369～371）相較，漢律的繼承順序，雖然還
是優先考量「父系血緣」，但還可包括母親、妻子與女兒。反倒襯托出《包
山楚簡》法律文書所代表戰國時期的楚國，其對「父系血緣倫理」重視之一
斑。

通順。參楊樹達，《積微居金文説（增訂本）》（北京：中華書局，1997 年 12
月），〈格伯簋跋〉，頁 11。李學勤〈魯方彝與西周商賈〉，《史學月刊》，1985
年 1 期，頁 31～34。李學勤，《青銅器與古代史》（臺北：聯經出版事業股份
有限公司，2005 年 5 月），頁 364～365。李學勤，〈包山楚簡中的土地買賣〉，
《中國文物報》，1992 年 3 月 22 日。劉釗，〈釋償及相關諸字〉，頁 226～237。

〔註131〕「五（伍）」，李學勤認爲是行伍，陳偉等認爲是姓氏。「㔼（㗊）」，李學勤釋
「節」，璽節；何琳儀釋「䈞」讀「蓋」；劉信芳釋「節」，疑讀爲「則」，據
〈青川木牘〉和〈阜陽漢簡〉，推算五則爲一百五十步；陳偉等認爲「五䈞」
疑釋人名。「間」，參《小爾雅‧廣言》：「閒，非也」。「㔼（㗊）」字仍待考，
「五（伍）㗊（㔼）」依照文義應同「郢賞」爲姓名，皆是對這筆土地交易提
出異議的人。參李學勤，〈包山楚簡中的土地買賣〉，《中國文物報》，1992 年
3 月 22 日。何琳儀，〈包山竹簡選釋〉，頁 59。劉信芳，《包山楚簡解詁》，頁
156。陳偉等《楚地出土戰國簡冊〔十四種〕》，頁 74。

三、戰國秦漢出土法律文獻與「血緣倫理」相關之議題討論

　　最後研擬兩則可能與「血緣倫理」相衝突的議題，包括「血緣倫理」與「法律規範」，以及「血緣倫理」與「基本人權」，探討這些觀念間的匯合與衝突。

（一）「血緣倫理」與「法律規範」間的匯合與衝突

　　從上文所列舉，戰國秦漢出土法律文獻所載「血緣倫理」與「法律規範」間匯合、衝突之事例，如「孝道」、「家罪」、「非公室告」、「親屬相容隱」、「收孥」、「緣坐」、「復讎」等議題，皆證明當時的法律文獻已具備「血緣倫理」價值取向。中國古代法律文獻所以特別重視「血緣倫理」，除了顧及「緣人情而制禮，依人性而作儀」（《史記・禮書》）的心理因素外。在血緣關係極其穩固的傳統社會裡，法律非但不能破壞血緣倫理，反而必須透過法律途徑，維護家庭等級秩序及倫理道德，讓以血緣關係為主體的基層社會能夠穩定發展。

　　但是「血緣倫理」與「法律規範」本就潛具「緊張性」，「血緣倫理」是否會對「法律規範」造成傷害？譬如「復仇」，在國家權力尚未發達的遠古社會，基於血親關係的復仇極為普遍；但國家機器產生後，血親復仇便不再合法。當「血緣倫理（屬「私人領域」）」與「法律規範（為「公共領域」）」產生「責任不相容」的衝突時，身陷其中的當事人應當如何自處？迄今仍是大家津津樂道的議題。茲舉下列這則討論此議題必會引用的故事為證：

> 石奢者，楚昭王相也。堅直廉正，無所阿避。行縣，道有殺人者，相追之，乃其父也。縱其父而還自系焉。使人言之王曰：「殺人者，臣之父也。夫以父立政，不孝也；廢法縱罪，非忠也；臣罪當死。」王曰：「追而不及，不當伏罪，子其治事矣。」石奢曰：「不私其父，非孝子也；不奉主法，非忠臣也。王赦其罪，上惠也；伏誅而死，臣職也。」遂不受令，自刎而死。（《史記・循吏列傳》）

當古人面臨類似「石奢」這類「公」「私」領域相衝突、無法取捨的窘境時，有些人甚至會效法「石奢」，選擇以「自殺」作為脫離生命困境的方法。

　　「公」、「私」二字，在先秦各類傳世典籍中，正逐漸往「德性」的抽象義湊近。先秦「墨家」與「法家」，皆力倡以「公」克「私」，如：

> 然則奚以為治法而可？故曰莫若法天。天之行廣而無私，其施厚而不德，其明久而不衰，故聖王法之。（《墨子・法儀》）

又如：

> 解狐薦其讎於簡主以為相，其讎以為且幸釋己也，乃因往拜謝，狐
> 乃引弓送而射之，曰：「夫薦汝公也，以汝能當之也。夫讎汝，吾私
> 怨也，不以私怨汝之故擁汝於吾君。故私怨不入公門。」（《韓非子‧
> 外儲說左下》）

但先秦「儒家」卻相當珍視屬「私人領域」的「血緣倫理」；相較而言，似乎
對屬「公共領域」的「法律規範」較不青睞。

孔子說：「弟子入則孝，出則悌，謹而信，汎愛眾，而親仁，行有餘力，
則以學文」（《論語‧學而》）。「孝悌」為人類與身具來的真實情感，亦是「仁」
的根源。否則孔子與宰我在討論「三年之喪」時，孔子就不會從內心的「安」
與「不安」點醒宰我，要他從「孝悌」的自然情感中發現「仁」、體驗「仁」
（《論語‧陽貨》）。儒家的「仁」，會與「孝悌」等血緣情感相聯繫，源於「孝
悌」，卻不止於「孝悌」，而是從「孝悌」出發，層層往外推廣，如：

1. 樊遲問「仁」。子曰：「愛人」。（《論語‧顏淵》）

2. 子貢曰：「如有博施於民而能濟眾，何如？可謂仁乎？」子曰：「何
   事於仁，必也聖乎！堯、舜其猶病諸！夫仁者，己欲立而立人，
   己欲達而達人。能近取譬，可謂仁之方也已。」（《論語‧雍也》）

孔子的「仁」，歷朝各代的思想家皆有層出不窮的詮釋方式，其中一種為「愛
人」，為「推己及人」的實踐過程。〔註132〕

但隨著人際交往範圍的逐次擴大，除「血緣關係」外，類似楚人居於越，
越人居於楚的「地緣關係」也將依序建立；甚至開始出現「政治關係」與「社
會關係」，前者如君臣，後者如朋友。人們彼此間的交際網路日益錯綜複雜，
正是在此社會背景下，推衍出「仁內義外」說。此論述可參與《包山楚簡》
同屬戰國時代、且同在楚國境內出土的《郭店楚墓竹簡‧六德》。

《郭店楚墓竹簡‧六德》之「六德」，分別為「聖、智、仁、義、忠、信」。
通篇架構以「父子」、「夫婦」、「君臣」此「三倫（六位）」，搭配「六職」、「六
德」。與「血緣倫理」密切相關的「父子」之「職」是「父教、子孝」，「父子」
之「德」是「父聖、子仁」。因為傳承自周代宗法以「父系為主、血緣為先」
的精神，特別看重「父子」、「兄弟」兩倫，「夫婦」、「君臣」、「朋友」三倫根

〔註132〕梁濤，《郭店竹簡與思孟學派》（北京：中國人民大學出版社，2008 年 5 月），
頁 70～71。

本望塵莫及。且將「六位」（夫、婦、父、子、君、臣）概分成「門內」、「門外」兩組：

> 仁，內也。義，外也。禮樂，共也。內立父、子、夫也，外立君、臣、婦也。【六德 26～27】

「門內」，包括「父」、「子」、「夫」，具血緣關係。「門外」，包括「君」、「臣」、「婦」，不具血緣關係。且對治「門內」、「門外」的行事規範亦截然不同：

> 門內之絅（治）紉（恩）弇（掩）宜（義），門外之絅（治）宜（義）斬紉（恩）。【六德 31】

上文又見《禮記‧喪服四制》與《大戴禮記‧本命》。上述簡文「斬」，兩篇傳世文獻皆作「斷」。「斬」，《廣雅‧釋詁》：「斷也」，義同相訓。簡文「紉」（古音日母文部），音近通假作「恩」（影母文部）。此「門內」、「門外」之「門」，為「血親之門」。「仁」是處理家族內部事務的原則，「義」是處理家族外部事務的原則。「父」、「子」、「夫」為血親間的親疏關係，以「仁」（愛、情感）為基礎，沒有選擇性；「君」、「臣」、「婦」為社會人群的人倫關係，以「義」（理性、是非的裁斷）為判準，不合道理，隨時都可終止彼此的關係與情分。〔註 133〕

更難能可貴的是〈六德〉竟提供當「門內」、「門外」發生「責任不相容」時，常人當如何抉擇的判準：

> 為父▨（絕）君，不為君▨（絕）父。為昆弟▨（絕）妻，不為妻▨（絕）昆弟。為宗族▨（瑟）朋友，不為朋友▨（瑟）宗族。【六德 29～30】

「▨」字，劉樂賢釋「絕」，減殺義；彭林釋「斷」，斷而無服義；魏啓鵬釋「繼」，減降義；林素英認為雖然各家說法有別，但也有類同之實，因皆可歸服喪條例「變例」中的「降服」。〔註 134〕其實「絕」（《說文》：「斷絲也」）、「斷」（《說文》：「續也」）、「繼」（《說文》：「截也」），三字在古文字階段的關係相當複雜。季旭昇分析「▨（絕）」（從紐月部），「斷」（定紐元部），二字聲為齒舌鄰紐，韻為陽入對轉，兩字實為一字之同源分化。而「斷」、「繼」反

〔註 133〕荊門博物館，《郭店楚墓竹簡》（北京：文物出版社，1998 年），頁 188。陳麗桂，〈郭店儒簡的外王思想〉，《臺大文史哲學報》55 期，2001 年 11 月，頁249～260。

〔註 134〕參見林素英，《從郭店簡探究其倫常觀念》（臺北：萬卷樓圖書股份有限公司，2003 年 1 月），頁 44～45。

義同詞，均可作「𢆶」，《說文》謂「反𢆶為繼」，以𢆶為繼，以𢆶為絕，有分化區別作用。〔註135〕

「斻」字，有「瑟」、「麗」兩種隸定方式，若是隸定作「瑟」，裘錫圭、李學勤讀「殺」，「省簡」義；〔註136〕張光裕讀「失」；〔註137〕李零讀「疾」；〔註138〕劉信芳引《詩·衛風·淇奧》「瑟兮澗兮，赫兮咺兮」，毛《傳》：「瑟，矜莊貌」，孔《疏》：「瑟，矜莊，是外貌莊嚴也」，解釋「瑟」用如動詞，蓋謂「容貌嚴肅，使人為之顫慄。」〔註139〕但是《汗簡》「麗」字也作「斻」、「斻」等形，〔註140〕若是隸定作「麗」，顏世鉉讀「離」，「絕」義；陳偉引《易·離》云：「象曰，離，麗也。日月麗乎天，百谷草木麗乎土」，孔穎達《疏》：「麗謂附麗也」，訓「麗」為「附著」義。〔註141〕拙著也曾以「瑟」、「麗」同形的角度對「斻」字作過討論。〔註142〕

其實「𢆶」、「斻」二字，在〈六德〉簡29～30受排比句型所限，意義應該相仿。因為簡文是將下列句型「為＋名詞A＋動詞＋名詞B，不為+名詞B+動詞+名詞A」，毫無變動的重複三次：

為	＋名詞A	＋動詞	＋名詞B	，不為	＋名詞B	＋動詞	＋名詞A
為	父	𢆶（絕）	君	，不為	君	𢆶（絕）	父
為	昆弟	𢆶（絕）	妻	，不為	妻	𢆶（絕）	昆弟
為	宗族	斻（瑟）	朋友	，不為	朋友	斻（瑟）	宗族

〔註135〕季旭昇，《說文新證（下冊）》（臺北：藝文印書館，2004 年 11 月初版），頁218～219。

〔註136〕荊門市博物館編，《郭店楚墓竹簡》，〈六德〉，注21。李學勤，〈郭店楚簡《六德》的文獻學意義〉，《人文論叢》特輯，《郭店楚簡國際學術研討會論文集》（武漢：湖北人民出版社，2000 年），又見《中國古代文明研究》（上海：華東師範大學出版社，2005 年 4 月），頁 213～218。

〔註137〕張光裕、袁國華，《郭店楚簡研究第一卷文字編》（臺北：藝文印書館，1999年元月），〈緒言〉，頁 8。

〔註138〕李零，〈郭店楚簡校讀記〉，《道家文化研究》第 17 輯（北京：三聯書店，1999年 8 月），頁 520。

〔註139〕劉信芳，〈是瑟朋友，還是殺朋友——關於郭店簡「瑟」字〉，《中國文物報》，2000 年 6 月 7 日。

〔註140〕郭忠恕、夏竦編，《汗簡，古文四聲韻》（北京：中華書局，1983 年 12 月），頁 41。

〔註141〕陳偉，《郭店竹書別釋》，（武漢：湖北教育出版社，2003 年 1 月），頁 126。

〔註142〕詹今慧，《先秦同形字研究舉要》，頁 249。

從上述句型分析，可知「⿰糸⿱⿱（字）」、「⿰⿱⿱（字）」二字應有相仿的意義。

在「⿰糸（字）」、「⿰（字）」二字應「意義相仿」的限定下，「⿰糸（字）」、「⿰（字）」二字的釋讀便呼之欲出，因爲上述「⿰糸（字）」、「⿰（字）」二字的各家說法，僅有在「減殺」、「減降」等「省簡」義時，有「意義相仿」的可能。所以本文贊成將「⿰（字）」字釋「瑟（山紐質部）」讀「殺（山紐月部）」，和「⿰糸（字）」（隸定作「絶」），皆作「禮制簡省」義理解。目的皆在突顯「名詞 A」的重要性大過於「名詞 B」，「父」、「昆弟」、「宗族」（具「父系血緣關係」）的位階，永遠高於「君」、「妻」和「朋友」（不具「父系血緣關係」）。

另外再援引一則大家耳熟能詳「責任不相容」的經典故事：

> 桃應問曰：「舜爲天子，皋陶爲士，瞽瞍殺人，則如之何？」孟子曰：
> 「執之而已矣！然則，舜不禁與？」曰：「夫舜惡得而禁之！夫有所
> 受之也。然則，舜如之何？」曰：「舜視棄天下猶棄敝蹝也，竊負而
> 逃，遵海濱而處，終身訢然樂，而忘天下」（《孟子・盡心》）

從「舜」的選擇，可知在中國傳統社會思想中，「父子關係」乃是最原初、自然而命定的「份位」，其他的「份位」，都是脫胎自「父子關係」。〔註143〕

古代中國人秉持此「血緣倫理」價值取向，乃依從「道義倫理」優先於「功利倫理」的觀念所致。對古代中國人而言，「血緣倫理」是「絶對的價值」，不會因爲行爲者的身分、地位、職業等外在條件而變動的「道義倫理」。〔註 144〕中國古代社會的法律規範，正是在絶對優先考量「血緣倫理」的指導原則下制定完成，故於戰國秦漢出土法律文書中，發現「孝道」、「親屬相容隱」、「宗族連坐」、「宗族復讎」、「宗族繼承」等事證，也就不足爲奇。

中國傳統法律深受「血緣倫理」意識型態支配，可說是中華法系與世界其他法系相較後的最大特色，但同時也是當今最受世人議論的地方。依照韋伯（Max Weber）和派深思（Talcott Parsons）的研究，此屬重視「個人關係化」的「特殊主義」；違反一般法律強調「去個人關係化」的「普遍主義」精神。

〔註143〕黃俊傑、吳光明，〈古代中國人的價值觀：價值取向的衝突及其解消〉，《中國人的價值觀──人文學觀點》（臺北：桂冠圖書股份有限公司，1993 年），頁1～33。

〔註 144〕黃俊傑，〈東亞近世儒者對「公」「私」領域分際的思考：從孟子與桃應的對話出發〉，《東亞儒學：經典與詮釋的辯證》（臺北：台大出版中心，2007 年），第 15 章，頁 387～410。

西方社會秩序的基礎是「道德普遍主義」；而儒家道德系統認可與接受的是「分殊主義」。〔註145〕與其站在西方近代社會的角度，評驚中國古代法律的不合時宜，倒不如換個角度，探討中國古代社會如是重視「血緣倫理」，特以強調「個人關係化」的「特殊主義」作為「法律規範」的效力何在？反更能彰顯其意義。

依照「血緣倫理」制定「法律規範」的原理，不外乎「情實」二字。如《左傳・莊公十年》：「小大之獄，雖不能察，必以情」之「情」。又如《睡虎地秦墓竹簡》之「人請（情）」：

治獄治獄，能以書從迹其言，毋治（笞）諒（掠）而得人請（情）

為上；治（笞）諒（掠）為下；有恐為敗。【封診式 1，147】

法律規範的制定與法律案件的審理，皆必須符合「人情」。以「血緣倫理」作為準則，其目的就在為「法律規範」爭取「人情」。因為只有制定符合人類內心真實情感的法律規範，人們才會心悅誠服地遵守，制度才不致流於形式。例如上述中國傳統法律之「容隱」，即是一種契合「情實」的法律規範，即使是近代西方社會的法律，亦不容許親人間相互告詰，以免損害「人情」。

且中國古代社會本著「血緣倫理」制定「法律規範」，對「法律規範」應當具備的「公共倫理」非但沒有損傷，還有加強鞏固的作用。如：「君者，國之隆也；父者，家之隆也。隆一而治，二而亂。自古及今，未有二隆爭重而能長久者」（《荀子・致士》）。「父之於家」猶似「君之於國」，在古代中國人的觀念裡，都必須「隆一而治」。依照「父系血緣」架構社會關係和制定倫常規範，讓每個人都可在此關係網絡中覓得一安身立命的位置，和確認其行事該謹遵的「職」與「德」，此類「社會控制力」，將不遜於古今中外任何其他類型的社會規範。譬如中國古代之「連坐」、「族刑」、「籍沒」，所以能歷久不衰，深具維繫「公共倫理」效力，便是在「家族本位社會結構」與「血緣倫理價值取向」的雙重保障下發揮作用。又如「容隱」，看似會損害「公共倫理」，但先秦孔孟思想有個特色，他們皆認為從「私人領域」至「公共領域」是發展上的連續體，不是斷裂的關係。孟子甚至認為「孝」是「忠」的根本，對

〔註145〕楊聯陞，〈報——中國社會關係的一個基礎〉，《中國思想與制度論集》（臺北：聯經出版事業股份有限公司，1976），頁 362、364～365、370～371。林端，《韋伯論中國傳統法律》（臺北：三民書局，2004 年 5 月初版 2 刷），頁 40～41。

家長盡「孝」，是對國家盡「忠」的基礎。〔註146〕若依此思考模式類推，「親屬相容隱」反而會提高人民對公權力的服從，如孔子弟子有若所言：「其為人也孝悌，而好犯上者，鮮矣；不好犯上，而好作亂者，未之有也。」（《論語·學而》）或如「相隱之道離，則君臣之義廢；君臣之義廢，則犯上之奸生矣」（《晉書·刑法志》）。

（二）「血緣倫理」與「基本人權」間的匯合與衝突

中國古代社會的價值取向非常重視「血緣倫理」，以近代西方「法律規範」作對照，立即彰顯其對「基本人權」的損害。因為中國古代「法律規範」，譬如上文據戰國秦漢出土法律文獻所舉證，與「孝道」、「家罪」、「非公室告」、「親屬相容隱」、「收孥」、「緣坐」、「復讎」等相關之事例，在在顯示中國古代社會是以「血緣家族」作為「法律主體」，根本沒有意識到部分「個別主體」之「人」的權利。特別是中國古代法律僅維護「父家長（或主人）」的人格權利，「子女（或奴隸）」甚至沒有完整獨立的人格。

面對上述批判，已有不少學者提出反駁，如余英時認為中國文化「儒家式個人主義」的觀念，強調個人的價值與尊嚴。黃俊傑認為中國文化的人性本質既是本體的，又是存在的，「個人」並非孤伶伶的存在，人與其他人之間不是對抗而是共存共榮的關係。李明輝認為「儒家式個人主義」，並非如西方個人主義，總是以個人權利的多寡作為計算標準；而是將「自己的圓滿性」與「他人的幸福」作為目的本身等等。〔註147〕且黃俊傑曾試圖緩頰，提出西方文化的「人權」，強調「權利」（right）的合法性與不可剝奪性；但中國文化的「人權」，強調「責任」的絕對性。西方的「人權」論述，人民與國家間存有某種契約關係；而中國文化的「人權」概念，「職分」取「契約」而代之。〔註148〕此是一種解套方式，因為東西方對於「人權」的定義相左，本就不適宜同置於一個平台上相互評騭。

〔註146〕黃俊傑、吳光明，〈古代中國人的價值觀：價值取向的衝突及其解消〉，頁 1～33。

〔註147〕余英時，〈從價值系統看中國文化的現代意義〉，《中國思想傳統的現代詮釋》（南京：江蘇人民出版社，2004 年 9 月 3 刷），頁 21～24。黃俊傑，〈儒學與人權——古典孟子學的觀點〉，頁 47。李明輝，《儒家與康德》（臺北：聯經出版事業股份有限公司，1997 年初版 2 刷），頁 17～18、60～61。

〔註148〕黃俊傑，〈儒學與人權——古典孟子學的觀點〉，《儒家思想與現代世界》（臺北：中研院文哲所籌備處，1997），頁 41。

　　其次以「親屬相容隱」（親屬間無法出庭相互告訐或擔任證人），此深受「血緣倫理」意識形態支配的法律原則作說明。中國古代法律的「親屬相容隱」，通過學者的研究顯示，非但不會與西方從蘇格拉底迄今的法律思想相違背，反倒應證了「親屬相容隱」爲最符合人性、人道，且富含普遍性的法律原則，因爲「父子相容隱」，恰恰包含著對「人權」的尊重與維護。〔註149〕

　　下文將循前輩學者的研究成果，繼續深究中國古代的「法律規範」，是如何以對「血緣倫理」的重視，肯定中國式的「人權」價值。

　　梁漱溟認爲「中國政治制度以人性善爲根據，西洋政治制度以人性惡爲根據」。〔註150〕中國先秦諸子百家的政治理念，與「西洋政治制度以人性惡爲根據」最近似者，莫過於「法家」，如：

> 民之於利也，若水之於下也，四旁無擇也。民徒可以得利，而爲之者。（《商君書‧君主》）

不可諱言，法律明定之賞罰之所以具備效力，就在於人民有「計算利害之心」。且常人多依此邏輯，先簡單認定法律必預設人性本「惡」，再依此推論法律規範所必備的強制性，是維持人類社會秩序之必然。

　　先秦法家堅持推行君主集權專制，故對血緣氏族倫理興趣缺缺，甚至採取根本否定的態度，如：

> 父母之於子也，產男則相賀，產女則殺之。此俱出父母之懷衽，然男子受賀，女子殺之者，慮其後便、計之長利也。故父母之於子也，猶用計算之心以相待也，而況無父子之澤乎！（《韓非子‧六反》）

又如〈五蠹〉亦有「楚直躬竊羊」的故事，但韓非反對孔子「親屬相容隱」，反倒認爲兒子得將父親「謁之吏」、後「殺之」才是正道。此與上文申論之「血緣倫理」意識形態格格不入。平心而論，當中國人面對血緣至親時，實在很難如韓非所述的冷靜，甚至冷酷。

　　反之，先秦儒家相當強調「血緣倫理」，且認爲「血緣倫理」乃「人」與「其他動物」的最大畛域。如：

〔註149〕范忠信，〈親親相爲隱：中外法律的共同傳統——兼論其根源及其與法治的關係〉，《比較法研究》，1997年2期，頁113～135。郭齊勇，〈關於「親親互隱」、「愛有等差」的爭鳴〉，《哲學研究》，2005年3期，頁1～5。郭齊勇、陳喬見，〈蘇格拉底、柏拉圖與孔子的「親親互隱」及家庭倫常觀〉，《社會科學》，2009年2期，頁110～116。
〔註150〕梁漱溟，〈中國民族自救運動之最後覺悟〉，《民國叢書》第4編第14冊（上海書店，1992年版），頁131。

孟子曰：「人之所以異於禽獸者幾希，庶民去之，君子存之。舜明於
庶物，察於人倫；由仁義行，非行仁義也。」（《孟子‧離婁下》）

孟子認為「人之所以異於禽獸」的「幾希」處就在「人倫」，所謂「人倫」即
「父子有親，君臣有義，夫婦有別，長幼有序，朋友有信」（《孟子‧滕文公
上》）。

又如：

人之所以為人者何已也？曰：以其有辨也。飢而欲食，寒而欲煖，
勞而欲息，好利而惡害，是人之所生而有也，是無待而然者也，是
禹、桀之所同也。然則人之所以為人者，非特以二足而無毛也，以
其有辨也。今夫狌狌形相亦二足而無毛也，然而君子啜其羹，食其
胾。故人之所以為人者，非特以其二足而無毛也，以其有辨也。夫
禽獸有父子而無父子之親，有牝牡而無男女之別。故人道莫不有辨。

（《荀子‧非相》）

荀子也認為「人之所以為人」，特色就在於「人道莫不有辨」，荀子所「辨」
的「人道」，即「父子之親」、「男女之別」等倫理分位。故「人」若是能謹遵
「倫理規範」，從其他生物中超拔而出，何嘗不是一種對於「人權」的肯定呢！
儒家將「血緣倫理」提升至「人禽之辨」的高度，「人倫」可算是「人」的本
質。

且孟子「性善說」的「性」，包括「仁」、「義」、「禮」、「智」四端，本文
特別關注與「父子血緣關係」最為密切的「仁」端：

孟子曰：「……仁之於父子也，義之於君臣也，禮之於賓主也，知之
於賢者也，聖人之於天道也；命也，有性焉，君子不謂命也……」

（《孟子‧盡心》）

孟子的「仁」、「義」、「禮」、「智」四端，可分別與「惻隱」、「羞惡」、「辭讓」、
「是非」四心相對應。本文同樣特別關注與「仁」端相對應的「惻隱之心」：

孟子曰：「乃若其情則可以為善矣，乃所謂善也。若夫為不善，非才
之罪也。惻隱之心，人皆有之；羞惡之心，人皆有之；恭敬之心，
人皆有之；是非之心，人皆有之。惻隱之心，仁也；羞惡之心，義
也；恭敬之心，禮也；是非之心，智也。仁義禮智，非由外鑠我也，
我固有之也，弗思耳矣。（《孟子‧告子上》）

孟子曾以「不忍人之心」詮釋「惻隱之心」：

孟子曰：「……所以謂人皆有<u>不忍人之心</u>者，今人乍見孺子將入於
井，皆有<u>怵惕惻隱之心</u>：非所以內交於孺子之父母也，非所以要譽
於鄉黨朋友也，非惡其聲而然也……」（《孟子‧公孫丑上》）

孟子「性善」的基本意義是揭露「四端」，彰顯「價值自覺」之內在。所謂「四
端」，包括「惻隱」、「羞惡」、「辭讓」和「是非」，此乃「價值自覺」的四種
表現。孟子不是將「性」視爲對生命活動、生理現象的客觀描述，而是看作
突顯人的主體性、能動性，與確立人的價值與尊嚴的概念。〔註151〕

　　所以當孟子將「仁」從傳統的「血親孝悌」，提升至具「價值自覺」的「惻
隱之心」。「仁」將不再僅是「孝順」父母的具體作爲，還可因此「惻隱之心」，
突顯人的主體性，確立人的價值與尊嚴。若由此角度詮釋，「血緣倫理」與「基
本人權」將不再相互衝突，因爲「人」的價值與尊嚴，不正是「基本人權」
最核心的普世價值嗎！

　　且孟子認爲「人」所專有的「善性」，是平等地賦予我們每一個「人」：

滕文公爲世子，將之楚，過宋而見孟子。孟子道性善，言必稱堯舜。
世子自楚反，復見孟子。孟子曰：「世子疑吾言乎？夫道一而已矣。
成覸謂齊景公曰：『彼丈夫也，我丈夫也，吾何畏彼哉？』顏淵曰：
『舜何人也？予何人也？有爲者亦若是。』（《孟子‧滕文公上》）

孟子認爲只要培養、擴充我們的善性，人人皆可成堯舜。孟子這種人格平等，
是內在精神平等，雖不同於法律、制度的外在平等，卻可爲法律、制度的平
等，提供精神、信仰支持。〔註152〕或許中國傳統法律之「血緣倫理」意識，
人人皆可爲之，恰好是中國式「平等」思想的源頭，「平等」亦是「基本人權」
的重要價值。

　　「人權」，西方倚重的是「個體」，中國強調的是「社群整體」，本來就預
設了兩種互不相容的「自我觀」，皆有其價值，實難分軒輊。儒家的「仁」：

……在道德實踐的優先性中，沒有原子般孤立的自我，沒有與客體
對立的主體自我，也沒有在理論的驅求下，被關照的自我，此處的
自我是在社會關係的意義網中展開行動的實踐者……〔註153〕

〔註151〕勞思光，《中國哲學史》（臺北：三民書局，1997 年 10 月增訂 9 版），頁 163
　　　　～165。梁濤，《郭店竹簡與思孟學派》，頁 318。
〔註152〕梁濤，《郭店竹簡與思孟學派》，頁 355～360。
〔註153〕楊儒賓，〈人性、歷史契機與社會實踐──從有限的人性論看牟宗三的社會哲
　　　　學〉，《臺灣社會研究季刊》，第 1 卷第 4 期，1988 年，頁 152。

「仁」的真義，並非徇私偏袒血緣至親，而是「己欲立而立人，己欲達而達人」（《論語·雍也》），必須陸續地向外推展。中國傳統社會，雖然不以保障「個人權利」的方式鞏固人權，但身處社會關係網路中的自我，懂得將「他人的幸福」作為目的經營，甚或超越「自己的圓滿性」，此反更能彰顯人性的價值與尊嚴。對於「基本人權」而言，此中國式的實踐方式，對照於西方「人權」所著意的：生命權、自由權、平等權和財產權等「個人權利」，絲毫都不遜色！

附　記

　　近來發現陳絜主張「西周聚族里居的地緣與血緣合一的舊有模式，在春秋晚期以降已逐漸解體」，以《包山楚簡》為例，論證其為「異姓同里聚居」，如「滋㝵之南易（陽）里」的「楊緩」和「李臧」（簡 96）；又如「正陽之酷里」的「邵㝵」、「邦獵」和「盤己」（簡 150）。〔註 154〕王准也以《包山楚簡》為例，如「下蔡地區」的「關里」，里人名「雇女返」，里公名「利叹」；「東邟里」，里人名「場賈」，里公名「郑𩰚」；「黃里」，里人名「竟（景）不割（害）」，里公名「吳拘」；「山陽里」，里人名「郑挵」，里公名「舍□」（簡 120～123）……等，說明「下蔡地區」，同里內的居民（里人和里公），姓氏都不相同。〔註 155〕

　　其實，上述兩位的主張與本節並不衝突，反倒可與本論文〈第六章　結論〉所述：「……地緣性法治國家組織在形成過程中，勢必與地方血緣性宗族社會組織取得平衡；社會親緣團體的力量，必須與國家官僚組織維持著既聯繫又互補的競合關係……」，相輔相成、相互佐證。

第二節　戰國秦漢出土法律文獻所載「奴隸人權」的保障與提升

　　「奴隸」，一般認為他們僅具生物意義的「人」，不具法律意義的「人」，所以他們僅屬於主人的「物」、「東西」和「動產」，沒有「人」之所以為「人」的人格與法權。〔註 156〕譬如《尚書·費誓》記述伯禽在費的誓詞，命令所屬

〔註 154〕陳絜，〈竹簡所見戰國時期楚地居民的里居形態〉，「楚簡楚文化與先秦歷史文化國際學術研討會」，武漢大學舉辦，2011 年 10 月 29 日～31 日。

〔註 155〕王准，〈包山楚簡所見楚國「里」的社會生活〉，《中國社會經濟史研究》，2011 年 2 期，頁 1～7。

〔註 156〕何炳棣，〈商周奴隸社會說糾謬〉，《人文及社會科學集刊》，7 卷 2 期，1995

部隊不准追逐逃亡的「馬牛」與「臣妾」，也不准引誘別人的「馬牛」或「臣妾」，原文是：

> ……**馬牛**其風，**臣妾**逋逃，勿敢越逐；祗復之，我商賚汝。乃越逐
> 不復，汝則有常刑。無敢寇攘：踰垣牆，竊**馬牛**，誘**臣妾**，汝則有
> 常刑……

「臣妾」經常與「馬牛」相提並論，可見「奴隸」的地位。

商王國是比較封閉的民族和文化共同體，其社會成員比較單純，各子姓宗族是商王國公民，異族異姓往往被充作奴隸或犧牲。相較於商王國，西周王朝是多民族雜居共處的社會，特別是非血緣「家臣制度」的興起，削弱純血緣等級隸屬關係。〔註157〕換句話說，商周王朝的「奴隸」，大多為異族異姓，因當時人相信「非我族類，其心必異」（《左傳・成公四年》），他們或因罪犯、或因戰俘、或因買賣等，依附於貴族。

「奴隸」的名稱相當多元，如「男為人臣，女為人妾」（《左傳・僖公十七年》）；又如楚無宇論「人有十等」：

> 王臣公，公臣大夫，大夫臣士，士臣皁，皁臣輿，輿臣隸，隸臣僚，
> 僚臣僕，僕臣臺。馬有圉，牛有牧……（《左傳・昭公七年》）

「士」以上為貴族。「士」以下的「皁」為穿黑衣的衛士，無爵而有員額；「輿」是眾庶。「隸」以下的「僚」、「僕」、「臺」、「圉」、「牧」，則是不同等級的刑徒和奴婢。〔註158〕再如：

> ……分魯公以大路、大旂，夏后氏之璜，封父之繁弱，殷民六族，
> 條氏、徐氏、蕭氏、索氏、長勺氏、尾勺氏，使帥其宗氏，輯其分
> 族，將其類醜，以法則周公……（《左傳・定公四年》）

楊伯峻認為「類醜」，為「附屬此六族的奴隸」。朱鳳瀚認為「宗」、「分族」、「類醜」三者並舉，前二者已稱族人，「類醜」可能是另一種身分的人。「醜」見於先秦文獻，如「執訊獲醜」（《詩・小雅・出車》）、「仍執醜虜」（《大雅・常武》）、「屈此群醜」（《魯頌・泮水》）、「獲匪其醜」（《易・離》），多包含對

年9月，頁80。

〔註157〕朱鳳瀚，〈第一章 上古分封社會的典型宗族〉，見馮爾康等著，《中國宗族社會》（杭州：浙江人民出版社，1994年11月），頁43～51。

〔註158〕杜正勝，《編戶齊民》（臺北：聯經出版事業股份有限公司，1990年3月初版，2004年6月初版3刷），頁38。

異族人、俘虜、敵人的貶意，是附屬於六族的奴隸，不屬於家族成員。〔註159〕所以中國古代「奴隸」的稱呼，除了最常見的「臣」、「妾」之外，還有上述之「僚」、「僕」、「臺」、「圉」、「牧」、「醜類」等等。

　　「奴隸」經常淪喪作為「人」應有的生命權，如晉國的驪姬陷害太子申生，將胙祭於曲沃的酒肉置毒，呈給晉獻公，晉獻公將有毒的酒肉「與犬」、「犬斃」，「犬斃」後竟「與小臣」，讓「小臣亦斃」（《左傳‧僖公四年》），由此推論「小臣」與「犬」的地位相去不遠，沒有作為「人」該有的生命保障。

　　「奴隸」還會被當作「貨物」買賣，如「掌成市之貨賄：<u>人民、牛馬、兵器、珍異</u>，凡賣儥者，質劑焉」（《周禮‧地官‧質人》），周代市場竟將「人民」、「牛馬」、「兵器」、「珍異」等並置買賣。又如「又置奴婢之市，與牛馬同蘭，制於民臣，顓斷其命」（《漢書‧王莽傳》），顏師古《注》：「蘭謂遮蘭之，若牛馬蘭圈也」，亦是將「奴婢」與「牛馬」並置買賣。再如：

　　　　衛人有夫妻禱者，而祝曰：「使我無故，得<u>百束布</u>。」其夫曰：「何
　　　　少也？」對曰：「益是，子將以買<u>妾</u>。」（《韓非子‧內儲說下》）
從上述對話推測「一個妾」的市價，大概為「百束布」。

　　兩漢之際「奴隸」的身分地位，總括來說雖低於「編戶齊民」，但已開始獲得「國家律令」的保障，如王莽於建國元年詔令云：「今更名天下田曰王田，奴婢曰私屬，皆不得買賣」（《漢書‧王莽傳》），不但將「奴隸」更名為「私屬」，更明令禁止「奴隸」買賣。

　　本節特別關注從商周至王莽此不算短的時間內，「奴隸階級」是否隨著「編戶齊民」時代之蒞臨，或親受「天地之性，人為貴」（《孝經‧聖治》）之人文思想的啟發，促使「奴隸」的「法政地位」漸次獲得保障；而非如傳世文獻所載，得晚至王莽時，才赫然出現不准「奴隸買賣」的重大變革。

一、殷商西周出土材料所載奴隸人權探討

　　「奴隸」的名稱相當多元，包括臣、妾、人鬲、隸、私屬、私徒、僚、僕、臺、圉、牧和醜類等。所以攸關「奴隸」身分的確定，不能單憑名稱，最好是依據當時材料，通過他們的生活實錄，揣測其所處的社會地位是否為「奴隸」。

〔註159〕朱鳳瀚，《商周家族型態研究增訂本》（天津：天津古籍出版社，1990年初版，
　　　　2004年7月增訂本），頁134～135。

（一）殷商甲骨文中的奴隸人權

商代與「奴隸階級」相關，可供討論的議題有二，一是「眾」的身分，二是「人殉」和「人牲」，此皆涉及商代是否爲「奴隸社會」的論戰。

郭沫若首先揭開這場社會史論戰的序幕，他主張商代和西周都是「奴隸社會」。他認爲卜辭「眾」的本義，象多數人在太陽下工作。殷周時期不僅家內奴隸，「眾」和「庶人」，乃至「黎民」、「民」或「人鬲」、「鬲」，都是「奴隸」。因爲僅有家內奴隸，並不足以成爲社會制度，得主要生產部門均用奴隸，如「眾」和「庶人」皆是「奴隸」，方足以構成「奴隸社會」。其次，郭沫若依據郭寶鈞〈記殷周殉人之史實〉（《光明日報》1950 年 3 月 19 日），認爲這些毫無人身自由的「殉葬者」就是「奴隸」；殷墟考古出現「人牲」、「人殉」，是商代爲「奴隸社會」最強而有力的鐵證。〔註160〕下文將針對上述這些觀點，展開一些討論。

「眾」的身分，于省吾引用甲骨卜辭，從「人牲」未曾使用「眾」，且沒有以「眾」作爲賞賜和交易的例子，判定「眾」不是「奴隸」。〔註161〕何炳棣認爲商代的「眾」，爲農業生產與兵士的主要來源，是「平民」、不是「奴隸」。〔註162〕李朝遠認爲「眾」有自己的生產工具，在商王室土地，以耤田形式進行集體耕作，可以從軍戍邊，不見被用作犧牲，但可捕捉殺戮。〔註163〕朱鳳瀚原本認爲「眾」爲殷代對「平民群體」的稱呼；但現在認爲「眾」泛指商人諸宗族成員，包括宗族內不同層級的貴族，與人數佔多數的平民。在農事卜辭中被乎令的「眾」，是各宗族內的平民族人（可能存在異族附庸之下層）。在戰事卜辭中被乎令的「眾」，當以諸宗族內的貴族與平民上層爲主幹，在人數上則以貴族下層與平民上層爲多。〔註164〕

卜辭中的「眾」，是商代社會生產的主力，無論農業、手工業還是狩獵活

〔註160〕郭沫若，《奴隸制時代》（北京：人民出版社，1954 年初版，1977 年 11 月 3 刷），〈中國古代史的分期問題〉、〈奴隸制時代〉、〈讀了《記殷周殉人之史實》〉、〈申述一下關於殷代殉人之問題〉、〈關於周代社會的商討〉、〈關於中國古史研究中的兩個問題〉、〈駁《實庵字說》〉。
〔註161〕于省吾，〈關於《釋臣和鬲》一文的幾點意見〉，《考古》，1965 年 6 月，頁 309。
〔註162〕何炳棣，〈商周奴隸社會說糾謬〉，頁 82～85。
〔註163〕李朝遠，《西周土地關係論》（上海：人民出版社，1997 年 1 月），頁 39～44。
〔註164〕朱鳳瀚，〈殷墟卜辭中「眾」的身分問題〉《南開學報》，1981 年 2 期，頁 57～74。朱鳳瀚，〈再讀殷墟卜辭中的「眾」〉，《古文字與古代史》第二輯（臺北：中央研究院歷史語言研究所，2009 年 12 月），頁 1～37。

動，都有他們的蹤跡。在卜辭中有幾則與「眾」相關的詞彙，關係「眾」是否為「奴隸」的判斷，譬如「喪眾」、「雉眾」和「𡥈眾人」。「喪眾」，從武丁到帝乙、帝辛皆有，從「眾」屢有逃亡之例，可見他們並無享受到當時社會經濟發展的成果。「雉眾」，于省吾等解釋為夷傷、夷滅。「𡥈眾人」之「𡥈」，從「余」從「止」，為「途」之初形，于省吾讀作「屠」，屠戮、伐滅義。〔註165〕若上述諸說成立，則「眾」有很大成份應歸類為「奴隸」。

但是陳夢家認為「雉眾」為部別和編理人眾。楊樹達、沈培和吉德煒則認為「雉眾」即「失眾」，和「喪眾」同義，都是逃亡義。且據沈培觀察，「辈」象人腳離開桎梏之形，他認為趙平安將甲骨文「辈」讀作「逸」或「失」，「辈羌」和「辈芻」指逃亡的羌、芻或動物，非常值得參考。若皆從「逃亡」義理解「喪眾」、「雉眾」、「辈羌」和「辈芻」，「眾」的動詞是「喪」和「雉」，「羌」和「芻」的動詞是「辈」，從同樣都是「逃亡」義，卻使用不同動詞看來，「眾」和「羌」、「芻」的身分是不同的。〔註166〕至於「𡥈眾」，于省吾在後出《甲骨文字釋林》，已刪除將「𡥈」釋讀作「屠」的舊說。林小安列舉「途」子畫、子央、𡥈等卜辭，認為絕無對殷王室之親眷、重臣、領地諸侯，自殘屠戮之理，因而將「途」字作「舍止」之「舍」。李學勤也認為上部是否從「余」，值得推敲。趙平安則將「途」字改釋為「達」，讀作「撻」。劉桓、朱鳳瀚則將此字改釋從「害」，劉桓讀作「遏」，「王遏眾人」是指對眾人的反抗或某種舉動進行鎮壓或阻止；朱鳳瀚讀作「會」，引《說文》:「會，合也」。〔註167〕

〔註165〕 于省吾，《雙劍誃殷契駢枝》三編（石印本，1944年5月），23葉。楊升南，〈殷墟卜辭中「眾」的身分考〉，《甲骨文與殷商史》第3輯（上海：上海古籍出版社，1991年）；又見《甲骨文商史叢考》（北京：線裝書局，2007年），頁167～209。

〔註166〕 陳夢家，《殷墟卜辭綜述》（北京：科學出版社，1956年），頁609。沈培，〈卜辭「雉眾」補說〉《語言學論叢》第26輯（北京：商務印書館，2002年），頁237～256。趙平安，〈戰國文字的「遊」與甲骨文「辈」為一字說〉，《古文字研究》22，2000年7月，頁276。

〔註167〕 林小安，〈殷墟卜辭𡥈字考辨〉，《第三屆國際中國古文字學研討會論文集》（香港：香港中文大學，1997年），頁147～154。李學勤，〈「三焰食日」卜辭辨誤〉，《李學勤文集》（上海：上海辭書出版社，2005年），頁160。趙平安，〈「達」字兩系說——兼釋甲骨文所謂「途」和齊金文中所謂「造」字〉，《中國文字》新27，2001年，頁51～63。劉桓，〈釋甲骨文「遳、遏」〉，《古文字研究》27，2008年9月，頁96～99。朱鳳瀚，〈再讀殷墟卜辭中的「眾」〉，《古文字與古代史》第二輯（臺北：中央研究院歷史語言研究所，2009年12月），頁1～37。

甲骨文「𡘷眾」一詞「𡘷」的寫法相當多元，據朱鳳瀚分析：有 A 型「⚊」，B 型「⚊」、「⚊」、「⚊」，C 型 a「⚊」、「⚊」，C 型 b「⚊」、「⚊」、「⚊」、「⚊」、「⚊」、「⚊」，其中又以 Cb 型最常見。從甲骨文「𡘷」字作「⚊」、「⚊」、「⚊」，劉桓、朱鳳瀚的隸定具有信度度。若是能客觀擺脫意識形態，從「眾」非「人牲」，不會被買賣，僅從事農、戰等推測，他們應是「平民」，而非「奴隸」。

至於「人殉」和「人牲」，其實用「人」做爲祭祀的犧牲或墓中的殉葬，屢見於世界上很多的古代文明。雖然「中國最早的人牲、人殉皆見於仰韶文化」，〔註168〕但不可否認「殷商是中國人牲人殉的鼎盛時期，河南安陽殷墟仍是近年發表人牲遺存最多的一個據點」。〔註169〕殷墟考古出現「人牲」、「人殉」，是否即表示商代爲「奴隸社會」呢？參與此社會史論戰的學者不少，本文嘗試做些簡要的梳理。

首先是「人牲」，商代用戰俘作犧牲，絕大多數是羌人。但「人牲」是否等同於「奴隸」，于省吾認爲，若是商人懂得用戰俘充作生產奴隸大肆剝削，就絕不會當作祭牲去大量屠殺。姚孝遂認爲人牲都是抓獲的俘虜，不是奴隸。但楊升南認爲人牲不能說都是戰俘，商代已經具備將戰俘轉爲奴隸的條件。高明認爲人牲不見得全是奴隸，因爲有的人牲地位很高。

其次是「人殉」，其身分階層包括死者的妻妾、親信、陪臣、侍衛等，當然也包括奴僕。朱鳳瀚從「人殉」旁的考古遺物，包括石鐮、骨器或玉飾等，推測他們可能是田間生產的勞動奴隸，或是服侍主人的家內奴隸。至於「人殉」是否皆爲「奴隸」，以李朝遠的說法最周全，他認爲「人殉只能反應墓主人和人殉者之間的主從關係，但這種主從關係不見得就是奴隸主和奴隸的階級關係，甚至不可因此推論殉人者的身分是奴隸」。〔註170〕

〔註168〕李學勤，〈中國古代文明的起源〉，《走出疑古時代》（瀋陽：遼寧大學出版社，1997 年），頁 34～35。

〔註169〕黃展岳，〈中國古代的人牲人殉新資料概述〉，《考古》，1996 年 12 期，頁 53～61。

〔註170〕于省吾，〈從甲骨文看商代的社會性質〉，《東北人民大學人文科學學報》，1957 年，2～3 卷合刊，頁 97～136。姚孝遂，〈人牲和人殉〉，《史學月刊》，1960 年；〈商代的俘虜〉，《古文字研究》第一輯，1979 年；皆見於《姚孝遂古文字論集》（北京：中華書局，2010 年），頁 146～188、290～300。楊升南，〈商代人祭身份的考察〉，《人文雜誌·先秦史論文集》，1982 年；楊升南，〈商代人祭身份的再考察〉，《歷史研究》，1988 年 1 期，134～146。黃展岳，〈殷商墓葬人殉人牲的再考察〉，《考古》，1983 年 10 月，頁 935～949。黃展岳，〈中國古代的人牲人殉問題〉，《考古》，1987 年 2 期，頁 159～168。何炳棣，〈商

商王將被商人戰敗的國族，譬如「羌族」視作「人牲」，這批被當作「人牲」的「羌人」，應非「奴隸」。他們是因戰敗而被大量殺戮，與本文定義因爲沒有被視作「人」，而喪失生命權的「奴隸」並不相同。且商王除了會將戰敗國族當作「人牲」外，也會將他們「奠置」在其可掌控的區域內，被「奠」者一般保有原本的組織，但要在被「奠」之地，爲商王耕作、畜牧，有時還要外出執行軍事任務。〔註171〕他們的農、戰生活，與「眾」頗爲相似，應皆非「奴隸」。

而「人殉」縱使包括「奴隸」，但也不完全等同於「奴隸」，且歸屬於「奴隸」的比例也不高，更不足以作爲商代乃「奴隸社會」的佐證。

「人牲」與「人殉」的考古材料總數，都一直隨著時代遞減，甚至轉換成「人俑」的形式出現。譬如李朝遠從豐、鎬地區的考古發掘，西周用人殉葬的墓，僅佔全部墓葬的 7%～8%，並非普遍形態，嚴格意義上不能稱爲「制度」。〔註172〕再據楊茂統計，東周時期「人牲」和「人殉」盛行於齊魯文化區和秦文化區。楚國從春秋晚期開始，以「俑葬」取代「人殉」；楚滅亡後，「俑葬」的習俗被秦漢繼承。〔註173〕所以從西周至戰國秦漢初年，「人牲」與「人殉」的數量都在銳減，可能被劃歸爲「奴隸社會」的因素，都正在逐步的萎縮當中。

（二）西周金文中的奴隸人權

西周與「奴隸」相關，可供討論的議題頗多，本文從中挑選兩則至今仍聚訟紛紜者，一是「鬲」的身分，二是〈曶鼎〉中的奴隸買賣。

1. 西周金文中的「鬲」

周奴隸社會說糾謬〉，頁 82～85。黃展岳，《中國古代的人牲人殉》（北京：文物出版社，1990 年）。黃展岳，〈中國古代的人牲人殉新資料概述〉，《考古》，1996 年 12 期，頁 53～61。朱鳳瀚，《商周家族形態研究》，頁 135。李朝遠，《西周土地關係論》（上海：上海人民出版社，1997 年 1 月），頁 202～203。高明，〈論商周時代的臣〉，《容庚百年誕辰紀念文集》（廣州：廣東人民出版社，1998 年 4 月），頁 97～112。

〔註171〕裘錫圭，〈說殷墟卜辭的「奠」——試論商人處置服屬者的一種方法〉，《中央研究院歷史語言研究所集刊》，64 本 3 分，1993 年 12 月，頁 659。

〔註172〕李朝遠，《西周土地關係論》（上海：人民出版社，1997 年 1 月），頁 202～203。

〔註173〕楊茂，〈楚人牲、人殉試探〉，《西南農業大學學報》，2009 年 10 月，頁 94～97。

　　西周「鬲」，楊寬分作三大類，一、單身奴隸，稱爲「人鬲」、「鬲」或「訊」；二、婚配成家的奴隸，稱作「臣」；三、把整個氏族或部族作爲奴隸。〔註174〕西周「奴隸」是否如此分類還有爭議，但論證西周爲「奴隸制」時，經常舉周金銘文有「賜土賜人」的記錄爲例，本節僅挑選其中似被當作賞賜物的「鬲」作說明。茲將相關銘文羅列於下：

1. 〈大盂鼎〉：⋯⋯易（賜）女（汝）邦嗣（司）四白（伯），人（鬲）自駁（馭）至于庶人六百又五十又九夫，易（賜）尸（夷）嗣（司）王臣十又三白（伯），人（鬲）千又五十夫⋯⋯【《集成》02837，西周早期，《銘文選》62】

2. 〈作冊矢令殷〉：⋯⋯姜商（賞）令貝十朋、臣十家、（鬲）百人⋯⋯【《集成》04300，西周早期，《銘文選》94】

有些學者認爲西周金文被充當賞賜物的「鬲」，還包括：

〈中甗〉：王令中先省南或（國）貫行⋯⋯白（伯）買父乃以厥（厥）人戍漢中州，曰段、曰旟，厥（厥）人尺（鬲）廿夫，厥（厥）賈𧮲言曰：賓□貝，日傳□王□休，肆肩又（有）羞余□□，用乍（作）父乙寶彝。【《集成》00949，西周早期，《銘文選》108】

　　但〈中甗〉「鬲」字作「尺」，與正規「鬲」字寫法差距頗大，似乎不是「鬲」。

　　「鬲」字的討論，向來眾說紛紜，沈寶春嘗試分作三類：1.「鬲」本爲炊具，再引伸或假借爲奴隸。2.「鬲」爲國族名。3.「鬲」爲「歷」，爲俘虜奴隸或歷數者。〔註175〕本文在此基礎上，增添其他學者對此問題的相關討論，補充說明如下：

（1）「鬲」字釋讀作「獻」，指「民獻」：

1. 吳大澂《愙齋集古錄》（1917）：「鬲」即「獻」之省。「人獻」，《書》言「黎獻」、「民獻」也。

2. 吳闓生《吉金文錄》（1924）：「鬲」乃僕隸之稱，故有千數百之多，非十夫予翼之民獻也。

3. 方濬益《綴遺齋彝器款識考釋》（1935）：「鬲」是「獻」之省，

〔註174〕楊寬，〈論西周時代的奴隸制生產關係〉，《古史新探》（北京：中華書局，1965年），頁70～76。

〔註175〕沈寶春，〈人鬲新解〉，《古文字論稿》（合肥：安徽大學出版社，2008年4月），頁106～113。

《尚書・大誥》「民獻有十夫」，與此語合。

4. 楊寬：《尚書・大誥》「民獻有十夫」，引《尚書大傳》作「民儀」，《漢書・翟方進傳》載王莽仿作的大誥，注引孟康說：「民之表儀為賢者」，所以「民獻」指的是大臣。〔註176〕

5. 李學勤：「獻」不會省成「鬲」，「獻民」詞見《逸周書》，孔注云：「士大夫也」，〈胡簋〉「獻民」應指賢人的「民獻」，「人鬲」與「民獻」沒有關係。〔註177〕

（2）「鬲」本為炊具，引伸為「奴隸」：

1. 郭沫若：鬲和人鬲就是古書上的民儀或黎民，黎、儀、鬲（歷）是同音字，鬲是後來的鼎鍋，推想用鬲來稱呼這種自駁至於庶人的原因，大概就是取其黑色，在日下勞作的人被太陽曬黑，也就如同鼎鍋被火煙燻黑一樣。〔註178〕

（3）「鬲」假借作「厤」、「歷」、「櫪」，指「奴隸」：

1. 孫詒讓《古籀餘論》（1903）：「鬲」讀為「厤」。《周書・世俘》謂「俘虜」為「厤」。

2. 楊寬：「鬲」即《逸周書・世俘》「馘歷」的「歷」，原文是「武王遂征四方，凡憝國九十有九國，馘歷億有十萬七千七百七十有九，俘人三億萬有二百三十，凡服國六百五十有二」的「馘歷」。也是《尚書・梓材》：「……肆往，姦宄、殺人、歷人、宥；肆亦見厥君事，戕敗人宥……」的「歷人」。孫詒讓《尚書駢枝》解釋「歷人」謂「執平民而歷其手」。當時戰爭的俘虜稱為「歷」，「鬲」和「歷」就是後來所謂「櫪」，古時木製的手銬稱為「櫪斯」，把俘虜、囚犯戴上手銬也叫作「歷」或「歷」，古時建有木欄柵的屋子叫做「歷斯」，關住家畜、俘虜、奴隸的監牢也叫

〔註176〕楊寬，〈釋臣和鬲〉，《考古》，1963 年 12 月，頁 668～670；楊寬，〈論西周時代的奴隸制生產關係〉，頁 70～76、97～105。

〔註177〕李學勤，〈大盂鼎新論〉，《鄭州大學學報》，1985 年 3 期，頁 53～54。李學勤，《青銅器與古代史》（臺北：聯經出版事業股份有限公司，2005 年 5 月），頁 233～235。

〔註178〕郭沫若，《奴隸制時代》（北京：人民出版社，1954 年初版，1977 年 11 月 3 刷），頁 25。

作「櫪」。〔註179〕

3. 于省吾反對楊寬的說法，因為帶在手上的械叫作「梏」，與考囚所用的桎指刑具「櫪榯」，兩者是迥然不同的東西。于省吾認為奴隸之「隸」，西周金文作「鬲」，孫詒讓以俘虜為「麻（歷）」是對的，「鬲」與從「麻」之字古每通用，《說文》「鬲」之重文作「歷」。《書‧大誥》：「嗣無疆大歷服」，《君奭》：「多歷年所」，魏三體石經古文「歷」並作「鬲」是其證。古人把家內奴隸之從事於鬲釜炊爨者名之為「鬲」。〔註180〕

(4)「鬲」假借作「繫」，指「俘虜」：

1. 裘錫圭贊成馬敘倫《讀金契刻詞》指出「鬳」、「鬲」聲通，「鬲」應讀為「繫」，當俘虜講。〔註181〕

(5)「鬲」假借作「歷」、「歷」，指「數目」：

1. 李學勤：「人鬲」的「鬲」，就是《逸周書‧世俘》「馘歷」的「歷」，〈世俘〉原文經校正是：「武王遂征四方，凡憝國九十有九國，**馘歷**億有七萬七百七十有九，**俘人**三億萬有二百三十」。〈小盂鼎〉有兩次戰鬥記錄，一次是「**獲馘**四千八百□十二馘，**俘人**萬三千八十一人」；另一次「**獲馘**二百卅七馘，**俘人**□□人」，可見「馘」與「人」對舉，不是「馘」與「歷」，且「馘」的項目下，不可能包含生存的人。《爾雅‧釋詁》：「歷，數也」，「歷」（或「歷」、「鬲」）訓為數，〈世俘〉「馘歷」是首級之數，大盂鼎「人鬲」即人數，〈令簋〉「臣十家，鬲百人」，即十家臣僕，人數共一百人。〔註182〕

〔註179〕 楊寬，〈釋臣和鬲〉，《考古》，1963 年 12 月，頁 668～670；楊寬，〈論西周時代的奴隸制生產關係〉，頁 70～76、97～105。

〔註180〕 于省吾，〈關於《釋臣和鬲》的一點意見〉，《考古》，1965 年 6 期，頁 309～310；又見《雙劍誃群經新證　雙劍誃諸子新證》（上海：上海書店，1999 年），頁 91。于省吾，〈釋鬲隸〉，《史學集刊復刊號》，1981 年 10 月，頁 69～72。

〔註181〕 裘錫圭，〈說「僕庸」〉，《紀念顧頡剛學術論文集》，1990 年，又見《古代文史研究新探》（南京：江蘇古籍出版社，2000 年 1 月 2 刷），頁 384。

〔註182〕 李學勤，〈近年考古發現與中國早期奴隸社會〉，《新建設》，1958 年 8 期，頁 51。李學勤，〈大盂鼎新論〉，《鄭州大學學報》，1985 年 3 期，頁 53～54。李學勤，《青銅器與古代史》（臺北：聯經出版事業股份有限公司，2005 年 5 月），頁 233～235。

（6）「鬲」假借作「曆」、「歷」，指「名籍」：

1. 孫詒讓《周書斠補》：「鬲」與「曆」、「歷」為同聲假借字，謂「所執俘馘之名籍也」。

2. 貝塚茂樹、許倬雲：按簿冊校點人數的服役人口。〔註183〕

3. 杜正勝：「歷」有登錄的意思（《禮記·郊特牲·注》），通「曆」，即《周禮》遂師「抱曆」的「曆」，役名之版籍也。〔註184〕

4. 羅建中：周代在生活中以炊具鬲為中心，所以鬲是戶的代表，人鬲即相當於人戶，「鬲自駿（馭）至于庶人六百又五十又九夫」，賜給你從馭者到一般勞動者六百五十九個男子。
〔註185〕

（7）「鬲」為「國族名」：

1. 譚戒甫：鬲是一古國，以製造陶鬲得名，世俗漸次呼成氏族名，後為國號。他們是土田附屬品，是耕奴，故稱夫。本銘「鬲百人」，不稱夫，大約是家內使用的僕役。〔註186〕

2. 尚志儒：「人鬲」，鬲族成員，甚至包括下級吏臣在內。〔註187〕

3. 楊振之：人鬲是以宗法血緣為依據聯結成一個個宗法家族。
〔註188〕

（8）「鬲」為「庶民」：

1. 丁山：「人鬲」以土田言為耕種的庶民，以戰陣言為步卒的行伍。
〔註189〕

2. 徐鴻修：「人鬲」中從馭到庶人都是自由民身分，馭是低級貴族

〔註183〕許倬雲，《西周史》（北京：三聯書店，2001年1月），頁154。

〔註184〕杜正勝，《編戶齊民 傳統政治社會結構之形成》，頁26。

〔註185〕羅建中，〈大盂鼎銘文蠡度〉，《樂山師專學報》，1988年2期，頁45～49、72。
羅建中，〈大盂鼎銘解讀〉，《四川師範大學學報》，1997年3期，頁83～84。

〔註186〕譚戒甫，〈周初矢器銘文綜合研究〉，《武漢大學學報》，1956年，頁172～174；又見《金文文獻集成》（香港：明石文化出版社，2006年），第二十八冊，頁289～299。

〔註187〕尚志儒，〈試論西周金文中的人鬲問題〉，《西周史研究》，1984年，頁340～345。

〔註188〕楊振之，〈大盂鼎銘受民身分問題〉，《四川師範大學學報》，1995年2期，頁87～95。

〔註189〕丁山，《甲骨文所見氏族及其制度》（北京：中華書局，1988年），頁36。

武士，庶人是普通平民。〔註 190〕

3. 劉家和：民獻、民儀和黎民、人鬲，以及〈梓材〉中的「人歷」
都是萬邦的黎民，以及《尚書·梓材》的「歷人」，均是奴隸稱
「人」之例。〔註 191〕

4. 朱鳳瀚：「人鬲」指盂封土內由邦司四伯轄治下的土著居民，
其中有不同等級，包括自御馬（駕車）者至庶人（農耕者）。
〔註 192〕

5. 晶新民：人鬲，每人帶一鬲的人群，也可理解為周王派給盂的
遠征隨行人員。不是奴隸。〔註 193〕

(9)「鬲」為「輔弼者」：

1. 施偉青：或以為被用為賞賜者即是奴隸，其實並不盡然。「鬲」
讀為「歷」，《爾雅·釋詁》：「歷，傅也」，輔弼也，指代人稱，
則為輔弼者。〔註 194〕

(10)「鬲」假借作「力」，人力：

1. 沈寶春：「鬲」作力，人力解，如《中庸》：「舟車所至，人力所
通」。〔註 195〕

當「鬲」字的釋讀陷入膠著時，有學者會將新出〈四十三年逨鼎〉的「官
司▨（歷）人」納入考慮，譬如李學勤同樣將「歷」訓「數」，「歷人」指甄
審、監察一類的職務。李零則認為可能與使用囚犯、俘虜和奴隸，於製造業
和土木工程有關。孫亞冰認為即《周禮·秋官·司寇》的「司隸」。董珊認為
可能是平民，因訴訟刑獄，被官府囚禁而轉化的官奴或刑徒。江林昌認為「官
司歷人」就是管理俘虜。周鳳五認為「歷」是地名。王晶將「歷」通作「櫪」，
即《周禮·夏官·司馬》的「校人」，掌王馬之政。〔註 196〕

〔註 190〕徐鴻修，〈「鼇（萊）僕」與「人鬲」〉，《文史哲》，1992 年 6 期，頁 78～79。

〔註 191〕劉家和，〈《書·梓材》人歷、人宥試釋〉，《古代中國與世界——一個古史研
究者的思考》（武漢：武漢出版社，1995 年），頁 172～173。

〔註 192〕朱鳳瀚，《商周家族型態研究增訂本》，頁 252。

〔註 193〕晶新民，〈人鬲辨正〉，《文博》，1985 年 4 期，頁 10～11。

〔註 194〕施偉青，〈「鬲」非奴隸辨〉，《廈門大學學報》，1987 年 3 期，頁 72～76。

〔註 195〕沈寶春，〈人鬲新解〉，《古文字論稿》（合肥：安徽大學出版社，2008 年 4 月），
頁 106～113。

〔註 196〕李學勤，〈四十三年佐鼎與牧簋〉，《中國史研究》，2003 年 2 期，又見《中國

「鬲」字本義為「炊具」(《說文》:「鼎屬,實五穀」),與「奴隸」的關係,可參考于省吾的說法「古人把家內奴隸之從事於鬲釜炊爨者名之為鬲」。「鬲」的造字本義,可與「隸」字相對照。《說文》雖將「隸」字分析為:「附箸也。从隶、柰聲」,但從下列字形可知,「隸」字並非「从隶、柰聲」:

　　　戰國秦〈十五年上郡守壽戈〉、隸漢〈高奴權〉

　　　秦《睡虎地》10.16、隸西漢《武威》泰射85、隸東漢〈石門頌〉

季旭昇、陳松長分別參照秦漢簡與傳世碑刻等隋朝前文字,都贊成「隸」字右旁應「從又從米」。再參照《九經字樣》:

　　　《周禮》女子入於舂槀,男子入於罪隸,隸字從又持米,從柰聲,

　　　又象人手,經典相承作隸已久,不可改正。

以及桂馥《說文解字義證》引《一切經音義》:

　　　古者隸人擇米以供祭祀,故從米也。

都贊成「隸」字本義可能為「奴隸」。〔註197〕既然「擇米以供祭祀」的「隸」字為「奴隸」;以「炊具」代表「從事鬲釜炊爨者」的「鬲」字,當然也可為「奴隸」。

　　　至於〈作冊矢令毁〉的「鬲百人」和〈大盂鼎〉的「人鬲」則必須分開討論。首先,〈作冊矢令毁〉:「姜商(賞)令貝十朋、臣十家、鬲百人」,與「鬲百人」並置的是「臣十家」與「貝十朋」。商周時期的「臣」,可指大小

古代文明研究》(上海:華東師範大學出版社,2005 年 4 月),頁 154。李零,〈讀楊家村出土的虞逑諸器〉,《中國歷史文物》,2003 年 3 期,頁 16〜27。孫亞冰,〈眉縣楊家村卌二、卌三年逑鼎考釋〉,《中國史研究》,2003 年 4 期,頁 25〜32。董珊,〈略論西周單氏家族窖藏青銅器銘文〉,《中國歷史文物》,2003 年 4 期,頁 40〜50。江林昌,〈眉縣新出青銅器與西周王室世系、年代學及相關問題〉,《文史哲》,2003 年 5 期,頁 13。周鳳五,〈眉縣楊家村窖藏〈四十三年逑鼎〉銘文初探〉,《康樂集》(廣州:中山大學出版社,2006 年),頁 56。王晶,〈卌三年逑鼎銘中的「歷人」即《周禮》中的「校人」〉,《中原文物》,2007 年 3 期,頁 51〜52、63。陳絜,〈周代農村基層聚落初探〉,《新出金文與西周歷史》(上海:上海世紀出版股份有限公司,2011 年 5 月),頁 135。

〔註197〕 李旭昇,《說文新證(上冊)》(臺北:藝文印書館,2002 年 10 月初版),頁 209。陳松長,〈「隸書」名義考辨〉,《第二十一屆中國文字學國際學術研討會論文集》,臺北:東吳大學中文系,2010 年 4 月 30 日〜5 月 1 日,頁 370〜371。

官吏，如「事君不二謂之臣」（《國語‧晉語》）；可指一般平民，如「在國曰市井之臣，在野曰草莽之臣」（《孟子‧萬章》）；也可指奴僕，如「臣妾逋逃」（《尚書‧費誓》）。再如「小臣」，通常指宮廷內從事王室生活庶務的侍者；但「小臣𦥑」，卻是商王武丁率兵徵伐舌方的統帥。〔註198〕「鬲」與「臣」雖皆有爭議，但〈作冊矢令𣪘〉與「鬲」與「臣」並列的「貝」，卻毫無爭議確實爲「賞賜物」，所以〈作冊矢令𣪘〉的「鬲」與「臣」，皆指作爲「賞賜物」理解的「奴隸」。

其次，〈大盂鼎〉：「易（賜）女（汝）邦嗣（司）四白（伯），<u>人鬲自馭（馭）至于庶人六百又五十又九夫</u>，易（賜）尸（夷）嗣（司）王臣十又三白（伯），<u>人鬲千又五十夫</u>」的「人鬲」，或許不適合作「奴隸」解釋。因爲「人鬲」的範圍「自馭（馭）至于庶人」，「馭（馭）」與「庶人」並非奴隸，所以「人鬲」應非「奴隸」。〈大盂鼎〉「受民受疆土」，其賞賜規模之龐大，惟〈宜侯矢𣪘〉的「封國」等級可比擬：

> ……王令虞侯矢曰……易（賜）土：氒（厥）川三百□，氒（厥）
> □百又廿，氒（厥）宅邑卅又五，氒（厥）□百又卌，易（賜）才
> （在）宜王人□又七生（姓），易（賜）奠七白（伯），氒（厥）𤲃
> （廬）〔註199〕□又五十夫，易（賜）宜庶人六百又□六夫。宜侯矢
> 揚王休，乍（作）虞公父丁𤭯（尊）彝。【《集成》04320，西周早期，
> 《銘文選》57】

「封國」必須同時賞賜「土田」與「人民」，其封賞的「人民」，並侷限於少數的「奴隸」而已。且〈大盂鼎〉在兩次「人鬲」之後，皆緊接著「數詞＋量詞」的短語格式，如「六百又五十又九夫」和「千又五十夫」，確實非常可能應將「鬲」假借作「曆」或「歷」，《爾雅‧釋詁》：「歷，數也」，「人鬲」爲「人數」。

但從殷偉仁「人、鬲」的斷句方式，又獲得一些啓發。若是可以將「人鬲」斷句作「人、鬲」，則可同時包括「庶民」和「奴隸」。因爲「人」即「民」，指庶人工商；「鬲」通「隸」，指奴隸。或許〈大盂鼎〉與「人鬲」相關的句

〔註198〕高明，〈論商周時代的臣〉，《容庚百年誕辰紀念文集》（廣州：廣東人民出版社，1998年4月），頁97～112。

〔註199〕于省吾：「𤲃」爲「盧」的初文，讀「廬」，參〈釋鬲隸〉，《史學集刊》，1981年10月，頁71。

子，可分別重新斷句作：

　　……易（賜）女（汝）**邦嗣（司）**四白（伯）、**人、鬲**，自駁（馭）
　　至于庶人六百又五十又九夫……

　　……易（賜）尸（夷）嗣（司）**王臣**十又三白（伯）、**人、鬲**，千又
　　五十夫……

「邦嗣（司）」、「王臣」為貴族，「人」為庶民，「鬲」照樣為奴隸。西周「封國」時，所賞賜的「人民」，本來就會涵蓋社會各階層人物。例1的「人、鬲」與「自駁（馭）至于庶人」得斷讀，「人、鬲」與「自駁（馭）至于庶人」非同位語，如此「人、鬲」的身分，就不用受到「駁（馭）」與「庶人」的局限了。

　　最後，新出〈四十三年逑鼎〉的「官司☒（歷）人」，若將「歷人」視作囚犯、俘虜、官奴或刑徒。「官司歷人」的職掌，即管理囚犯、俘虜、官奴或刑徒。中國古代的「鬲」、「歷」、「隸」，可能皆為「奴隸」的不同表現方式。

2. 西周金文〈曶鼎〉之奴隸買賣

　　西周金文〈曶鼎〉（《集成》02838，西周中期，《銘文選》242），紀錄幾種「奴隸」價格，可作為西周「奴隸」買賣的證據。銘文共分三段，首段為周王冊命曶，與「奴隸」買賣關係不大，茲不贅述。下文將分別介紹與「奴隸」買賣有關的二、三段內容。〈曶鼎〉第二段：

　　唯王四月既眚（生）霸，辰才（在）丁酉，井弔（叔）才（在）異，
　　為〔理〕。〔曶〕事（使）厈（厥）小子諓（允）吕（以）限訟于井（邢）
　　弔（叔）：「我既䞿（贖）女（汝）五〔夫，效〕父用匹馬束絲」。限☒
　　（許）曰：「氏則卑（俾）我賞（償）馬，效〔父則〕卑（俾）還（復）
　　厈（厥）絲〔束〕」。賢、效父迺☒（許）諓（允）曰，于王參門□
　　□木☒（榜）用☒（徵）征（誕）☒（贖）絲（茲）五夫，用百乎（鋝）。
　　非出五夫，〔則〕□☒（旛）。〔註200〕迺（乃）䚋又（有）☒（旛）
　　眔（暨）☒（錯或趯）〔註201〕金」。井弔（叔）曰：「才（裁）：王☒
　　（人）迺☒（贖）用□，不逆付，曶母（毋）卑（俾）成于氏。」
　　曶則拜頴（稽）首，受絲（茲）五〔夫〕：曰☒（陪）、曰恆、曰耤（籍）、

〔註200〕李學勤：旛讀背，背約的意思，參《青銅器與古代史》（臺北：聯經出版事業
　　　　股份有限公司，2005 年 5 月），頁 382。

〔註201〕李學勤：☒從「豈」聲，讀「覬」，意為希冀、希圖，參《青銅器與古代史》，
　　　　頁 383。

曰龠、曰眚，事（使）乎（辭）以告。眡迺（乃）卑（俾）〔饗〕㠯（以）智酉（酒）彶（及）羊，絲（茲）**三**（訖）〔註202〕乎（辭），用釱（致）絲（茲）人。智迺（乃）每（誨）于眡〔曰〕：「女（汝）其舍龖（允）矢五秉，曰弋（必）尚（當）卑（俾）處氐（厥）邑，田〔氐（厥）〕田。」眡則卑（俾）遌（復）令（命）曰：「若（諾）。」

茲將〈智鼎〉第二段引發爭議「原告」與「被告」之各家說法羅列於下：

	原 告	被 告	審理者
郭沫若〔註203〕	智、龖（允）	限、效父、眡（或贋）	井弔（叔）
譚戒甫〔註204〕	智、龖（允）	效父、限	井弔（叔）
松丸道雄〔註205〕	智、限	眡（或贋）、效父	井弔（叔）
姚孝遂〔註206〕	智、龖（允）	眡（或贋）、效父、限	井弔（叔）
李學勤〔註207〕	智、龖（允）、眡（或贋）	效父、限	井弔（叔）
孫常敘〔註208〕	智、龖（允）	效父	井弔（叔）、眡（或贋）
張經〔註209〕	智、龖（允）	限、效父、眡（或贋）	井弔（叔）

　　基本上「智」、「龖（允）」是原告，「效父」是被告，並無太大爭議。會造成歧義的是松丸道雄將「限」當作原告，與各家說法不一。其次是「眡（或

〔註202〕孫常敘釋「三」爲「气」，讀爲「訖」，停止，參〈智鼎銘文通釋〉，《孫常敘古文字學論集》（長春：東北師範大學出版社，1998年），頁182。

〔註203〕郭沫若，《兩周金文辭大系攷釋》（上海：上海書店出版社，1997年9月），頁97～99。

〔註204〕譚戒甫，〈西周智器銘文綜合研究〉，《中華文史論叢》，1963年3輯，頁67～90。

〔註205〕松丸道雄，〈西周後期出現的變革萌芽——智鼎銘解釋的初步解決〉，《日本學者研究中國史論著選譯》第三卷上古秦漢（北京：中華書局，1993年11月），頁150～188。

〔註206〕姚孝遂，〈智鼎銘文研究〉，《吉林大學社會科學學報》，1962年2期；又見於《姚孝遂古文字論集》（北京：中華書局，2010年），頁337～346。

〔註207〕李學勤，〈論智鼎及其反應的西周制度〉，《中國史研究》，1985年1期，又見《青銅器與古代史》（臺北：聯經出版事業股份有限公司，2005年5月），頁374～388。

〔註208〕孫常敘，〈智鼎銘文通釋〉，《孫常敘古文字學論集》（長春：東北師範大學出版社，1998年），頁163～261。

〔註209〕張經，〈智鼎新釋〉，《故宮博物院院刊》，2002年4期，頁49～57。

質)」，應被視爲原告、被告或審理者。

　　「限」理應從多數學者的意見視爲被告，因爲西周金文法律文書，通常在「以」字後帶出被訴訟對象，譬如：

1. 〈五祀衛鼎〉：隹（唯）正月初吉庚戌，衛呂（以）邦君厲告于井（邢）白（伯）、白（伯）邑父、定白（伯）、瓊白（伯）、白（伯）俗父，曰……【《集成》02832，西周中期，《銘文選》198】

2. 〈𩇩比鼎〉：隹（唯）卅又一年三月初吉壬辰，王才（在）周康宮𥛔大室，𩇩比呂（以）攸衛牧告于王，曰：……【《集成》02818，西周晚期，《銘文選》426】

〈五祀衛鼎〉，爲「裘衛」向「邢伯」等控告「邦君厲」。〈𩇩比鼎〉，爲「𩇩比」向「周王」控告「攸衛牧」，違約侵佔土地、拒付田租。「以」下所帶出的「邦君厲」與「攸衛牧」，皆爲被訴訟對象，同理〈曶鼎〉的相關銘文爲：

　　　　〔曶〕事（使）𡊥（厥）小子䕙（允）呂（以）限訟于井（邢）弔（叔）……

「以」下所帶出的「限」，依照慣例也應該是被告。

　　比較複雜的是「𥓋（或質）」的身分，李學勤認爲是原告；孫常敘讀「質」，作「官名」解，職掌同《周禮‧質人》的「掌成市之貨賄、人民、牛馬、兵器、珍異」，「人民」即「奴隸」，買賣奴婢需經「質人」批准。〔註210〕但從銘文上下文語境推論，「𥓋（或質）」較有可能與「效父」、「限」同列被告，與原告「曶」、「䕙（允）」敵對。譬如：

　　　　〔曶〕事（使）𡊥（厥）小子䕙（允）呂（以）限訟于井（邢）弔（叔）：

　　　　「我既贖女（汝）五〔夫〕，〔效〕父用匹馬束絲」。

　　　　限詰（許）曰：「𥓋則卑（俾）我賞（償）馬，效〔父〕則卑（俾）

　　　　遝（復）𡊥（厥）絲束。」

原告「曶」、「䕙（允）」，向審理者「井（邢）弔（叔）」控訴被告「限」，「曶」、「䕙（允）」已向「限」贖了五個人，而「效父」卻只答應交付馬匹和絲束，而不肯交付五夫。「效父」交付的「匹馬束絲」，其中的「馬」，是「𥓋」答應「限」交付的，所以「𥓋」應與「效父」、「限」同列被告。又如：

　　　　質、效父迺詰（許）䕙（允）曰：「于王參門，□□木榜用徵，征（誕）

　　　　贖絲（兹）五夫，用百乎（鋝）。非出五夫，〔則〕𨑹（背）」。

〔註210〕孫常敘，〈曶鼎銘文通釋〉，《孫常敘古文字學論集》，頁177。

迺（乃）䚽又（有）旆（祈）眔（暨）𤔲（嬰）金。

井弔（叔）曰：「才（裁）：王🗚（人）迺贖用□，不逆付，剆母（毋）
卑（俾）成于䤔。」

被告「𧫍」、「效父」答應原告「𤔲（允）」，在「參門」讓原告以「百守（鋝）」
贖回五夫。沒想到被告「䚽」希望原告繳交更多的贖金，仍不願交付五夫。但
審理者「井（邢）弔（叔）」卻裁定，兩造皆爲「王人」，被告若「不逆付」，
原告「剆」將「母（毋）卑（俾）成于」被告「䤔」。再如：

剆則拜韻（稽）首，受絲（茲）五〔夫〕：曰🗚、曰恆、曰耤、曰𪅏、
曰膏，事（使）𡇯（鋝）以告。䤔迺（乃）卑（俾）〔饗〕𠯑（以）
剆酉（酒）伋（及）羊，絲（茲）𦊆（訛）𡇯（鋝），用𦤿（致）絲
（茲）人。

因爲審理者「井（邢）弔（叔）」的裁定，所以原告「剆」接受五夫後，就必
須「事（使）𡇯（鋝）以告」，向被告等繳納「百守（鋝）」贖金。此時被告
「䤔」，就必須以酒及羊回報原告「剆」。凡此，皆顯示「䤔（或𧫍）」應該與
「效父」、「限」同列被告，與「剆」、「𤔲（允）」敵對。

　　總之，〈剆鼎〉銘文第二段之剆、𤔲（允）爲原告，效父、限、䤔（或𧫍）
爲被告。此段共紀錄兩種奴隸價格，奴隸「五夫」的價格，或相當於「匹馬
束絲」，或相當於「金百守」。

　　〈剆鼎〉第三段，原文爲：

昔饉歲，匡眔、𤔲（厥）臣廿夫，寇剆禾十秭。𠯑（以）匡季告東宮，
東宮迺（乃）曰：「求乃人，乃弗得，女（汝）匡罰大。」匡迺（乃）
韻（稽）首于剆，用五田，用眔一夫曰嗌，用臣曰疐、〔曰〕朏、曰
奠（奠），曰：「用絲（茲）四夫。」韻（稽）首曰：「余無迠（攸）
具寇，足〔秭〕不〔出〕，鞭余。」剆或（又）𠯑（以）匡季告東宮，
剆曰：「弋（必）唯朕〔禾〕賞（償）。」東宮迺（乃）曰：「賞（償）
剆禾十秭，遺十秭，爲廿秭。□來歲弗賞（償），則付卌（四十）秭。」
迺（乃）或（又）即剆用田二，又臣〔一夫〕，凡用即剆田七田、人
五夫。剆🗚覓（免）匡卅（三十）秭。

〈剆鼎〉「匡眔𤔲（厥）臣廿夫」，于省吾認爲「𤔲（厥）」是指示代詞，指「匡
季」手下的「眔」所屬的奴隸廿夫。譚戒甫也認爲「臣」是奴隸，「眔」是管

理奴隸的人。〔註211〕「臣」是奴隸，會被隨意賞賜，可參〈燮作周公簋〉：

> 隹（唯）三月，王令燮（榮）眔內史曰：𧬛（割）井（邢）侯服，易
> （賜）臣三品：州人、重人、庸（庸）人。……【《集成》04241，
> 西周早期，《銘文選》66】

「賜臣三品」，「臣」的量詞「品」，金文一般用「品」計算「玉」，如：

> 〈尹姞鬲〉……易（賜）玉五品、馬三匹……【《集成》00754，西
> 周中期】

> 〈鮮簋（鮮盤）〉……王覭（賞）鄿（裸）玉三品、貝廿朋……【《集
> 成》10166，西周中期】

若以此推論，「臣」在當時人心中的地位，近似於「玉」，而非「人」。

〈曶鼎〉銘文第三段記錄：匡季屬下的眔、臣搶了曶的「十秭禾」，匡季準備「用五田，用眔一夫曰嗌，用臣曰疐，曰朏、曰奠（奠）」償還，即「十秭禾」相當於「五塊田、三名臣和一名眔」。但曶對此賠償並不滿意，所以再次上訴，曶「用田二，又臣一夫」，再增加兩塊田與一名臣，終於平息這場紛爭。由此計算，在曶的心目中，「十秭禾」相當於「七塊田、四名臣和一名眔」。

最後附帶討論〈曶鼎〉第二段的「王▉」，應釋作「王人」或「王廷」。上下文是「井弔（叔）曰：『才（在或裁）王▉迺賸用□，不逆付……』」（加底線部分，暫時不加標點符號，避免干擾「王▉」的釋讀）。

陳夢家、李學勤認為是「王廷」，周王三門之內為中廷，乃雙方談定贖五夫的地方。劉翔細審原銘，判定此字尚有缺筆，也釋「廷」，作官府所在地解。〔註212〕

但多數學者判定是「王人」，譚戒甫認為似指在王三門右的小宰、質人之類。晁福林認為是王室之人或官府之人。孫常敘認為是王室之人，周王的父兄子弟。張經認為狹義指王室私人、廣義指王朝之人。〔註213〕

〔註211〕于省吾，〈關於《釋臣和鬲》一文的幾點意見〉，《考古》，1965 年 6 月，頁 309。
譚戒甫，〈西周彝器銘文綜合研究〉，《中華文史論叢》，1963 年 3 輯，頁 85。

〔註212〕陳夢家，《西周銅器斷代》上冊（北京：中華書局，2004 年），頁 108～111。
李學勤，《青銅器與古代史》，頁 376～377。劉翔等，《商周古文字讀本》（北京：語文出版社，1989 年），頁 104。

〔註213〕譚戒甫，〈西周彝器銘文綜合研究〉，《中華文史論叢》，1963 年 3 輯，頁 82。
晁福林，〈「匹馬束絲」新釋──讀曶鼎銘文雜記〉，《中華文史論叢》，1982年 8 期，頁 68。馬承源，《商周青銅器銘文選（三）》（北京：文物出版社，1988 年），頁 171。孫常敘，〈曶鼎銘文通釋〉，《孫常敘古文字學論集》（長春：

論及「王人」，得同時將〈宜侯夨殷〉的「王人」納入考慮：

……王令虞侯夨曰……昜（賜）土：氒（厥）川三百□，氒（厥）□百又廿，氒（厥）宅邑卅又五，氒（厥）□百又卅，昜（賜）才（在）宜王人□又七生（姓），昜（賜）奠七白（伯），氒（厥）盧（虜）〔註214〕□又五十夫，昜（賜）宜庶人六百又□六夫。宜侯夨揚王休，乍（作）虞公父丁障（尊）彝。【《集成》04320，西周早期，《銘文選》57】

〈宜侯夨簋〉爲冊封銘文，命「虞侯夨」，遷侯於「宜」。其中攸關「王人」的討論不少，陳邦福認爲是周的下士。郭沫若認爲是奴隸。白川靜認爲是以姓氏爲單位的王室私有私人。李學勤認爲「王人」一詞見於《春秋》經傳，指周人，「在宜王人」指居住在宜地的周族人，身分大概是平民。「在宜庶人」，指居住在宜地的非周族人，即土著。楊向奎認爲是沒落貴族。曹錦炎則贊同李學勤的說法。李峰認爲是在宜地的王人，明顯歸周王個人所有。〔註215〕

〈曶鼎〉「🔲」字，是否爲「廷」，得先驗證西周金文「廷」字標準寫法：

🔲毛公層鼎、🔲秦公簋、🔲何尊、🔲盂鼎二、🔲元年師旋簋、🔲元年師旋簋、🔲師龢簋、🔲柳鼎、🔲聖簋、🔲師兌簋、🔲散盤〔註216〕

廷，《說文》：「朝中也，从廴、壬聲」，林義光《文源》認爲「象庭隅之形」。從〈曶鼎〉銘文原拓，待考字周圍殘泐並不嚴重的情況推斷，〈曶鼎〉「🔲」字與「廷」字的差距頗大，「廷」字必備的「土」部件與「㇄」部件皆不明顯，所以將〈曶鼎〉「王🔲」釋作「王人」比較合理。〈曶鼎〉銘文完整的斷句是：

東北師範大學出版社，1998 年），頁 179。張經，〈曶鼎新釋〉，《故宮博物院院刊》，2002 年 4 期，頁 54。

〔註214〕于省吾：「🔲」爲「盧」的初文，讀「虜」。，參〈釋盍隸〉，《史學集刊》，1981 年 10 月，頁 71。

〔註215〕陳邦福，〈夨簋考釋〉，《文物參考資料》，1955 年 5 期，頁 67～69。郭沫若，〈夨簋銘考釋〉，《考古學報》，1956 年 1 期，頁 7～9。白川靜，《金文通釋》卷一下，〈宜侯夨簋〉（白鶴美術館，1964 年 11 月～1966 年 6 月），頁 529～560。李學勤，〈宜侯夨簋與吳國〉，《文物》，1985 年 7 期，頁 13～16、25。楊向奎，〈宜侯夨簋釋文商榷〉，《文史哲》，1987 年 6 期，頁 3～6。曹錦炎，〈關於《宜侯夨簋》銘文的幾點看法〉，《東南文化》，1990 年 5 期，頁 174～175。李峰，《西周的政體：中國早期的官僚制度與國家》（北京：生活‧讀書‧新知三聯書店，2010 年 7 月第一版），頁 237。

〔註216〕容庚，《金文編》（北京：中華書局，1998 年 11 月 6 刷），287 號。

井弔（叔）曰：「才（裁）：王**⿰**（人）迺贖用□，不逆付，刧母（毋）卑（俾）成于祇。」意思是：井弔（叔）裁定，爭訟的兩造「刧」與「效父」等，在王室皆有官職，所以不該做出毀約之事，請雙方如期交付五夫與贖金。

至於〈宜侯矢簋〉的「王人」，則以李學勤的說法最完備，謹從之。

二、戰國秦漢出土法律文獻所載奴隸人權探討

戰國、秦漢初年的奴隸，一般分爲「官奴隸」與「私奴隸」。此時國家掌握大量由罪人、罪人家屬和俘虜充當的「官奴隸」；私家則通過收買和餽贈這兩條途徑獲得「私奴隸」，隨著商品經濟的發展，奴隸的買賣也隨之迅速發展。從戰國至秦漢，官、私奴隸皆被廣泛使用在農業、畜牧業、工商業等各式生產活動。〔註217〕下文將依序探討《包山楚簡》、《睡虎地秦墓竹簡》和《張家山漢墓竹簡》中的「官奴隸」與「私奴隸」，觀察其「奴隸人權」，是否會隨著「成文法」的興盛，而漸次獲得重視。

（一）《包山楚簡》法律文獻中的奴隸人權

《包山楚簡》法律文獻與「奴隸階級」相關者，包括「臣」、「僕（隸）」、「奴」、「囦」等，下文將依序引用原簡文作說明。

1.「臣」可入戶籍

> 齊客陳豫訶（賀）王之哉（歲），八月乙栖（酉）之日，王廷於藍郢之遊宮，安（焉）命大莫囂（敖）屈昜（陽）爲命邦人内（入）其**⿰**典。臧王之墨以内（入）其臣之**⿰**典：惠之子庚一夫，尻（處）郢里，司馬徒著（書）之；庚之子晒一夫、晒之子疕一夫，未才（在）典。【包7～8】

「**⿰**典」與「**⿰**典」，原整理者釋爲「㴱典」，㴱讀如「沒」，引《史記·屈原賈生列傳》：「㴱深潛以自珍」，徐廣《注》：「㴱，潛藏也」，隱匿名籍。湯餘惠認爲從休、勿聲，即淹沒之「沒」，不見於名籍。黃盛璋認爲即伙字，《說文》：「伙，沒也，從水、人。讀與溺同」，段《注》：「此沉溺之本字」。袁國華認爲「㴱典」爲「籍沒之典」。劉信芳認爲「溺典」即沒有正式戶籍的人口典冊。陳偉認爲可能指私家附屬人口中部份甚或全部成員的名冊。但陳偉

〔註217〕裘錫圭，〈戰國時代社會性質初探〉，《古代文史研究新探》（南京：江蘇古籍出版社，2000年1月2刷），頁390～399。

後來改依據《郭店楚簡‧老子甲》「骨█（弱）董（筋）柔」（簡 33），釋讀作「弱典」，指男子成年後所登錄的名冊。〔註218〕無論「█典」和「█典」如何解釋，從辭例「內（入）其█典」和「內（入）其臣之█典」推論，雖然本案「憙之子庚」、「庚之子昭」、「昭之子疕」都是「臣」，縱使被「籍沒」，也都必須被納入「典」（戶籍）管理。可見當時的「臣」，已算是「法律主體」，已獲得「國家」承認，不再僅是財物。

　　2.「偏（隸）」可赴外地工作

　　　1. 競（景）昃（得）訟█（繁）丘之南里人葬悚、葬酉，胃（謂）殺其牝（兄）。九月甲脣（辰）之日，█（繁）丘少司敗遠█護（復）竽（契）〔註219〕，言胃（謂）：█（繁）丘之南里信又（有）葬酉，酉以甘匸之戠（歲），爲█（偏）於鄢（鄙），居□里。█（繁）昜（陽）亘（亶）〔註220〕無又（有）葬悚。　正秀齊戠（識）之，邔（旦）尚爲李（理）。【包 90】

　　　2. █（鄙）連囂（敖）競（景）█〈快〉〔註221〕、攻尹賑、波尹宜爲█（鄙）貣（貸）邡（越）異〔註222〕之黃金七益（鎰）以翟（糴）穜（種）。　迠（訖）期不賽金。【包 110】

　　　3. 鄠昜（陽）司馬寅、競（景）坤爲鄠昜（陽）貣（貸）邡（越）異

〔註218〕湯餘惠，〈包山楚簡讀後記〉，頁 74。黃盛璋，〈包山楚簡中若干重要制度發覆與爭論未決朱關鍵字解難、決疑〉，《湖南考古輯刊》第 6 輯，1994 年 4 月，頁 187～188。袁國華，《包山楚簡研究》（香港：香港中文大學中文部博士論文，1994 年 12 月），頁 80～94。劉信芳，〈包山楚簡司法術語考釋〉，《簡帛研究》2，1996 年，頁 13。陳偉，《包山楚簡初探》，頁 130～131。陳偉，〈關於包山楚簡中的弱典〉，《簡帛研究》二00一上冊，2001 年 9 月，頁 14～18。

〔註219〕史傑鵬，〈讀包山司法文書簡札記三則〉，《簡帛研究二00一》（桂林：廣西師範大學出版社，2001 年 9 月），頁 19～21。

〔註220〕劉樂賢，讀爲亶，《爾雅‧釋詁》：「亶，信也」，「亶，誠也」，參〈楚文字雜識七則〉，《第三屆國際中國古文字學研討會論文集》（香港：香港中文大學，1997 年 10 月），頁 626。

〔註221〕劉樂賢釋爲「快」，與簡 118「█（快）」同，參〈楚文字雜識七則〉，頁 622～624。

〔註222〕羅俊揚：是以產地定名的品質標準名稱，參〈長沙縣北楚鑄錢處考〉，《金融經濟》，1997 年 8 期，頁 62。劉信芳：異指災異，越異爲渡災，楚官府名，救災機構，參《包山楚簡解詁》，頁 98。

之金七益（鎰）。■（鄙）連嚻（敖）競（景）■（快）、攻尹■
（舒）賭爲■（鄙）貣（貸）邮（越）異之金六益（鎰）。【包 118】

4. 十月辛巳之日，■（鄙）君之■（者）州加公周■（倚）受期，
酉（丙）戌之日，不遷（將）競（景）栖（酉）之司敗鄒愴以廷，
阰（登）門（聞）又（有）敗。　羅壽。【包 68】

上述從「鬲」部件之字或有爭議，故將其所有字形放大顯示於下表，再與傳
抄古文「鬲」字相對照：

出　處	字　形
包山楚簡	■包 90；■、■包 110；■、■包 118；■（■）包 68
傳鈔古文	■《三體石經·君奭》、■隸、■汗 1.13、■汗 5.70 義、■汗 6.75 義、■汗目、■汗目、■四 5.15 義、■四 5.18 義、■四 5.18 汗、■四 5.18 林、■、■、■海 5.27 〔註 223〕

　　從上表的字形比對可知，《包山楚簡》簡 90、110、118 皆爲從「鬲」部件
之字，僅簡 68 有爭議。簡 68「■」字，賈連敏認爲其下部與金文「南」字形
體相同，釋爲「酇」，引《說文》：「南陽有酇市」，在今湖北老河口市。〔註 224〕
滕壬生、李守奎隸定作「鄝」，張守中、吳良寶、朱曉雪隸定作「鄙」。吳良寶
認爲此字僅是將上部改造成「辛」形，具體地望待考。〔註 225〕其實在比照傳
抄古文「鬲」字寫法後，「鬲」象三足食器，或在「鬲」上加「臼」，表示有
兩耳可持，更可確認簡 68「■」並非從「鬲」部件之字，關鍵不在下部的炊
具形體，而是上部缺乏持炊具的「雙手」。

　　簡 110 和 118 確定從「鬲」部件之「■（鄙）」，劉釗認爲是地名，〔註 226〕

〔註 223〕徐在國編，《傳抄古文字編（上）》（北京：線裝書局，2006 年 10 月），頁 276
　　　　～277。
〔註 224〕賈連敏釋爲「酇」，《說文》：「南陽有酇市」，在今湖北老河口市，參〈釋祼瓚〉，
　　　　南京：中國古文字學研究會第九屆學術討論會，1992 年，頁 11。
〔註 225〕滕壬生，《楚系簡帛文字編》（武漢：湖北教育出版社，1995 年），頁 553、555。
　　　　李守奎，《楚文字編》（上海：華東師範大學出版社，2003 年），頁 409、411。
　　　　張守中，《包山楚簡文字編》（北京：文物出版社，1996 年 8 月），頁 108。吳
　　　　良寶，《戰國楚簡地名輯證》（武漢：武漢大學出版社，2010 年 3 月），頁 97。
　　　　朱曉雪，《包山楚墓文書簡、卜筮祭禱簡集釋及相關問題研究》（長春：吉林
　　　　大學古籍研究所，2011 年 6 月 8 日），頁 213。
〔註 226〕劉釗，〈包山楚簡文字考釋〉，頁 58。

依照《包山楚簡・法律文書・貸金簡》文例,如:

1. ▨(鄩)連囂(敖)競(景)▨〈快〉、攻尹臨、波尹宜爲▨(鄩)
   貣(貸)郕(越)異之黃金七益(鎰)以翟(糴)穜(種)。　迄
   (訖)期不賽金。【包 110】

2. 正易(陽)莫囂(敖)達、正易(陽)▨公貴、少攻尹哀爲正易
   (陽)貣(貸)郕(越)異之黃金十益(鎰)一益(鎰)四兩以
   翟(糴)穜(種)。　迄(訖)期不賽金。【包 111】

3. 易(陽)陵連囂(敖)達、大辻尹足爲易(陽)陵貣(貸)郕(越)
   異之黃金四益(鎰)以翟(糴)穜(種)。　迄(訖)期不賽金。
   【包 112】

例 2 官名「莫囂(敖)」前的「正易(陽)」,與例 3 官名「連囂(敖)」前的
「易(陽)陵」皆是地名;同理,例 1 官名「連囂(敖)」前的「▨(鄩)」,
依照慣例,當然也是地名。

　　故僅剩簡 90 的「▨」字,可能與「隸」相關,劉信芳將此字釋讀作「隸」,
引《周禮・秋官・司隸》鄭玄《注》:「隸,給勞辱之役者」,「爲僑(隸)於鄩」
即「在鄩地服勞役」。〔註 227〕「龏酉」,原籍「▨(繁)丘之南里」,因工作所
需而短暫離開故里,至「鄩」地服勞役。驗證戰國時期楚國已經有外出工作的
「僑(隸)」。如是離鄉背井、外出工作的「僑(隸)」,其身分近似於當時的「客」:

　　　戰國時代有些工匠是從其他諸侯國聘請而來,這種工匠文獻稱爲
　　　「客」,如安徽壽縣李三孤堆楚國青銅器的「鑄客」可能就是外來的
　　　匠人,「客」的身分不言而喻也是自由的……〔註 228〕

「龏酉」竟可擺脫傳統「主人」對「奴隸」的束縛,離開主人家、外出爲「僑
(隸)」,此已非商周時期的家內奴隸,其身分更貼近於「客」,屬自由民。

3.「臣」、「叵」、「奴」與犯罪相關的案例

　　1. 齓(荊)尿之月,己丑之日,膚人〔註 229〕之州人墜(陳)德訟聖

〔註 227〕劉信芳:《包山楚簡解詁》,(臺北:藝文印書館,2003 年),頁 87。

〔註 228〕李學勤,《東周與秦代文明》(上海:人民出版社,2007 年 11 月),頁 164～
　　　　165。

〔註 229〕原考釋「膚」借作「盧」,古國名,湖北省南漳縣境内,後入楚,參〈包山二
　　　　號楚墓簡牘釋文與考釋〉,頁 377。陳偉引《考工記・盧人》,爲製作長兵器
　　　　柲柄的工匠,膚人之州爲盧工聚集之地,參《包山楚簡初探》(武漢:武漢大

夫人之人▉（徐）〔註230〕▉（漸）〔註231〕、▉（徐）未，胃（謂）殺其▉（兄）、臣。正義▉（強）戠（識）之，秀期爲李（理）。【包84】

2. 八月▉（丙）申之日，需里子之州加公文壬、里公苟▉受期，九月戊戌之日，不▉（察）公孫▉（甲）之▉之死，▉（登）門（聞）又（有）敗。▉（列）勁、▉（列）▉（獪）。【包42】

3. ▉（夏）栾之月乙丑之日，▉（郚）司敗李▉〔註232〕受期，九月甲▉（辰）之日，不貞周悷之▉（奴）以至（致）命，▉（登）門（聞）又（有）敗。秀免。【包20】

例1「膚人之州人陳德」狀告「聖夫人之人▉（徐）▉（漸）、▉（徐）未」，導因於陳德的「兄」、「臣」被殺害，當時的「臣」雖身爲奴隸，其生命權也開始受到重視，甚至可與陳德之「兄」並列。

例2「公孫▉（甲）之▉」的「▉」，陳偉釋讀作「侸（豎）」，引《淮南子‧人間》：「豎楊穀奉酒而進之」，高誘《注》：「豎，小使也」，大概是未成年奴隸。〔註233〕但是陳絜引《郭店楚簡‧老子甲》簡2「或命之，或豆」，裘錫圭將「豆」讀作「屬」，所以此「侸」也作「屬」，「公孫▉（甲）之侸（屬）」，爲隸屬於公孫甲的臣妾、屬役一類的私屬人員。〔註234〕無論是將「公孫▉（甲）之▉」的「侸」字，讀爲「豎」或「屬」，前者爲奴隸，後者爲附屬人口，其身分都低於普通百姓一級。當他無故死亡時，「需里子之州加公文壬」和「里公苟▉」都得依法徹查其死因，否則也要「▉（登）門（聞）又（有）敗（以

學出版社，1996年8月），頁93。

〔註230〕 白於藍釋「郐」，參〈包山楚簡文字編校訂〉，《中國文字》新25，1999年12月，頁188。李家浩釋「徐」，參〈談包山楚簡「歸鄧人之金」一案及其相關問題〉，《出土文獻與古文字研究》第一輯（上海：復旦大學出版社，2006年12月），頁24。

〔註231〕 劉釗，〈《包山楚簡文字考釋》，頁55。

〔註232〕 黃錫全，〈包山楚簡部分釋文校釋〉，《湖北出土商周文字集輯證》（武漢：武漢大學出版社，1992年），頁187。

〔註233〕 陳偉：讀作豎，《淮南子‧人間》：「豎楊穀奉酒而進之」，高誘注：「豎，小使也」，「豎」大概是未成年的奴隸，參《包山楚簡初探》，頁115。

〔註234〕 陳絜，〈包山簡「州加工」、「州里公」身分述論〉，《中國思想與社會研究》（北京：中國社會科學出版社，2009年），頁211。

上聞有敗論處)」。〔註235〕再次驗證，此時即便是「奴隸」或「附屬人口」，其生命權皆獲得「國家律法」保障。

例 3「鄹（鄹）司敗李庠」受期，若是「九月甲唇（辰）之日，不貞周悃之"（奴）以至（致）命」，就會「阩（登）門（聞）又（有）敗」。即「李庠」若不按照指示辦理，就會「以上聞有敗論處」。關鍵在「不貞周悃之"（奴）以至（致）命」應當如何解釋，「貞」字有幾種說法，原釋文引《周禮・春官・大卜》：「凡國大貞」，鄭司農《注》：「問也」。劉信芳讀作「正」，《周禮・地官、小司徒》：「凡民訟，以地比正之」，鄭司農《注》：「正，斷其訟」。陳偉等讀作「偵」，偵問意。〔註236〕以文義推測，似乎都指向周悃之"（奴）有犯罪嫌疑，所以「李庠」必須在時限內將其緝捕歸案，否則就要「以上聞有敗論處」。故此時奴隸犯罪，並非交由主人動用私法處置，而是交由「國家」所屬之司法機構審理；且此時的奴隸，已同其他「法律主體」，在犯罪時必須擔負刑事責任。

（二）秦漢簡牘法律文獻中的奴隸人權

秦漢簡牘法律文獻的「奴隸階級」，其中的「隸臣妾」，應該歸屬於「奴隸」或「刑徒」；且「隸臣妾」是否專指國家奴隸，與「人奴妾」等私人奴隸相異，〔註237〕長期以來聚訟紛紜。下文擬先檢討「隸臣妾」的性質，再研究當時除了「隸臣妾」之外的其他「奴隸階級」。

1. 秦漢簡牘法律文獻中的隸臣妾

「隸臣妾」由「隸臣」、「隸妾」兩詞複合縮略而成。〔註238〕「奴隸」與「刑徒」的性質並不相同，長期以來爭論不休，未有定論。或說「奴隸」是階級概念，「刑徒」是法律概念；〔註239〕或說「奴隸可買賣，刑徒無買賣

〔註235〕 李家浩，〈談包山楚簡「歸鄒人之金」一案及其相關問題〉，頁 16～33。
〔註236〕 劉彬徽等，〈包山二號楚墓簡牘釋與考釋〉，頁 374。劉信芳，《包山楚簡解詁》，頁 33。陳偉等編，《楚地出土戰國簡冊〔十四種〕》（北京：經濟科學出版社，2009 年），頁 22。
〔註237〕 唐贊功，〈從雲夢秦簡看秦代社會的主要矛盾〉，《歷史研究》，1977 年 5 期，頁 92～100。高敏，〈從出土秦律看秦的奴隸制殘餘〉，《雲夢秦簡初探》（鄭州：河南人民出版社，1979 年），頁 59。
〔註238〕 魏德勝，《睡虎地秦簡語法研究》（北京：首都師範大學出版社，2000 年），頁 7、80。
〔註239〕 林劍鳴，〈三辨隸臣妾——兼談歷史研究中的方法論問題〉，《學術月刊》，1985

明文」；﹝註240﹞或說「奴隸終身爲非自由人，刑徒則是刑期期滿即恢復自由的人」。﹝註241﹞所以「隸臣妾」，應該歸屬於「奴隸」、還是「刑徒」呢？

　　有關「隸臣妾」的相關研究，近年以李力《「隸臣妾」身分再研究》最爲完整，此書特闢〈第二章　「隸臣妾」身分問題研究的回顧及其評述〉，專門回顧各位學著的意見，可概略分爲四類：

1. 主張是「奴隸」或特指「官奴隸」的學者：高恒、唐贊功、李裕民、高敏、楊寬、裘錫圭、于豪亮、宮長爲、宋敏、徐鴻修。
2. 主張是「刑徒」的學者：陳直、林劍鳴、張金光、杜正勝、傅榮珂、余宗發、于振波、李均明、楊振紅、堀毅、若江賢三、何四維（A.F.P. Hulsewe）。
3. 主張由「刑徒」和「官奴隸」兩部分人組成的學者：錢大群、王占通、栗勁、劉海年、李學勤、陳玉璟、李力、堀敏一。
4. 屬於身分刑或名譽刑的學者：籾山明、冨谷至。﹝註242﹞

依李力見解，他認爲考察「隸臣妾」，必須和考察其他問題一樣，得納入「時間流變」的因素，必須將「奴隸」與「刑徒」放在互動的動態過程中考察。如上述陳玉璟所言，「隸臣妾這些古代奴隸，到了戰國秦漢時代，也逐漸用爲刑徒名。從犯罪終身爲奴，轉變爲因犯罪大小，決定判刑輕重，出現了定期的刑徒」。由此論斷「隸臣妾」的身分演變，正與戰國秦漢時的「成文法」息息相關。

　　且從上述諸位學者的論戰中，可以歸納大家對「奴隸」的認知，譬如林劍鳴認爲「隸臣妾」不是奴隸，因爲他們擁有生產資料與私有財產。高敏判斷「隸臣妾」是奴隸，在於他們可被當作財產買賣、賞賜和餽贈（此正是奴隸身分不自由，可被視爲商品的特性）。﹝註243﹞同理，亦可歸納大家對「刑徒」的認知，譬如張建國、李均明都認爲「隸臣妾」是漢代刑罰中較輕的徒刑，

年9期，頁62～67。

﹝註240﹞陳直，〈關於兩漢的徒〉，《兩漢經濟史料論叢》（西安：陝西人民出版社，1980年），頁248～275。

﹝註241﹞杜正勝，《編戶齊民　傳統政治社會結構之形成》，頁352。

﹝註242﹞李力，《「隸臣妾」身分再研究》（北京：中國法制出版社，2007年7月），頁15～24、134～220。

﹝註243﹞林劍鳴，〈三辨「隸臣妾」——兼談歷史研究中的方法論問題〉，《學術月刊》，1985年9期，頁63。高敏，〈秦簡「隸臣妾」確爲奴隸說——兼與林劍鳴先生商榷〉，《學術月刊》，1984年9期，頁69。

是直接犯罪者。所以分析漢律時，皆區分「隸臣妾」與「收人」，「隸臣妾」爲直接犯罪者，是「刑徒」；「收人」爲被「連坐」者，是「官奴隸」。〔註244〕

但還是以李學勤的說法最具參考價值，因爲他將秦漢兩朝的「隸臣妾」，加入「時間流變」因素，根據史料的年代依序處理。秦律「隸臣妾」還帶有早期奴隸制的遺跡，看不出固定刑期，至少有三種來源，一、本人犯罪被判刑，二、親屬犯罪被籍沒，三、敵人投降爲隸臣。而漢律「隸臣妾」則是有一定刑期的刑徒。〔註245〕李力即在此基礎上，分別考察秦漢簡牘法律文獻的「隸臣妾」，得出下列統計數據：在《睡虎地秦墓竹簡》的 37 條史料中，可以確定爲「刑名」或「刑徒」者約 65%；可以確定爲「官奴隸」者約 17%，不能確定者約 14%，待考者約 4%。但在《龍崗秦簡》1 條，《里耶秦簡》5 條，《張家山漢墓竹簡・二年律令》19 條，《奏讞書》4 條的「隸臣妾」，其身分均爲「刑徒」。〔註246〕所以「隸臣妾」從戰國秦至秦帝國的發展軌跡，是由「刑徒」、「官奴隸」的混合體，逐漸走向「刑徒」的單一稱謂。再發展至西漢初年，「隸臣妾」已完全成爲漢律刑名。下文將列舉幾則李力判斷「隸臣妾」爲「奴隸」或「刑徒」的例證。

其一，「隸臣妾」爲「奴隸」的例證如：

1. 免隸臣妾、隸臣妾垣及爲它事與垣等者，食男子旦半夕參，女子參。倉【睡虎地秦簡・秦律十八種 59，34】

2. 隸臣欲以人丁粼（齡）者二人贖，許之。其老當免老、小高五尺以下及隸妾欲以丁粼（齡）者一人贖，許之。贖者皆以男子，以其贖爲隸臣。女子操敔（文）紅及服者，不得贖。邊縣者，復數其縣。倉【睡虎地秦簡・秦律十八種 61～62，35】

例 1，此「隸臣妾」無法被贖身頂替，其身分就可能是官奴隸，因爲只有奴隸是終身身分。例 2 描述隸臣和隸妾可贖身，一般刑徒只能贖罪，只有奴隸才可贖身，所以本案的隸臣和隸妾應是奴隸。

其二，「隸臣妾」爲「刑徒」的例證爲：

<hr>

〔註244〕張建國，〈論西漢初期的贖〉，《政法論壇》，2002 年 5 期，頁 41。李均明，〈張家山漢簡收律與家族連坐〉，《文物》，2002 年 9 期，頁 62。
〔註245〕李學勤，《東周與秦代文明》（上海：人民出版社，2007 年 11 月），頁 168。
〔註246〕李力，《「隸臣妾」身分再研究》（北京：中國法制出版社，2007 年 7 月），頁 328～679。

1. 隸臣、下吏、城旦與工從事者冬作，為矢程，賦之三日而當夏二日。工人程【睡虎地秦簡・秦律十八種 108，45】

2. 妻毆夫，耐為隸妾。【張家山漢簡・二年律令・賊律 33，103】

例 1「城旦」為刑徒，「下吏」為犯輕罪的官吏，所以「隸臣」也當是刑徒。例 2「耐為……」的句式，「耐」是某些勞役刑或徒刑的通稱，文帝以後成為二年以上的勞役刑。〔註247〕依照慣例，在「耐」刑後所接的都是刑徒名。

　　「刑徒」即「刑人」，據「古者，君子不近刑人，<u>刑人非人也</u>，身放殛而辱後世，故無賢不肖，莫不恥也」(《鹽鐵論・周秦》)，在「刑人非人」這點上，倒是與「奴隸」相仿，因為「奴隸」經常不被視作「人」。秦漢刑罰體系可概分成「死刑」、「肉刑」和「勞役刑」。其中「勞役刑」又分為「城旦舂」、「鬼薪白粲」、「隸臣妾」和「司寇」等。冨谷至認為「城旦舂」等一系列勞役刑與「隸臣妾」並非一個體系，「隸臣妾」是貶低身分，使其低於包括無爵者在內的庶民。〔註248〕但韓樹峰卻認為，城旦舂、鬼薪白粲是重度勞役刑；隸臣妾、司寇是輕度勞役刑。〔註249〕總之，「隸臣妾」原本具有「奴隸」與「刑徒」的雙重身分，在漢初已完全轉變成「刑徒」或「刑名」，其罪刑輕於「城旦舂」、「鬼薪白粲」，重於「司寇」。

　　至於「隸臣妾」為何會從「奴隸」往「刑徒」的方向轉變，邢義田推測可能是因為春秋中晚期以後，戰爭擴大持久，兵源消耗過劇，平民不足，所以開始想到如何利用數量龐大的奴隸與罪犯。於是罪隸可贖、赦、免，或在一定時期後，依某些條件改變身分，成為庶人。〔註250〕冨谷至也認同秦代所以要發明那麼多勞役刑，因為支撐中央集權國家體制與官僚體制，必要的各種勞役，需要刑徒的勞動作補充。〔註251〕李力則認為隸臣妾本身的變化，即

〔註247〕堀毅，〈秦漢刑名考〉，《秦漢法制史論考》(北京：法律出版社，1988 年)，頁 163～165。邢義田，〈張家山漢簡《二年律令》讀記〉，《燕京學報》，新 15，2003 年 11 月，頁 1～46。

〔註248〕冨谷至，《秦漢刑罰制度研究》(桂林：廣西師範大學出版社，2006 年 4 月)，頁 22、26。

〔註249〕韓樹峰，〈秦漢徒刑論究〉，《秦漢法律文化研究》(北京：中國人民大學出版社，2007)，頁 214～240。

〔註250〕邢義田，〈從張家山漢簡《二年律令》論秦漢的刑期問題〉，《台大歷史學報》31 期，2003 年 6 月，頁 311～323。

〔註251〕冨谷至，《秦漢刑罰制度研究》(桂林：廣西師範大學出版社，2006 年 4 月)，頁 226～236。

春秋戰國之際大變革在法律或刑罰制度的具體化。〔註252〕簡言之，「隸臣妾」之所以從「私人奴隸」轉化爲「國家刑徒」，也算是「國君」企圖掌握每位臣民「個別人身支配權」〔註253〕的手段之一吧，刑徒不能買賣，有期限等特質，都是促使「隸臣妾」願意爲「國家」效力的動因。

2. 秦漢簡牘法律文獻中的奴隸

本節主要討論秦漢簡牘法律文獻中（以《睡虎地秦墓竹簡》和《張家山漢墓竹簡》爲主），除了「隸臣妾」之外的「奴隸階級」。依照李天石對《睡虎地秦墓竹簡》，和李均明對《張家山漢墓竹簡》法律文獻中，與「奴隸」相關資料的分析結果，〔註254〕本文擬分成四小節探討當時「奴隸階級」之生活樣貌與「人權」概況，依次是（1）奴隸是人或財產？（2）奴隸是法律主體嗎？（3）奴婢的婚姻權利。（4）奴婢的身分解除。

（1）奴隸是人或財產？

秦漢時期的「奴隸」是否被視爲「人」，還具有爭議。譬如秦漢時期的人口登記，奴婢是作爲民戶的家貲登入財產簿，還是以人的身分登入戶籍簿，在史學界爭論不休。近來，楊際平根據新出土材料，認爲漢代「奴婢」僅對其「主人」而言是「財產」，在法律上應該算是「人」，所以登入戶籍。如是，則奴婢只是賤人，雖有名數，但仍不算是編戶齊民。〔註255〕下文將循此思路，繼續探討秦漢簡牘法律文獻的「奴隸」，究竟應該歸屬於「人」，或是「財產」。

（1.1）《睡虎地秦墓竹簡》的「奴隸」是人或財產？

《睡虎地秦墓竹簡》的「臣」與「妾」，研究者多視爲「私家奴隸」。〔註256〕

〔註252〕李力，《「隸臣妾」身分再研究》（北京：中國法制出版社，2007年7月），頁684。

〔註253〕西嶋定生，〈關於中國古代社會結構特質的問題所在〉，《日本學者研究中國史論著選譯（二）》（北京：中華書局，1993年10月），頁24、32。

〔註254〕李天石，〈從睡虎地秦簡看秦朝奴隸與唐代奴婢的異同〉，《中國經濟史研究》，2005年3期，頁132～138。李均明，〈張家山漢簡奴婢考〉，《國際簡牘學會會刊》第四號，2002年5月，頁1～11。

〔註255〕傅舉有，《中國歷史暨文物考古研究》（長沙：嶽麓書社，1999年），頁148～161；楊作龍，〈漢代奴婢戶籍問題商榷〉，《中國史研究》，1985年2期；傅舉有，〈論漢代民貲的登記及有關問題——兼答楊作龍同志〉，《中國史研究》，1988年3期，頁42～53。楊際平，〈秦漢戶籍管理制度研究〉，《中華文史論叢》，2007年1期，頁1～35。楊作龍認爲是戶籍，傅舉有認爲是財產簿。

〔註256〕于豪亮，〈秦簡中的奴隸〉；高恒，〈秦簡中的私人奴婢問題〉，《雲夢秦簡》（北京：中華書局，1981年），頁131～151。高敏，《雲夢秦簡初探》（鄭州：河

李學勤認爲《睡虎地秦墓竹簡‧日書》的「出入臣妾」，與《長沙子彈庫楚帛書‧月忌（丙篇）》:「不可以嫁女取臣妾」，都是「奴隸買賣」。〔註257〕若是「奴隸」可買賣，那「奴隸」被視作「財產」的成分，就遠多於「人」。但是《睡虎地秦墓竹簡》法律文獻所顯示的「臣」與「妾」，其身分歸屬其實相當複雜。

《睡虎地秦墓竹簡》法律文獻有「臣妾」與「牲畜」、「器物」並列的例證:

1. 可（何）謂「家罪」?父子同居，殺傷父**臣妾、畜產**及盜之，父已死，或告，勿聽，是胃（謂）「家罪」。【法律答問 108，119】

2. 「夫有罪，妻先告，不收。」**妻媵（賸）臣妾、衣器**當收不當?不當收。【法律答問 170，133】

3. ……百姓有貲贖責（債）而有**一臣若一妾，有一馬若一牛**，而欲居者，許。司【秦律十八種 140，51〜52】

例 1「臣妾」與「畜產」並列爲父親財產。例 2「臣妾」和「衣器」並列爲妻子的陪嫁財產。例 3 百姓可用一個臣或妾，或是一頭馬或牛，以其勞役抵償債務;如此則「臣妾」的位階，等同於「馬牛」。

但同時亦有「臣妾」與「家庭成員」、「衣器」、「畜產」並列的例證:

封守鄉某爰書:以某縣丞某書，封有鞫者某里**士五（伍）甲家室、妻、子、臣妾、衣器、畜產**。‧甲室、人:一宇二內，各有戶，內室皆瓦蓋，木大具，門桑十木。‧妻曰某，亡，不會封。‧子大女子某，未有夫。‧子小男子某，高六尺五寸。‧臣某，妾小女子某。‧牡犬一。‧**幾訊典某某、甲伍公士某某:「甲黨（倘）有【它】當封守而某等脫弗占書，且有罪。」**某等皆言曰:「甲封具此，毋（無）它當封者。」即以甲封付某等，與里人更守之，侍（待）令。【封診式 8〜12，149】

「士五（伍）甲」的「家室」，包括妻、子、臣妾、衣器和畜產，在普查時會被徵詢，是否「脫弗占書」。「脫弗占書」之「脫」，脫漏;「占」，登入簿籍。即「士五（伍）甲」必須依法將「妻、子、臣妾、衣器、畜產」等「家室」，皆登入簿籍，不可脫漏，否則有罪。因爲「臣妾」位居「妻、子」與「衣器、

南人民出版社，1979 年），頁 54〜74。

〔註257〕李學勤，〈《日書》和楚、秦社會〉，《簡帛佚籍與學術史》（南昌:江西教育出版社，2001 年 9 月），頁 134〜144。

畜產」之中，所以可往上歸類爲「家室成員」，亦可往下歸爲「家室財產」。

更難能可貴的是下面兩則與「定名事里」相關的案例，當時的「臣妾」在法律審訊時，會被視爲「人」，如：

> 告臣爰書：某里士五（伍）甲縛詣**男子丙**，告曰：「**丙，甲臣**，橋（驕）悍，不田作，不聽甲令。謁買（賣）公，斬以爲城旦，受賈（價）錢。」・訊丙，辭曰：「甲臣，誠悍，不聽甲。**甲未賞（嘗）身免丙。**丙母（無）病也，母（無）它坐罪。」令令史某診丙，不病。・令少內某、佐某以市正賈（價）賈丙丞某前，丙中人，賈（價）若干錢。・丞某告某鄉主；**男子丙有鞠，辭曰：「某里士五（伍）甲臣。」**其定名事里，所坐論云可（何），可（何）罪赦，或覆問母（無）有，甲賞（嘗）身免丙復臣之不也？以律封守之，到以書言。【封診式37～41，154～155】

「男子丙」是「士五（伍）甲」的「臣」，即奴隸。本案當然突顯「男子丙」身爲奴隸的特質，譬如他驕橫強悍、不在田裡幹活、不聽主人使喚，主人即可將他「賣」給官府，充當「城旦」，官府還必須繳付金錢，典型將奴隸視爲財產販售。且主人「士五（伍）甲」還有權利「身免丙」，解除丙的奴隸身分。但是丙在審訊過程中，居然也歷經「定名事里」的法定程序。「定名事里」的「事」，《說文》：「職也」。「名事里」分別爲姓名、身分和籍貫。所以審訊過程，必須確認奴隸丙的姓名、身分和籍貫，曾犯何罪，判過何刑，是否被赦免，是否被解除奴隸身分等，皆必須書面回報。又如：

> 黥妾爰書：某里**公士甲**縛詣**大女子丙**，告曰：「某里**五大夫乙**家吏。**丙，乙妾殹（也）。**乙使甲曰：丙悍，謁黥劓丙。」・訊丙，辭曰：「乙妾殹（也），母（無）它坐。」・丞某告某鄉主：某里五大夫乙家吏甲詣乙妾丙，**曰：「乙令甲謁黥劓丙。」其問如言不然？定名事里**，所坐論云可（何），或覆問母（無）有，以書言。【封診式42～45，155】

「大女子丙」是「某里五大夫乙」的「妾」，即奴隸。因爲強悍，所以被主人請求官府對她施加「黥劓」之刑，在審訊過程中，依然必須「定名事理」。

「士五」乃沒有官職、沒有爵位，或曾有爵位而被奪爵者，但在戶籍上有名且達服役年齡的男性公民。〔註258〕或許當時「奴隸」的「定名事理」，僅

〔註258〕劉海年，〈秦漢士伍的身分與階級地位〉，《文物》，1978年2期，又見《戰國

是以主人戶籍爲根據，調查奴婢名籍；但是奴隸「臣妾」在審訊時，竟可同「士五（伍）」，都歷經「定名事理」的法定程序。至少在「定名事理」上，奴隸「臣妾」與「士五（伍）」是平等的。「士五（伍）」在犯罪時，接受「定名事理」的案例爲：

1. 有鞫敢告某縣主：男子某有鞫，**辭曰：「士五（伍），居某里。」可定名事里，**所坐論云可（何），可（何）罪赦，或覆問毋（無）有，遣識者以律封守，當騰，騰皆爲報，敢告主。【封診式 6〜7，148〜149】

2. 覆敢告某縣主：男子某辭曰：**「士五（伍），居某縣某里，去亡。」可定名事里，**所坐論云可（何），可（何）罪赦，【或】覆問毋（無）有，幾籍亡，亡及逋事各幾可（何）日，遣識者當騰，騰皆爲報，敢告主。【封診式 13〜14，150】

上述〈封診式〉的「告臣」與「黥妾」，也同時紀錄當時主人不能隨意私自刑殺奴隸。奴隸若因犯罪或不服從主人，需要懲處，還是必需經過法定程序，報請官府處置，否則將會構成擅殺罪。所以當時的私家奴隸，其人身權雖附屬於主人，但其生命權卻已經開始接受國家律法的保障。

（1.2）《張家山漢墓竹簡》的「奴隸」是人或財產？

《張家山漢墓竹簡・二年律令・戶律》有兩則提及「奴婢」的紀錄：

民宅園戶籍、年細籍、田比地籍、田命（合）籍、田租籍，謹副上縣廷，皆以篋若匱匣盛，緘閉，以令若丞、官嗇夫印封，獨別爲府，封府戶；節有當治爲者，令史、吏主者完封奏令若丞印，嗇夫發，即襍治爲；臧□已，輒複緘閉封臧，不從律者罰金各四兩。其或爲鎗僞、有增減也而弗能得，贖耐。官恒先計讎，□籍□不相（？）複者，覜劾論之。**民欲先令相分田宅、奴婢、財物，鄉部嗇夫身聽其令，皆參辨券書之，輒上如戶籍。**有爭者，以券書從事；毋券書，勿聽。所分田宅，不爲戶，得有之，至八月書戶。留難先令、弗爲券書，罰金一兩。【戶律 331〜336，223〜225】

秦代法制管窺》（北京：法律出版社，2006 年 3 月 1 版，2006 年 3 月），頁313〜321。朱紹侯，《軍功爵制研究》（上海：人民出版社，1990 年），頁 405〜416。

民大父母、父母、子、孫、同產、同產子，**欲相分予奴婢、馬牛羊、它財物者，皆許之，輒爲定籍。**孫爲戶，與大父母居，養之不善，令孫且外居，令大父母居其室，**食其田，使其奴婢，勿賈賣。**孫死，其母而代爲戶，令毋敢遂（逐）夫父母及入贅及道外取其子財。【戶律 337～339，225～226】

王彥輝認爲「奴婢」出自《戶律》，表示「奴婢」是登記於戶籍，不是財產簿。將「奴婢」登記在戶籍簿，與賦稅相關。立法者把「奴婢」看作「人」，才把「奴隸」按照人口計算徵收人頭稅。〔註259〕但從上述法條類推，例1「民欲先令相分田宅、奴婢、財物」，「先令」是遺囑，「奴婢」是與「田宅、財物」並列的財物。例2「欲相分予奴婢、馬牛羊、它財物者」，「奴婢」也是與「馬牛羊」並列的財物。但是例2「食其田，使其奴婢，勿賈賣」，「奴婢」雖與「田」並置，但已明文規定不可買賣，嚴禁買賣就是提升奴隸「人權」的有效措施。

除此，《張家山漢墓竹簡・奏讞書》有一則案例與此議題相關，原文爲：

（漢高祖）十一年八月甲申朔丙戌，江陵丞驁敢讞之。三月己巳大夫祿辭曰：六年二月中**買婢媚士五點所，賈（價）錢萬六千，**迺三月丁巳亡，求得媚，媚曰：不當爲婢。・媚曰：故點婢，**楚時去亡，降爲漢，不書名數，點得媚，占數復婢媚，**賣祿所，自當不當復受婢，即去亡，它如祿。・點曰：媚故點婢，楚時亡，六年二月中得媚，**媚未有名數，即占數，**賣祿所，它如祿、媚。・詰媚：媚故點婢，**雖楚時去亡，降爲漢，不書名數，點得，占數媚，**媚復爲婢，賣媚當也。去亡，何解？・媚曰：楚時亡，點乃以爲漢，復婢，賣媚，自當不當復爲婢，即去亡，毋它解。・問媚：年卌（四十）歲，它如辭。・鞠之：媚故點婢，**楚時亡，降爲漢，不書名數，點得，占數，復婢，**賣祿所，媚去」亡，年卌（四十）歲，得，皆審。・疑媚罪，它縣論，敢讞之，謁報，署如劚發。・吏當：黥媚顏（顏）頯，畀祿，或曰當爲庶人。【《奏讞書》二，漢高祖十一年，簡8～16，337～338】

王彥輝認爲「占數復婢媚」，法律術語使用「占數」不用「占租」，是奴婢「媚」

〔註259〕王彥輝，〈從張家山漢簡看西漢時期私奴婢的社會地位〉，《東北師大學報》，2003 年 2 期，頁 14。

以「人」的身分、登記在戶籍的最有利證明。〔註260〕「占數」即「占籍」，向政府呈報家口之數，登記在戶籍上。《漢書》卷一百上《敘傳》：「昌陵後罷，大臣名家皆占數於長安」，顏師古《注》：「占，度也。自隱度家之口數而著名籍也」。〔註261〕本案除「占數」，還有「名數」。「名數」即「戶籍」。《漢書》卷八《高帝紀》：「民前或相聚保山澤，不書名數，今天下已定，令各歸其縣，復故爵田宅」，顏師古《注》：「名數，謂戶籍也」。所以奴隸「媚」，雖然依舊會被當作貨物販賣，價錢「萬六千」，但是從奴隸「媚」是「占數」與「名數」看來，奴隸「媚」的確是以「人」的身分登記在戶籍。

　　且《張家山漢墓竹簡》法律文書也會保障奴隸的生存權，不能隨意殺戮，即使奴婢有罪，也應交由官方處置，如：

　　　　父母毆笞子及奴婢，子及奴婢以毆笞**辜死**，令贖死。【賊律39，106】
　　　　漢中守澵（讞）：公大夫昌苔（笞）奴相如，以**辜死**。先自告：相如
　　　　故民，當免。作少府，昌與相如約，弗免巳。獄治，不當爲昌錯告
　　　　不孝，疑罪。・廷報：錯告，當治。【《奏讞書》六，簡49～50，345】

「辜」，依照《急救篇》對「保辜」的注：「各隨其狀輕重，令毆者以日數保之，限內至死，則坐重辜也」。「辜死」，即在保辜期限內致死。上述兩案件都是申明奴隸主不得擅殺私人奴隸。《史記》卷九十四《田儋列傳》服虔《注》：「古殺奴婢，皆當告官」之說，在此得到印證。此時「奴婢」的生命權，已開始獲得國家律法保障，重視「奴隸」的生命權，就是把「奴隸」視作「人」的具體措施。

　　（2）奴婢是法律主體嗎？

　　「法律主體」，依照法律規定，享受一定權利，承擔相應義務的人；與之相對者，稱爲「法律客體」。〔註262〕本文擬從「奴隸」是否具有訴訟權、是否會被連坐，和犯罪是否會被懲處等，檢示《睡虎地秦墓竹簡》與《張家山漢墓竹簡》法律文書中的「奴隸」，觀察當時的「奴隸」，是否已被視爲「法律主體」。

　　（2.1）《睡虎地秦墓竹簡》的「奴隸」是法律主體嗎？

〔註260〕王彥輝，〈從張家山漢簡看西漢時期私奴婢的社會地位〉，頁16。
〔註261〕高恒，《秦漢簡牘中法制文書輯考》（北京：社會科學文獻出版社，2008年9月），頁345～347。
〔註262〕張銘新，〈秦代奴隸的法律地位〉，《法學評論》，1983年1期，頁91～94。

（2.1.1）奴隸的訴訟權

《睡虎地秦墓竹簡》與「奴隸訴訟權」相關的法條爲：

1. 「公室告」【何】殹（也）？「非公室告」可（何）殹（也）？賊殺傷、盜它人爲「公室」；**子盜父母，父母擅殺、刑、髡子及奴妾，不爲「公室告」**。【法律答問 103，117～118】

2. **「子告父母，臣妾告主，非公室告，勿聽。」**·可（何）謂「非公室告」？·**主擅殺、刑、髡其子、臣妾，是謂「非公室告」，勿聽。**而行告，告者罪。告【者】罪已行，它人有（又）襲其告之，亦不當聽。【法律答問 104～105，118】

3. 「家人之論，父時家罪殹（也），父死而誧（甫）告之，勿聽。」可（何）謂「家罪」？**「家罪」者，父殺傷人及奴妾，父死而告之，勿治。**【法律答問 106，118】

4. 可（何）謂「家罪」？父子同居，殺傷父臣妾、畜產及**盜之**，父已死，或告，勿聽，是胃（謂）「家罪」。【法律答問 108，118】

從上述四例揭示，《睡虎地秦墓竹簡》與「奴隸訴訟權」相關的法條，皆同時與「非公室告」與「家罪」相關。

例 1～2，殺傷或竊盜他人是「公室告」；子竊盜父母，父母擅自殺死、刑傷、髡剃子及奴婢爲「非公室告」（法律不受理）。子不能控告父母，奴婢不能控告主人，如強行控告，控告者有罪。所以「奴婢」不具有控告「主人」的權利。

例 3，「家罪」即父親殺傷人及奴婢，在父親死後才有人控告，不與處理。例 4，「家罪」爲父子居住在一起，子殺傷及竊盜其父的奴婢、牲畜，父親死後，有人控告，不予受理。換句話說，只要父親「在世」，其殺傷人及奴妾，或是竊盜畜產，都是可「告」可「治」的。且從「或告」一詞，配合上述四條律文，似乎暗示只要不是「子告父」或是「奴告主」，其他人（不包括子與奴）舉發這些父與主的不法罪行，官府都會受理。換句話說，奴隸（臣妾）的生命權還是具有法律保障，奴隸（臣妾）僅喪失對「主人」的控告權而已。

更特別的是上述四例，居然將「家庭」中的「父子」與「主奴」並列，無「血緣關係」（或「擬血緣關係」）的「主奴」，竟可與「家長」有「血緣關係」的「子女」並置，此對於「奴隸人權」的提升，可算是無庸置疑。

（2.1.2）奴隸與連坐

《睡虎地秦墓竹簡》與「奴隸連坐」相關的法條有二，其一爲：

律曰「與盜（盜）同法」，有（又）曰「與同罪」，此二物其<u>同居、典、伍當坐之</u>。云「與同罪」，云『反其罪』者，弗當坐。·<u>人奴妾盜（盜）其主之父母，爲盜（盜）主，且不爲？同居者爲盜（盜）主，不同居不爲盜（盜）主</u>。【法律答問 20～21，98】

此律前半段點出當時「連坐」的範圍包括「同居」、「里典」和「同伍的人」。後半段說明私家奴婢竊盜主人父母的東西，是否作爲盜主，端視主人父母是否與主人同居。但從此律著實很難判斷私家奴隸「人奴妾」，在「法律定義」，是否算是與「主人」同居，因此牽涉當「主人」犯罪時，「人奴妾」是否需要連坐？反之，當「人奴妾」犯罪時，「主人」是否也需要連坐呢？

另外一則律文，對於「主奴」間的「連坐」，解釋得較爲清楚，原文爲：

「盜及者（諸）它罪，<u>同居所當坐</u>。」可（何）謂「同居」？·<u>戶爲「同居」，坐隸，隸不坐戶謂殹（也）</u>。【法律答問 22，98】

此律依然點出「連坐」的標準在於是否「同居」，弔詭處仍是「奴隸」在「法律定義」，是否算是與主人「同居」？其譯文是：「奴隸犯罪，主人應連坐；主人犯罪，奴隸則不連坐」。奴隸犯罪，主人要負刑事責任；反之，主人犯罪，奴隸不需負刑事責任。此是因爲「奴隸」並非「法律主體」，所以不用「連坐」嗎？

當然也有人質疑探討秦漢社會主奴間的「連坐」問題，不當使用「坐隸，隸不坐戶」這條簡文。如賈麗英即認爲秦漢簡牘法律文獻的「隸」非「奴隸」。〔註263〕其實他所列舉的兩條例證，正好可作爲「隸」之社會地位逐漸提升的註腳。如《里耶秦簡·戶籍簡》出現一則與主人同登記在戶口冊的「隸」（編號爲K4）：

第一欄：南陽戶人荊不更繣喜
　　　　子不更衍
第二欄：妻大女子媯
　　　　隸大女子華

〔註263〕賈麗英，〈小議「隸」的身分〉，《中國社會科學報》，2009 年 9 月 10 日出土文獻版：又見武漢大學簡帛網，2009 年 11 月 23 日，http://www.bsm.org.cn/show_article.php?id=1179。

第三欄：子小上造章

　　　　子小上造

第四欄：子小女子趙

　　　　子小女子見

「隸大女子華」，與主人「戀喜」的「妻大女子媐」，同登記在第二欄。

　　又如《張家山漢墓竹簡・奏讞書》的第四則案例：

胡丞惠敢（讞）之，十二月壬申大夫詣女子**符**，告亡。·符曰：誠亡，詐（詐）自以爲未有名數，以令**自占書名數**，**爲大夫明隸**，明嫁符隱官**解**妻，弗告亡，它如**荓**……【奏讞書4，簡28～29，341～342】

「隸」，一種依附的身分。李學勤引用《周禮・禁暴氏》之「奚隸」，「奚」爲女奴，「隸」爲男奴。後來「奚」罕用，使得「隸」也開始兼指女奴。〔註264〕本案是一個名叫「符」的女子，在逃亡過程中「自占名數」，申報爲大夫「明」的「隸」，大夫「明」將「符」許配給隱官「解」作妻子。若大夫「明」不是「符」的主人，如何可左右「符」的婚配對象。且「符」在逃亡過程中「自占書名數」，可與上述〈奏讞書二〉「占數復婢媚」，奴婢「媚」是以「人」的身分登記在「戶籍簿」相對照，都是「奴隸」地位提升的表徵。

（2.1.3）奴隸犯罪與處罰

　　有些學者從奴婢缺乏訴訟主人的權利，與主人犯罪奴婢毋須連坐等，推論當時「奴隸」或仍算是「法律客體」，非「法律主體」，所以不具有「訴訟」與「連坐」的刑事責任。但是，當奴隸犯罪時，卻需要比照「法律主體」，接受處罰，如：

1. 臣**強**與主奸，可（何）論？比毆主。｜鬭折脊項骨，可（何）論？比折支（肢）。【法律答問75，111】

2. 「臣妾牧（謀）殺主。」·可（何）謂牧（謀）？·欲賊殺主，未殺而得，爲牧（謀）。【法律答問76，111】

若依上述兩則案例，「奴隸」的法律地位則近似於「自由人」，因其必須承擔刑事責任。如案例1奴隸「臣」對主人強行奸計，要與毆打主人同樣論處。鬭毆折斷頸脊骨，要與折斷四肢同樣論處。案例2奴隸「臣妾」密謀殺害主人，即使沒有成功，只要被捕獲，其罪刑都稱作「謀」。

〔註264〕李學勤，〈奏讞書解說（上）〉，《文物》，1993年8期，頁26～31。

（2.2）《張家山漢墓竹簡》的「奴隸」是法律主體嗎？

（2.2.1）奴隸的訴訟權

《張家山漢墓竹簡》與「奴隸訴訟權」相關的法條爲：

> **子告父母，婦告威公，奴婢告主、主父母妻子，**勿聽而棄告者市。【告律 133，146】

「婦告威公」之「威」，《廣雅‧釋親》：「姑謂之威」；《說文》：「威，姑也。漢律曰：婦告威姑」；《說文》：「姑，夫母也」；都是指夫之母。「公」，指夫之父。所以此律規定不只兒子不能狀告父母、媳婦不能狀告公婆，奴婢也不能狀告主人，甚至是主人的父母和妻子。即「奴隸」不具有狀告「主人全家」的訴訟權。

且漢律對於「奴婢」之「不孝罪」的認定甚爲特殊，如：

> 子牧殺父母，毆詈泰父母、父母、叚（假）大母、主母、後母，及父母告子不孝，皆棄市。其子有罪當城旦舂、鬼薪白粲以上，**及爲人奴婢者，父母告不孝，勿聽。**年七十以上告子不孝，必三環之。三環之各不同日而尚告，乃聽之。教人不孝，黥爲城旦舂。【賊律 35～37，104～105】

西漢十分重視孝道，法律條文竟會出現「及爲人奴婢者，父母告不孝，勿聽」。劉華祝認爲此乃因「奴隸」的子女，無法恪盡孝敬父母的義務。﹝註265﹞曾加認爲「奴婢」因爲「不孝」而受到控訴，有關機構不予受理，可見「奴隸」不具備法律上的訴訟主體資格，不承擔訴訟主體做出某種行爲而應承擔的法律後果。﹝註266﹞或許應該這樣陳述，當時「奴隸」的人身權，歸屬於「主人」，非「父母」，所以法律允許「奴隸」不用恪盡孝敬父母的義務。

（2.2.2）奴隸與連坐

《張家山漢墓竹簡》與「奴隸連坐」相關的法條爲：

> 1. **奴有罪，毋收其妻子爲奴婢者。**有告劾未遝死，收之。匿收，與盜同法。【收律 180，161】

﹝註265﹞劉華祝，〈關於秦律、漢律中的「三環」問題〉，《秦漢史論叢》第九輯（西安：三秦出版社，2004 年 7 月），頁 319～325。

﹝註266﹞曾加，〈二年律令有關奴婢的法律思想初探〉，《西北大學學報》，2007 年 1 月，頁 43～47。

2. 奴婢毆庶人以上，黥顊，畀主。【賊律 30，102】

案例 1，奴婢有罪不會連坐其妻子兒女。案例 2，則是不會連坐其主人，因爲奴婢在法律上不具備「主體」資格。〔註267〕

（2.2.3）奴隸犯罪與處罰

《張家山漢墓竹簡》，有「奴隸」犯罪逃亡與殺傷人的案例。先說逃亡罪，當時奴婢逃亡的案例頗多，《二年律令》甚至出現〈亡律〉，如：

1. □顊畀主。其自出殹（也），若自歸主，主親所智（知），皆笞百。
   【亡律 159，154】

2. 奴婢亡，自歸主，主親所智（知），及主、主父母、子若同居求
   自得之，其當論畀主，而欲勿詣吏論者，皆許之。【亡律 160，155】

奴婢逃亡後，主動回歸主人，必經主人、親屬所知之人認可，承認其確爲主人原來的奴婢。〔註268〕但奴婢還是得因曾經脫逃而遭受處罰，譬如例 1 的「笞百」。

又如下列〈奏讞書〉的例證：

・・北地守讞（讞）：奴宜亡，越塞，道戍卒官大夫有署出，弗得，
疑罪。・廷報：有當贖耐。【《奏讞書》八，簡 53，347】

陳偉參照《二年律令・津關律》兩次提到「越塞」，指在津關之外的地方穿越邊界。所以將「越塞道……」的「道」斷爲下讀，義爲取道、經由。〔註269〕全案是北地郡郡守呈請審議判決。奴婢宜逃亡至津關外，經由戍卒官大夫管轄的地區出境，雖未被抓獲，但若是被抓獲應當如何定罪？廷尉批復：當判處贖耐。所以奴婢逃亡的刑罰是「贖耐」。

再說殺、傷人罪：據《二年律令》記載，當時奴隸殺傷人的案例如：

1. 子賊殺傷父母，奴婢賊殺傷主、主父母妻子，皆梟其首市。【賊
   律 34，103】

〔註267〕曾加，〈二年律令有關奴婢的法律思想初探〉，頁 43～47。

〔註268〕朱紅林，《張家山漢簡二年律令集釋》（北京：社會科學文獻出版社，2005 年
10 月），頁 115～116。

〔註269〕陳偉，〈張家山漢簡雜識〉，香港大學「第一屆中國語言文字國際學術研討會」，
2002 年 3 月，又見《語言文字學研究》（北京：中國社會科學出版社，2005
年），頁 36～37。張俊民，〈江陵奏讞書誤讀一例〉，簡帛研究網，2004 年 8
月 17 日。

2. **殺傷大父母、父母及奴婢殺傷主、主父母妻子，自告者皆不得減。**
　　告人不審，所告者有它罪與告也罪等以上，告者不為不審。【告
　　律 132，145～146】

3. **奴婢毆庶人以上**，黥額，畀主。【賊律 30，102】

案例 3 的「額」，刺青於臉頰。「畀主」，將犯罪奴婢返還其主人。奴隸犯罪，
除死刑外，國家法律機構懲處後，仍歸還主家役使。且將案例 1～2 與案例 3
比較，同樣是奴隸犯下的殺傷罪，若奴隸傷害的對象是主人，就同子女傷害
父母一樣大逆不道，所以會加重刑罰，如案例 1 的「梟其首市」，或是案例 2
即使「自告」也不得減免刑罰。

　　從上述《睡虎地秦墓竹簡》與《張家山漢墓竹簡》的法律文書推測，若
是從奴婢沒有訴訟主人的權利，和主人犯罪奴婢不必連坐看來，「奴隸」是「法
律客體」。但若是從奴隸犯罪，需同其他「法律主體」一樣接受懲處看來；甚
至《張家山漢墓竹簡・二年律令》還有奴隸「自訟」的紀錄：

　　　奴婢自訟不審，斬奴左止（趾），黥婢顏（顔）額，畀其主。【告律
　　　135，146～147】

「自訟」是奴婢被控有罪時，在審訊時所做的自辯。〔註270〕

　　所以，更加嚴謹的說法是：此時的「奴隸」已不完全等同於動物或財產，
可作為訴訟主體；但仍不能算是完全的「法律主體」，因「奴隸」不具備完全
的「法律人格」，他們只對「主人」以外的其他人具有訴訟權。但若將秦漢簡
牘所記載的「奴隸」，與甲骨文、金文所記載的「奴隸」相較，此時的「奴隸」，
已經開始慢慢獲得若干「自然人」才享有的權利了。

（3）奴隸的婚姻（含子女）權利

（3.1）《睡虎地秦墓竹簡》的奴隸婚姻（含子女）權利
茲舉《睡虎地秦墓竹簡》之奴隸殺傷兒子的案例，如：

1. **人奴擅殺子**，城旦黥之，畀主。【法律答問 73，110】

2. **人奴妾治（笞）子**，子以骵死，黥顏額，畀主。｜相與鬥，交傷，
　　皆論不毆（也）？交論。【法律答問 74，110～111】

〔註270〕彭浩，〈談二年律令中幾種律的分類與編連〉，《出土文獻研究》第六輯，2004
　　年 12 月，頁 61～69。

例 1 私家奴婢擅自殺子，應處以「城旦」與「黥」刑，服刑完畢後再交還主人。例 2「肫」，讀爲「枯」，《淮南子・原道》注：「猶病也」。「顏」，面額中央。「𩓠」，音「逹」，顱部。私家奴婢笞打自己的兒子，子因此患病而死，應在奴婢的額上和顱部刺墨，然後交還主人。互相鬥毆，雙方都受了傷，雙方都要論處。對照上述《張家山漢墓竹簡・二年律令》的相關法條：

1. <u>子賊殺傷父母，奴婢賊殺傷主、主父母妻子</u>，皆棄其首市。【賊律 34，103】

2. **殺傷大父母、父母及奴婢殺傷主、主父母妻子，自告者皆不得減。**
   告人不審，所告者有它罪與告也罪等以上，告者不爲不審。【告律 132，145～146】

「奴婢殺傷主人」必須同「子女殺傷父母」加重刑罰，但是當「奴隸殺傷子女」卻不用加重刑罰。所以，對當時的「奴隸」而言，「奴婢殺傷主人」的罪，重於「奴隸殺傷子女」，「主人」比自己的「子女」還重要。

再與上述另外一條《張家山漢墓竹簡・二年律令》作對照：

子牧殺父母，毆詈泰父母、父母、叚（假）大母、主母、後母，及父母告子不孝，皆棄市。其子有罪當城旦舂、鬼薪白粲以上，**及爲人奴婢者，父母告不孝，勿聽。**年七十以上告子不孝，必三環之。

三環之各不同日而尚告，乃聽之。教人不孝，黥爲城旦舂。【賊律 35～37，104～105】

奴隸竟可不必對父母盡孝。所以，「奴隸」無法完全等同於「庶民」，因爲對「庶民」而言，最重要的社會關係不外乎父子血緣；但對「奴隸」而言，「主人」甚至比「父母」或是「子女」都來得重要。

（3.2）《張家山漢墓竹簡》的奴隸婚姻權利

茲舉幾則《張家山漢墓竹簡・二年律令》中與奴隸婚姻權利相關的法條如：

1. □□□□長（?）次子，畀之其財，與中分其共爲也及息。**婢御其主而有子，主死，免其婢爲庶人。**【置後律 385，240】

2. **奴取（娶）主、主之母及主妻、子以爲妻，若與奸，棄市**，而耐其女子以爲隸妾。其强與奸，除所强。【雜律 190，166】

3. 民爲奴妻而有子，子畀奴主；主婢奸，若爲它家奴妻，有子，子

畀婢主，皆為奴婢。【雜律188，166】

例 1 男主人有權御用女婢，女婢有了主人的子嗣，在主人死後，可以免除奴隸身分，變成庶人。但例 2 卻顯示男奴絕不容許與主人家的任何成員發生關係，否則就處以「棄市」極刑。男奴雖不能與主人家的女眷交往，但卻可以如例 3 和普通民女合法結婚，但所生子女要歸男奴主人所有，奴隸的子女也是奴隸。例 3 後半還規定，若是主人與婢女通姦，婢女是其他男奴的妻子，所生的子女也歸婢女主人所有。可見奴婢擁有「不完全」的婚姻權利，除了不可與主人家女眷交往外，階級間的門當戶對並非那麼絕對。但奴隸所生子女，似乎很難擺脫奴隸身分；除非是女婢和主人所生的子女，如例 1 簡文雖沒有明說，但女婢都可免為庶人了，女婢之子女至少也應該是庶人才是。

（4）奴隸的身分解除

據《睡虎地秦墓竹簡》，私家奴婢必需代替主人服役，如：

……鬼薪白粲，群下吏毋耐者，**人奴妾居贖貲責（債）於城旦**，皆赤其衣，枸櫝欙杕，將司之；其或亡之，有罪……【秦律十八種134～135，51～52】

「人奴妾」即私家奴隸。「居貲贖責」為「居貲」、「居贖」和「居責（債）」。「居」用作動詞，為居住於官府服勞役之意。〔註271〕「居貲」，以勞役抵償罰金；「居贖」，以勞役抵償贖刑；「居責（債）」，以勞役抵償債務。本律記錄私家奴婢被用以抵償債務，而服「城旦」勞役時，都穿紅色囚服，施加木械、黑索和脛鉗，若是讓他們逃亡，監管者有罪。可見「人奴妾」等私家奴隸的生活並不好過，幫主人於官府服勞役時的地位，與刑徒「城旦」相等。

西漢時官私奴婢的數量相當可觀，如「奴婢以千萬數」(《漢書・食貨志》)；又如 1973 年，湖北省江凌縣紀南城鳳凰山八號漢墓的隨葬品清單，登錄墓主生前擁有近五十名奴婢，還詳述奴婢從事的工作，分工甚細，有侍、養、謁者、御、牛僕、馬僕、田等。〔註272〕再據王褒〈僮約〉，王子淵向寡婦楊惠購買一名奴婢名叫「便了」，其工作內容包括家中雜務、耕種紡織、打獵捕魚、

〔註271〕李力，《「隸臣妾」身分再研究》（北京：中國法制出版社，2007 年 7 月），頁375。

〔註272〕金立，〈江凌鳳凰山八號漢墓竹簡試釋〉，《文物》，1976 年 6 期，頁 69～75。

飼養家畜、製作家中所需器物、出外營商、莊園警衛等等。〔註273〕

　　但從《張家山漢墓竹簡》與「奴婢法」相關的內容看來，奴婢是以「人」的身分登記在民戶戶籍、生命獲得基本保證、刑事責任相當於父權家庭中的子女。更特別的是，「奴婢」居然能「免良」，且渠道不限於國家詔免，在一定條件下，還可「代戶」繼承主人財產。所以西漢時期由法律規定的「奴隸」生活，比之殷周已大有改善。〔註274〕下文將列舉《張家山漢墓竹簡》法律文書所記載「奴隸」免良的幾種渠道：其一，皇帝詔免或主人免除。漢初皇帝詔免奴隸的記錄如：

1. 高帝六年詔：「民以飢餓自賣爲人奴婢者，皆免爲庶人」。(《漢書‧高帝紀》)

2. 後四年「五月，赦天下。免官奴婢爲庶人」。(《漢書‧文帝紀》)

而漢初主人免除奴隸的記錄，可參見：

　　奴婢爲善而主欲免者，許之，奴命曰**私屬**，婢爲庶人，皆**復使及筭**（算）事之如奴婢。主死若有罪，以私屬爲庶人，刑者以爲隱官。所免不善，**身免者**得復入奴婢之。其亡，有它罪，以奴婢律論之。【張家山漢墓竹簡‧二年律令‧亡律162～163，155～156】

奴婢經主人放免後，稱作「私屬」，但其身分仍非「自由人」，政府「復使及筭（算）」，指免除算賦與繇役。〔註275〕「身免者」，爲原來免其奴婢身分的主人。一旦主人發現被其放免的「私屬」表現不佳，即可再恢復這些「私屬」原本的「奴婢」身分。此可與王莽時期的「私屬」相比較，如：「今更名天下田曰『王田』，奴婢曰『私屬』，皆不得買賣」(《漢書‧王莽傳》)。

　　其二，和主人有子女的御婢，在主人死後免爲庶人。如：

　　□□□□長（？）次子，昇之其財，與中分其共爲也及息。婢御其主而有子，主死，免其婢爲庶人。【張家山漢墓竹簡‧二年律令‧置後律385，240】

　　其三，奴婢通過繼承主人的戶主權，可獲得完全解放。如：

〔註273〕吳慧蓮，〈從王褒〈僮約〉看漢代奴婢的生活與地位〉，《歷史月刊》第七期，1988年8月，頁49～55。

〔註274〕王彥輝，〈從張家山漢簡看西漢時期私奴婢的社會地位〉，頁13。

〔註275〕張榮強，〈二年律令與漢代課役身分〉，《中國史研究》，2005年2期，頁25～41。

死毋後而有奴婢者，免奴婢以爲庶人，以庶人律予之其主田宅及餘
財。奴婢多，代戶者毋（勿）過一人，先用勞久、有夫（？）子若
主所言（信）使者。【張家山漢墓竹簡・二年律令・置後律 382～383，
239】

西漢初年，因爲歷經戰國以來長期征戰的結果，人員死傷慘重，社會上屢見
「戶絕」，即主人家可以繼承田宅、財產者皆已身亡。國家爲了維持正常稅收，
所以允許這些「戶絕」家庭，由僅存的「奴隸」繼承家戶。若是一家存活的
奴隸太多，則以「勞久」、「言使者」優先。「勞久」，爲服事勞役時間長久。「言
使」讀作「信使」，指親信使用之人。

三、戰國秦漢出土法律文獻與「奴隸」相關之議題討論

最後研擬兩則可能與「奴隸」相關的議題，包括「奴隸人權」的保障與
提升，和「官奴隸」與「私奴隸」間的比較。

（一）奴隸人權的保障與提升

中國古代有關「人」的尊嚴，據余英時分析是遍及「一切人」，雖「奴隸」
也不例外。因爲中國文化是把「人」作爲「目的」，而非「手段」。〔註 276〕與
希臘哲學家亞里斯多德（Aristotélēs）認爲「奴隸」是一種自然制度，理想的
「正義」至多可施於自由的希臘人，而不可用在奴隸和野蠻人身上，〔註 277〕
大相逕庭。更具特色的是，中國哲學經常提及「人格平等」，相信人人皆可成
堯舜。

但是中國哲學此「人格平等」的概念，並沒有擴展至「社經地位」的「齊
頭式平等」，本論文〈第三章　血緣身份與軍功爵位在土地分配制度上的歷史
轉變〉，將特別探討此「社會階層」（非平等）的必然性。本節僅先關注「社
會階層」最底層的「奴隸階級」，探討其「人權」概況。正因「奴隸」身處「社
會階層的最底層，若其「人權」已獲得保障和提升，其他在「奴隸階級」之
上的人群，其「人權」狀況只會更好，或是差不多，絕不會更差。所以本節
擬定以「奴隸階級」作爲探討當時「人權」概況的出發點。

〔註 276〕余英時，《中國傳統思想的現代詮釋》（南京：江蘇人民出版社，1995 年），
　　　　頁 17～33。
〔註 277〕丹尼斯・羅伊德（Dennis Lloyd），《法律的理念》（北京：新星出版社，2005
　　　　年 11 月），頁 58。

　　商代的「眾」、「人殉」和「人牲」，依照上文判斷應該「不完全等同」於「奴隸」，所以商代並非「奴隸社會」。但此並非意謂當時沒有「奴隸」，只是數量遠不及「奴隸社會」的標準。而西周金文則證明，當時「奴隸」是可作為「財物」賞賜，如〈作冊夨令毀〉、〈大盂鼎〉。且「奴隸」具有買賣價格，如〈曶鼎〉明確標示「奴隸」的價格，「奴隸五夫」或相當於「匹馬束絲」，或相當於「金百守」。所以西周時期的「奴隸」，並非法律意義的「人」，可被當作「財物」賞賜或買賣，沒有「人」之所以為「人」的尊嚴與法權。

　　但是到了戰國時代，「奴隸」的「人權」有了很大的進展，譬如《包山楚簡》法律文書的「奴隸」，「臣」可入戶籍；「僕（隸）」可擺脫主人束縛、外出工作；「臣」的生命權受到保障；「奴」必須擔負刑事責任等。再從《睡虎地秦墓竹簡》、《張家山漢墓竹簡》與「奴婢法」相關的內容看來：奴婢是以「人」的身分登記在民戶戶籍、生命權獲得基本保證、刑事責任相當於父權家庭中的子女、已有若干婚姻權等。最具特色的是《張家山漢墓竹簡》的法律文獻，居然記錄「奴婢」可以「免良」，在一定條件下，還可以「代戶」繼承主人財產。從上述「戰國秦漢出土法律文獻」所登錄「奴隸人權」的遞變事例，與我國當今憲法規定之「人權」（如平等權、自由權、生存權、受益權和參政權等）相較，可供討論的項目，包括「生存權」、「自由權」與「司法受益權」。

　　「人權」的定義相當多元，但是「生存權」絕對是神聖不可侵犯的「天賦人權」，「人民有要求國家維護其生命，充實其生活，繁殖其生息」的權利。從《包山楚簡》、《睡虎地秦墓竹簡》、《張家山漢墓竹簡》，奴婢至少在出土法律文獻中，多以「人」的身分登記在戶籍。此舉非但是提升「奴隸」的「人權」，更是國家對奴隸「生存權」的保障；主人不可再任意地對奴隸動用私刑，當奴隸「生存權」遭受危害時，國家法制機關有權利和義務徹查到底。

　　其次是「自由權」，《包山楚簡》法律文書記錄「僕（隸）」可擺脫主人束縛、外出工作，即是「自由權」的一種，居住遷徙的自由。當今學者定義「自由權」，如「人身自由」，除現行犯之逮捕，非經司法或警察機關依法定程序不得逮捕拘禁，非由法定程序不得審問處罰。〔註278〕《睡虎地秦墓竹簡‧封診式》中的〈告臣〉與〈黥妾〉，記錄主人不能隨意刑殺奴隸，需經法定程序，報請官府執行；對「奴隸」而言，亦算是一種「人身自由」。

〔註278〕鄭玉波，《法學緒論》（臺北：三民書局，2005 年 9 月修定 16 版），頁 141。

　　但也不宜推論過度，因為「奴隸」一般不具有「普通平民」所享有的一切權利，此現象在歷代法律條文中都有體現，茲舉「司法受益權」為例。所謂「司法受益權」，「乃人民權利受不法之侵害時得依民事訴訟法向司法機關提起民事訴訟，或依刑事訴訟法提起自訴或請求檢察官提起公訴」。〔註279〕但是從《睡虎地秦墓竹簡》、《張家山漢墓竹簡》的法律文獻記載，「奴隸」皆缺乏對「主人」的控告權，《睡虎地秦墓竹簡》更是直接將「奴告主」劃歸為「家罪」和「非公室告」，即使提出告訴，國家法權機構也不會受理。

　　「奴隸階級」之「人權」樣貌之所以如此繁複，或許是因為「戰國秦漢」正值中國歷史上著名的社會轉型期。也或許是導源於「奴隸」在「社會階層」中的地位本就尷尬，歷朝各代皆是如此。所以本節後半所論「戰國秦漢出土法律文獻」的「奴隸階級」，一方面沒有人身自由，一方面又受到法律保護，既享受部分權利，又承擔一定義務，已非純粹客體，又不具有完整的法律人格。

　　總之，從戰國至秦漢初年的「奴隸」，已不等同於動物和財產，但仍不算擁有完全的「法律人格」，不算完全的「法律主體」；但與甲骨文、金文所記載的「奴隸」相較，「奴隸」已慢慢開始享有若干「基本人權」。

（二）「官奴隸」與「私奴隸」間的比較

　　「奴隸」一般可區分為「官奴隸」和「私奴隸」。

　　「官奴隸」與「私奴隸」的來源並不相同。「官奴隸」的來源為，1 因本人犯罪，籍沒為奴隸。2 因親屬犯罪，籍沒為奴隸。3 籍沒私家奴隸為官奴隸。4 官奴隸所生子女仍為官奴隸。5 戰俘及戰場上的逃兵，沒為官奴隸。「私奴隸」的來源為，1 買賣。2 官府賞賜。3 私家奴隸繁育。

　　「官奴隸」與「私奴隸」的擁有者和使用範圍也不同。「官奴隸」的擁有者為國家，使用範圍主要是於宮廷服官府雜役、牲畜飼養和田器製造等，如秦始皇動用刑徒七十餘萬人修造阿房宮和陵寢，動用平民和刑徒修造長城等。「私奴隸」的擁有者首先是達官貴人；其次是平民，如擁有奴婢的商人等。而使用範圍可分為工商業、農業、手工業、家務勞動、護衛、軍事活動和娛樂等。〔註280〕

〔註279〕鄭玉波，《法學緒論》，頁143。

〔註280〕裘錫圭，〈戰國時代社會性質初探〉，《古代文史研究新探》（南京：江蘇古籍出版社，2000年1月2刷），頁390～399。瞿同祖，《漢代社會結構》（上海：人民出版社，2007年4月），頁148～156。李天石，〈從睡虎地秦簡看秦朝奴

　　若參照上述官、私奴婢的區分，本節所引用出自西周金文的奴隸，無論是被當作「財物」般「賞賜」或「買賣」的「鬲（隸）」，都是屬於「私家奴隸」。而戰國、秦漢出土法律文獻的「奴隸」，則可區分成「官奴隸」和「私奴隸」。或許囿於出土材料性質，或是統計數量不足所致，若以西周金文所載「奴隸」，與戰國、秦漢簡牘所載「奴隸」相較，起初似乎是以「私奴隸」獲得壓倒性勝利，再來是平分秋色，最後甚至感覺是以「官奴隸」迎頭趕上、居於上風。

　　「官奴隸」，最具特色的莫過於《睡虎地秦墓竹簡》和《張家山漢墓竹簡》的「隸臣妾」。戰國、秦漢之際的「隸臣妾」，其身分正逐漸從「奴隸」、「刑徒」兼具，轉換成「刑徒」。「刑徒」的出現，甚至是「刑徒刑期」的確定，除象徵「成文法典」已成熟外，也代表「國家官僚體系」已正常運作。因此「國家」才需要如此多的「勞役刑」，讓直屬於「國家」的「刑徒」，擔負起「國家」交付的各式各樣勞役。此亦算是「國家」企圖掌握每位臣民、甚至是奴隸「人身支配權」的必要手段。且為了讓「隸臣妾」心悅誠服地從「奴隸」轉換成「刑徒」，所以法律明文規定「刑徒」不能買賣，刑期屆滿後可恢復自由身等，都是「國家」為了促使「隸臣妾」更加願意為「國家」效力的有效策略。

　　至於「私奴隸」，當他們開始以「人」的身分登記在「戶籍簿」時，國家就開始對「私奴隸」的「生命權」負有責任；因為戶籍歸國家掌管，所以登記在戶籍的「私奴隸」，也可歸國家管理。當「私奴隸」的「生命權」遭受危害時，國家法權機關有權利和義務徹查。且「主人」不可隨意對「私奴隸」動刑；雖然當官府懲戒「私奴隸」後，仍會將「私奴隸」畀主（重新歸還給主人），但「私奴隸」的司法懲戒權並不在主人身上。故縱使「私奴婢」仍隸屬於他的「主人」，但「國家」仍對這些「私奴婢」掌有部分管理和完全懲戒的權力。

　　「官奴婢」的所有者是國家，「私奴婢」的所有者是貴族或平民，本來是涇渭分明、互不相關，各管各的奴婢。但從戰國時代開始，國家便企圖透過法律途徑，嘗試用各種方式，與「私奴婢」的所有者，爭奪「私奴婢」的所有權，造成「國家」與「私奴婢所有者」間的衝突與矛盾。譬如將「私奴婢」著錄在國家行政戶籍，或是當「私奴婢」犯法時，必須交由國家法律機構懲

隸與唐代奴婢的異同〉，《中國經濟史研究》，2005 年 3 期，頁 132～138。

戒等。最明顯的是西漢高祖五年詔令曰：「民以飢餓自賣爲人奴婢者，皆免爲庶人」，此舉會讓「私奴婢主人」喪失部分原本歸屬於他們的私有奴隸。凡此，皆可嗅出當時「國家」企圖掌握境內所有臣民（包括奴隸）的雄心壯志；所以會在戰國至秦漢初年，出現大批「隸臣妾」；而「私奴婢」的所有權，也似乎在「國家主權」的允諾下，暫時託付給「私奴婢的所有者」代管而已。

　　本節將西周金文「奴隸」喪失「人權」的事證，與戰國秦漢簡牘「奴隸人權」漸獲保障與提升的事證相對照，推論支配此歷史演變的思想背景，毫無疑問當爲「人」之「主體意識」覺醒，即使是「奴隸」，國家法律也當保障他們之所以爲「人」的尊嚴與法權。至於支配此歷史演變的社會結構，從國家、貴族與平民對奴隸所有權的競逐，可知當時的政治社會正在歷經一場大變革，下文〈第四章　封建體制與郡縣體制在地方行政上的雙軌現象〉，將會特別探討此議題，擬從「地方行政權屬」與「舍人身分歸屬」切入。尤其是後者，當時「舍人」是如何由「私臣」轉型爲「公職」，正可與本節所論「私奴隸」與「官奴隸」之所有權差異相對照，他們都是在相同的歷史脈絡裡，慢慢由量變而導致質變。

第三章 血緣身份與軍功爵位在土地分配制度上的歷史轉變

　　「分配」，始終是古今中外每個社會所必需面對的核心問題，因爲社會的總資源有限，「分配」非但牽連每位成員的個別利益，還關乎共同體的總利益。究竟應該依循什麼原則「分配」，才能符合「平等」、「公道」、「正義」等人類社會追尋的普世價值，又能讓「總體」及「個人」的「最大經濟效益」付諸實現，這道難題不斷考驗著歷朝各代的的政治思想家與政治實踐者。

　　孔子說：「不患寡而患不均」（《論語‧季氏》），李明輝引用孔安國、包咸的註解，認爲「寡」非財富，而是人民土地；「均」非財富平均分配，而是政教措施公平合理。〔註1〕所以孔子並非支持齊頭式的假平等。荀子有段論述，亦可作爲先秦儒家贊成社會財富等級分配的證據：

> 分均則不徧，勢齊則不壹，眾齊則不使。有天有地而上下有差；明王始立而處國有制。夫兩貴之不能相事，兩賤之不能相使，是天數也。埶位齊而欲惡同，物不能澹則必爭，爭則必亂，亂則窮矣。先王惡其亂也，故制禮義以分之，使有貧富貴賤之等，足以相兼臨者，是養天下之本也。《書》曰：「維齊非齊。」此之謂也。（《荀子‧王制》）

「分均」，謂貴賤敵也，言分既均，則所求於民者亦均，而物不足以給之，故不徧也。又說「勢齊則不壹，眾齊則不使」，也是指名無差等，則不可相制也。「明王始立而處國有制」之「制」爲差等，事物無等級爭亂必生。先王制禮

〔註1〕 李明輝，《儒學與現代意識》（臺北：文津出版社，1991年9月），頁89～92。

義，使社會有貴賤、貧富等階層之分，乃「養天下之本也」。〔註2〕

　　先秦法家提出「壹刑」(《商君書‧賞刑》)、「法不阿貴」(《韓非子‧有度》)，論述的是「法政地位平等」，人類社會無論是中國古代編戶齊民的專制社會，或是西方近代自由民主的開放社會，「法政主體」不斷追求「自我」與「他者」之「法政地位平等」從未改變，只是專制社會必須把統治者排除在外，民主社會必須把統治者涵攝進來。至於「社經地位平等」，古往今來往往顧及經濟發展效率與社會總體利益，除早期氏族社會和近代共產社會，「社經地位平等」從不列入執政者的政治藍圖，與普羅百姓對未來的展望。但是先秦法家上述攸關「法政地位平等」的主張，卻相當容易讓世人誤解法家在社會資源分配的議題上，贊成「齊頭式的假平等」，完全彌平社會等級差異。其實法家也認同建立一個貴賤、尊卑、上下有序的社會，譬如商鞅變法時，有個舉世聞名的政策，「明尊卑爵秩等級，各以差次名田宅，臣妾衣服以家次」(《史記‧商君列傳》)。又如秦孝公在商鞅變法前，曾對公孫鞅、甘龍、杜摯三位大夫說：「代立不忘社稷，君之道也；錯法務明主長，臣之行也。今吾欲變法以治，更禮以教百姓，恐天下之議我也」(《商君書‧更法》)，「變法」為「更禮」，換用「軍功爵位」作為社會等級分配的標準。所以先秦儒、法二家對於「分配制度」的規劃，與希臘早期哲人所言「正義的本質，包含不平等的觀念」殊途同歸。〔註3〕社會制度中看似不平等的階級設計，正是為人類社會謀求永續經營的策略。

　　社會總資源分配追求「平等」、「公道」和「正義」的價值意義，可細分成諸多面向深究。若依羅爾斯 (John Rawls) 的「正義理論」，「正義」是社會制度的首要價值(「制度」為「政治結構」與「經濟社會」的安排)，正如「真理」是思想體系的首要價值。羅爾斯認為群體成員應當憑據「正義原則」獲得「應得」(deserve) 的東西。換句話說，「正義原則」務必提供社會一種基本分配權利與義務的辦法，以確保社會合作的利益。因為合理的分配份額，會影響整個社會的效率、合作和穩定性。這些東西並不要求平等，只要每個人遵守現有的遊戲規則，那麼他最後賺取的報酬，都應被視為「應得」，此稱為「正當的期待」。且「分配正義」還涉及「社會體系選擇」，因此「應得的

〔註2〕 王先謙，《荀子集解》(北京：中華書局，2007 年 4 月 5 刷)，頁 152。

〔註3〕 丹尼斯‧羅伊德 (Dennis Lloyd)，《法律的理念》(北京：新星出版社，2005年 11 月)，頁 94、111。

份額」，通常來自「社會制度」及其所造成的「合法期望」。〔註4〕既然齊頭式的分配並不正義，那麼社會總資源應當參照什麼原則分配，才符合中國古代社會的「正當期待」呢？

「分配」前的首要任務，即是將社會劃分成若干等級，劃分的依據與上文所述羅爾斯「正義理論」提及的「社會體系選擇」相關。「社會階層」是一個等級體系，不同型態的社會，會依照本身特性，設計各階層的界定標準。如現代資本主義社會界定社會階層的標準，包括收入、財富、職業、種族、性別等。西方社會學理論，有關「社會階層現象」的分析，約略可概分為兩派，一是受馬克思學說影響的衝突學派，重視不平等所造成的社會衝突，強調激勵變革的歷史意義。二是美國功能學派，重視層級化的社會整合功能。前者評估「社會階層」為「異化疏離的根源」，後者認為是「有機結合的基礎」。〔註5〕或許將「社會層級」與「分配過程」一併考慮，依序追問誰獲得什麼，為何獲得，再分析「分配」的關鍵應取決於「被支配者」的需要，還是「支配者」的權力，或許是不錯的途徑。

傳統中國乃等級分明的階級社會，且受自然環境影響，二千年來皆以農業耕種作為最主要的生產型態，所以與民眾最休戚相關的社會資源莫甚於「土地」。故觀察「土地」資源的等級分配，為最佳評論當時社會制度設計，是否符合「正義」理念的範例。西周與土地交換相關的青銅器銘文有下列八件：

器　名	銘文大意
衛盉（《集成》09456）	記載矩伯兩次以田為代價，與裘衛交換玉器、裘皮。
五祀衛鼎（《集成》02832）	記載裘衛與邦君厲交換土地之事。
九年衛鼎（《集成》02831）	記載裘衛以車等實物，與矩交換山林土地的經過。
格伯簋（《集成》04262）	格伯與倗生之間以馬易田的經過。

〔註4〕羅爾斯（John Rawls），《正義論》（北京：中國社會科學出版社，1988年3月），頁1～7、58～59、304、312。羅爾斯（John Rawls），《作為公平的正義：正義新論》（臺北：左岸事業有限公司，2002年11月），頁11。周保松，〈自由主義、平等與差異原則〉，《政治與社會哲學評論》第8期，2004年3月，頁142。

〔註5〕黃維幸，《法律與社會理論的批判》（臺北：時報文化，1991年11月），頁127～129。王皓昱，《政治社會學：政治學的宏觀視野》（臺北：三民書局，2008年9月），頁125～126。

曶鼎（《集成》02838）	銘文分三段，首段敘述曶受王命世襲先祖卜官職務。第二段紀錄曶和限、效父爲了買賣奴隸而訴訟的事。第三段紀錄曶向東宮太子控告匡，因爲匡的手下搶了曶的禾。
鬲比盨（《集成》04466）	章复二人與鬲比交換、租賃土地的經過。
鬲比鼎（《集成》02818）	鬲比向周王控告攸衛牧違約侵佔土地、拒付田租。周王命令虢旅審理此案。
散氏盤（《集成》10176）	矢國因攻擊散國侵害其土地，不得不割讓土地給散國作賠償的經過。

西周土地交換的協議方式有二，一是自我協議式，二是訴訟裁判式。前者如〈衛盉〉、〈九年衛鼎〉、〈倗生簋〉、〈鬲比盨〉；後者如〈五祀衛鼎〉、〈曶鼎〉、〈鬲比鼎〉。前者是交換雙方先自行協議，達成共識，再請天子或天子的執政大臣予以承認，並幫助確認所交換土地的邊界。後者是雙方自行協議不成，兩造之一上告天子或執政大臣，由國家予以裁決，完成土地交換事宜。〔註6〕但近年新出法律文獻，提供兩批非常珍貴的「同時資料」，〔註7〕分別是西周的〈琱生三器〉，與西漢初年的《張家山漢簡・二年律令・戶律》（簡310～313、314～316）。這兩批材料的可貴之處，在於透過銘文或簡文的詳細描述，直接向世人展示當時「土地」的「分配程序」與「分配依據」。故本章決定以此兩批彌足珍貴的出土法律文獻，作爲探討中國古代「分配理論」的參照史料。

本章〈第一節　西周宗法體制之血緣身份與土地分配〉，選用傳世〈五年琱生段〉（《集成》04292）、〈六年琱生段〉（《集成》04293），與2006年11月8日於陝西省扶風縣新出的兩件〈琱生尊〉。〔註8〕〈第二節　秦漢郡縣體制之軍功爵位與土地分配〉，參閱《張家山漢墓竹簡・二年律令》的兩則〈戶律〉（簡310～313、314～316）。上述無論是西周〈琱生三器〉所記「宗法體制」依照「歸屬性地位」（ascribed status）分配土地；或是漢初〈二年律令・戶律〉

〔註6〕李朝遠，《西周土地關係論》（上海：人民出版社，1997年1月），頁279～287。李力，《出土文物與先秦法制》（鄭州：大象出版社，1997年12月），頁65～79。

〔註7〕太田辰夫著，蔣紹愚、徐昌華譯，《中國語歷史文法》（北京：北京大學出版社，1987年），頁382。

〔註8〕寶雞市考古隊・扶風縣博物館，〈陝西扶風縣新發現一批西周青銅器〉，《考古與文物》，2007年4期，頁3～11。

所錄「軍功爵制」貌似依照「獲得性地位」（achieved status）分配土地。〔註9〕
此兩類土地分配制度的設計原理，都是盡量讓不同「身分」或「才能」的個
人，分別佔據社會結構中的不同層級，肩負起相異的社會責任，再依其「關
係」或「貢獻」，給與不同的「酬賞」和「權力」。社會統治者必須籌劃一套
有效的獎賞機制，讓社會成員具有強烈的動機，願意擔任社會體制裡的重要
職位，和完成此職位所應肩負的各式責任。如西周「宗法體制」讓「大宗族
長」享有社會聲望，但大宗族長就必須擔起「活族」的沉重使命。又如秦漢
「軍功爵制」讓庶民和貴族齊享爵位殊榮，庶民就必須同貴族，冒著生命危
險，在戰場上勇奪軍功等。

　　本章〈第三節　西周血緣身份與秦漢軍功爵位比較〉，順勢承接上述兩
節，繼續探討中國古代社會從西周中晚期至西漢初年，釐定社會階層的標準
是否曾出現轉變；若有，導致此更迭的歷史契機為何；如此遞換是否更符合
社會正義；且在此歷史長河中，是否仍有不變的因子被永續傳承；此累世不
變的因子，是否就是形塑整個中華文化基本性格的箇中肯綮呢！

第一節　西周宗法體制之血緣身份與土地分配——以《詩經》與召氏家族相關的篇章與〈琱生三器〉為主

　　中國傳統社會的宗法制度應始於何時，張光直舉仰韶文化元君廟墓地等
考古資料，認為仰韶時期已有發達的宗法制度。〔註10〕郭沫若舉商人祭祀祖
先重「直系」輕「旁系」；陳夢家舉「周祭」的等級差異；裘錫圭舉卜辭「帝」、
「介」為周人「嫡」、「庶」等，皆認為宗法制度肇始於甲骨文時代。〔註11〕
張光直甚至根據考古材料，論證夏、商、周皆有「城邑式宗族統治機構」，夏

〔註9〕 本文「歸屬性地位」和「獲得性地位」的概念，是依據默頓（R.K. Merton）
　　　　的定義，可參見其著作《社會理論和社會結構》（南京：鳳凰出版傳媒集團　翻
　　　　譯出版社，2006年7月），頁583～585。

〔註10〕 張光直，《中國青銅時代（第二集）》（臺北：聯經出版事業股份有限公司，2001
　　　　年4刷），頁120。

〔註11〕 郭沫若，《十批判書》（北京：科學出版社，1956年），頁5。陳夢家，《卜辭
　　　　綜述》（臺北：明文書局，1985年），頁631。裘錫圭，〈關於商代的宗族組織
　　　　與貴族和平民兩個階級的初步研究〉，《古代文史研究新探》（南京：江蘇古籍
　　　　出版社，2000年1月2刷），頁302。

代姒姓、商代子姓、周代姬姓，雖「姓」各不同，但都具「宗法制度」，甚至「以姓族治天下」。〔註12〕「宗法」是一套與血緣親疏相關的制度，將血緣關係拓展至政權統治即成「封建」。說得更明白些，西周天子爲天下大宗，其「政權」是建立在「宗主權」的基礎上。

本節探討的不是周天子在中央政府的封建權力，而是族長在地方社會的宗法責任，如法律審判權、土地所有權，和土地分配權等。限於材料內容與文章篇幅，僅舉「召氏家族」爲例，傳世文獻以《詩經》中與「召氏家族」相關的篇章爲主，當然某些篇章所關涉的對象存在「召公奭」或「召穆公」的爭議，但無庸置疑的皆與「召氏家族」相關。出土材料則以西周〈琱生三器〉爲主，包括傳世的〈五年琱生簋〉（《集成》04292）、〈六年琱生簋〉（《集成》04293），和新出〈琱生尊〉。〔註13〕學者研究判定新出〈琱生尊〉可與兩件傳世〈琱生簋〉連讀，讀序爲〈五年琱生簋〉、〈琱生尊〉和〈六年琱生簋〉，一時相關論著如雨後春筍般湧現。爲方便下文討論，茲先將稽考眾說後的釋文與翻譯，臚列於下：

〈五年琱生簋〉：

釋文：佳（唯）五年正月己丑，琱生（甥）又（有）事，豊（召）來合事。余獻（獻），寢（婦）氏呂（以）壺，告曰：「呂（以）君氏令（命）曰：『余老止，公僕輔（庸）土田多諫（擾），弋（式）白（伯）氏從許，公宕其參，女（汝）則宕其貳，公宕其貳，女（汝）則宕其一。』」余惠于君氏大章，報寢（婦）氏帛束、璜。豊（召）白（伯）虎曰：「余旣訊，戾我考我母令（命），余弗敢亂（亂），余或（又）至（致）我考我母令（命）。」琱生（甥）則堇（覲）圭。

譯文：五年正月己丑，琱生或許是在王朝謀得職位，於是想從召族內部分出自己的土地與屬民，故商請大宗召伯虎出面解決。琱生先送禮給婦氏，婦氏以壺回報，且轉述君氏的話說：「我老啦！家族的公有田地、農民有諸多紛擾

〔註12〕張光直，〈從夏商周三代考古論三代關係與中國古代國家的形成〉，《中國青銅時代》（臺北：聯經出版事業股份有限公司，1983 年），頁 38。

〔註13〕逸空，〈陝西寶雞市扶風縣新出土西周青銅器及其銘文釋讀〉，先秦史研究室網站，2006 年 11 月 24 日，http://www.xianqin.org/xr_html/articles/lgxd/432.html。寶雞市考古隊・扶風縣博物館，〈陝西扶風縣新發現一批西周青銅器〉，《考古與文物》，2007 年 4 期，頁 3～11。

之事，若是召伯虎能夠聽從我之前對琱生的許諾，請繼續幫助琱生解決問題，重新分配家族公有田地。若是召氏公族取得五分之三的田地，琱生你就可以取得五分之二的田地；若是召氏公家取得三分之二的田地，琱生你就可以取得三分之一的田地。」琱生感念大宗召伯虎之父君氏對他的恩德，又贈送大宗召伯虎之母婦氏帛與玉璜。召伯虎說：「奉我父母之令前來處理家族問題，我不敢亂來，這樣處理應該不致於違背父母的囑託。」琱生再次致贈召伯虎玉圭作爲答謝。

〈琱生尊〉：

釋文：隹（唯）五年九月初吉，𧊊（召）姜以琱生戴五燖（尋）、壺兩，以君氏命曰：「余老止，我僕庸（庸）仕（土）田多柔（擾）。弋（式）詰（許）。勿使楸（散）亡。余庴其參，女（汝）庴其貳。其兂（兄）公，其弟乃（仍）。」余惠〔于君氏〕大章，報嬽（婦）氏帛束、璜一，有嗣（司）眔（暨）𦓱（賜）兩𤖭（璧）。琱生對𦩻（揚）朕宗君休，用乍（作）𧊊（召）公陣（尊）盧。用𤲃通彔，旲屯（純）需（靈）冬（終），子孫永保用世亯（享）。其又（有）敢亂茲命，曰女（母）事𧊊（召）人，公則明亟（殛）。

譯文：五年九月初吉，召姜送給琱生布匹五尋、壺一對，且轉述君氏的話說：「我老啦！家族的公有田地、農民有諸多紛擾之事，若是召伯虎能夠聽從我之前對琱生的許諾，請繼續幫助琱生解決問題。不要讓家族的人心離散不團結。若是召氏公族取得五分之三的田地，琱生就取得五分之二的田地。召伯虎身爲繼任的大宗，若能秉公處理，小宗琱生就應當服從新任大宗的領導與分配。」琱生感念君氏對他的恩德，贈送婦氏帛與玉璜，也贈送參與的有司一對玉璧。琱生頌揚召氏大宗的恩惠，做「盧」器紀念先祖召公。希望這件禮器能給家族帶來好運及綿長的祝福，子子孫孫都能永遠保用。倘若我琱生及家人膽敢擾亂這一成命，敢說不再侍奉召族大宗之人，那麼先公在天之靈明鑑，請給與懲罰。

〈六年琱生簋〉：

釋文：隹（唯）六年四月甲子，王才（在）莽。𧊊（召）白（伯）虎告曰：「余告慶。曰公氒（厥）稟貝用獄諆（擾），爲白（伯）又（有）

祗又（有）成，亦我考幽白（伯）幽姜令（命）。余告慶，余呂（以）
邑訊有嗣（司），余典、勿敢封。今余既訊，有嗣（司）曰：『戻令』。」
今余既一名典、獻，白（伯）氏則報璧。珊生對揚躲（朕）宗君其休，
用乍（作）躲（朕）剌（烈）且（祖）豐（召）公嘗毀，其萬年子子孫
孫寶用，亯（享）于宗。

譯文：六年四月甲子，王在蒡京。召伯虎對珊生說：「我來報告好消息！」接
著又說：「召氏公族已繳交貝，作爲解決獄訟紛擾所需的資金。身爲新任大宗
伯的我恭敬認眞，算是將這件事圓滿處理！這都是謹遵我已去世父母幽伯幽
姜的遺命。在向您報告這個好消息前，我已經先跟有司報備此事，也把土地
疆界清楚的記錄在典冊上，但還沒有正式在土地上封疆畫界。今天我又詢問
了有司，有司說：『都遵從你們的意思』。」珊生勘定土地疆界後，記錄在典
冊上，獻給召伯虎，召伯虎以璧回報珊生。珊生感念召氏大宗的恩惠，做了
簋以紀念先祖召公，希望子子孫孫能夠永遠寶用，在宗廟中用以祭祀召公。

下文擬參考《詩經》中與「召氏家族」相關的篇章與上述〈珊生三器〉，
首先，論證在西周宗法體制的支配下，大宗對小宗的「法律審判權」與「土
地所有權」；其次，再申述此依循血緣身份進行土地分配背後所隱涵的原理。

一、西周宗法體制之法律審判權

中國傳統法律習慣以「家庭」或「家族」作爲法律基本單位，以「家長」
或「族長」作代表，直接對「國家」負責。在宗族聚居的村落，國家地方行
政組織往往與宗族自治組織合而爲一，譬如漢代的地方行政長官「里正」，往
往與宗族領袖「父老」，一起督促賦役、掌管戶籍，且同時對當地發生的輕微
案件擁有裁處權。爾後，歷朝各代的具體措施雖不見得相同，但都讓「宗族
長」保有調處地方案件的權力，特別是涉及立嗣、繼承等民事問題，此不僅
見於各宗族內規，也爲國家法律所承認。有的宗族甚至限制族人的訴訟權，
公然規定當族內發生糾紛時，務必先通過宗族內部解決，不許向官府提起訴
訟。國家既爲中央集權政體，爲何還要承認或默認，讓宗族團體自行調處或
制裁呢？此或許是因爲宗規與國法都源於禮制，在中國傳統封建體制裡，國
法與族規本就相輔相成。至於中國歷史上，此類將「家族」視爲最初級的審
判單位，賦與「族長」調節或懲處的權力，其上限是否肇始於西周，下文將
依據《詩經》與西周金文，嘗試展開些推論。

（一）《詩經》所載召康公奭之法律審判權

《詩經‧國風‧召南‧甘棠》：

　　蔽芾甘棠，勿翦勿伐，召伯所茇。蔽芾甘棠，勿翦勿敗，召伯所憩。

　　蔽芾甘棠，勿翦勿拜，召伯所說。〔註14〕

〈甘棠〉詩中的「召伯」，是西周初年的「召公奭」，或是中期以後的「召穆公」，屈萬里認為《詩經》的「召公」、「召伯」界限甚明，「召伯」應是「召穆公」。〔註15〕傅斯年認為「南國盛於西周之末，故《雅》、《南》之詩多數屬於夷厲宣幽」，〔註16〕如此〈甘棠〉詩中的「召伯」應指「召穆公」。但季旭昇舉〈梁山七器〉與北京房山琉璃河出土的〈克罍〉、〈克盉〉，證明「召公」、「召伯」稱謂不分。〔註17〕近出《上海博物館藏戰國楚竹書（一）‧孔子詩論》：「甘〔棠〕及丌（其）人，敬蟋（愛）丌（其）桓（樹），丌（其）保（報）厚矣。甘棠之蟋（愛），呂（以）邵公〔也〕」（簡13+15）之「邵（召）公」，〔註18〕為毛詩〈甘棠〉之「召伯」，可作為季先生「召公」、「召伯」稱謂不分的補證。王輝則舉西周甲骨文與西周早中期銘文，證明南國之盛未必始於西周之末。〔註19〕在在顯示《毛詩正義》之推論可信度最高，「召伯」應為西周初年的「召公奭」，而非西周中晚期的「召穆公」。

　　召公奭，姓姬，食采於召，後封于燕。歷經西周文、武、成、康四王，擔任「太保」一職，輔佐文王施行教化，協助武王翦滅殷商，幫助成王、康王鞏固周初政局，尤其在周公旦去世後長期主政，成王臨終時被指派為顧命大臣，扶助康王繼續執政。孔穎達認為〈甘棠〉乃「召公為西伯，行政於南土，決訟於小棠之下，其教著明於南國，愛結於民心，故作是詩以美之」，相關史事可參《史記‧燕召公世家》、《韓詩外傳》、《說苑‧貴德》等。召公奭為了不擾民，所以聽訟於甘棠樹下，人民為感懷召公之政，故對此甘棠樹從「勿伐」、「勿敗」到「勿拜」，報答之情在詩歌迴環往復的歌頌下展現無遺。新出

〔註14〕　《十三經注疏‧詩經》（北京：北京大學出版社，1999年12月），頁77～78。

〔註15〕　屈萬里，《詩經詮釋》（臺北：聯經出版事業股份有限公司，1984年），頁28。

〔註16〕　傅斯年著、董希平箋注，《傅斯年詩經講義稿箋注》（北京：當代世界出版社，2009年1月），頁122。

〔註17〕　季旭昇，《詩經古義新證》（北京：學苑出版社，2001年6月），頁19～29。

〔註18〕　季旭昇主編，《上海博物館藏戰國楚竹書（一）讀本》（臺北：萬卷樓圖書股份有限公司，2004年6月），頁31。

〔註19〕　王輝，〈古文字所見的早期秦楚〉，《古文字與古代史》第二輯（臺北：中央研究院歷史語言研究所，2009年12月），頁165～187。

〈孔子詩論〉逕以一「保（報）」字涵攝〈甘棠〉全詩，〔註20〕且認爲百姓「敬蟸（愛）丌（其）桓（樹）」，乃是因爲對召公奭「丌（其）保（報）厚矣」（簡13+15）的情感投射。〔註21〕

以〈甘棠〉詩爲主，可以繼續探討召康公奭與法律相關的問題有二，一是召康公奭是以「王朝之官」或是「宗族之長」的身分，止舍於小棠下聽斷呢？二是本詩是否參照孔穎達注疏，因爲下篇〈行露〉爲召伯聽男女之訟，而限定本詩也是「男女之訟」，即召公審理案件權限，僅止於「男女之訟」嗎？

《詩經》另外一則同時與「召公」還有「法律審判」相關的詩歌爲〈國風・召南・行露〉：

> 厭浥行露。豈不夙夜，謂行多露。誰謂雀無角？何以穿我屋？誰謂
> 女無家？何以速我獄？雖速我獄，室家不足。誰謂鼠無牙？何以穿
> 我墉？誰謂女無家？何以速我訟？雖速我訟，亦不女從。

鄭玄認爲此詩之「召伯」爲「士師」，以其聽訟，故以獄官言之。孔穎達認爲「非召伯即爲士師也」，因爲「王朝之官皆得出外聽訟，不必要爲士師矣。且士師、司寇之屬，佐成司寇者也，寧召伯公卿所當爲乎」？〔註22〕

將〈甘棠〉、〈行露〉二詩合而觀之，或許可以幫助我們更加深入地討論上述問題。如召公奭的身分除了「王朝之官」或「宗族之長」外，還可再兼「士師」嗎？又如〈行露〉同時提及的「雖速我獄」和「雖速我訟」，此時的「獄」、「訟」二詞，是否已有「爭罪曰獄，爭財曰訟」（《周禮注疏・地官・大司徒》），或「訟謂以貨財相告者」、「獄是相告以罪名也」（〈大司寇〉）的區別呢？

本文特別關注召公奭是以「王朝之官」，或是「宗族之長」的身分，止舍於小棠下聽斷焉。因爲西周封建制度的本質是：

> 西周國家的功能是由眾多的地方代理來執行……每一個地方封國在
> 自己的領地構成一個自主的地緣政治實體，它們都擁有一個完備的
> 政府，兼有民政、司法和軍事等權力。〔註23〕

〔註20〕李學勤，〈《詩論》說《關雎》等七篇釋義〉，《齊魯學刊》，2002 年 2 期，頁92。

〔註21〕季旭昇主編，《上海博物館藏戰國楚竹書（一）讀本》，頁31。

〔註22〕《十三經注疏・毛詩正義》（北京：北京大學出版社，1999 年 12 月），頁 79～83。

〔註23〕李峰，《西周的滅亡》（上海：上海古籍出版社，2007 年 10 月），頁 129～130。

西周封君對天子而言是王朝之官，但在其轄地內卻擁有完全自主的「司法權」。

同時西周宗法制度下的「宗族之長」，也享有完全自主的「司法權」，如：

> 各諸侯國內、卿大夫之間的訴訟由諸侯裁決，但在族內基於宗法制
> 度的制約，族長權力很大，他有權決定宗族內部的紛爭，甚至有刑
> 殺大權。〔註24〕

又如：

> 貴族間的糾紛通常由執政大臣等高級貴族來調停，而家族內部的糾
> 紛或家族成員的過失則由家族長處置……如《周禮》所述具有相對
> 獨立性的司法職能部門「司寇」的建制，只有在宗法等級社會逐步
> 解體過程中才能得以萌芽並走向完善，而在西周甚至春秋中期以前
> 是不大可能。〔註25〕

「家國同構」的血緣政治模式，「召公奭」身兼兩種身分，對大宗天子而言是「王朝之官」，對同宗兄弟而言則是「宗族之長」。且在西周宗法封建尚未解體、秦漢郡縣官僚尚未成型前，地方司法權責實皆歸地方諸侯（即當地族長）獨立運作，如「燕復修召公之法」之「燕召公之法」（《史記·燕昭公世家》），和「夫齊棄太公之法而觀民於社」之「齊太公之法」（《國語·魯語上》），雖然燕召公與齊太公皆未就封地，但還是有權擬制管理封地的法制。

而召公奭止舍於小棠下聽斷的法律權屬，或不限於「男女之訟」，以下文〈琱生三器〉為例，還可包括「爭財曰訟」的土地民事問題（類似於今日之「私法」）。至於是否包括「爭罪曰獄」的刑法、行政法、經濟法等（類似於今日之「公法」）則待新出的材料佐證，方能展開更進一步的討論。

（二）〈琱生三器〉所載召伯虎之法律審判權

〈琱生三器〉的大宗「召伯虎」，是否與《詩經·甘棠》、〈行露〉的「召公奭」，同樣具備「法律審判權」。為深入探討此議題，我們必需先釐清〈琱生三器〉之「伯氏」為誰；「伯氏」與「有司」在法律權責上的「分工」如何；且確認西周〈琱生三器〉是否可歸類為法律文書？

〔註24〕胡留元、馮卓慧，《夏商西周法制史》（北京：商務印書館，2006 年 7 月），頁 559〜560。

〔註25〕陳絜、李晶，〈䀒季鼎、揚簋與西周法制、官制研究中的相關問題〉，《南開學報》，2007 年 2 期，頁 110。

1. 〈琱生三器〉的「伯氏」是誰？

「伯氏」的身分歸屬，孫詒讓、楊樹達、陳夢家、林澐（1978）等皆認爲「召伯虎」與「琱生」同宗，「召伯虎」爲「琱生」的大宗族長，故「琱生」稱「召伯虎」爲「伯氏」。〔註 26〕但是林澐（2007）、王輝、王進鋒、陳絜等卻認爲「琱生」是自己分支裡的老大，所以「召伯虎」稱「琱生」爲「伯」、「伯氏」。〔註 27〕

「伯」字，在兩周文獻及青銅器銘刻材料中的意涵相當豐富，計有封君諸侯之爵稱、卿大夫之尊稱、侯伯、排行名等，在特定情況下是對宗族長的一種尊稱。〔註 28〕茲舉兩則銘文中「伯」爲「宗族長」的實例於下，說明爲何本文還是贊成多數學者的舊說，認爲〈琱生三器〉的「伯氏」比較可能爲大宗召伯虎。

1. 〈虢簋〉：虢拜頴首，休躲（朕）匋（寶）**君公白（伯）**，易（賜）
   乓（厥）臣弟虢井（邢）五稟（量），易（賜）袁胄、干戈，虢
   弗敢望（忘）公**白（伯）**休，對揚**白（伯）**休，用乍（作）且
   （祖）考寶障彝。【《集成》04167，西周中期】

2. 〈不娶簋〉：……**白（伯）氏曰：不娶，女（汝）小子，女（汝）**
   肇（肇）誨于戎工（功），易（賜）女（汝）弓一、矢束、臣五
   家、田十田，用從乃事……【《集成》04328，西周晚期】

〈虢簋〉，小宗「虢」對大宗「君公伯」自稱「弟」、又稱「臣」，乃西周「家國同構」血緣政治模式的常例，大小宗既是兄弟關係，又是君臣關係。〈不娶

〔註 26〕 孫詒讓，〈召伯虎敦〉，《古籀拾遺》（北京：中華書局，2005 年 1 月 2 刷），頁 26；又見《古籀餘論》（北京：中華書局，2005 年 1 月 2 刷），頁 30。楊樹達，《積微居金文說・六年琱生簋》（北京：中華書局，2004 年），頁 245～249。陳夢家，《西周銅器斷代》（北京：中華書局，2004 年），頁 231～236。林澐，〈琱生簋新釋〉，1978 年古文字學會發表，又見《古文字研究》3，1980 年，頁 120～135。

〔註 27〕 林澐，〈琱生三器新釋〉，2007 年 12 月 21 日在復旦大學出土文獻與古文字研究中心演講，參見復旦大學出土文獻學古文字研究中心網站，2008 年 1 月 1 日，http://www.guwenzi.com/SrcShow.asp?Src_ID=284～286。王輝，〈琱生三器考釋〉，《考古學報》，2008 年 1 期，頁 39～63。王進鋒，〈新出〈五年琱生尊〉與琱生三器新釋〉，《歷史教學》，2008 年 6 期，頁 87～92。陳絜，〈琱生諸器銘文綜合研究〉，《新出金文與西周歷史》（上海：上海世紀出版股份有限公司，2011 年 5 月），82～105。

〔註 28〕 陳絜，《商周姓氏制度研究》（北京：商務印書館，2007 年 6 月），頁 366。

簋〉，「伯氏」稱小宗「不嬰」爲「小子」，「伯氏」也是大宗族長。〈㝬簋〉、〈不嬰簋〉都記載大宗族長賜土田給小宗族人，前者爲「易（賜）氒（厥）臣弟㝬井（邢）五量（量）」，後者爲「易（賜）女（汝）弓一、矢束、臣五家、田十田」，與〈琱生三器〉大宗有權處理土田糾紛完全吻合，故「伯氏」比較可能是大宗召伯虎。

林澐等後來將「伯氏」改指「琱生」的關鍵，在於他們認爲若將「伯氏」視爲「召伯虎」，會衍生文句理解的困難。〈六年琱生簋〉的問題比較小：

> 𨟻（召）白（伯）虎告曰：「余告慶。曰公氒（厥）稟貝用獄諫（擾），為白（伯）又（有）祇又（有）成，亦我考幽白（伯）幽姜令（命）……」今余既一名典、獻，白（伯）氏則報璧……

前句「爲白（伯）又（有）祇又（有）成」，此句主語是「召伯虎」，「爲」訓爲「作爲」、「身爲」，整句翻譯是「作爲、身爲大宗伯的我很恭敬認眞，將此事處理的不錯吧！」後句「今余既一名典、獻，白（伯）氏則報璧」，「今余既一名典、獻」的主語是作器者「琱生」，整句翻譯是「琱生把土地疆界記錄在典冊上、獻給召伯虎，召伯虎以璧回報琱生」。

〈五年琱生簋〉的問題比較棘手：

> ……㛸（婦）氏㠯（以）壺，告曰：「㠯（以）君氏令（命）曰：『余老止，公僕𩫏（庸）土田多諫（擾），弋（式）白（伯）氏從許，公宕其參，女（汝）則宕其貳，公宕其貳，女（汝）則宕其一。』」……

「弋（式）白（伯）氏從許」的「弋（式）」，爲勸令之詞。〔註29〕「從」爲聽從，如「予違汝弼，汝無面從，退有後言」（《尚書・益稷》），或「不從令者斬」（《墨子・號令》）。「詓」，郭沫若認爲是「許」字之異；〔註30〕楊樹達也釋「許」，訴訟恒用語；〔註31〕林澐認爲是當事人主動表態用語；〔註32〕松丸道雄認爲是在法庭上出證詞。〔註33〕李學勤則認爲「許」應讀爲「訴」，與金

〔註29〕丁聲樹，〈詩經「式」字說〉，《中央研究院歷史語言研究所集刊》，6卷4期，1936年，頁487～495。

〔註30〕郭沫若《兩周金文辭大系考釋》（上海：上海書店出版社，1997），頁98。

〔註31〕楊樹達〈𤔲攸从鼎跋〉，《積微居金文說》卷一（北京：中華書局，1997），頁12。

〔註32〕林澐，〈琱生尊與琱生簋的連讀〉，《古文字研究》27，2008年9月，頁206～211。

〔註33〕松丸道雄著、田建國譯〈西周後期出現的變革萌芽——曶鼎銘解釋的初步解決〉，《華夏文明》第二集（北京：北京大學出版社，1990），頁431。

文「御」讀「朔」同例，引《說文》：「訴，告也」訓解；〔註34〕朱鳳瀚、斯維至贊成李說。〔註35〕其他同時與「話（許）」字且與法律訴訟相關的西周銘文如下：

1. 〈五祀衛鼎〉……正迺訊屬曰：「汝🔲（賈）田不？」屬迺許曰：「余🔲（審）🔲（賈）田五田」……【《集成》02832，西周中期，《銘文選》198】

2. 〈曶鼎〉……曶事（使）氒小子🔲吕（以）限訟于井弔（叔）：「我既🔲（贖）汝五夫，效父用匹馬束絲，限話曰：「氒則卑（俾）我賞（償）馬，效父則卑（俾）復氒（厥）絲束。」賢、效父迺話……【《集成》02838，西周中期，《銘文選》242】

3. 〈爾攸比鼎〉：……爾比以攸衛牧告于王曰：「汝受我田牧，弗能許爾比。」……【《集成》02818，西周晚期，《銘文選》426】

許，《說文》：「聽言也」，以此即可訓解上述三則銘文；且「許（曉紐魚部）」、「訴（心紐鐸部）」二字雖韻部對轉，但聲部仍有差距，〔註36〕故還是維持原本「許」說作解。若此，〈五年琱生簋〉「弋（式）白（伯）氏從許」的「許」字，則是描述召伯虎聽從婦氏所傳達——原本君氏已經答應對琱生土田分配的「許諾」。

2. 〈琱生三器〉「有嗣（司）」的權責

〈琱生三器〉與「有嗣（司）」權責相關的銘文有二，分別出自〈琱生尊〉與〈六年琱生簋〉。〈琱生尊〉的例證為：「……余惠〔于君氏〕大章，報婦氏帛束、璜一，有嗣（司）眔（暨）彝（賜）兩庠（璧）……」，前兩句的考證，可參見下文〈琱生三器〉的「于」字句為「被動式」一節，這裡主要討論「有嗣（司）眔（暨）彝（賜）兩庠（璧）」一句。

「眔」，徐義華認為通「及」，參與義。李學勤認為即「暨」，參加義。王

〔註34〕 李學勤〈青銅器與周原遺址〉，《新出青銅器研究》（北京：文物出版社，1990），頁233。

〔註35〕 朱鳳瀚，〈琱生簋銘新探〉，《中華文史論叢》，1989年1期，頁79～96。斯維至，〈釋「附庸土田」〉，《徐中舒先生九十壽辰紀念文集》（四川：巴蜀書社，1990年），又收入《中國古代社會文化論稿》（臺北：允晨文化實業股份有限公司，1997年4月），頁93～107。

〔註36〕 郭錫良，《漢字古音手冊》（北京：北京大學出版社，1986年11月），頁118、103。

輝認為從「目」、從「隶」省，與「逮」通用，義為及、至、到；從字所處位置看，也可作人名，但無先例。馮時贊成將「眔」讀「遝」，引朱駿聲《說文通訓定聲》「遝與逮同字」，《方言》卷三：「逮，及也」，銘言有司到場，為主賓盥洗。王沛認為「眔」通「逮」，金文常見，尤其在「約濟」的執行過程，是及、到的意思，這裡指到場、參與，如〈裘衛盉〉：「眔受田」，即到場交付田地。朱鳳瀚認為「有嗣眔弄兩屖」，似可讀成「眔弄有嗣兩剢」（璧），琱生賞賜給參與處理其事的有嗣兩件璧。陳絜認為「眔」即「遝」，連詞。〔註37〕茲先將相關字形列出：

字　　例	字　　形
待考字	▨〈琱生尊 A〉、▨〈琱生尊 B〉
眔《金文編》〔註38〕0575	▨〈令鼎〉、▨〈臣辰卣〉、▨〈毛公旅鼎〉……
隶《金文編》0482	▨〈邵鐘〉、▨晉璽彙、▨晉〈六年令戈〉〔註39〕

「眔」，相當於傳世文獻的「暨」，由「目相及」引申為「相暨及」。甲骨文作「▨」（《甲》853）、「▨」（《粹》143），「氺」上從「目」，若垂涕之形。「隶」，《說文》：「及也，從又，從尾省」。從上表金文字形比對，待考字上部從「目」；下部「氺」因「丨」旁的四點與「丨」相分離，故「氺」應為「垂涕」之形、而非「手」形；所以此字應釋「眔」、非「隶」。「眔」字在金文多用為「連詞」，〔註40〕但多數學者卻認為此處的「眔」應為「動詞」，所以下

〔註37〕 徐義華，〈新出土《五年琱生尊》與琱生器銘試析〉，《中國史研究》，2007 年 2 期，頁 17～27。李學勤，〈琱生諸器銘文連讀研究〉，《文物》，2007 年 8 期，頁 71～75。王輝，〈琱生三器考釋〉，《考古學報》，2008 年 1 期，頁 39～63。馮時，〈琱生三器銘文研究〉，《考古》，2010 年 1 期，頁 69～77。王沛，〈「獄刺」背景下的西周族產析分——以琱生器及相關器銘為中心的研究〉，《法制與社會發展》，2009 年 5 期，頁 38～47。朱鳳瀚，〈琱生簋與琱生尊的綜合考釋〉，《新出金文與西周歷史》（上海：上海世紀出版股份有限公司，2011 年 5 月），頁 71～81。陳絜，〈琱生諸器銘文綜合研究〉，頁 82～105。

〔註38〕 容庚，《金文編》（北京：中華書局，1998 年 11 月 6 刷），下文直接列出編號，不另加註。

〔註39〕 季旭昇，《說文新證（上冊）》（臺北：藝文印書館，2002 年 10 月初版），頁 208。

〔註40〕 許學仁，《古文四聲韻古文研究　古文合證篇》（臺北：文史哲出版社，1997 年），頁 121～123。張玉金，《西周漢語語法研究》（北京：商務印書館，2004 年 8 月），頁 157～158。

文擬重新檢視「眾」字的甲骨文與金文用法。

「眾」字的甲骨文和金文都具有「動詞」、「介詞」和「連詞」三種用法。甲骨文的「動詞」多是「跟……一塊兒」的意思;「介詞」表示兩事的時間關係;「連詞」表示兩物件的聯合關係。〔註41〕而金文的「動詞」表示「及於」和「參與」;「介詞」爲引進動作的偕同對象;「連詞」表示並列關係,主要連接名詞或名詞性成分。〔註42〕以上述標準衡量〈瑂生尊〉「有嗣(司)眾(暨)彝(賜)兩庠(璧)」的「眾(暨)」字,推論其應非「連詞」,因爲它並沒有直接連繫兩個名詞或動詞,比較可能的是「動詞」或「介詞」。若是將「眾(暨)」視爲「動詞」,除了「參加」義之外,其實訓解作「跟……一塊兒」會更妥切。若是將「眾(暨)」視爲「介詞」,則有「跟」、「與」之意,〔註43〕如「七年春王正月,暨齊平」(《春秋經·昭公七年》)。

總之,「有嗣(司)眾(暨)彝(賜)兩庠(璧)」的「眾(暨)」,應該是「跟」、「與」的意思,但受限於語法位置,無法將「眾(暨)」直接依照文義視爲「連詞」;只能將「眾(暨)」和「彝(賜)」皆視爲「動詞」;或是將「眾(暨)」視爲引介動詞「彝(賜)」的「介詞」。至於「眾(暨)」字這類詞性不易劃分、但語意極相似的現象,乃「古文字」中的常態。因爲當時很多「動詞」正處於「實詞虛化」(語法化)的階段,所以有時「實詞動詞」、「虛詞介詞」與「虛詞連詞」間的界線不易劃分,譬如下文即將討論的「以」字也是一例。此可參:

> 實詞虛化要以意義爲依據,以句法地位爲途徑……由於實詞虛化要以意義爲依據,所以一個實詞轉化爲虛詞之後,二者在意義上有著或多或少,或遠或近的聯繫。〔註44〕

所以本銘文「眾(暨)」字,雖然作「動詞」或「介詞」使用,卻有類似於後世「連詞」之「跟……一塊兒」的意思,即是導因於在它尚未虛化爲「連詞」之前,在實詞「動詞」就已經有「跟……一塊兒」的意思了。

〔註41〕 張玉金,《甲骨卜辭語法研究》(廣州:廣東高等教育出版社,2002年6月),頁143～152。

〔註42〕 武振玉,〈兩周金文「暨」字用法試論〉,《古文字研究》27,2008年9月,頁216～219。

〔註43〕 陳永正,〈西周春秋銅器銘文中的聯結詞〉,《古文字研究》15,1986年6月,頁315～317。

〔註44〕 解惠全,〈談實詞的虛化〉,《語言研究論叢》4(天津:南開大學出版社,1987年),頁208～227。

「」，袁金平隸作「」，指地名。徐義華隸作「」，指盥洗或盥祭。王輝認爲是兩件盥洗器具。陳昭容等隸作「」，給予義。李學勤隸作「」，即「賜」，與德簋「益」相似。辛怡華、劉棟釋「登」，疑可讀爲「鐙」、「燈」。林澐覺得可能是「益」或「匜」的原始寫法。王沛釋爲「盥」指「盥祭」，《易‧觀》：「盥而不薦」，李鼎祚《集解》引馬融曰：「盥者，進爵盥地，以降神也」，此爲分配僕庸土田時的儀式，有相關家臣（有司）參加。朱鳳瀚認爲「益」有增益意，引申即有易（賜）義，「益」爲影母錫部字，「易」爲喻母錫部字，字音也相近。陳絜認爲「」爲人名，可能是琱生家臣。〔註45〕茲將相關字形列出：

字　例	字　形
待考字	〈琱生尊 A〉、 〈琱生尊 B〉
乃《金文編》743	〈乃孫作且己鼎〉、 〈盂鼎〉、 〈令鼎〉
盥《金文編》796	〈夆弔匜〉、 〈齊侯盂〉、 〈齊侯盤〉、 〈鄧伯吉射盤〉、 〈蔡侯■缶〉、 〈蔡侯■缶〉、 〈盥鼎〉
益《金文編》793	〈益公鐘〉、 〈休盤〉、 〈申簋〉、 〈王臣簋〉
易《金文編》1594	〈小臣系卣〉、 〈庚嬴卣〉、 〈克鼎〉
	〈德鼎〉、 〈德簋〉、 〈叔德簋〉
登《金文編》194	〈亞中登簋〉、 〈鄧孟壺〉、 〈散盤〉

〔註45〕 袁金平，〈新見西周琱生尊銘文考釋〉，先秦史研究室網站，2006 年 12 月 9 日，http://www.xianqin.org/xr_html/articles/lgxd/436.html。徐義華，〈新出土《五年琱生尊》與琱生器銘試析〉，《中國史研究》，2007 年 2 期，頁 17～27。王輝，〈讀扶風縣五郡村窖藏銅器銘文小記〉，《考古與文物》，2007 年 4 期，頁 13～15。陳昭容、內田純子、林宛蓉、劉彥彬，〈新出土青銅器〈琱生尊〉及傳世〈琱生簋〉對讀──西周時期大宅門土地糾紛協調事件始末〉，《古今論衡》16，2007 年 6 月，頁 33～52。李學勤，〈琱生諸器銘文連讀研究〉，《文物》，2007 年 8 期，頁 71～75。辛怡華、劉棟，〈五年琱生尊銘文考釋〉，《文物》，2007 年 8 期，頁 76～80。林澐，〈琱生三器新釋〉，2007 年 12 月 21 日在復旦大學出土文獻與古文字研究中心演講，參見復旦大學出土文獻學古文字研究中心網站，2008 年 1 月 1 日，http://www.guwenzi.com/SrcShow.asp?Src_ID=284- 286。王沛，〈「獄刺」背景下的西周族產析分──以琱生器及相關器銘爲中心的研究〉，《法制與社會發展》，2009 年 5 期，頁 38～47。朱鳳瀚，〈琱生簋與琱生尊的綜合考釋〉，頁 71～81。陳絜，〈琱生諸器銘文綜合研究〉，頁 82～105。

匜《金文編》2068	🔺〈弔上匜〉、🔺〈匽公匜〉、🔺〈楚嬴匜〉

　　經過字形比對，本來認為「盥」說最合理，因為「臼」、「水」、「皿」三部件一應俱全，其他說法皆不能解釋「雙手」與「皿」上清楚似「水」的「乙形」。但是再考慮「合體字」──「藉位置關係見意顯形」的結構原則，﹝註46﹞依此分析歷來「盥」字，「臼」、「水」二部件，必位於「皿」部件之上，誠如《說文》所言，從「臼」、「水」，臨「皿」，會「澡手」意。但待考字的「臼」部件，卻皆位於「皿」部件下方，不免啟人疑竇，減低其為「盥」字的可能性。

　　再從部件「皿」中有「水」推測，字形以「益」或「易」說最相似，加「雙手」僅是強調動作正在進行。此字釋「𢍦」或「易」的形體根據，郭沫若認為由「益（🔺）」而「易（🔺）」，是漢字「由繁而簡」的過程。陳夢家認為「益」、「易」古是一字，象水溢出於皿之形，故有增加、增益之義。林澐認為「易」字從🔺→🔺，屬於「截除性簡化」。﹝註47﹞簡言之，上表🔺（益公鐘）、🔺（德鼎）、🔺（小臣系卣）可能原本是同字，皆象水溢出於皿之形，故有增加、增益義；寫法不同，只是繁簡差異。至於「易」有「給予義」之例證如：

1. 〈德鼎〉：王<u>易</u>（賜）德貝廿朋【《集成》02405，西周早期】

2. 〈德簋〉：王<u>易</u>（賜）德貝廿朋【《集成》03733，西周早期】

3. 〈叔德簋〉：王<u>易</u>（賜）弔（叔）德臣嬶十人……【《集成》03942，西周早期】

故「有嗣（司）眔（暨）𢍦兩㢟（壁）」的「𢍦」字即「易」，「賞賜」義。

　　「㢟（壁）」，袁金平隸「㢟」，讀「宰」。徐義華隸「㢟」，即「辟」，指辟法，「兩㢟」指召姜和琱生審核確認官吏紀錄的文書。陳昭容等認定「㢟」是「璧」字的省形，可參〈六年琱生簋〉的饋贈物品「璧」；李學勤亦同。辛怡華、劉棟釋「㢟」，通「遲」，金文常與「舒」字連用，閒雅義。林澐認為此字當為「㢟」，與「犀」同為心母脂部，讀作「墀」，「兩墀」可能表示事情發生的地點，訓為階。王輝斷句作「有嗣眔盥兩，㢟」，「㢟」讀為「胥」，須，

﹝註46﹞龍宇純，《中國文字學》（臺北：學生書局，1987年），頁226。

﹝註47﹞郭沫若，〈由周初四德器的考釋談到殷代再進行文字簡化〉，《郭沫若全集‧金文叢考補錄》（北京：科學出版社，2002年10月），頁216～228。陳夢家，《西周銅器斷代（上冊）》（北京：中華書局，2004年），頁73～74。林澐，《古文字研究簡論》（長春：吉林大學出版社，1986年9月），頁76。

等待。劉桓認爲是量詞。王沛認爲「屖」即「辟」，治理。如《尚書・金縢》：「我弗之辟」，陸德明《釋文》：「辟，治也」；《左傳・文公六年》：「辟刑獄」，杜《注》：「辟，猶理也」；《玉篇・辟部》：「辟，理也」。「兩辟」指召伯虎、琱生雙方共同處理僕庸土田的分配。馮時認爲「屖」意同「栖」，引申有止居意，「兩屖」指參與宴飲的主賓雙方。朱鳳瀚認爲「屖」可讀作「𧶜」（璧），「有嗣眔㘴兩屖」即「眔㘴有嗣兩𧶜」（璧），琱生賞賜給參與處理其事的有嗣兩件璧。陳絜將「屖」讀作「夷」，訓作「平」，「有嗣眔㘴兩屖」是說大宗「有嗣」與私臣「㘴」雙方行平成之儀式，表示大宗召氏與琱生支族間的僕庸土地爭擾已經平息。〔註48〕茲將相關字形列出：

字　　例	字　　形
待考字	〔字形〕〈琱生尊 A〉、〔字形〕〈琱生尊 B〉
屖《金文編》1413	〔字形〕〈競卣〉、〔字形〕〈競簋〉、〔字形〕〈屖尊〉、〔字形〕〈五祀衛鼎〉、〔字形〕〈牆盤〉、〔字形〕〈伯頵父鼎〉、〔字形〕〈王孫鐘〉、〔字形〕〈命瓜君壺〉、〔字形〕〈郘公鼎〉
	〔字形〕〈皿屖簋〉、〔字形〕〈縣改簋〉、
辟《金文編》1514	〔字形〕〈盂鼎〉、〔字形〕〈召卣〉、〔字形〕〈臣諫簋〉
	〔字形〕〈敄鼎〉
璧《金文編》43	〔字形〕〈洹子孟姜壺〉、〔字形〕〈洹子孟姜壺〉、〔字形〕〈洹子孟姜壺〉、〔字形〕〈六年琱生簋〉

「屖」字從「尸」，因爲《說文》：「屖，遲也。從尸辛聲」；而「尸」字本形本義，據《說文》解釋爲「陳也，象臥之形」；古文字「人」、「尸」、「夷」三字經常訛混難辨，但《說文》的解釋仍大致不誤。

〔註48〕袁金平，〈新見西周琱生尊銘文考釋〉。徐義華，〈新出土《五年琱生尊》與琱生器銘試析〉，頁 17～27。陳昭容、內田純子、林宛蓉、劉彥彬，〈新出土青銅器〈琱生尊〉及傳世〈琱生簋〉對讀──西周時期大宅門土地糾紛協調事件始末〉，頁 33～52。李學勤，〈琱生諸器銘文連讀研究〉，頁 71～75。辛怡華、劉棟，〈五年琱生尊銘文考釋〉，頁 76～80。林澐，〈琱生三器新釋〉。王輝，〈琱生三器考釋〉，《考古學報》，2008 年 1 期，頁 39～63。劉桓，〈關於五年琱生尊的釋讀問題〉，《考古與文物》，2008 年 3 期，頁 100～101。王沛，〈「獄剌」背景下的西周族產析分──以琱生器及相關器銘爲中心的研究〉，頁 38～47。馮時，〈琱生三器銘文研究〉，頁 69～77。朱鳳瀚，〈琱生簋與琱生尊的綜合考釋〉，頁 71～81。陳絜，〈琱生諸器銘文綜合研究〉，頁 82～105。

「辟」字若依《說文》解釋從「卩」,「法也,从卩从辛,節制其辠也,从口,用法者也」;但是「辟」字甲骨文作「𗩁」(《合集》27604),金文作「𗩁」(大盂鼎),此字左部明顯從「𗩁」,象人跪坐之形。

所以應可依照「屖」字從「尸(𗩁)」、「辟」字從「卩(𗩁)」,作爲此待考字形體判斷的依據。但是「尸(𗩁)」、「卩(𗩁)」二字在金文卻有部件同形的可能,增加判斷的困難。如「屖」字所從「尸(𗩁)」,其標準寫法應如上表「𗩁〈競卣〉」那列所示,但亦有「𗩁〈皿屖簋〉」那列從「卩(𗩁)」的寫法。同樣地,「辟」字所從「卩(𗩁)」,其標準寫法應如上表「𗩁〈盂鼎〉」那列所示,但亦有「𗩁〈𢆯鼎〉」那列從「尸(𗩁)」的寫法。「璧」字甚至將本應從「卩(𗩁)」的部件,訛誤成近似於從「尸(𗩁)」,故釋「屖」或「辟」皆爲合理的推測。

但較爲周延的辦法還是依照字形隸定作「屖」(從「尸」),因形近訛誤成「𗩁」(從「𗩁」),再通讀作「璧」(因《說文》:「璧,瑞玉,圜也,從玉辟聲」,「辟」是「璧」的聲符)。且此字釋讀作「璧」,不但可與〈五年琱生簋〉:「報婦氏帛束、璜」,以及〈琱生尊〉「報婦氏帛束、璜一,有嗣(司)眔(暨)彝(賜)兩璧……」的「帛束」與「璜」相對照,還可與〈六年琱生簋〉「白(伯)氏則報璧」之「璧」(𗩁)字直接比對,故〈琱生尊〉此待考字應爲「璧」字的簡省訛誤。

〈六年琱生簋〉與「有嗣(司)」權責相關的例證爲:「……余告慶,余呂(以)邑訊有嗣(司),余典、勿敢封。今余既訊,有嗣(司)曰:厚令……」。「余呂(以)邑訊有嗣(司)」,爲召伯虎已先跟有司報備此宗土田分配案。「余典、勿敢封」的「典」,林澐認爲指記載土田數量、四至的文書;徐義華認爲指紀錄土地、人口的書冊。〔註49〕「余典、勿敢封」的「封」,楊樹達解釋爲聚土定界;林澐認爲是封存;朱鳳瀚認爲是封疆劃界,設立田界標誌,引孫詒讓《周禮正義》:「封,起土界也」。〔註50〕綜上所述,「典」、「封」有別,「典」爲「將土地疆界清楚的記錄在典冊上」。「封」爲「封疆劃界,設立田界標誌」。

「厚」字,在〈琱生三器〉的辭例,除了〈六年琱生簋〉與「有嗣(司)」

〔註49〕 林澐,〈琱生簋新釋〉,頁 120～135。徐義華,〈新出土《五年琱生尊》與琱生器銘試析〉,頁 17～27。

〔註50〕 楊樹達,《積微居金文說・六年琱生簋》(北京:中華書局,2004 年),頁 245～249。林澐,〈琱生簋新釋〉,頁 120～135。朱鳳瀚,〈琱生簋銘新探〉,頁 79～96。

相關的：「……今余既訊，有嗣（司）曰：戻令……」之外；還有〈五年琱生
簋〉的：召白（伯）虎曰：「余既訊，戻我考我母令（命）」。楊樹達釋作「侯」，
《漢書‧禮樂志》注云：「侯，惟也」，「惟命」猶今言「如命」、「從命」也，
李學勤、斯維至、方述鑫、劉桓、徐義華等從之。林澐（1978）釋「斁」，
金文中「亡斁」亦作「亡斁」（如〈詢簋〉），即典籍之「亡斁」，「斁」典籍多
訓「厭」，「厭」有「伏」義，亦有「順從」之義；但林澐（2007）卻否定此
說，因為「厭」有「順從」義，是從「厭厭」這個複音詞而來。王輝以為「廚」
字異體，讀「謝」，義為聽，猶聽許也。陳漢平引用傳鈔古文，釋作「昊」，
讀為「告命」。連劭名認為從「厂」從「天」，釋讀作「忝命」，《爾雅‧釋言》
云：「忝，辱也」。《國語‧周語》云：「不忝前人」，韋昭《注》：「忝，辱也」。
〔註51〕茲先將相關字形列出：

字　　例	字　　形
待考字	〈五年琱生簋〉、〈六年琱生簋〉
侯《金文編》869	〈几侯父乙簋〉、〈盂鼎〉、〈伯侯父盤〉
射《金文編》868	〈門射甗〉、〈令鼎〉、〈靜簋〉
斁《金文編》527	〈牆盤〉、〈毛公厝鼎〉、〈南宮乎鐘〉、〈靜簋〉、 〈欒書缶〉、〈中山王嚳壺〉
昊《金文編》873	〈鄩昊鼎〉、〈中山王嚳壺〉〔註52〕

〔註51〕　楊樹達，《積微居金文說‧六年琱生簋》，頁 245～249。李學勤，〈青銅器與周
　　　　原遺址〉，頁 227～233。斯維至，〈釋「附庸土田」〉，頁 93～107。方述鑫，〈召
　　　　伯虎簋銘文新探〉，《考古與文物》，1997 年 1 期，頁 61～69。劉桓，〈五年琱
　　　　生簋、六年琱生簋銘文補釋〉，《故宮博物院院刊》，2003 年 3 期，頁 48～52。
　　　　徐義華，〈新出土《五年琱生尊》與琱生器銘試析〉，頁 17～27。林澐，〈琱生
　　　　簋新釋〉，頁 120～135。林澐，〈琱生三器新釋〉。王輝，〈琱生三器考釋〉，《考
　　　　古學報》，2008 年 1 期，頁 39～63。陳漢平，《金文編訂補》（中國社會科學
　　　　出版社，1993 年），頁 597～616。連劭名，〈周生簋銘文所見史實考述〉，《考
　　　　古與文物》，2000 年 6 期，頁 42～45。
〔註52〕　〈中山王嚳壺〉：「天不昊（斁）其又（有）忠（愿）」（《集成》09735，戰國晚
　　　　期）。

昊《金文編》1093	〈牆盤〉〔註 53〕、《古文四聲韻》卷三・二十〔註 54〕
天《金文編》3	〈天作從尊〉、〈天亡簋〉、〈盂鼎〉、〈頌壺〉、〈頌鼎〉、〈𩱿羌鐘〉
㚖《金文編》1087	〈滕侯㚖戟〉、《汗簡》五十二〔註 55〕
𠩺《金文編》1567	〈帥鼎〉〔註 56〕
大《金文編》1665	（大禾方鼎）、（戍嗣子鼎）、（兄日戈）、（者女觥）、（者怢罍）、（大保鼎）、（缶鼎）、（大祝禽鼎）、（盂鼎）、（令鼎）、（作冊大鼎）、（㝬簋）（禹鼎）、（頌鼎）、（散盤）

「𠩺」字下部明顯从「人」形，所以本文不傾向將此字釋讀作「侯」、從「射」或「斁」，因爲上述三種釋讀，都是將待考字「厂」內形體釋爲從「矢」。「侯」字本形作「」（《合集》3291），象古時射禮所用射布；箭靶。「射」字，《說文》：「䠶，弓弩發於身而中於遠也。从矢、从身。：篆文䠶从寸。寸，法度也，亦手也」，其本形作「」（《合集》698 正），象張弓發箭形。「斁」字，甲骨文作「」，商代金文作「」（小子𦋹鼎），周代金文作「」（牆盤）、「」（毛公𤸫鼎），王國維以為「矢著目上，意亦爲射」（《觀堂集林・毛公鼎考釋》），劉釗、季旭昇皆贊成將此字分析爲从目、矢聲，或射省聲。〔註 57〕但「斁」字所從「矢」形，是有訛誤成「大」形的可能，如「」（南宮乎鐘），所以就字形而言，林澐（1978）「斁」說似乎不能完全排除；但林澐（2007）即對「斁」說提出質疑，問題在於詞意無法訓解。「斁」字共有如下七種義項：1. 解除。2. 厭倦；懈怠。3. 討厭；嫌惡。4. 終；終止。5. 盛貌。6. 敗壞。7. 塗飾，〔註 58〕的確皆無法訓讀本銘文，所以下文將轉向「𠩺」字下部明顯

〔註 53〕〈牆盤〉：「昊𠭯（照）亡𥄳（斁）」（《集成》10175，西周中期）。

〔註 54〕郭忠恕、夏竦編，《汗簡、古文四聲韻》（北京：中華書局，1983 年 12 月），《古文四聲韻》，頁 44。

〔註 55〕郭忠恕、夏竦編，《汗簡、古文四聲韻》，《汗簡》，頁 26。

〔註 56〕〈帥隹鼎〉：「……自乍（作）後王母𠩺商（賞）氒（厥）文母魯公孫用貞（鼎）……」（《集成》02774，西周中期）。

〔註 57〕季旭昇，《說文新證（下冊）》（臺北：藝文印書館，2004 年 11 月初版），頁 124～125。

〔註 58〕漢語大字典編纂委員會編，《漢語大字典》（武漢：湖北辭書出版社；成都：四川辭書出版社： 1986 年～1990 年），頁 1478。

從「人」形去作考慮。

「厌」字下部的「人」形，無論是依照陳漢平釋作「昊」；或是連劭名釋作從「厂」從「天」；都是將「厌」字下部的「人」形當作「天」。雖然上表所列金文「天」字，代表人類「頭部」的圓圈都作實心狀，與待考字作空心狀並不雷同；但此不致形成阻礙，因為古文字的實心圓與空心圓，經常源於書寫材質迥異，在字形上是可以相互為用的（金文鑄造方式，比較容易出現實心圓部件；甲骨文刻寫方式，比較容易出現空心圓或空心框部件；但也並非絕對如此，只是依照比例而言，大體是這樣）。以「天」字為例，甲骨文作：

　　　　《甲》3690、　　《前》2.3.7、　　《前》4.15.2、　　《前》2.20.4

〔註59〕

又如「正」字，金文作（《金文編》198）：

　　　　〈大保爵〉、　　〈乙亥鼎〉、　　〈衛簋〉、　　〈駒父盨〉

甲骨文「天」字象徵頭顱的部份，與金文「正」字象徵某一行進區域的符號，皆同時存在實心、空心兩種寫法。

從「厌」字下部為「天」考量，原本認為連劭名將此字釋從「厂」、從「天」，讀作「忝命」，引用《爾雅・釋言》：「忝，辱也」是個不錯的方向；但是實際帶入辭例後發現扞格難讀，因為傳世文獻在使用「忝」、作「辱」義解時，「忝」字之前通常都會添加一個否定詞，譬如《國語・周語》：「不忝前人」，韋昭《注》：「忝，辱也」；而待考辭例在「厌」前並無否定詞。

所以通盤考慮後，或許陳漢平的「昊（告）命」，較具可能性。〔註60〕〈五年琱生簋〉：召白（伯）虎曰：「余既訊，厌我考我母令（命）」的「厌」字，可參《廣雅・釋詁一》：「告，語也」，把話說給別人聽的意思，把我父母的意思傳達給大家知道。〈六年琱生簋〉：「……今余既訊，有嗣（司）曰：『厌令』……」的「厌」字可參《廣雅・号韻》：「告，報也」，為有嗣（司）向召伯虎報告、公告既成的命令（土地分配方案）。

或是將此待考字純粹依照字形隸定作「厌」，下部所從「人」形，應釋讀作「大」（「大」的字形可參上表所列）。而「厌」字，則轉從「大」字的所有

〔註59〕中國社會科學院考古所編，《甲骨文編》（北京：中華書局，2004 年 6 刷），頁 2～3。

〔註60〕「昊」為匣紐宵部，「告」為見紐覺部，皆參見郭錫良，《漢字古音手冊》（北京：北京大學出版社，1986 年 11 月），頁 151～152。

義項進行訓解。或許無論是〈五年琱生簋〉的「戾我考我母令（命）」，或是〈六年琱生簋〉的「有嗣（司）曰：『戾令』」，其「戾」字，皆可從「大」字的「尊重」、「推崇」義理解，如《荀子・性惡》：「大齊信焉而輕貨財」，楊倞《注》：「大，重也」；《荀子・非十二子》：「大儉約」，王念孫《讀書雜誌》曰：「亦尚也，謂尊尚儉約也」。〈五年琱生簋〉為遵從我父母的意思，〈六年琱生簋〉為有嗣（司）說：遵從你們的意思執行財產分配吧。

故〈琱生三器〉「有嗣（司）」的權責是相伴而生，〈琱生尊〉的例證為：「……有嗣（司）眾（暨）彝（賜）兩璧……」，〈六年琱生簋〉的例證為：「……余告慶，余曰（以）邑訊有嗣（司），余典勿敢封。今余既訊，有嗣（司）曰：『戾令』……」。「有嗣（司）」因為參與召氏宗族的土地轉移，所以獲得小宗琱生敬贈「兩璧」作回饋。此與〈九年衛鼎〉（《集成》02831）所錄的裘衞土地糾紛相仿，裘衞也贈與辦事的「有嗣（司）」貂皮作酬謝。

最後，必須討論「有嗣（司）」的權屬。朱鳳瀚指出本銘「有嗣（司）」是王朝所轄，大宗召伯虎必須將處理土地糾紛的過程報告「有嗣（司）」，因為「西周晚期各級貴族儘管在事實上已擁有土地所有權，但貴族間的土地交換行為，還是需要通過國家權力機構代表，如執政大臣的仲裁與監督」。〔註61〕但其實〈琱生三器〉的「有嗣（司）」是貴族所屬家臣的可能性依然存在。首先，〈琱生三器〉缺乏「有嗣（司）」必屬「王朝所轄」的直接證據。其次，西周金文不乏「有嗣（司）」作為「貴族私臣」的例證，如：

1. 〈仲枏父盨〉：……師湯父有嗣（司）中（仲）枏父乍（作）寶盨……【《集成》00748，西周中期】

2. 〈衛鼎〉：……舍顏有嗣（司）壽商圖（貂）裘、盝盆……【《集成》02831，西周中期】

3. 〈散氏盤〉：矢人有嗣（司）履田……堆人有嗣（司）刑丂……襄（戲）之有嗣（司）爨……凡散有嗣（司）十夫……【《集成》10176，西周晚期，《銘文選》428】

4. 〈榮有司再鼎〉：焚（榮）又（有）嗣（司）再乍（作）齋鼎……【《集成》02470，西周晚期】

〔註61〕陳絜，〈亢鼎銘文與西周土地所有制〉，《中國歷史文物》，2005 年 1 期，頁 19～27。

5. 〈南公有司鼎〉：南公有嗣（司）替乍（作）障鼎……【《集成》
02631，西周晚期】

再次，〈琱生三器〉的時代背景為西周中後期，當時王權正逐步式微、貴族愈來愈享有不受王權干涉的實權。此時出現不少與田邑糾紛、土地轉移相關的銘文，有些需要仰賴周王或其使臣裁決，如〈散氏盤〉（《集成》10176）的「史正中農」；但有些似乎也並未事先徵求周天子的同意，如〈裘衛盉〉（《集成》09456）和〈九年衛鼎〉（《集成》02831）。〔註 62〕此皆是「有嗣（司）」可能為「貴族家臣」的旁證。

本文草成於 2008 年中，爾後發現王沛亦贊成〈琱生三器〉中的「有嗣（司）」是召氏家臣。他解析「訊」字為「會意字」，左為口，右作繩索反綁俘虜之形，為審問戰俘義。所以「訊」字的主語必是審判官，賓語必是俘虜、罪人或是當事人。由此判斷〈五年琱生簋〉：「余既訊」，〈六年琱生簋〉：「余已訊有司」、「今余既訊，有司曰……」，主語均是召伯虎，賓語均是「有司」，從「訊」字必然是「上對下」的模式而言，銘文中的「有司」只能是召氏家臣，其職責為管理土地田籍，蓋「司徒」之屬。〔註63〕近來，陳絜也認為「有嗣（司）」隸屬於召氏家族。〔註64〕

總之，〈琱生三器〉的「有嗣（司）」若為王朝職官，周天子職官對於地方法律審判，仍具從旁督導之責。反之，「有嗣（司）」若為「召伯虎」私臣，西周宗族長則擁有完全的法律審判權。

3. 〈琱生三器〉是否為法律文書？

孫詒讓首先認為〈五年琱生簋〉和〈六年琱生簋〉所記事情有相連，皆為「土田獄訟」之事，在新出〈琱生尊〉材料公布的前後，此說都得到相對多數學者的贊同。但是王玉哲、陳昭容等卻認為〈琱生三器〉的「獄」字，不作「訟」解，而是依照《說文》、《釋名》，以「確實」義理解；且〈琱生三器〉是召氏宗族對土田產品之分配，為本族內部事務，沒有擴大到訴訟問題。

或許還是可以將〈琱生三器〉視為「法律文書」。首先，銘文「獄」字出

〔註62〕杜正勝，《編戶齊民　傳統政治社會結構之形成》（臺北：聯經出版事業股份有限公司，1990 年 3 月初版，2004 年 6 月初版 3 刷），頁 163～164。

〔註63〕王沛，〈「獄剌」背景下的西周族產析分——以琱生器及相關器銘為中心的研究〉，頁 38～47。

〔註64〕陳絜，〈琱生諸器銘文綜合研究〉，頁 82～105。

現的頻率不高，除了〈六年琱生簋〉「用獄諜（擾）」之外，另外兩則「獄」字皆作「獄訟」解，例證如：

1. 〈蔡簋〉：……嗣（司）百工，出入姜氏令，歮（厥）又（有）見又（有）即令，歮（厥）非先告蔡，母（毋）敢疾又（有）入告，女（汝）母（毋）弗善效姜氏人，勿使敢又（有）疾，止從（縱）獄，易（賜）女（汝）玄袞衣、赤舄，敬夙夕，勿灋（廢）躲（朕）令……【《集成》04340，西周晚期，《銘文選》385】

2. 〈墨盨〉……王曰：墨，敬明乃心，用辟我一人，善效（教）乃友內（納）嬖（辟），勿事（使）暴虐從（縱）獄，爰（援）奪蔥行道；歮（厥）非正命，廼敢疾訊人，則隹（唯）輔天降喪，不□唯死……【《集成》04469，西周晚期，《銘文選》443】

上述二則「從獄」即「縱獄」，指處理獄訟時，非執中用法之道也。

其次，〈六年琱生簋〉出現兩次「典」字，分別是「余典、勿敢封」，和「今余既一名典」，上文已述「典」字為紀錄土田數量（可能包括人口）的書冊。據西周銘文紀錄，當時土田通常在「名典」後，名分才確立，權屬才清楚，與漢代「名田」一脈相承，是封建貴族土地私有權的最佳註腳。〔註65〕又可參戰國《包山楚簡》法律文書，如「玉賡（府）之典」（簡3）、「𩁹典」（簡5），和「至（致）典」（簡16）等，上述「典」字皆屬有「法律效力」的「文書」。再參漢初《張家山漢簡・二年律令・戶律》的「民宅園戶籍」、「年細籍（疑與年齡、生卒、爵級登記有官之籍）」、「田比地籍（田地四至之籍）」、「田合籍」、「田租籍」等（簡331）。〔註66〕只是漢初集權政府對民戶佔有的管理極其嚴密，主要為了維持稅收，不知〈琱生三器〉的「名典」，在西周封建背景下是否也具此功能？

最後，〈琱生三器〉是否可歸屬於「法律文書」，不可避免會涉及中國法制史一個聚訟紛紜的問題，即傳統中國是否有「民法典」？由族長處理土田分配，算是一宗法律案件嗎？只有進入「訴訟」程序，才算是法律案件嗎？近來朱鳳瀚和陳絜亦贊成〈琱生三器〉所記述事件與獄訟有關，但朱鳳瀚認為「獄訟不是發生在宗族內部，而是整個召氏宗族訴訟有損於其土田附庸的

〔註65〕杜正勝，《編戶齊民傳統政治社會結構之形成》，頁162。

〔註66〕彭浩、陳偉、工藤元男，《二年律令與奏讞書》（上海：上海古籍出版社，2007年8月），頁223～224。

其他周人貴族」，因爲「他認爲要進行的獄訟，並非在本宗族成員間進行，而是召氏宗族對外氏貴族的訟爭，目的爲召氏宗族要力保自身土田僕庸之完整而訴諸法律」。陳絜則認爲〈琱生三器〉雖屬於宗族內部的析產別族事件，但琱生將這一事件的前前後後悉數勒銘於青銅禮器上，應是作爲獄訟與財產歸屬憑證看待，這樣的文字當具有法律效應。〔註67〕他們都十分關注「中國傳統民事訴訟」的典型必備條件。

陳顧遠認爲中國向無民法典或民事實體法（婚姻土田之事），因爲中國傳統文化以義務爲本位，個人間的關係既有族規約束，又有鄉老里正勸解，自無重視司法關係的存在。〔註68〕韋伯（Max Weber）認爲《大清律例》等成文法典很少關注個人私法領域（民法、商法等）。滋賀秀三也認爲歐洲法重視個人權利與正義；但中國則重視國家權力的體現。〔註69〕總之，他們都認爲傳統中國對「民事私法」領域不甚重視，但因爲「宗法調解」，《民法典》就喪失生存空間嗎？即本文所論〈琱生三器〉若是紀錄「宗法調解」的過程，就不能算是法律文書嗎？下文我想引用劉馨珺與黃宗智的研究成果，表達一些不成熟的看法。

其一，中國傳統社會一直存在「民間調解」。據劉馨珺研究，南宋時期的地方官，因受爭訟案件所困，又有獄訟考課的壓力，因此當事人若有「宗族親戚、族長、尊長、房長、門長」可以處理者，判決結果往往指定官府人員前往一同作業，並賦予族長們「公正」處理的合法性。〔註70〕南宋族長具備官府認可的審判權，與〈琱生三器〉中調解族內土田紛爭的召伯虎相當。

其二，中國傳統社會某些案件特仰賴「民間調解」。據劉馨珺歸納，南宋「戶婚」案類判決文中有九項不受理法條，這些法條如分割家產等契約糾紛。且《清明集》中紀錄南宋高宗朝以後，「婚田差役」詞訟案件的判決文書，可分爲「未處刑」和「處刑」兩大類，而「未處刑」又區分爲「區處」、「警告」

〔註67〕 朱鳳瀚，〈琱生簋與琱生尊的綜合考釋〉，頁71～81。陳絜，〈琱生諸器銘文綜合研究〉，頁82～105。

〔註68〕 陳顧遠，《中國文化與中國法系》（臺北：三民書局，1977年12月3版），頁52、55、102。

〔註69〕 林端，《韋伯論中國傳統法律》（臺北：三民書局，2004年5月初版2刷），頁30、65。

〔註70〕 劉馨珺，《明鏡高懸——南宋縣衙的獄訟》（北京：北京大學出版社，2007年9月），頁371。

兩小類等。〔註71〕上述所列「戶婚」案類的官府「不受理法條」，或是「婚田差役」詞訟類之「未處刑」案件，當時應即委託「民間調解」。又如黃宗智以清代寶坻縣、巴縣與淡水新竹等司法檔案為例，裡面包括由衙門正式審判的「堂斷」，和更多在訴狀廷審之前解決的「和息」。〔註72〕若是〈琱生三器〉因經大宗召伯虎的調解，就不算法律文書，那麼《清明集》中「未處刑」，或是清代司法檔案歸為「和息」的案件，是否也應從法制史領域中排除呢？

　　黃宗智認為上述「和息」的結案方式，是「衙門」與「社群或氏族」半制度性的對話成果，所以中國傳統法律應採用「第三領域」理解，是「衙門」正式裁判，與「社群或氏族」非正式調解的某種折衷。〔註73〕梁治平、林端稱此為「連續體（continuum，包括習慣——民風——風俗——常規——法律）」，因為中國傳統法律文化是多值邏輯，宗族、鄰里的「調處」，與官方的「堂斷」或「調處」，彼此不是二元對立，「非此即彼」，而是相互為用。〔註74〕

　　綜上所述，《詩經‧甘棠》、〈行露〉的「召公奭」和〈琱生三器〉的「召伯虎」，都身兼「王朝之官」與「宗族之長」的雙重身份，在西周宗法封建制度尚未解體、秦漢郡縣官僚制度尚未成熟前，「分封下的諸侯，一方面保持宗族族群的性格，一方面也勢須發展地緣單位的政治性格」，〔註75〕所以「官方審判」與「民間調解」不僅是「連續體」，更可說是重疊同義。

二、西周宗法體制之土地所有權

　　西周時的土地所有權，首先據李朝遠研究，主要包括兩方面內容，一是「結構組合」，即整個社會存在多種土地所有制，如天子土地所有、諸侯土地領有，和卿大夫采田祿田等。二是「層次組合」，每一種土地所有制內部呈現不同的層次，如諸侯封地可以流動和轉移，此乃封建土地領有權的核心

〔註71〕劉馨珺，《明鏡高懸——南宋縣衙的獄訟》，頁 249～271。

〔註72〕黃宗智，《民間審判與民視調解：清代的表達與實踐》（上海書店，2003 年），頁 81～83、108～132。

〔註73〕黃宗智，《民間審判與民視調解：清代的表達與實踐》，頁 81～83、108～132。

〔註74〕梁治平，《清代習慣法：社會與國家》（北京：中國政法大學出版社，1996），頁 15。林端，《韋伯論中國傳統法律》（臺北：三民書局，2004 年 5 月初版 2 刷），〈自序導論〉頁 12、頁 38、97～99。

〔註75〕許倬雲，《西周史》（北京：三聯書店，2001 年 1 月），頁 155。

內涵；但卿大夫采田一般不可流動和私自轉移，因爲卿大夫不具土地所有權。本節〈五年琱生簋〉、〈六年琱生簋〉所紀錄的「大宗召伯虎」，爲「王之卿官兼諸侯者」，所以「召伯虎」擁有土地佔有權與治邑權。〔註76〕其次據朱鳳瀚研究，西周土地形式主要有二，一是周王分封土地與諸侯，建立大小諸侯國；二是王在王畿以及諸侯在封國內，向所轄的下級貴族封賜土地與人民。〔註77〕再次據杜正勝歸納，西周封建土地的性質，應該是「王有」和「私有」並存。〔註78〕最後據陳絜、祖雙喜彙整，西周土地權爲「王有」或「國有」名義下的「貴族所有制」。〔註79〕

其實，西周土地所有權牽涉的不只「王有」、「貴族私有」，還包括「宗族共有」。中國古代土地所有制必須以「宗族共同體」作考量，因爲當時的農業耕作技術比較原始，農業耕作最好是集體進行。〔註80〕所以每個宗族形成的村落，都是一個完整的經濟或社會實體。最初「土地」都是由宗族集體所有和使用，但隨著時間推移，族長會逐漸掌握全族的「土地」支配權。而〈琱生三器〉之所以會發生土地訴訟，原因就在本屬於「召氏家族」所共有的「土田附庸」，可能因爲小宗琱生在王朝中謀得一官半職，於是想率領自己的家族另立族氏，從召族內部分出屬於自己的土地與屬民，以作爲自己小家族安身立命的根本。此是西周常見的家族分割模式，以「立氏」的方式完成，「立氏」通常伴隨著土地分割，以之爲新室家的保障，讓分衍立氏後的小宗，在經濟上具有一定的獨立性，《左傳・隱公八年》稱此爲「胙之土而命之氏」。而大、小宗間對於「土田附庸」的分配比例，應當如何拿捏，即考驗著大宗召伯虎的智慧。

（一）《詩經》所載召穆公虎之土地所有權

西周土地「王有」，最常被舉證的文獻是「溥天之下，莫非王土，率土之濱，莫非王臣」（《詩經・小雅・北山》），和「田里不鬻」（《禮記・王制》）。但《詩經》隨即有反證，如「雨我公田，遂及我私」（〈小雅・大田〉）和「人有土田，

〔註76〕 李朝遠，《西周土地關係論》（上海：人民出版社，1997 年 1 月），頁 54～176。

〔註77〕 朱鳳瀚，《商周家族型態研究增訂本》（天津：天津古籍出版社，2004 年 7 月），頁 238。

〔註78〕 杜正勝，《編戶齊民　傳統政治社會結構之形成》，頁 150～168。

〔註79〕 陳絜、祖雙喜，〈亢鼎銘文與西周土地所有制〉，《中國歷史文物》，2005 年 1 期，頁 19～27。

〔註80〕 田昌五，〈中國古代社會的土地問題〉，《華夏文明》（北京：北京大學出版社，1990.2），頁 177。

汝反有之」(〈大雅·瞻卬〉);以及七十年代出土的「裘衛諸器」,〔註81〕都證明西周土地「私有」的可能,但此「私有權」似僅限於諸侯貴族或大宗族長。

《詩經》與「召氏家族」和「土地」同時相關的篇章,包括〈大雅·江漢〉和〈崧高〉,二詩的主角應該都是「召穆公」。如郭沫若、楊樹達、斯維至、林澐(1978)都認為〈江漢〉之「召虎」即「召伯虎」。

召穆公虎是召康公奭的裔孫。周武王滅紂,封召康公於燕,成王時為三公,主陝西之地,食邑於召,後世子孫因以「召」為氏。召穆公生於厲宣之世,厲王以榮夷公為卿士,好專利而引發國人不滿,被流放於彘。彘之亂時,穆公將王子靜藏匿家中,甚至以其子代替靜死。厲王崩,穆公與虢文公共立靜為宣王,宣王立穆公為相治理國政。因為召穆公虎能興衰撥亂,以王法征伐開闢四方,同其先祖召康公奭,皆為國家的楨榦之臣,周宣王欲尊顯召虎,故賞賜穆公山川土田,遂有〈江漢〉一詩:〔註82〕

> ……江漢之滸,王命召虎,式辟四方,徹我疆土。匪疚匪棘,王國來極。于疆于理,至于南海。王命召虎,來旬來宣;文武受命,召公維翰。無曰:予小子,召公是似。肇敏戎公,用錫爾祉。釐爾圭瓚,秬鬯一卣,告于文人。錫山土田,于周受命,自召祖命。虎拜稽首,天子萬年。虎拜稽首,對揚王休。作召公考,天子萬壽……
> 〔註83〕

另外一則《詩經·大雅·崧高》,雖然周宣王褒賞的對象換成申伯,但是宣王仍命召伯(召穆公虎)經營南土謝邑,協助申伯徙居:

> ……亹亹申伯,王纘之事。于邑于謝,南國是式。王命召伯,定申
> 伯之宅。登是南邦,世執其功……〔註84〕

申,國名。姜姓申國周初已存在,至宣王時,申伯以王舅身分改封於謝,可參〈仲再父簋〉(《集成》04189,西周晚期):

> 白(伯)大宰中(仲)再父南龗(申)枈(厥)龘(司)乍(作)

〔註81〕唐蘭,〈陝西省岐山縣董家村新出西周重要銅器銘辭的譯文和注釋〉,《文物》,1976年5期,頁55~59、63。

〔註82〕丁山,〈召穆公傳〉,《中央研究院歷史語言研究所集刊》2卷1期,1930年5月,頁89~100。

〔註83〕《十三經注疏·詩經》(北京:北京大學出版社,1999年12月),頁1240~1248。

〔註84〕《十三經注疏·詩經》,頁1206~1218。

其皇且（祖）考遲王、監白（伯）障毀，用亯（享）用孝，用易（賜）釁（眉）壽乇（純）右（祐）康勴，邁（萬）年無彊（疆）子子孫孫永寶用亯（享）。

〈仲爯父簋〉的「南申伯」即〈崧高〉「申伯」。〔註 85〕

西周受王命至新封地開墾的貴族，需要處理那些與「土地」相關的行政事務，據〈崧高〉所述包括：

……王命召伯，徹申伯土田……王命召伯，徹申伯土疆……〔註 86〕

毛《傳》:「徹，治也」。鄭玄《箋》:「治者，正其井牧，定其賦稅」。召伯協助申伯治理封土的第一步，即確認申國四境，以治土地、取租稅。這樣申伯赴申國後，才不會與四鄰爭訟，又有租稅可徵收。

除此，又有那些與「人民」相關的行政事務，同樣據〈崧高〉所述包括：

……王命申伯，式是南邦，因是謝人，以作爾庸……〔註 87〕

「庸」爲土著居民，其中多數是附屬於土地的農業生產者。〔註 88〕還有：

……王命傅御，遷其私人……〔註 89〕

毛《傳》:「御，治事之官也。私人，家臣也」。鄭玄《箋》:「傅御者，二王治事，謂冢宰也」。朱熹《詩集傳》將「私人」視爲家人。朱鳳瀚認爲「御」是御車的武士，「私人」不只是家臣，還包括申伯家族成員。〔註 90〕上述「庸」、「御」與「私人」，與〈琱生三器〉的「僕𩫖（庸）土田」相關，下文擬再繼續討論。

（二）〈琱生三器〉所載召伯虎之土地所有權

1.〈琱生三器〉之「僕𩫖（庸）土田」考釋

在討論「僕𩫖（庸）土田」之前，得先說明〈五年琱生簋〉「余老止，公僕𩫖（庸）土田多諫（擾）」，其中「僕𩫖（庸）土田」的主語爲何是「公」，而非「止公」。因爲若是斷句作「止公」，「止公」一詞在〈琱生三器〉出現僅此一次，很難爲「止公」這個人物找到適當的定位；且新出〈琱生尊〉與之相彷的文句作：「余老之，我僕𩫖（庸）𡊄（土）田多柔（擾）」，若是比照〈五

〔註 85〕李學勤，〈論仲爯父簋與申國〉，《中原文物》，1984 年 4 期，頁 31～32、39。

〔註 86〕《十三經注疏・詩經》，頁 1206～1218。

〔註 87〕《十三經注疏・詩經》，頁 1206～1218。

〔註 88〕朱鳳瀚，《商周家族型態研究增訂本》，頁 246。

〔註 89〕《十三經注疏・詩經》，頁 1206～1218。

〔註 90〕朱鳳瀚，《商周家族形態研究增訂本》，頁 246。

年琱生簋〉斷句作「之我」，「之我」並不成詞。反之，若是依照朱鳳瀚將「止」視爲「句末語氣詞」，相當於「矣」，亦謂「我老了」，﹝註91﹞不但文從字順，且「止」字作語氣詞的用法十分常見，如：

> 采薇采薇！薇亦作止。曰歸曰歸！歲亦莫止。靡室靡家，玁狁之故；
> 不遑啓居，玁狁之故。采薇采薇！薇亦柔止。曰歸曰歸！心亦憂止。
> 憂心烈烈，載飢載渴；我戍未定，靡使歸聘。采薇采薇！薇亦剛止。
> 曰歸曰歸！歲亦陽止。（《毛詩・小雅・采薇》）

至於「僕章（庸）土田」的主語「公」，朱鳳瀚認爲是整個召氏宗族。﹝註92﹞

西周〈琱生三器〉之「僕章（庸）土田」，孫詒讓、王國維認爲即「土田附庸」（《詩・魯頌・閟宮》），或是「土田陪敦」（《左傳・定公四年》），「僕庸」即「附庸」，依附諸侯的小國。﹝註93﹞但郭沫若、陳夢家、楊寬、裘錫圭、林澐、朱鳳瀚等，皆認爲金文「僕」沒有通假作「附」的用法，琱生器的「僕章」，應同〈訇簋〉「先虎臣、後庸」（《集成》04321）的「庸」，以及〈逆鐘〉「僕庸臣妾」（《集成》00062）的「僕庸」，爲「附屬於土田的農民或耕作奴隸」。﹝註94﹞但杜正勝、沈長雲還是支持舊說。﹝註95﹞王人聰、陳漢平甚至提出字形解釋，認爲琱生器的「章」字，寫法與〈訇簋〉、〈逆鐘〉作某種特定身分的「庸」字截然有別，不宜釋讀作「庸」。﹝註96﹞茲將「章」、「庸」字形羅列於下：

字　例	字　形

﹝註91﹞ 朱鳳瀚，〈琱生簋銘新探〉，頁 79～96。

﹝註92﹞ 朱鳳瀚，〈琱生簋與琱生尊的綜合考釋〉，頁 71～81。

﹝註93﹞ 孫詒讓，《名原（下）》（臺北：齊魯書社，1986），頁 3～4，《古籀餘論》卷三（香港：崇基書店，1968），頁 132。王國維，《觀堂古今文考釋・毛公鼎銘考釋》，《海寧王靜安先生遺書》（臺北：台灣商務印書館，1979），頁 1981～1982。

﹝註94﹞ 郭沫若，《中國古代社會研究》（石家莊：河北教育出版社，2002），頁 271～274。陳夢家《西周銅器斷代》上（北京：中華書局，2004），頁 233。楊寬《古史新探》（北京：中華書局，1965），頁 82。裘錫圭〈說「僕庸」〉，《古代文史研究新探》（南京：江蘇古籍出版社，1992），頁 366～386。林澐，〈琱生簋新釋〉，頁 120～135。朱鳳瀚，〈琱生簋與琱生尊的綜合考釋〉，頁 71～81。

﹝註95﹞ 杜正勝，《編戶齊民 傳統政治社會結構之形成》，頁 151。沈長雲，〈琱生簋銘「僕庸土田」新釋〉，《古文字研究》22，2000 年，頁 73～78。

﹝註96﹞ 如陳漢平，〈僕章非僕庸辨〉，《古文字論集》（一），1983 年 11 月，頁 50～53。王人聰，〈琱生簋銘「僕墉土田」辨析〉，《考古》，1994 年 5 月，頁 443～446。

待考字	〈五年琱生簋〉、〈琱生尊 A〉、〈琱生尊 B〉
章《金文編》879	〈臣諫設〉、〈毛公厝鼎〉
庸《金文編》565	〈訇簋〉、〈逆鐘〉、〈中山王嚳鼎〉、〈奸盜壺〉

　　雖然「章」、「庸」二字的形體相異，但其實它們「字形」、「語義」間的關係複雜，簡單就「字形」劃分爲二並不恰當。「章」字，據《說文》，除作「城郭」爲部首外（〈卷五下〉），還可作城垣「墉」的古文（〈卷十三下〉）；段玉裁《注》將古文「墉」與部首「郭」區分爲先秦古讀與秦漢後讀。朱德熙甚至認爲「章」字，在先秦就同時有「庸」、「郭」兩種讀法。〔註97〕若依照我對「同形字」的認知，〔註98〕「章」形在先秦時應爲一組「郭／墉（庸）」同形字。

　　金文「章」釋作「墉（庸）」，除了〈琱生三器〉之外的例證包括：

　　1. 〈毛公鼎〉：引唯乃智（知）余非章（庸）又聞（昏）【《集成》02841】

　　2. 〈五祀猷鐘〉：前文人龘（融）厚多福【《集成》00358】

　　3. 〈邾公鈺鐘〉：陸蠹（終）【《集成》00102】

　　4. 〈臣諫設〉：母弟引章（庸）又長子□【《集成》04237，《銘文選》82】

〈五祀猷鐘〉「龘」和〈邾公鈺鐘〉「蠹」，二字所從的「章」部件必釋「墉（庸）」，才能分別作聲符讀作「融」和「終」。〔註99〕另外〈臣諫設〉之「章」釋「庸」，訓「乃」，用法同「庸以元女大姬配胡公，而封諸陳」（《左傳·襄公二十五年》）。

　　金文「庸」字，除了〈訇簋〉和〈逆鐘〉特指某種身分外，還有如〈中山王嚳鼎〉（《集成》02840，《銘文選》880）提供的三則詞例：

　　1. ……寡人庸其孜德，嘉其力……

　　2. ……吕（以）明其孜德，庸其工（功）……

　　3. ……後人其庸庸之，母（毋）忘爾邦……

〔註97〕朱德熙，〈釋梓〉，《朱德熙古文字論集》（北京：中華書局，1995年），頁154～155。

〔註98〕詹今慧，《先秦同形字研究舉要》（臺北：政大中文所碩士論文，2005年1月）。

〔註99〕穆海亭、朱捷元，〈新發現的西周王室重器五祀猷鐘考〉，《人文雜誌》，1983年2期，頁118～121。

例 1～2 的「庸」，同《小爾雅‧廣言》：「庸，善也」，動詞，善美之言。例 3 的「庸」，同《爾雅‧釋訓》：「庸庸，勞也」，報勞義。上述金文辭例，皆爲說明「𤔲」、「庸」二字的用法，並非如王人聰、陳漢平所言，如此涇渭分明。

且〈琱生三器〉中「僕𤔲（庸）土田」的意義，不限於「土地」，而是同時包括「土地」和「人民」。因爲西周「封建」的本質，包括「土地」和「人民」，如〈大盂鼎〉之「受民受疆土」（《集成》02837）。其次如周王分封「魯公」，包括「殷民六族」（條氏、徐氏、蕭氏、索氏、長勺氏、尾勺氏）；分封「康叔」，包括「殷民七族」（陶氏、施氏、繁氏、錡氏、樊氏、饑氏、終葵氏）；分封「唐叔」，包括「懷姓九宗」（《左傳‧定公四年》）等。再如〈大克鼎〉：

> ……易（賜）女（汝）田于埜（野）。易（賜）女（汝）田于渒。易（賜）女（汝）井寓（宇）𣆶（寓）田于鵙，吕（以）氒（厥）臣妾。易（賜）女（汝）田于康。易（賜）女（汝）于田于匽。易（賜）女（汝）田于尃原。易（賜）女（汝）田于寒山。易（賜）女（汝）史小臣、霝（篇）、鼓鐘。易（賜）女（汝）井𡚤（微）𣆶（寓）人（攝、班、兼）〔註100〕。易（賜）女（汝）井人奔于量……【《集成》02836，西周晚期】

周王不只將埜、渒、鵙、康、匽、尃原、寒山等七處的田地賞賜給克，還賜給他史小臣、籥師、鼓鐘等職事，在鵙地從事耕種的男女奴隸，管理井族所徵發的寓人，和井地奔于糧田的人等。〔註101〕

綜上所述，西周「封建制度」的精神，不僅「封地」亦「封人」，所以「僕𤔲（庸）土田」的意義，包括「土地」和「人民」。西周「𤔲」可釋讀作「庸」，「僕𤔲（庸）」爲「附屬於土田的農民」。

2.〈琱生三器〉之「𢛶」、「柔」字考釋

〔註100〕 周法高、張日昇編，《金文詁林附錄》（香港中文大學出版社，1977 年），頁 1550。何琳儀、胡長春，〈釋䢼〉，《漢字研究》，第一輯（北京：學苑出版社，2005 年 6 月），頁 422～428。陳劍，〈甲骨文舊釋「昏」和「𣎴」的兩個字及金文「䫟」字新釋〉，《甲骨金文考釋論集》（北京：線裝書局，2007 年 4 月），頁 218～233。

〔註101〕 裘錫圭，〈古文字釋讀三則〉，《古文字論集》（北京：中華書局，1992 年 8 月），頁 398～399。裘錫圭，〈西周糧田考〉，《胡厚宣先生紀念文集》（北京：科學出版社，1998 年），頁 221～227。

　　〈琱生三器〉之「諫」、「束」字形可參下表，分成〈五年琱生簋〉、〈六年琱生簋〉從「言」的「諫」，和〈琱生簋〉不從「言」的「束」兩種寫法。為解決此字爭議，得先判定此字應該隸定從「束」或從「柔」，相關辭例如下（先暫用△代表待考字）：

　　　　〈五年琱生簋〉：公僕𤔲（庸）土田多△
　　　　〈琱生尊〉：我僕𤔲（庸）社（土）田多△
　　　　〈六年琱生簋〉：公𢆶（厥）稟貝，用獄△

下文將依次羅列各家對此字的見解，先依照「字形隸定」分成從「束」與從「柔」兩大類，再依照「音讀通假」分成若干小類。

一、隸定作「諫／束」（孫詒讓首釋）：

（一）用本字解釋：

1. 徐義華：「諫」，《廣雅・釋詁》：「書也」，指紀錄土地、人口的書冊，也可用作動詞，指登記土地、人口，為分家作準備。〔註102〕

2. 陳昭容等：諫，《廣雅・釋言》：「怨也」，舉〈史牆盤〉「無諫」與琱生器「多束（諫）」互證，前者「無怨刺」，後者「怨刺很多」。〔註103〕

（二）通假成「刺」：

1. 孫詒讓借為《周禮・秋官》司刺之「刺」，執掌三刺三宥之法，以贊司寇聽訟，一刺曰訊群臣，再刺曰訊群吏，三刺曰訊萬民。〔註104〕

2. 林澐也認為是司刺之「刺」，指田人數次遭到司法調查。〔註105〕

3. 劉桓引王念孫《疏證》：「諫」通作「刺」，即《禮記・王制》之「三刺」，銘文「多刺」與「三刺」相近。〔註106〕

4. 王輝將「束」讀為「刺」，怨責義，我們這些僕庸土田多怨責。〔註107〕

〔註102〕徐義華，〈新出土《五年琱生尊》與琱生器銘試析〉，頁17～27。

〔註103〕陳昭容、内田純子、林宛蓉、劉彦彬，〈新出土青銅器〈琱生尊〉及傳世〈琱生簋〉對讀──西周時期大宅門土地糾紛協調事件始末〉，頁33～52。

〔註104〕孫詒讓，〈召伯虎敦〉。

〔註105〕林澐，〈琱生簋新釋〉，頁120～135。

〔註106〕劉桓，〈五年琱生簋、六年琱生簋銘文補釋〉，《故宮博物院院刊》，2003年3期，頁48～52。

〔註107〕王輝，〈讀扶風縣五郡村窖藏銅器銘文小記〉，頁13～15。

5. 辛怡華、劉棟說「剌」，有偵查、調查之意。〔註108〕

6. 王沛：「剌」在西周古文中，有怨責之意，如《詩·大雅·瞻卬》：「天何以剌」，毛傳云：「剌，責也」；也有偵訊之義。「公僕庸土田多剌」，可解釋爲召公家族內部土田有糾紛而各方相互責怨；或是說國家機構對涉及召公家族的土田糾紛進行調查。〔註109〕

（三）通假成「訟」：

1. 柯昌濟、楊樹達認爲「諫」爲「訟」的假字。〔註110〕

（四）通假成「責」或從「責」之字：

1. 王玉哲：「諫」，從「言」、「朿」聲，應讀爲「責（賷）」，即〈兮甲盤〉之「成周四方責」之「責」，即「積」，《說文》：「積，聚也」，段玉裁《注》謂：「禾與粟皆得稱積」，「公僕庸土田多諫」，族田出產大批糧食。〔註111〕

2. 李朝遠：「諫」讀爲「積」，《左傳·僖公三十三年》：「居則聚一日之積」，杜預《注》「積，蒭、米、菜、薪」。琱生是王室官吏，其所繳的「積」是賦而不是貢，「多諫」指多量的田賦。〔註112〕

3. 朱鳳瀚：「諫」，從「言」、「朿」聲，可讀作《說文》中的「讀（讀）」字，「讀」是「嘖」字或體，《荀子·正名》：「嘖然而不類」，楊倞《注》：「嘖，爭言也」，「爭言」之義同於「訟」，《說文》：「訟，爭也」。「公僕庸土田多訟」，多有爭訟之事發生。〔註113〕

4. 方述鑫：「諫」讀爲「責（賷）」，通「徹」。《說文》：「責，求也」，《玉篇》：「責，徵索也」，索取之責在《詩》、《孟子》等文獻裡通「徹」。〔註114〕

〔註108〕辛怡華、劉棟，〈五年琱生尊銘文考釋〉，頁76～80。

〔註109〕王沛，〈「獄剌」背景下的西周族產析分——以琱生器及相關器銘爲中心的研究〉，頁38～47。

〔註110〕楊樹達，《積微居金文說·六年琱生簋》，頁245～249。

〔註111〕王玉哲，〈琱生簋銘新探跋〉，《中華文史論叢》，1989年1期，頁97～101。

〔註112〕李朝遠，《西周土地關係論》（上海：人民出版社，1997年1月），頁157～159。

〔註113〕朱鳳瀚，〈琱生簋銘新探〉，頁79～96。

〔註114〕方述鑫，〈召伯虎簋銘文新探〉，《考古與文物》，1997年1期，頁61～69。

二、隸定作「誅／柔」（陳夢家首釋）：

（一）通假成「務」：

1. 袁金平認為此字從「木」、「矛」省聲，讀作「務」，事也。〔註115〕

（二）通假成「擾」：

1. 李學勤釋「柔」，讀作「擾」，意思是亂。〔註116〕
2. 朱鳳瀚贊同此說。〔註117〕

（三）釋作「楙」（置此乃因「楙」字從「矛」）：

1. 羅衛東釋作「楙」，引《說文》「木盛也」，指土地的美盛。〔註118〕

茲將相關字形羅列於下：

字　例		字　形
待考字		![]〈五年琱生簋〉、![]〈琱生尊 A〉、![]〈琱生尊 B〉、![]〈六年琱生簋〉
從束	束《金文編》1143	![]〈束卣〉、![]〈束卣〉、![]〈般仲束盤〉、![]〈王束奠新邑鼎〉、![]〈康侯簋〉、![]〈作冊大鼎〉
	諫《金文編》363	![]〈牆盤〉
	責《金文編》1015	![]〈旂作父戊鼎〉、![]〈兮甲盤〉、![]〈秦公簋〉
從矛	矛《金文編》2291	![]〈秋簋〉、![]〈越王州句矛〉
	茅《金文編》69	![]〈蛮壺〉
	遹《金文編》229	![]〈盂鼎〉、![]〈牆盤〉、![]〈遹簋〉、![]〈㝬鐘〉、![]〈克鐘〉、![]〈善夫克鼎〉、![]〈翏生盨〉
	秋《金文編》509	![]〈毛公厝鼎〉、![]〈秋觶〉、![]〈般甗〉、![]〈郙公簋〉、![]〈疇秋簋〉、![]〈中山王䈪壺〉

〔註115〕袁金平，〈新見西周琱生尊銘文考釋〉。
〔註116〕李學勤，〈琱生諸器銘文連讀研究〉，頁 71～75。
〔註117〕朱鳳瀚，〈琱生簋與琱生尊的綜合考釋〉，頁 71～81。
〔註118〕羅衛東，〈讀《五年琱生尊》銘文札記〉，《北京師範大學學報》，2008 年 3 期，頁 129～132。

枺《金文編》968	〈鄭枺弔壺〉、〈癲簋〉、〈癲鐘〉、〈癲鐘〉
盃《金文編》1538	〈須盃生鼎〉
懋《金文編》1732	〈癲簋〉、〈宅簋〉、〈帥鼎〉、〈召尊〉、〈衛簋〉、〈史懋壺〉、〈小臣䢅簋〉、〈小臣䢅簋〉、〈師旋鼎〉、〈免卣〉、〈懋史鼎〉
蛶《金文編》2292	〈邾譶尹鉦〉
從鬱從矛	〈夨鼎〉

林澐釋「朿（刺）」、不釋「矛」，因爲他認爲「矛」的原始形態左右應該不對稱。但拙見以爲字形差異點不在左右是否對稱，而是待考字上部所從，明顯近似圓形的「矛」，而非尖形的「朿」。上海博物館近來從香港古玩市場收購一件西周早期青銅器〈夨鼎〉，提供一個李學勤釋從「鬱」、從「矛」，讀作「茅」的字形，辭例爲「……公令（命）夨歸美亞貝五十朋，以（與）矛（茅）（屛）、鹍鸃（魼）、牛一」，「矛（茅）」字訓解可參「爾貢苞茅不入」（《左傳·僖公四年》）。〔註119〕所以專從字形比對，似乎以隸定作「譨」或「柔」較合理。本文草成於 2008 年中，近來發現朱鳳瀚、陳絜亦贊成隸定從「柔」，尤其是陳絜還針對此字專門討論，他認爲：

> 「朿」字強調的均爲木刺或刺兵的鋒芒，而「矛」字主要象先秦時期的青銅武器矛，有矛頭、有柲、有鐓，商周古文字的「矛」，主要突出骹部下端用以繫縛繩索、起固定作用的繫部之特徵。〔註120〕

文中徵引古器物圖形佐證，相當具有說服力。

「譨」或「柔」的通讀，採用李學勤說法，通讀作「擾」，意思是亂。「柔」，日母幽部，通讀作「擾」，日母幽部；〔註121〕通假例證如《史記·夏本紀》：「擾而毅」，《集解》引徐廣曰：「擾一作柔」。又如《韓非子·說難》：「夫龍之爲蟲也，柔可狎而騎也」，《史記·老子韓非列傳》引作：「夫龍之爲蟲也，可擾

〔註119〕李學勤，〈夨鼎賜品試說〉，《南開學報》，2001 年增刊，又見《中國古代文明研究》（上海：華東師範大學出版社，2005 年 4 月），頁 87～89。

〔註120〕朱鳳瀚，〈琱生簋與琱生尊的綜合考釋〉，頁 71～81。陳絜，〈琱生諸器銘文綜合研究〉，頁 82～105。

〔註121〕郭錫良，《漢字古音手冊》（北京：北京大學出版社，1986 年 11 月），頁 175、154。

狎而騎也」等。〔註122〕「擾」有「亂」義，可參《玉篇》：「擾，擾亂也」，《左傳·襄公四年》：「德用不擾」，杜預《注》：「擾，亂也」。所以，〈五年琱生簋〉「公僕𤽸（庸）土田多柔（擾）」和〈琱生尊〉的「我僕𤽸（庸）𨒋（土）田多柔（擾）」，皆指僕庸土田的歸屬不定，造成諸多紛擾，終釀成獄訟。〈六年琱生簋〉「公厥稟貝，用獄柔（擾）」，林澐將「稟」訓爲「給納」，朱鳳瀚引用《廣雅·釋詁》：「付，與也」。〔註123〕整句應可理解爲召氏公族已繳交貝，作爲解決獄訟所需的資金。

3.〈琱生三器〉之「庌」字考釋

〈琱生三器〉與「宗族長依循血緣身份分配土地」相關的銘文，主要見於〈五年琱生簋〉引婦氏以君氏命說：

> ……余老止，公僕𤽸（庸）土田多諆（擾），弌（式）白（伯）氏從許，公庌（庌）其參，女（汝）則𢼸（庌）其貳，公庌（庌）其貳，女（汝）則𢼸（庌）其一……

和〈琱生尊〉引𧱏（召）姜以君氏命說：

> ……我僕𤽸（庸）𨒋（土）田多柔（擾）。弌（式）許。勿使楸（散）亡。余𢼸（庌）其參，女（汝）𢼸（庌）其貳。其魃（兄）公，其弟乃（仍）……

孫詒讓是首位對傳世〈五年琱生簋〉作解者，其說：「公參汝貳，公貳汝一，似即以所定衰數告道之，皆讓其一，不敢過之意」，下文將討論此器歷來頗受爭議之處，包括「庌」字的通讀，與「一」、「貳」、「參」等所指爲何？

首先，「庌」字的隸定應無爭議，但通讀一直聚訟紛紜，說法如下：

（一）通讀作「宕」

1. 孫詒讓讀作「宕」，《說文》：「宕，過也」。林澐、辛怡華、劉棟等從之，指僕庸土田超額。〔註124〕
2. 李學勤讀作「宥」，「宥」本有寬大義，意爲讓。袁金平從之。〔註125〕

〔註122〕高亨，《古字通假會典》（濟南：齊魯書社，1997年7月2刷），頁713。
〔註123〕林澐，〈琱生簋新釋〉，頁120～135。朱鳳瀚，〈琱生簋銘新探〉，頁79～96。
〔註124〕孫詒讓，〈召伯虎敦〉。林澐，〈琱生簋新釋〉，頁120～135。辛怡華、劉棟，〈五年琱生尊銘文考釋〉，頁76～80。
〔註125〕李學勤，〈青銅器與周原遺址〉，頁227～233。袁金平，〈新見西周琱生尊銘

（二）通讀作「拓」

1. 陳夢家讀作「拓」，公取三分則汝取一分，公取二分則汝取一分，以爲比率，此似指徹法。〔註126〕

2. 斯維至、方述鑫：「宕」爲「拓」之本字，有拓伐、拓取、拓殖之意。〔註127〕

3. 連劭名：拓，擴展之意。〔註128〕

4. 王輝引《說文》：「拓，拾也」、《廣雅》：「摭，即也」、《方言》：「摭，取也」作解釋。〔註129〕

（三）通讀作「當」或「擔」

1. 朱鳳瀚將「宕」讀作「當」，承擔責任。陳昭容等從之。徐義華雖然贊成釋讀作「當」，但是認爲協商的內容是財產分配的比例。〔註130〕

2. 陳漢平將「宕」讀作「擔」，擔當訴訟責任。〔註131〕

3. 馮時也讀作「當」，但訓解爲主掌。〔註132〕

（四）通讀作「蕩」

1. 譚戒甫假用爲「蕩」，《說文》：「蕩，水所蕩泆也」，似謂大量獻出，猶今言慷慨樂捐，參貳、貳一，即其土田之分率也。〔註133〕

2. 王進鋒假爲「蕩」，《廣雅・釋詁》：「蕩，置也」。〔註134〕

3. 劉桓假爲「蕩」，平易義，使土地平易，是治理疆界的一個步驟。〔註135〕

文考釋〉。
〔註126〕陳夢家，《西周銅器斷代》（北京：中華書局，2004年），頁231～236。
〔註127〕斯維至，〈釋「附庸土田」〉，頁93～107。方述鑫，〈召伯虎簋銘文新探〉，頁
　　　　61～69。
〔註128〕連劭名，〈周生簋銘文所見史實考述〉，《考古與文物》，2000年6期，頁42～45。
〔註129〕王輝，〈琱生三器考釋〉，頁39～63。
〔註130〕朱鳳瀚，〈琱生簋銘新探〉，頁79～96。陳昭容、内田純子、林宛蓉、劉彥彬，
　　　　〈新出土青銅器〈琱生尊〉及傳世〈琱生簋〉對讀——西周時期大宅門土地
　　　　糾紛協調事件始末〉，頁33～52。徐義華，〈新出土《五年琱生尊》與琱生器
　　　　銘試析〉，頁17～27。
〔註131〕陳漢平，《金文編訂補》（中國社會科學出版社，1993年），頁597～616。
〔註132〕馮時，〈琱生三器銘文研究〉，頁69～77。
〔註133〕譚戒甫，〈周召二簋銘文綜合研究〉，《江漢學報》，1961年2月，頁43～52。
〔註134〕王進鋒，〈新出〈五年琱生尊〉與琱生三器新釋〉，《歷史教學》，2008年6期，
　　　　頁87～92。

（五）通讀作「度」或「宅」：

1. 李學勤讀作「度」，因為「宕」定母陽部，「度」定母鐸部，且二字皆從「石」聲。度量，對僕庸土田進行度量佔有。〔註136〕

2. 王占奎讀作「宅」，因為「宕」定母陽部，「宅」定母鐸部，後世注家皆解「宅」為「居」，公家「居」（佔有）其三，琱生「居」其二。〔註137〕

3. 林澐改支持李學勤和王占奎讀為「度」，「度」與「宅」古通用，「宅」和「居」意義也相連繫。如《詩・大雅》：「宅是鎬京」，《禮記・坊記》引作「度是鎬京」。《詩・皇矣》：「爰究爰度」，毛《傳》：「度，居也」。這邊解釋為「佔有」比較好。〔註138〕

為了判斷「宕」字的釋讀何者較合理，得同時參照他們對「一」、「貳」、「參」等的解釋，約略可概分成下列三種說法：

1. 孫詒讓首先提出即「土田之分率也」。

2. 陳夢家首先提出指「徹法」，土地之稅斂。

3. 朱鳳瀚首先提出指承擔訟事的責任。

其實說法 1「土田分率」和說法 2「土地稅斂」，是否必須擇一而論，或許二說恰可相互補充，因為原先的「土田分率」，必會影響後續上繳的「土田稅斂」。如《左傳・襄公二十五年》，楚蒍掩為司馬，「書土田，度山林，鳩藪澤，辨京陵，表淳鹵，數疆潦，規偃豬，町原防，牧隰皋，井衍沃」等，都是為了「量入修賦，賦車籍馬，賦車兵、徒兵、甲楯之數」；又如《禮記・月令》：「諸侯所稅於民輕重之法，貢職之數」，是「以遠近土地所宜為度」。

相較之下，反倒是說法 3 較不足為信。朱鳳瀚說：「公（琱生）如果對這些訟事承擔三分責任，你（召伯虎）即應為之承當二分，公承當二分，你即應承當一分，要求召伯虎在訟爭中多替琱生分擔其責」。陳漢平甚至認為除了「擔負的責任」外，還可指「獲取的報酬」。但實在很難舉出傳世或出土文獻證明，訴訟責任可以依照比例分攤；或許可將抽象的責任替換成實質的費用，但上文在解釋〈六年琱生簋〉「公厥廩貝，用獄𥝨（擾）」時，已經申明當時

〔註135〕劉桓，〈關於五年琱生尊的釋讀問題〉，《考古與文物》，2008 年 3 期，頁 100～101。

〔註136〕李學勤，〈琱生諸器銘文連讀研究〉，頁 71～75。

〔註137〕王占奎，〈琱生三器銘文考釋〉，《考古與文物》，2007 年 5 期，頁 105～108。

〔註138〕林澐，〈琱生三器新釋〉。

的訴訟費用完全出自召氏公族，不致於有分擔訴訟費用的情事產生。

所以「庐」字的五種通讀方式：（一）「宕」、（二）「拓」、（三）「當」或「擔」、（四）「蕩」、（五）「度」或「宅」，在考慮「一」、「貳」、「參」等，較可能為「土田的分率」和「土地的稅斂」的前提下，得先剔除第（三）種「當」或「擔」。且第（一）、（二）、（四）、（五）種，若是不朝向「土田分率」或是「土地稅斂」作解者，也暫時不納入考慮，因為這些說法，皆無法解釋銘文中出現的「一」、「貳」、「參」確指為何。因此依照通讀方式的不同，再次挑選、區分成下列四種具有代表性的說法：

（一）通假作「宕」

林澐原先解釋為「止公如超額三份，你召伯虎就讓他超額二份吧，如超額二份，就讓他超額一份吧」。〔註139〕

（二）通假作「拓」

陳夢家讀作「拓」，公取三分則汝取一分，公取二分則汝取一分，以為比率，似指徹法。王輝引《說文》：「拓，拾也」、《廣雅》：「摭，即也」、《方言》：「摭，取也」作解；且贊同此是土地分配，公家取得三分，你就取得二分。〔註140〕

（三）通假作「蕩」

譚戒甫假為「蕩」，《說文》：「蕩，水所蕩泆也」，似謂大量獻出，猶今言慷慨樂捐，參貳、貳一，為土田之分率。王進鋒假為「蕩」，《廣雅·釋詁》：「蕩，置也」，乃宗族內兩兄弟分配附屬於宗族人口的事。〔註141〕

（四）通假作「度」或「宅」

李學勤解釋君氏的方案有兩種，一種是公室度量三份，琱生度量兩份，即三比二；另一種是公室度量兩份，琱生度量一份，即二比一。〔註142〕

說法（一），林澐的說法非常扞格難解的是何謂「土地超額分配」，且為何土地要一直超額分配；所以林澐後來也放棄此說。說法（三），基本上，翻

〔註139〕林澐，〈琱生簋新釋〉，頁120～135。
〔註140〕陳夢家，《西周銅器斷代》，頁231～236。王輝，〈琱生三器考釋〉，頁39～63。
〔註141〕譚戒甫，〈周召二簋銘文綜合研究〉，頁43～52。王進鋒，〈新出〈五年琱生尊〉與琱生三器新釋〉，頁87～92。
〔註142〕李學勤，〈琱生諸器銘文連讀研究〉，頁71～75。

檢相關工具書，譬如高亨《古字通假會典》，「蕩」字並不會與從「石」得聲之字相互通假。〔註143〕更關鍵之處在於無論是用「水所蕩洗也」或是「置」，都無法訓解〈瑂生三器〉所指陳的「土田分率」。

所以本文較贊成的通讀方式是說法（二）和說法（四）。說法（二）通讀作「拓」比較直接，王輝的說法已經相當可取，他徵引《說文》：「拓，拾也」，其實還可再補充《說文》：「拾，掇也」，和《說文》：「掇，拾取也」，將「拓」字作「獲取、取得」義理解。

至於說法（四）通讀作「度」或「宅」，還得再補充說明，為何從「石」得聲之字，可以通讀作「度」或「宅」，因為「度」，《說文》：「法制也，從又、庶省聲」，而「庶」的金文字形如下表：

字　例	字　形
庶《金文編》1548	𢉖〈矢簋〉、𢉖〈盂鼎〉、𢉖〈毛公厝鼎〉、𢉖〈伯庶父簋〉、𢉖〈伯庶父盨〉、𢉖〈邾王子鐘〉、𢉖〈沇兒鐘〉、𢉖〈者沪鐘〉、𢉖〈中山王𧤚鼎〉、𢉖〈中山王𧤚壺〉、𢉖〈郑公華鐘〉、𢉖〈子仲匜〉
石《金文編》1575	𥒚〈己侯貉子簋〉、𥒚〈鄭子石鼎〉、𥒚〈盞壺〉、𥒚〈鐘伯鼎〉

從上表金文字形，可以簡單判定「庶」字確從「石」得聲。〔註144〕所以從「庶」省的「度」字，也從「石」得聲。

「度」為計量標準，也指丈量或計算。若考量傳世文獻用法，似以「度」說最常見，茲舉幾則對「土地」、「人民」進行「度量占有」的例證如：

1. 啓呱呱而泣，予弗子，惟荒度土功。（《尚書・虞書・益稷》）

2. ……篤公劉，既溥既長。既景迺岡，相其陰陽，觀其流泉。其軍三單，度其隰原，徹田為糧。……（《毛詩・大雅・公劉》）

3. 司空執度度地，居民山川沮澤，時四時。（《禮記・王制》）

4. 凡居民，量地以制邑，度地以居民。（《禮記・王制》）

〔註143〕高亨，《古字通假會典》（濟南：齊魯書社，1997年7月2刷），頁267～269、669、888。

〔註144〕「庶」字從「石」的相關討論可參考袁國華，《包山楚簡研究》（香港：香港中文大學研究院中國語言及文學學部博士論文，1994年12月），頁241～247。

5. ……合諸侯，制百縣，爲來歲受朔日，與諸侯所稅於民輕重之法，貢職之數，以遠近土地所宜爲度，以給郊廟之事，無有所私……（《禮記・月令》）

6. 楚蒍掩爲司馬，子木使庀賦，數甲兵。甲午，蒍掩書土田，度山林，鳩藪澤，辨京陵，表淳鹵，數疆潦，規偃豬，町原防，牧隰皋，井衍沃，量入修賦，賦車籍馬，賦車兵、徒兵、甲楯之數……（《左傳・襄公二十五年》）

7. 己丑，士彌牟營成周，計丈數，揣高卑，度厚薄，仞溝洫，物土方，議遠邇，量事期，計徒庸，慮材用，書餱糧，以令役於諸侯。屬役賦丈，書以授帥，而效諸劉子。（《左傳・昭公三十二年》）

8. 量地而立國，計利而畜民，度人力而授事，使民必勝事，事必出利，利足以生民，皆使衣食百用出入相揜，必時藏餘，謂之稱數。（《荀子・富國》）

「度」，丈尺也，引申爲「度地考量」。「度地」，應如《禮記・王制》所言，「地廣則可耕之田多，其居民宜多，地狹則可耕之田少，其居民宜寡也」，畢竟「度地」的最終目的，應與「賦稅」相關。

且近來覺得〈琱生三器〉「庿」字或許可通讀作「叚」，因爲何琳儀將「叚」字（《金文編》465）分析爲從「殳」、「石」聲：〔註145〕

〈裏盤〉、〈師裏簋〉、〈師裏簋〉、〈禹鼎〉、〈曾伯陭壺〉、〈曾伯陭壺〉、〈盠尊〉、〈盠方彝〉、〈克鐘〉

從上述金文字形，「叚」字確從「石」。「石」字上古音爲「禪紐鐸部」、「叚」字爲「見紐魚部」，二字通假似有困難；但若從「庿」、「叚」二字皆從「石」得聲，似乎又有通假的可能。至於辭例解釋，可參《春秋・桓公經元年》：「三月，公會鄭伯于垂，鄭伯以璧假許田」，《公羊傳・桓公元年》的註解爲：

其言以璧假之何？易之也。易之則其言假之何？爲恭也。曷爲爲恭？有天子存，則諸侯不得專地也。

《穀梁傳・桓公元年》的註解爲：

假不言以，言以非假也。非假而曰假，諱易地也。禮，天子在上，諸侯不得以地相與也。

〔註145〕何琳儀，《戰國古文字典》（北京：中華書局，1998年9月），頁547。

是以推測〈琱生三器〉的「宕（叚）」字，可能爲貴族間在尊重「土地王有」的前提下，「私自交換土地」的隱晦說法。

〈五年琱生簋〉、〈琱生尊〉的「公」和「余」，指公室、公族，即大宗召伯虎；而「女（汝）」，指小宗琱生。〈五年琱生簋〉提供兩種比例：若是大宗拿五分之三，小宗即拿五分之二；或是大宗拿三分之二，小宗拿三分之一，再從〈琱生尊〉得知最後分配的比例是前者。這樣的比例是否合理，因爲缺乏其他參照體系，無法進一步闡釋，但可以確定的是土田分配的等級差別，依據的是宗法血緣，「嫡長子」可分配到比「庶子」更多比例的「土地」和「屬民」。

三、西周宗法體制依循血緣身份分配土地之原理

〈琱生三器〉所載西周宗法制度下的土地分配，如〈五年琱生簋〉：「公宕其參，女（汝）則宕其貳，公宕其貳，女（汝）則宕其一」；和〈琱生尊〉：「余宕其參，女（汝）宕其貳」。「公」指大宗召伯虎，「女（汝）」指小宗琱生，分配比例參照大小宗血緣身分的不同。此分配模式背後所隱含的原理，可從兩方面探討，一是出自〈琱生尊〉的銘文內證，二是〈琱生三器〉所描述大小宗間錯綜複雜的「禮尚往來」。除此，《詩經》與新出《上海博物館藏戰國楚竹書（一）‧孔子詩論》與「召氏家族」相關的篇章，亦有可與西周〈琱生三器〉相互發明者。

（一）〈琱生尊〉與《詩經‧常棣》所載之血緣分配原理

〈琱生尊〉與「依循血緣身份分配土地原理」相關銘文包括「勿使楸（散）亡」、「其虩（兄）公，其弟乃（仍）」，和「其又（有）敢亂茲命，曰女（毋）事𠼝（召）人，公則明𧨗（殛）」等，茲分項討論於下。

其一，〈琱生尊〉「勿𤴁（△1）楸（散）亡」，多數學者將「△1」釋「使」。但吳鎮烽認爲是「弁」字簡省，指不要讓這些僕庸土田散離亡失。辛怡華、劉棟讀作「勿變散亡」，指官司涉及的僕庸土田既不要變動，也不要散失。劉桓也作「勿變散亡」，指不要變更這些散亡人眾的歸屬。王進鋒釋「勿變散亡」，不要使附庸土田發生變動。〔註146〕

〔註146〕吳鎮烽，〈琱生尊銘文的幾點考釋〉，《考古與文物》，2007 年 5 期，頁 103～104，111。辛怡華、劉棟，〈五年琱生尊銘文考釋〉，頁 76～80。劉桓，〈關於五年琱生尊的釋讀問題〉，《考古與文物》，2008 年 3 期，頁 100～101。王

其實「使」、「弁（變）」二字同形，本就容易相混。〔註147〕但若對照同器物〈瑚生尊〉下文辭例「其又（有）敢亂茲命，曰女（汝或毋）〔註148〕▨（△2）▨（召）人，公則明▨」之「△2」字，依照語義，無論將「女」字通讀作「汝」，或直接將「女」字釋作「毋」，「△2」都只能作「使／事」解，因爲「汝弁（變）召人」或是「毋弁（變）召人」皆不成詞。且「勿使」常見於先秦典籍，茲以《左傳》爲例：

1. 周任有言曰：「爲國家者，見惡如農夫之務去草焉，芟夷薀崇之，絕其本根，勿使能殖，則善者信矣。」（〈隱公六年〉）

2. 夏書曰：「戒之用休，董之用威，勸之以九歌，勿使壞。」（〈文公七年〉）

3. 天生民而立之君，使司牧之，勿使失性。有君而爲之貳，使師保之，勿使過度。（〈襄公十四年〉）

4. 於是乎節宣其氣，勿使有所壅閉湫底以露其體，茲心不爽，而昏亂百度。（〈昭公一年〉）

反之，先秦典籍未見「勿變」一詞。所以還是將〈瑚生尊〉的「△1」和「△2」，皆往「使」的方向理解比較妥當。

其二，〈瑚生尊〉「其𨤲（兄）公，其弟乃」，引發討論的議題爲「斷句」以及「公」、「乃」二字的涵義。爲了判斷本文斷句是否合宜，茲將此句的上下文完整列出「……勿使楸（散）亡。余启其參，女（汝）启其貳。其𨤲（兄）公，其弟乃。余惠〔于君氏〕大章……」；再將各家與本文斷句不同者列出：

1. 王輝：「其兄公，其弟乃余」，哥哥就是公家，弟弟就是我。

2. 陳英傑：「其兄（𠑇）公其弟」，應該把它給予公的弟弟。

3. 辛怡華、劉棟：「其兄（公）其弟」：（因爲你們）是兄弟關係。他認爲「公」竄行了，因爲他贊成還有「止公」。〔註149〕

進鋒，〈新出〈五年瑚生尊〉與瑚生三器新釋〉，頁87～92。

〔註147〕詹今慧，《先秦同形字研究舉要》（臺北：政大中文所碩士論文，2005年1月），頁122～138。

〔註148〕案：古文字「女（汝）」、「毋」會同形。

〔註149〕王輝，〈瑚生三器考釋〉，頁39～63。陳英傑，〈新出瑚生尊補釋〉，《考古與文物》，2007年5期，頁109～111。辛怡華、劉棟，〈五年瑚生尊銘文考釋〉，頁76～80。

參照與〈琱生尊〉行文結構極爲相似的〈五年琱生簋〉，即可知本文「其覜（兄）公，其弟乃」的斷句是最合理的。因爲〈五年琱生簋〉「余惠于君氏大章」，正可和〈琱生尊〉「余惠〔于君氏〕大章」相對照，此乃下文必須專門討論的課題。所以〈琱生尊〉實在沒有必要像例 1 將「余」字上讀，或是像例 2 將「仍」字下讀，破壞可與〈五年琱生簋〉對讀的完整句式。而例 3 更不可取，因爲上文已陳述「止」爲語末助詞，根本沒有「止公」這號人物。

「公」的各家說法，吳鎭烽、陳昭容等認爲是「公正」；王占奎認爲是「公道」；李學勤認爲是「公平」；其實差距不大。說法較爲歧出的是徐義華，他認爲「公」指公爵，「其兄公」是說兄長召伯虎繼承公爵。另外是朱鳳瀚，雖然他認爲「公」代表宗族，但其實他對整句文義的理解卻和徐義華相近，爲確認召伯虎繼承大宗的地位。〔註 150〕

「乃」的各家說法，最多數學者支持將「乃」通讀作「仍」，徐義華引用《楚辭・九章・悲回風》：「觀炎氣之相仍兮」，王逸《注》：「相仍者，相從也」，「其弟仍」，爲弟弟要擁護兄長。吳鎭烽引用《廣雅・釋詁》：「仍，從也」，指服從。陳昭容等引用《說文》：「仍，因也」，指因循，全句爲「兄長能夠很公正處理事情，晚輩們也就會因循這個態度」。朱鳳瀚也引用《說文》：「仍，因也」，但引申有順從意。其他通讀方式有二，一是李學勤將「乃」通讀作「祕」，義爲福。二是王占奎先將「乃」通作「仍」、再通作「任」，引《周禮》鄭玄《注》：「任，信于友道」，指守信用，全句爲召伯虎處事公道，琱生就要講究信用。〔註 151〕

本文原本認爲〈琱生尊〉在強調宗族感情維繫重要性的「勿使敝（散）亡」，和紀錄土地分配比例「余庯其參，女（汝）庯其貳」後，緊接「其覜（兄）

〔註 150〕 吳鎭烽，〈琱生尊銘文的幾點考釋〉，頁 103～104，111。陳昭容、內田純子、林宛蓉、劉彥彬，〈新出土青銅器〈琱生尊〉及傳世〈琱生簋〉對讀——西周時期大宅門土地糾紛協調事件始末〉，頁 33～52。王占奎，〈琱生三器銘文考釋〉，頁 105～108。李學勤，〈琱生諸器銘文連讀研究〉，頁 71～75。徐義華，〈新出土《五年琱生尊》與琱生器銘試析〉，頁 17～27。朱鳳瀚，〈琱生簋與琱生尊的綜合考釋〉，頁 71～81。

〔註 151〕 徐義華，〈新出土《五年琱生尊》與琱生器銘試析〉，頁 17～27。吳鎭烽，〈琱生尊銘文的幾點考釋〉，頁 103～104，111。陳昭容、內田純子、林宛蓉、劉彥彬，〈新出土青銅器〈琱生尊〉及傳世〈琱生簋〉對讀——西周時期大宅門土地糾紛協調事件始末〉，頁 33～52。朱鳳瀚，〈琱生簋與琱生尊的綜合考釋〉，頁 71～81。李學勤，〈琱生諸器銘文連讀研究〉，頁 71～75。王占奎，〈琱生三器銘文考釋〉，頁 105～108。

公，其弟乃」，此「公」字和「乃」字，參照多數學者意見，分別理解爲「公正」，和通假作「仍」最適切。因爲銘文主要闡述原本歸「召氏家族」所共有的「土田附庸」，可能因爲小宗琱生在王朝中謀得職位，於是想率領自己的家族另立族氏，從召族內部分出屬於自己的土地與屬民；此時大宗召伯虎擬依照血緣長幼，對召氏族產進行等級分配，只要大宗召伯虎的分配公正合理，不會造成召氏宗族離散，小宗琱生理當跟從、擁護、服從或因循；不需將其意義局限於「爵位繼承」。

但近來參閱朱鳳瀚的新說後，深覺若是顧及〈琱生三器〉中「公」字意義的一致性，或許指「公家」，指「召伯虎繼承大宗身分」也未嘗不可。全句爲「兄代表公家，弟當隨從」，即小宗琱生完全服從召伯虎繼任大宗，以及服從大宗召伯虎決定依照血緣長幼，對召氏族產進行等級分配的作法。

其三，〈琱生尊〉「其又（有）敢亂茲命，曰女事盥（召）人，公則明■（△）」，「△」字的隸定有「亟」、「敬」二說，其字形比對可參照下表：

字　例	字　形
待考字	■〈琱生尊 A〉、■〈琱生尊 B〉
亟《金文編》2156	■〈毛公曆鼎〉、■〈伯沴其盨〉、■〈伯沴其盨〉、■〈伯沴其盨〉、■〈王子午鼎〉、■〈曾大保盆〉、■〈牆盤〉
敬《金文編》1526	■〈師克盨〉、■〈師克盨〉、■〈秦公鎛〉、■〈秦公簋〉

亟，《說文》：「敏疾也，从人、从口、从又、从二」。敬，《說文》：「肅也，从攴、苟」。雖然「△」字的形體並不是太清晰，但還是可以隱約看到「亟」字應有的「人」、「口」、「又」、「二」等部件，至少與「敬」字應从的「苟」部件並不相類。比較引發爭議的是「△」字釋「亟」，應該怎麼通讀，說法有四，一是照本字讀，袁金平引《方言》：「亟，愛也」，整句是你侍奉召伯虎，他們的祖先召公就會敬愛你。二是通假作「亟（殛）」，懲罰，徐義華認爲整句是你在役使召人，公就會懲罰他。三是通假作「亟（恆）」，王輝認爲是警惕、恭謹和愼重義。四是通假作「亟（極）」，辛怡華、劉棟引用《方言》：「自關而西秦晉之間，互相敬愛謂之極」，整句是你要侍奉召氏家族德高望重者，才可以彰顯族規，讓族內相互敬愛。〔註152〕

〔註152〕袁金平，〈新見西周琱生尊銘文考釋〉。徐義華，〈新出土《五年琱生尊》與琱

　　爲了解決「△」字通讀，得將「△」字置於〈琱生尊〉「其又（有）敢亂茲命，曰女事🔲（召）人，公則明△」的上下文語境中理解。尤其是「女」字，古文字「女」、「毋」有同形的可能，若是釋「女」，可通讀作「汝」，指對方「你」。但若是釋「毋」，則表達否定義。所以整句的理解方式，可分成兩大類：

1. 其有敢亂茲命，曰女（汝）🔲（使或事）召人，公則明🔲（亟／極／恆）。

2. 其有敢亂茲命，曰女（毋）🔲（事）召人，公則明🔲（殛）。

若是將「女」作「汝」解，則「△」字可通讀作「亟」、「極」、「恆」；若是將「女」作「毋」解，則「△」字僅可通讀作「殛」。

　　拙見以爲上述句式之「其有敢亂茲命」，已將文義翻轉，下文接「曰女（毋）🔲（事）🔲（召）人」，將「女」作「毋」解，再將「亟（殛）」訓爲懲罰，如此較能貫串全文。此屢見於先秦傳世文獻，茲以《左傳》爲例：

1. 有渝此盟，明神殛之。（僖公二十八年）

2. 有渝此盟，以相及也，明神先君，是糾是殛。（僖公二十八年）

3. 或間茲命，司愼司盟，名山名川，群神群祀，先王先公，七姓十二國之祖，明神殛之，俾失其民，隊命亡氏，踣其國家。（襄公十一年）

先秦出土文獻亦有例證，如《侯馬盟書》的「明亟視之」、「永亟視之」；和《溫縣盟書》的「謫亟視汝」、「永亟視汝」。上述「亟」字偏旁或有增減，但都讀爲「殛」，訓爲「罰」。董珊也贊成將「亟（殛）」字作懲罰義理解，但認爲「女」還是釋讀作「汝」，分析「曰汝事召人」的語法結構爲「曰＋直接賓語＋間接賓語」，意思是「把你（擾亂這命令）的事布告召氏族人，召公就會大大明顯地懲罰你」。〔註153〕但讀來頗爲拗口，反不如將「女」作「毋」解，更加文從字順。

　　〈琱生三器〉此依循血緣長幼身份等級分配土地背後所隱含的理念，從

生器銘試析〉，頁 17～27。王輝，〈讀扶風縣五郡村窖藏銅器銘文小記〉，頁13～15。辛怡華、劉棟，〈五年琱生尊銘文考釋〉，頁 76～80。

〔註153〕董珊，〈侯馬、溫縣盟書中「明殛視之」的句法分析〉，復旦大學出土文獻學古文字研究中心網站，2008 年 1 月 15 日，
http://www.guwenzi.com/srcshow.asp?src_id=309。

〈琱生尊〉內證可知其反覆申論都爲了強調宗族團結的重要性；若再考慮《詩經》中與「召氏家族」相關的篇章，如：

> 常棣之華，鄂不韡韡。凡今之人，莫如兄弟。死喪之威，兄弟孔懷。原隰裒矣，兄弟求矣。脊令在原，兄弟急難。每有良朋，況也永歎。兄弟鬩于牆，外禦其務。每有良朋，烝也無戎。喪亂既平，既安且寧；雖有兄弟，不如友生。儐爾籩豆，飲酒之飫。兄弟既具，和樂且孺。妻子好合，如鼓瑟琴。兄弟既翕，和樂且湛。宜爾室家，樂爾妻帑。是究是圖，亶其然乎？（《小雅・常棣》）〔註154〕

〈常棣〉的作者歷來爭議不斷，或認爲是周公旦，後「召穆公思周德之不類，而合其宗族於成周，復循常棣之歌以親之」（《國語・周語中・富辰諫襄王以狄伐鄭及以狄女爲后・韋昭注》）。〔註155〕或認爲是召穆公，「召穆公思周德之不類，故糾合宗族于成周而作詩」（《左傳・僖公二十四年》）。〔註156〕無論支持何說，不可否認此詩皆與召穆公「糾合宗族」一事相關，可與本節〈琱生尊〉「勿使楸（散）亡」、「其兒（兄）公，其弟乃（仍）」、「其又（有）敢亂茲命，曰女（毋）事盭（召）人，公則明殛（殛）」等相互印證。

（二）〈琱生三器〉與〈孔子詩論〉所載之血緣分配原理

1. 〈琱生三器〉所載與「禮尚往來」相關之語法討論

（1）〈琱生三器〉的「以」字尚未完全虛化

茲將〈琱生三器〉與「依循血緣身份分配土地」相關的「以」字句列出：

1. 〈五年琱生簋〉：隹（唯）五年正月己丑，琱生（甥）又（有）事，盭（召）來合事。余獻（獻），寢（婦）氏㠯（以）壺，告曰：「㠯（以）君氏令（命）曰：『余老止……

2. 〈琱生尊〉：隹（唯）五年九月初吉，盭（召）姜㠯（以）琱生戠（幣）五尋（尋）、壺兩，㠯（以）君氏命曰：「余老止……

討論「以」字前，得先確定「君氏」、「婦氏」、「召姜」的身分歸屬。「君氏」的說法有「召伯虎之母」（孫詒讓、陳夢家、連劭名、王澤文、陳絜）；「召

〔註154〕《十三經注疏・詩經》（北京：北京大學出版社，1999年12月），頁568～575。

〔註155〕徐元誥，《國語集解》（北京：中華書局，2002年6月），頁44～45。

〔註156〕楊伯峻，《春秋左傳注》（臺北：洪葉文化事業有限公司，1993年5月），頁420～424。

伯虎之父」（林澐、朱鳳翰、王玉哲、徐義華、陳昭容、王沛等）；「召伯虎之父母」（斯維至）；「琱生之母」（劉桓）；「召伯虎、琱生的祖母」（李學勤）；召伯虎（王進鋒、邱咏梅）等。「婦氏」的說法有「召伯虎之母」（林澐、杜正勝、朱鳳翰、徐義華、陳昭容、王進鋒、王沛等）；「召伯的妻室」（王玉哲、王澤文、李學勤）；「琱生之妻」（劉桓）等。「召姜」的說法有「召伯虎之母」（徐義華、陳昭容、辛怡華、劉棟）；「召伯虎的夫人」（陳夢家、王玉哲、連劭名、李學勤、王進鋒、劉桓、陳絜）和「召伯虎之女」（袁金平）等。〔註157〕

　　首先，「君氏」與「婦氏」較具說服力的主張有二，其一認為「君氏」、「婦氏」是召伯虎的父母，其二認為「君氏」、「婦氏」是召伯虎的母親和妻室。本文將「君氏」、「婦氏」視為「召伯虎的父母」。雖然孫詒讓認為「君氏」似召伯之母，猶《春秋‧隱公三年經》「君氏卒」，《左傳》以為「隱公母聲子」。但林澐已經指出「君氏」在《公羊》、《穀梁》做「尹氏」，非「隱公母」，而是「天子之大夫也」。但最重要的判斷依據，還是考量〈琱生三器〉的銘文內證，如〈五年琱生簋〉和〈六年琱生簋〉都一再提及的「我考我母令（命）」和「幽白（伯）幽姜令」，尤其是〈五年琱生簋〉：

> ……余惠于君氏大章，報寶（婦）氏帛束、璜。𫝀（召）白（伯）
> 虎曰：「余既訊，戾我考我母令（命），余弗敢离（亂），余或至我考
> 我母令（命）」……

朱鳳翰將「余或至我考我母令（命）」的「至」讀「致」，「致命」即傳達命令，

〔註157〕孫詒讓，〈召伯虎敦〉。陳夢家，《西周銅器斷代》，頁231～236。連劭名，〈周生簋銘文所見史實考述〉，頁42～45。王澤文，〈對琱生諸器人物關係的認識〉，《中國史研究》，2007年4期，頁3～14。陳絜，〈琱生諸器銘文綜合研究〉，頁82～105。林澐，〈琱生簋新釋〉，頁120～135。朱鳳翰，〈琱生簋銘新探〉，頁79～96。王玉哲，〈琱生簋銘新探跋〉，頁97～101。徐義華，〈新出土《五年琱生尊》與琱生器銘試析〉，頁17～27。陳昭容、內田純子、林宛蓉、劉彥彬，〈新出土青銅器〈琱生尊〉及傳世〈琱生簋〉對讀——西周時期大宅門土地糾紛協調事件始末〉，頁33～52。王沛，〈琱生三器集釋〉，《中國法制史考證續編 第十三冊 法律史料考釋》（北京：社會科學文獻出版社，2009年8月），頁40～59。斯維至，〈釋「附庸土田」〉，頁93～107。劉桓，〈五年琱生簋、六年琱生簋銘文補釋〉，《故宮博物院院刊》，2003年3期，頁48～52。李學勤，〈琱生諸器銘文連讀研究〉，頁71～75。王進鋒、邱咏海，〈五年琱生尊與琱生器人物關係新論〉，《寶雞文理學院學報》，2008年3期，頁45～49。

貫徹執行我考我母的命令。徐義華則將「至」訓爲執行、施行。〔註158〕銘文在「余惠于君氏大章，報娟（婦）氏帛束、璜」後，馬上承接「我考我母令（命）」，依照銘文上下文義，「我考我母」，指的應該就是上文提及的「君氏」與「婦氏」。

至於「召姜」，又稱「幽姜」，乃姜姓女子嫁於召氏者，只是她應該是召伯虎的母親或妻子，以〈五年琱生簋〉「娟（婦）氏呂（以）壺」，和〈琱生尊〉「盥（召）姜呂（以）琱生哉五尋、壺兩」的相關句式作對照，「召姜」即「婦氏」，上文已陳述「婦氏」爲「召伯虎之母」，所以「召姜」當然也是「召伯虎之母」。

其次，是〈琱生尊〉「盥（召）姜以琱生哉（△1）五哉（△2）、壺兩」。「哉（△1）」字，袁金平釋「熮」，從「火」、「蔑」省聲，讀「幭」。方勇認爲是「莫」字，「莫」、「蔑」二字同屬明母月部，應該是一種蔑席，即細密的蒲席。王輝本釋「哉」，「熾」字異文，《尙書‧禹貢》引鄭《注》曰：「熾，赤也」；後改釋「貳」。吳鎭烽釋「哉」，讀「緆」，細布。陳英杰認爲此字從「戈」、從「昃」、「昃」當即「莫」省，釋「蔑」，依照「蔑曆」一詞，即餽贈、進獻義。陳昭容等分析字形從「戈」從「哭」，與「蔑」近似，疑讀「幭」。李學勤釋「哉」，從「威」聲（明母月部），讀「幣」（並母月部），即行禮用的帛。羅衛東釋讀作「歎」，認爲左下部與「矢」相近、不從火。王進鋒隸定作「哉」，其中「戈」表形，「咒」表聲，讀爲「咒」，「咒」在金文看作「及」、「至」、「致」也。〔註159〕

茲將相關字形列出如下表：

字　例	字　形

〔註158〕朱鳳瀚，〈琱生簋銘新探〉，頁 79～96。徐義華，〈新出土《五年琱生尊》與琱生器銘試析〉，頁 17～27。

〔註159〕方勇，〈釋五年琱生尊中的蔑字〉，先秦史研究室網站，2007 年 12 月 18 日，http://www.xianqin.org/xr_html/articles/jwyj/627.html。王輝，〈讀扶風縣五郡村窖藏銅器銘文小記〉，頁 13～15。吳鎭烽，〈琱生尊銘文的幾點考釋〉，頁 103～104，111。陳英杰，〈新出琱生尊補釋〉，頁 109～111。陳昭容、內田純子、林宛蓉、劉彥彬，〈新出土青銅器〈琱生尊〉及傳世〈琱生簋〉對讀——西周時期大宅門土地糾紛協調事件始末〉，頁 33～52。李學勤，〈琱生諸器銘文連讀研究〉，頁 71～75。羅衛東，〈讀《五年琱生尊》銘文札記〉，《北京師範大學學報》，2008 年 3 期，頁 129～132。王進鋒，〈新出〈五年琱生尊〉與琱生三器新釋〉，頁 87～92。

待考字	⬛〈琱生尊 A〉、⬛〈琱生尊 B〉
蔑《金文編》614	🔣〈蠶卣〉、🔣〈保卣〉、🔣〈沈子它簋〉、🔣〈庚嬴卣〉、🔣〈友簋〉、🔣〈免盤〉
歆《金文編》2041	🔣〈何尊〉、🔣〈格伯簋〉、🔣〈格伯簋〉、🔣〈格伯簋〉、🔣〈趩簋〉、🔣〈免簋二〉、🔣〈豆閉簋〉、🔣〈朐簋〉
斁《金文編》527	🔣〈牆盤〉、🔣〈毛公厝鼎〉、🔣〈南宮乎鐘〉、🔣〈靜簋〉、🔣〈欒書缶〉、🔣〈中山王𰯼壺〉
眔《金文編》575	🔣〈小臣邁簋〉、🔣〈令鼎〉、🔣〈矢方彝〉

從上表的字形比對，可以發現待考字依形隸定作「戜」沒有疑義，從「目」、「火」、「戈」三個部件是相當明顯的，其他的說法皆不足取。而「戜」字，或許是從「莫」省聲，或是從「烕」得聲，或是兩者皆有。且受〈琱生尊〉「鹽（召）姜以琱生🔣（△1）五🔣（△2）、壺兩」之語法位置限制，與〈五年琱生簋〉「婎（婦）氏昌（以）壺」的相同句式對照，「△1」都只能與「壺」同為賞賜物。

若是從「莫」省聲，依照《說文》：「莫，火不明也，從茻、從火，茻亦聲」，「莫」字可通假作「蔑」，《說文》引《周書》曰「布重莫席」，段玉裁《注》：《顧命》文，今作「敷重蔑席」。再從「蔑」通讀作「幭」，引朱駿聲《說文通訓定聲》：「幭者，覆物之巾，覆車、覆衣、覆體之具皆可稱幭」，金文多作「𢁔」。但比較可惜的是待考字「戜」，明顯從「㥁」，卻沒有類似羊角的「屮」（依照《說文》「莫」字從「茻」，而《說文》：「茻，目不正也，從目、從屮」）。

若是改從李學勤說法，認為此字從「烕（曉紐月部）」聲，讀「幣（並紐月部）」，引《說文》：「幣，帛也」，段玉裁《注》：「帛者，繒也」，金文常見「帛」的餽贈，如：〈舍父鼎〉：「辛宮易（賜）舍父帛、金」（《集成》02629，西周早期）、〈殳簋〉：「相侯休于　（厥）臣殳，易（賜）帛、金」（《集成》04136，西周早期），〈𩵦簋〉：「𠂤（師）黃賓𩵦章（璋）一、馬兩，吳姬賓帛束」（《集成》04195，西周中期）等。但是「烕」字，《說文》：「滅也，從火、戌」，其相關古文字形為：

子禾子釜〔註160〕、郘王職壺〔註161〕、楚帛書、詛楚文、《說文》

目前尚無發現同「（△1）」字，單純从「戈」部件的寫法。

「（△2）」字，多數學者都釋「尋」，引《說文》：「度人之兩臂爲尋」，作長度單位。如《詩‧魯頌‧閟宮》：「徂來之松，新甫之柏，是斷是度，是尋是尺」；《周禮‧多官‧考工記‧廬人》：「殳長尋有四尺」；《周禮‧多官‧考工記‧匠人》：「同間廣二尋，深二仞，謂之澮」等。本文初稿以爲釋「尋」沒有問題，但近來發現朱鳳瀚認爲此非「尋」字，因爲「尋」字最重要的特徵是兩臂向外張開，他認爲金文「帥」字兩手均向內，應改釋「帥」字。〔註162〕

所以還是將相關字形列表比對：

字　例	字　形
待考字	〈琱生尊 A〉、〈琱生尊 B〉
尋	〈□簋〉（《集成》03990，商代）、〈尋伯匜〉（《集成》10221，西周晚期）、〈爲尋簋〉（《集成》04120，春秋早期）、
帥《金文編》1289	〈五祀衛鼎〉、〈史頌簋〉、〈史頌鼎〉、〈番生簋〉、〈秦公簋〉、〈師望鼎〉、〈單伯鐘〉、〈虢弔鐘〉、〈彔伯簋〉、〈師虎簋〉

經過上表的字形比對，〈琱生尊〉△2 還是釋「尋」，作長度單位解比較適當。因爲「尋」字的形體本義是「兩臂張開」，並不特別強調「向外」（兩臂張開的幅度）。而「帥」字，雖然《說文》解釋：「佩巾也，从巾、𠂤」，但從金文字形可發現其「巾」旁的部件爲「𠂤」，高鴻縉已經解釋「𠂤」爲從二「又」持「｜」，「｜」爲巾的象形。〔註163〕「尋」與「帥」的字形差異，應不在兩手「向外」或「向內」，而是兩手與「｜」的位置布局。「尋」字的「｜」，多置於兩手靠近手肘的位置；「帥」字的「｜」，必置於兩手靠近指尖的位置，模擬兩手持巾狀。以此特徵來判斷待考字，似乎仍以釋「尋」較爲妥當。

〔註160〕〈子禾子釜〉：「……關人築桿咸釜（釜）……」（《集成》10374，戰國）。
〔註161〕〈郘王職壺〉：「……咸（減）水鄭（鄭）之殳」，引自周亞，〈郘王職壺銘文初釋〉，《上海博物館集刊》8，2000 年 12 月。
〔註162〕朱鳳瀚，〈琱生簋與琱生尊的綜合考釋〉，頁 71～81。
〔註163〕高鴻縉，《中國字例》（臺北：廣文書局，1962～1964），二篇，頁 244。

最後討論「以」字。〈五年琱生簋〉首次出現的「以」字句，有兩種斷句方式（例1～2），且附上〈琱生尊〉的「以」字句（例3）作對照：

1. ……余獻（獻）寑（婦）氏吕（以）壺……（〈五年琱生簋〉）

2. ……余獻（獻），寑（婦）氏吕（以）壺……（〈五年琱生簋〉）

3. ……䵼（召）姜吕（以）琱生戜（幣）五幃、壺兩……（〈琱生尊〉）

支持斷句 1 的學者有陳夢家、林澐（1978）、朱鳳瀚、斯維至和王進鋒；此斷句「余」是執行「以壺」動作的主語；「以」是介詞，表示「用」義。〔註164〕

支持斷句 2 的學者有孫詒讓、郭沫若、譚戒甫、連劭名、方述鑫、徐義華、李學勤、林澐（2007）、陳美蘭、韓麗和鄧飛；此斷句「婦氏」反成為執行「以壺」動作的主語；「以」是動詞，袁金平讀「與」；林澐讀「貽」、「詒」，皆給予、饋送義；陳美蘭引裘錫圭〈說以〉，指出「以」字本義引申就有致送義，適用於〈琱生三器〉。〔註165〕

例 3〈琱生尊〉的「以」字句亦有二說，一作「介詞」，表示原因，如王輝認為是「召姜因為琱生（曾奉獻過）五條紅絲巾，一對壺……」，吳鎮烽認為是「召姜因琱生送來四丈細布和兩件青銅壺……」。二作「動詞」，給予義，如李學勤認為是「召伯虎夫人召姜再次來見琱生，帶給他戜（幣）五尋、壺兩」。〔註166〕

其實〈五年琱生簋〉「余獻（獻），寑（婦）氏吕（以）壺」，和〈琱生尊〉

〔註164〕陳夢家，《西周銅器斷代》，頁 231～236。林澐，〈琱生簋新釋〉，頁 120～135。朱鳳瀚，〈琱生簋銘新探〉，頁 79～96。斯維至，〈釋「附庸土田」〉，頁 93～107。王進鋒，〈新出〈五年琱生尊〉與琱生三器新釋〉，頁 87～92。

〔註165〕孫詒讓，〈召伯虎敦〉。郭沫若，《郭沫若全集·考古編·第八卷·兩周金文辭大系考釋·召伯虎毀》（北京：科學出版社，2002 年 10 月），頁 306～308。譚戒甫，〈周召二簋銘文綜合研究〉，頁 43～52。方述鑫，〈召伯虎簋銘文新探〉，頁 61～69。連劭名，〈周生簋銘文所見史實考述〉，《考古與文物》，2000年 6 期，頁 42～45。徐義華，〈新出土《五年琱生尊》與琱生器銘試析〉，頁17～27。李學勤，〈琱生諸器銘文連讀研究〉，頁 71～75。林澐，〈琱生三器新釋〉。陳美蘭，〈說琱生器兩種以字的用法〉，《古文字學論稿》（合肥：安徽大學出版社，2008 年 4 月），頁 300～314。韓麗，〈〈五年琱生簋〉關鍵字詞集釋〉，《安徽文學》，2008 年 12 期，頁 303。鄧飛，〈「余獻婦氏吕壺」考辨〉，《古漢語研究》，2010 年 4 期，頁 63～66。

〔註166〕王輝，〈讀扶風縣五郡村窖藏銅器銘文小記〉，頁 13～15。吳鎮烽，〈琱生尊銘文的幾點考釋〉，頁 103～104，111。李學勤，〈琱生諸器銘文連讀研究〉，頁 71～75。

「盠（召）姜呂（以）琱生燹（幣）五㝮、壺兩」，所指應爲同一件事。〈琱生尊〉「盠（召）姜呂（以）琱生燹（幣）五㝮、壺兩」，很明顯的主語必爲「盠（召）姜」。與其對應〈五年琱生簋〉「余獻（獻），竷（婦）氏呂（以）壺」之「呂（以）壺」的主語，就不大可能是〈五年琱生簋〉的「余」（作器者琱生），只能是「竷（婦）氏」（大宗召伯虎的母親）。在如是文義理解的前提下，〈五年琱生簋〉「余獻（獻），竷（婦）氏呂（以）壺」的「獻」後必斷句。

上述〈五年琱生簋〉「余獻（獻），竷（婦）氏呂（以）壺」，支持「獻」後不該斷句的學者，經常提出的質疑就是「余獻（獻）」單獨成句的可行性。所以陳美蘭參照金文和《左傳》，發現「獻」字若要表現進獻的對象和處所，其句法多是「獻＋物＋于＋人／處所」，不管所獻之物是事功、戰俘或器物，都沒有「獻＋人＋呂（以）＋物」的句法。其後，鄧飛也從語法的角度詮釋，他認爲「呂」在金文中的用例，表示處置意味的介詞短語，不是放在句尾，而是放在句中動詞之前；且「獻」在金文中只帶「單賓語」，此「單賓語」只限定爲「物賓語」。所以「余獻婦氏以壺」的連讀句式，實有待商確；將〈五年琱生簋〉的「余獻（獻）」單獨成句，反更符合先秦時「以」字的語法慣例。

其他傳世文獻亦不乏直接在「獻（獻）」後斷句的例證，如：

1. 主人拜送。坐祭，立飲。不拜既爵，授主人爵，降復位。眾賓獻，則不拜受爵，坐祭，立飲。每一人獻，則薦諸其席。眾賓辯有脯醢。主人以爵降，奠於篚。(《儀禮·鄉飲酒禮第四》)

2. 凡舉爵，三作而不徒爵。樂作，大夫不入。獻工與笙，取爵于上篚；既獻，奠于下篚。其笙則獻諸西階上。磬階間縮霤，北面鼓之。(《儀禮·鄉飲酒禮第四》)

3. 平公曰：「寡人亦有過焉。酌而飲寡人！」杜蕢洗而揚觶。公謂侍者曰：「如我死，則必毋廢斯爵也。」至于今，既畢獻，斯揚觶，謂之杜舉。(《禮記·檀弓下》)

4. 享曹太子。初獻，樂奏而歎。施父曰：「曹大子其有憂乎！非歎所也。」(《春秋左傳·桓公九年》)

5. 晉魏錡求公族未得，而怒，欲敗晉師。請致師，弗許。請使，許之。遂往，請戰而還。楚潘黨逐之，及熒澤，見六麋，射一麋以顧獻，曰：「子有軍事，獸人無乃不給於鮮？敢獻於從者。」(《春

秋左傳‧宣公十二年》)

6. 夏四月，趙孟、叔孫豹、曹大夫入于鄭，鄭伯兼享之。子皮戒趙孟，禮終，趙孟賦瓠葉。子皮遂戒穆叔，且告之。穆叔曰：「<u>趙孟欲一獻</u>，子其從之。」(《春秋左傳‧昭公元年》)

7. 冬，公如齊，齊侯請饗之。子家子曰：「朝夕立於其朝，又何饗焉，其飲酒也。」乃飲酒，<u>使宰獻</u>，而請安。子仲之子曰重，為齊侯夫人，曰：「請使重見。」子家子乃以君出。(《春秋左傳‧昭公二十七年》)

既然〈五年琱生簋〉「余獻（獻），嬻（婦）氏昌（以）壺」的句法分析是可行的，且此斷句方式的「嬻（婦）氏昌（以）壺」，又可與〈琱生尊〉「𥂇（召）姜昌（以）琱生𢼨（幣）五𢍰、壺兩」相對照，故本文採用「獻」後斷句。

至於西周〈琱生三器〉的「以」字應是「動詞」或「介詞」？學者在分析古代漢語「以」字時，多數認為甲骨文「以」字尚有很實在的「動詞」義，西周「以」字的使用範圍進一步擴大，因為所接賓語是不能帶領的事物，「以」的意義自然虛化，動詞「以」於是「語法化」為「介詞」；由基本動詞義「引導」、「率領」，伴隨「介詞」詞類轉變後，「以」字就可以引進各種不同意義的介詞詞組。〔註167〕《詩經》「以」字也呈現同樣虛化的路徑，「以」用作名詞和動詞（實詞）之例已經很少，主要用作介詞（虛詞）。〔註168〕依照上述語法演變規則推論，西周〈琱生三器〉的「以」字作為「介詞」的可能性似乎大於「動詞」，但真是如此嗎？

王寧提出另外一種說法，他認為「介詞」與「連詞」在先秦文獻中尚未徹底虛化，如「以」字在《詩經》裡相當於後來「介詞」的地方，大部分還保留「使用」、「給予」、「按照」、「帶著」、「拿」等實義；《左傳》後來被當作「介詞」的地方，除了上述意義外，還可以用「率領」、「認為」、「和……共同」、「依……標準」等來對當。〔註169〕金文的確有很多例證，可說明「動詞」

〔註167〕郭錫良，〈介詞「以」的起源和發展〉，《古漢語研究》，1998 年 1 期，頁 1～5。武振玉，〈金文「以」字用法初探〉，《北方論叢》，2005 年 3 期，頁 6～8。羅端，〈從甲骨、金文看「以」字語法化的過程〉，《中國語文》，2009 年 1 期，頁 3～9。

〔註168〕羅慶雲，〈《詩經》的介詞「以」〉，《武漢大學學報》，2005 年 2 期，頁 212～217。

〔註169〕王寧，《訓詁學原理》（北京：中國國際廣播，1996 年），頁 215～216。

在虛化過程中，仍保留原先的動詞義，很難判定何爲「動詞」，何爲「介詞」，如下列「吕（以）」字：

1. 〈小臣謎簋〉：……白（伯）懋父吕（以）殷八㠯（師）征東尸（夷）……【《集成》04239，西周早期】

2. 〈㝬卣〉：文考日癸，乃沈子㝬，乍（作）父癸旅宗障彝，其吕（以）父癸夙夕卿爾百聞（婚）遘（媾）。【《集成》05401，西周早期】

3. 〈命簋〉：……王易（賜）命鹿，用乍（作）寶彝，命其永吕（以）多友飤人。【《集成》04112，西周早期，《銘文選》132】

4. 〈麥尊〉：……之日，王吕（以）侯内（入）于寢，侯易（賜）玄周（瑯）戈。【《集成》06015，西周早期，《銘文選》67】

5. 〈靜簋〉：……王吕（以）吳葊、呂𤰩𩠐𢼸（幽）㠯（師）、邦周射于大池……【《集成》04273，西周早期，《銘文選》170】

6. 〈隷簋〉：……隷對揚王休，用自乍（作）寶器，萬年吕（以）㡭（厥）孫子寶用。【《集成》04192，西周中期，《銘文選》124】

7. 〈猷簋〉：……肆余吕（以）餲士獻民，再盍先王宗室……【《集成》04317，西周晚期，《銘文選》404】

上述金文「吕（以）」字，即使分析爲「介詞」，卻仍保有「率領」、「和……共同」等原本的「動詞」義。

先秦傳世文獻「以」字，也保有許多作「動詞」使用的例證，如：

1. ……以車彭彭……以車伾伾……以車繹繹……以車祛祛……（《詩經・魯頌・駉》）

2. 神之聽之，式穀以女。嗟爾君子，無恒安息。（《詩經・小雅・小明》）

3. 今我即命于元龜，爾之許我，我其以璧與珪，歸俟爾命……（《尚書・金縢》）

4. 繼自今立政，其勿以憸人，其惟吉士，用勱相我國家。（《尚書・立政》）

5. 公其以予萬億年。敬天之休，拜手稽首誨言。（《尚書・洛誥》）

6. 不以國，不以官，不以山川，不以隱疾，不以畜牲，不以器幣。

　　（《左傳‧桓公六年》）

7. 子曰：「<u>視其所以</u>，觀其所由，察其所安，人焉廋哉？人焉廋哉？」
　　（《論語‧爲政》）

甚至晚至例 7 的《論語》，仍有作「動詞」使用的「以」字。此「以」字，用也，言視其所行用。「由」，經也，言觀其所經從。「視其所以，觀其所由」的「所」字，經常放在外動詞（及物動詞）的前面組成定語，〔註170〕故「所」字後緊接的「以」、「由」二字，皆必須分析爲「動詞」。

　　總之，〈五年琱生簋〉「㛼（婦）氏昌（以）壺」，和〈琱生尊〉「𧯜（召）姜昌（以）琱生𤎩（幣）五帿、壺兩」，指同一件事。上述兩句中的「昌（以）」字，和〈五年琱生簋〉與〈琱生尊〉皆有「昌（以）君氏命曰」的「昌（以）」字，因爲在「㛼（婦）氏昌（以）壺」、「𧯜（召）姜昌（以）琱生𤎩（幣）五帿、壺兩」和「昌（以）君氏命曰」等短句中，皆無「動詞」，所以上述例句中的「昌（以）」字，都必須做「動詞」使用。前兩句「㛼（婦）氏昌（以）壺」、「𧯜（召）姜昌（以）琱生𤎩（幣）五帿、壺兩」的「昌（以）」皆是「贈送」義。第三句「昌（以）君氏命曰」的「昌（以）」是「傳達」義。

（2）〈琱生三器〉的「于」字句應爲「被動式」

　　茲將〈琱生三器〉與「依循血緣身份分配土地」相關的「于」字句列出：

1. 〈五年琱生簋〉：……余惠<u>于君氏大章，報㛼（婦）氏帛束、璜</u>……

2. 〈琱生尊〉：余惠〔于君氏〕大章，報婦氏帛束、璜一，有嗣（司）眔（暨）易（賜）兩𤖲（璧）……

首先得釐清一個待考字詞，分見於〈五年琱生簋〉「余█（△1）于君氏大章」和〈琱生尊〉「余█（△2）大章」。「△1」和「△2」較具字形依據的釋讀方式有四，分別爲從「惠」、從「熏」、從「柬」、釋「𪚩」四說。

　　從「惠」，孫詒讓首先釋「惠」，引《爾雅‧釋詁》：「惠，順也」。郭沫若釋「𪚩」，即「蟪」，讀「惠」；譚戒甫、朱鳳瀚從之。陳夢家釋「𪚩」，引《廣雅‧釋言》：「𪚩，賜也」。陳絜釋「惠」，周代「惠」字詞義，並非僅限於今日下行意義的施惠，多數情況它是一個針對尊上、表示上行關係的敬詞，具有遵從、孝敬之意，「惠大璋」，爲用玉璋孝敬君氏。〔註171〕

〔註170〕王力，《漢語史稿》（北京：中華書局，2001 年 2 月 4 刷），頁 294。
〔註171〕孫詒讓，〈召伯虎敦〉郭沫若，《兩周金文辭大系考釋‧召伯虎毀》，頁 306

從「熏」，陳漢平隸定作「𤎩」，釋「蠨」，讀「獻」。李學勤釋「𤎗」，從「熏」聲（曉母文部），應以音近讀爲「問」（明母文部），《儀禮・聘禮》注：「猶遺也，謂獻也」。林澐從之，凡從「熏」得聲之字，均有自下向上義。〔註172〕

從「朱」，李學勤釋「𩎂」。方勇釋「𩎂」，從《金文編》「熏」字條編者按語，〈師克盨〉「縟裏」的「縟」字省爲「朱」，金文「熏」、「朱」形體會混同，所以推測此字可能爲從「黽」、從「朱」省形得聲，讀爲「薦」，進獻義。〔註173〕

釋「𪓐」，袁金平釋「𪓐」，讀「速」，訓爲「召」，招致。方稚松認爲金文此字象蜘蛛的軀幹部分與上面所從交織在一起，形成類似「朱」的字形，因考慮甲骨文中該字明確釋讀爲「𪓐」，如「我▨五十」（《合集》9187），所以將金文此字釋爲「𪓐」。〔註174〕董珊認爲琱生器所見字爲「𪓐」，古文字「𪓐」字的「朱」（或「朱」）與「黽」，兩部件有逐漸融合的趨勢（字形舉證可參下表）。「𪓐」若表示進獻意，可以讀爲「酬」。今字「酬」是小篆「醻」字或體，「壽」、「朱」都是舌音，雖然古韻分屬幽、侯兩部，但古書中彼此聲系相通的證據較多，見《古字通假會典》352頁。「酬」訓爲「報」，《左傳・昭公二十七年》「吾無以酬之」，杜預《注》：「酬，報獻」。〔註175〕陳英傑的釋讀與董珊不約而同。〔註176〕

當然還有一些其他說法，如羅衛東釋「祼」，指將鬯酒灌注於玉𤤙。〔註177〕茲將相關字形羅列於下：

～308。譚戒甫，〈周召二簋銘文綜合研究〉，頁43～52。朱鳳瀚，〈琱生簋銘新探〉，頁79～96。陳夢家，《西周銅器斷代》，頁231～236。陳絜，〈關於「重」字本義的一個假說〉，《古文字研究》27，2008年9月，頁251～256。

〔註172〕陳漢平，《金文編訂補》，頁597～616。李學勤，〈琱生諸器銘文連讀研究〉，頁71～75。林澐，〈琱生三器新釋〉。

〔註173〕李學勤，〈青銅器與周原遺址〉，頁227～233。方勇，〈釋五年琱生尊中的盡字〉，先秦史研究室網站，2008年1月9日，http://www.xianqin.org/xr_html/articles/lgxd/644.html。

〔註174〕方稚松，〈甲骨文考釋四則〉，復旦大學出土文獻與古文字研究中心網站，2009年5月1日，http://www.guwenzi.com/SrcShow.asp?Src_ID=778。

〔註175〕轉引自方稚松，〈甲骨文考釋四則〉，下方學者評論的第一則，爲董珊的未刊稿，〈琱生作器的再發現與新研究〉。

〔註176〕轉引自方稚松，〈甲骨文考釋四則〉，下方學者評論的第三則。

〔註177〕羅衛東，〈琱生三器▨、▨、▨字補釋〉，《第二十屆中國文字學國際學術研討會論文集》（高雄：中山大學，2009年5月），頁59～72。

字　例		字　形
待考字		〈五年琱生簋〉、〈琱生尊 A〉、〈琱生尊 B〉
惠	甲骨文	《合集》22997、《合集》29450、《合集》495
	《金文編》648	〈衛盉〉、〈敔簋〉、〈汈其簋〉、〈邾大宰匜〉、〈曾子斿鼎〉、〈王孫鐘〉、〈王子午鼎〉
叀	《金文編》2149	〈師同鼎〉、〈鄂君啓車節〉
熏	《金文編》62	〈吳方彝〉、〈師兌簋〉、〈毛公鼎〉、〈番生簋〉、〈師克盨〉
	戰國文字	楚帛書
柬	《金文編》985	〈王來奠新邑鼎〉、〈命瓜君壺〉
竈	甲骨文	《合集》9187、《京津》264、《合集》451、《合集》452、《合集》17055、《合集》17747、《合集》17748、《合集》36417、
	《金文編》2151，但本表字形皆出自董珊的分析。〔註178〕	A 〈邾大宰簋〉、〈邾伯鬲〉 B 〈魯伯愈父鬲〉、〈魯伯愈父鬲〉、〈邾公牼鐘〉 C 〈杞伯壺蓋〉 D 〈邾弔鐘〉、〈五年琱生簋〉 E 〈邾訧鼎〉、〈邾友父鬲〉
束	《金文編》984	〈束父辛鼎〉、〈萠簋〉、〈大簋〉、〈不嬰簋〉、〈盂卣〉、〈曶鼎〉、〈守宮盤〉、〈召伯簋〉、〈敔簋〉、〈束中子父簋〉

〔註178〕A：「竈」頭部俱全，與「朱」分離，如邾大宰瑚（《集成》04624）和邾伯鬲（00669）。B：「竈」頭部與「朱」或「束」的下半部分合書，如魯伯愈父鬲（00694）、魯伯愈父匜（10244）、邾公牼鐘（00150）、竈鼎（《文物》1996年 7 期 55 頁圖 1，6）和叔竈鼎（02342）。C：「竈」頭部與「朱」的下半分書，導致「竈」頭部消失，如杞伯壺蓋（09687）、太保玉戈（龐懷靖摹本）、朱書玉璋等。D：「朱」或「束」旁下半部分以「竈」的雙腳充當借筆，如邾弔鐘（00087）等。E：「竈」解體，「朱」被獨立分書，如邾訧鼎（02426）和邾友父鬲（00717）。

| 裸 | | 〈不栺方鼎〉、〈庚贏鼎〉、〈史獸鼎〉、〈噩侯鼎〉、〈小盂鼎〉、〈毛公鼎〉、〈焚鼎〉、〈毓祖丁卣〉、〈𤞷尊〉、〈萬諆觶〉、〈鮮盤〉 |

為了判斷各家說法孰優孰劣，是以將從「惠」、從「熏」、從「朿」和釋「𦋺」四說的本義推測，一併納入考慮。

「惠」，陳絜推測其造字本義可能是寒蟬，訓為「順」。

「熏」，《說文》：「火煙上出也」，束草木焚之生煙以薰。從「朿」，中畫黑點表示煙薰（高鴻縉《中國字例》），為了讓四黑點整齊化，所以把束的口形中間加一橫畫，以致於看起來像是從「東」。〔註179〕

「朿」，《說文》：「分別簡之也，從束、從八」，其本義為束，從束注兩點以別於束（林義光《文源》），但「朿」與「束」還是有不同，「束」唯有約束義，「朿」則有束擇後約束義，字從束，兩點為分化符號。〔註180〕

「𦋺」，劉釗認為金文「𦋺」字從「朱」聲，將甲骨文形體相近的「朿」聲改成形體相近的「朱」聲。〔註181〕

除了「惠」之外，「熏」、「朿」和「𦋺」的本義皆從「束」，《說文》：「束，縛也」，高鴻縉認為是橐形，張日昇認為金文作 及 ，前者象束橐兩端之形，後者象橫橐交縛之形。〔註182〕適巧無論是〈五年琱生簋〉「余△1 于君氏大章，報婦氏帛束、璜」，或是〈琱生尊〉「余△2〔于君氏〕大章，報婦氏帛束、璜一」，都有相對應的「束」字，可與△1、△2 進行字形比對：

器　名	待考字	束
五年琱生簋		
琱生尊 A		

〔註179〕季旭昇，《說文新證（上冊）》（臺北：藝文印書館，2002 年 10 月初版），頁 56～57。

〔註180〕季旭昇，《說文新證（下冊）》（臺北：藝文印書館，2004 年 11 月初版），頁 512～513。

〔註181〕劉釗，〈釋甲骨文耤、羲、蟺、敖、戠諸字〉，《古文字考釋叢稿》（長沙：嶽麓書社，2005 年 7 月），頁 13～17。

〔註182〕季旭昇，《說文新證（下冊）》（臺北：藝文印書館，2004 年 11 月初版），頁 512。

琱生尊 B		

從上表可見,「束」字無論象「束橐兩端」之形,或是象「橫衺交縛」之形,都與待考字形體不類。故以字形比對,還是以傳統「惠」說最爲近似,尤其是〈琱生尊〉待考字下部類似從「黽」的部件,更是支持陳絜將此字釋「惠」,形體本義爲寒蟬。而〈五年琱生簋〉和〈琱生尊〉的「惠」字,皆作「動詞」使用,乃賜給、贈送的意思,參《廣雅‧釋言》:「惠,賜也」。

討論〈五年琱生簋〉「余惠于君氏大章」,和新出〈琱生尊〉「余惠〔于君氏〕大章」是否爲「被動式」之前,得先確認西周是否已經出現「被動式」。

王力認爲遠古漢語,結構形式並無被動和主動的區別,直到甲骨、金文還是如此;陳夢家從之。〔註183〕但是郭沫若認爲金文中已有被動于字式;語法學家管燮初、周法高、楊五銘、潘允中、唐鈺明、周錫鞥、黃偉嘉、周清海、楊伯峻、何樂士、魏培泉、喻遂生、潘玉坤等都認爲有被動式。〔註184〕而本文所探討的「于字式」,又是否可被歸類爲「被動式」呢?郭沫若認爲金文中已有「被動式」,且以「于字式」做例證;但是陳永正卻認爲西周僅具「被動式」雛形,眞正「被動式」的確認,當以「于」字成爲「被動式」爲界,首見於戰國初期的銅器銘文「賞于韓宗」、「令于晉公」。張國光也從「于字式」

〔註183〕王力,《漢語史稿》(北京:中華書局,1980 年),頁 240。陳夢家,《殷墟卜辭綜述‧第三章文法》(臺北:大通書局,1971 年 5 月),頁 129〜131。

〔註184〕郭沫若,《兩周金文辭大系考釋》(1935 年 7 月),頁 41。管燮初,《西周金文語法研究》(北京:商務印書館,1981 年),頁 60。周法高,《中國古代語法‧造句篇》上(臺北:中央研究院歷史語言研究所專刊三十九,1993 年),頁 90。楊五銘,〈西周金文被動句式簡論〉,《古文字研究》7,1982 年 6 月,頁 309〜317。潘允中,《漢語語法史概要》(鄭州:中州書畫社,1982 年),頁 247。唐鈺明、周錫鞥,〈論先秦漢語被動式的發展〉,《中國語文》,1985 年 4 期,頁 281〜285。黃偉嘉,〈甲金文中「在、於、自、從」四字介詞用法的發展變化及其相互關係〉,《陝西師大學報》,1987 年 1 期,頁 66〜75。周清海,〈兩周金文裡的被動式和使動式〉,《中國語文》,1992 年 6 期,頁 418〜420。楊伯峻、何樂士,《古漢語語法及其發展》(北京:語文出版社,1992 年),頁 669。魏培泉,〈古漢語介詞「於」的演變略史〉,《中央研究院歷史語言研究所集刊》,62 本 4 分,1993 年 4 月,頁 726,魏先生雖注明仍有爭議,但行文還是歸爲被動式。陳昭容,〈關於「甲骨文被動式」研究的檢討〉,《甲骨文發現一百週年學術研討會論文集》(臺北:文史哲出版社,1999.8),頁 63〜91。喻遂生,〈甲骨語言的性質及其在漢語史研究中的價值〉,《甲金語言文字研究論集》(成都:巴蜀書社,2002 年),頁 19。潘玉坤,《西周金文語序研究》(上海:華東師範大學出版社,2005 年 5 月),頁 15〜17。

可以轉換成雙賓語句，和西周金文中「于字式」動詞後多帶賓語，論證西周金文中的「于字式」不是「被動式」。向光忠則從古文獻施受句謂語體詞間「于」應用的隨意性，認爲類似的句式不當視爲「被動式」。〔註185〕所以〈瑚生三器〉的「于字式」是否爲「被動式」，仍待議。

〈五年瑚生簋〉「余惠于君氏大章」是否爲「被動式」，其說法有二：一、此乃「主動句」，主語是「瑚生」，如孫詒讓認爲是「瑚生對答其章寵也」，林澐則認爲是「瑚生對君氏、婦氏行賄」。二、此乃「被動式」，主語是「君氏」，主張此說的學者有陳夢家、朱鳳瀚、斯維至、周法高、周清海等。

以前總有一種錯覺，誤認爲若將「余惠于君氏大章」之「章」作「章寵」解，則「余惠于君氏大章」必爲「被動式」；換句話說，若將「余惠于君氏大章」之「章」作「玉璋」解，則「余惠于君氏大章」必爲「主動式」。後來發現並非如此，〈五年瑚生簋〉「余惠于君氏大章」，無論是分析作「主動式」或「被動式」，「大章」都兼有「榮寵」和「玉璋」二義。若作「主動式」分析，孫詒讓認爲是「榮寵」，林澐則認爲是「玉璋」。若作「被動式」分析，朱鳳瀚認爲是「君氏德之宏大」，陳夢家則認爲是「大璋」。所以「章」，可判斷爲較抽象的精神層面，如孫詒讓認爲是章寵也；朱鳳瀚和陳昭容等認爲是君氏德之宏大；斯維至認爲是表章也。或是將「章」判斷爲較具體的物質層面，如連劭名將「章」讀爲「璋」，《說文》：「剡上爲圭，半圭爲璋」；袁金平、李學勤和陳絜都認爲是玉璋。凡此，都不會影響「余惠于君氏大章（璋）」是否爲「被動式」的選擇。但〈五年瑚生簋〉「余惠于君氏大章」是否爲「被動式」，卻必須參考新出〈瑚生尊〉的「余惠大章」（省略「于君氏」）。〔註186〕

〈五年瑚生簋〉「余惠于君氏大章」和新出〈瑚生尊〉「余惠大章」，是否

〔註185〕陳永正，〈西周春秋銅器銘文中的聯結詞〉，《古文字研究》第十五輯，1986年 6 月，頁 306〜311。張國光，〈西周金文被動句「於」字式質疑〉，《貴州文史叢刊》，1997 年 6 期，頁 40〜44。向光忠，〈古文獻施受句謂語體詞間之「于」考〉，《徐州師範大學學報》，2000 年 1 期，頁 64〜66。

〔註186〕孫詒讓，〈召伯虎敦〉。林澐，〈瑚生簋新釋〉，頁 120〜135。朱鳳瀚，〈瑚生簋銘新探〉，頁 79〜96。陳夢家，《西周銅器斷代》，頁 231〜236。陳昭容、內田純子、林宛蓉、劉彥彬，〈新出土青銅器〈瑚生尊〉及傳世〈瑚生簋〉對讀——西周時期大宅門土地糾紛協調事件始末〉，頁 33〜52。斯維至，〈釋「附庸土田」〉，頁 93〜107。連劭名，〈周生簋銘文所見史實考述〉，頁 42〜45。袁金平，〈新見西周瑚生尊銘文考釋〉。李學勤，〈瑚生諸器銘文連讀研究〉，頁 71〜75。陳絜，〈瑚生諸器銘文綜合研究〉，頁 82〜105。

爲「被動式」，可供檢驗的參考值有二，一是金文有無其他「于字句」的「被動式」。其實金文早有「于字句」的「被動式」，如：

1. 〈麥尊〉：……乍（作）冊麥易（賜）金**于**辟侯……【《集成》06015，西周早期】

2. 〈叔**龜**尊〉：弔（叔）**龜**易（賜）貝**于**王**嬰**（姒）……【《集成》05962，西周早期】

3. 〈**屬**羌鐘〉：……賞于**韩**（韓）宗，令于晉公，邵（昭）**于**天子……【《集成》05962，戰國早期】

從〈麥尊〉「乍（作）冊麥易（賜）金于辟侯」的主語「辟侯」；以及〈叔**龜**尊〉「弔（叔）**龜**易（賜）貝于王**嬰**（姒）」的主語「王**嬰**（姒）」，皆可佐證西周早期已有「于字句被動式」，並非晚至戰國早期〈**屬**羌鐘〉才出現。

二是金文有無像新出〈珊生尊〉「余惠〔于君氏〕大章」，將「受事者（余）」移到動詞前，省略被動式標誌「于」、與施動者「君氏」的「被動式」。（下文皆依照文義，將省略的被動式標誌「于」、與「施動者」，以〔　〕增補）：

1. 〈四祀**邲**其卣〉：……王才（在）梌，**邲**其賜貝〔于王〕……【《集成》05413，商代晚期】

2. 〈**奾**尊〉：……王咸**亯**（誥），**奾**易（賜）貝卅朋〔于王〕……【《集成》06014，西周早期】

3. 〈小臣**夌**鼎〉：……王至于**述**匝，無遣（譴），小臣**夌**易（賜）貝，易（賜）馬丙（兩）〔于王〕……【《集成》02775，西周早期】

4. 〈蔡尊〉：蔡賜貝十朋〔于王〕，對揚王休……【《集成》05974，西周早期或中期】

5. 〈井鼎〉：……**攸**易（賜）漁〔于王〕，對揚王休……【《集成》02720，西周早期或中期】

6. 〈七年**趙**曹鼎〉：……易（賜）**趙**曹**載**市、冋黃（衡）、**縊**（鑾）〔于天子〕。**趙**曹拜**頴**首，敢對揚天子休……【《集成》02783，西周中期】

7. 〈十五年**趙**曹鼎〉：……史**趙**曹易（賜）弓、矢、虎盧（櫝）、九（玖）、冑、毌、殳〔于天子〕。**趙**曹敢對，曹拜**頴**首，敢對揚天

子休……【《集成》02784，西周中期】

8. 〈柞鐘〉：……中（仲）大師右柞，柞昜（賜）載、朱黃（衡）、
緣（鑾）〔于中（仲）大師〕，嗣（司）五邑佃人事，柞拜手對揚
中（仲）大師休……【《集成》00133，西周晚期】

所以〈五年琱生簋〉「余惠于君氏大章」可分析爲「被動式」；而新出〈琱生
尊〉「余惠大章」則是省略了「于君氏」三字。

但可分析爲「被動式」並非表示它必爲「被動式」，必須參照完整的上下
文作理解，茲將完整句例徵引於下：

1. 〈五年琱生簋〉：……寢（婦）氏㠯（以）壺，告曰：㠯（以）
君氏令（命）曰：『余老止，公僕䵼（庸）土田多諜（擾），弋（式）
白（伯）氏從許，公宕其參，女（汝）則宕其貳，公宕其貳，女
（汝）則宕其一。』**余惠于君氏大章**，報寢（婦）氏帛束、璜……

2. 〈琱生尊〉：……䵼（召）姜以琱生戚（幣）五肆、壺兩，以君氏
命曰：「余老止，我僕䵼（庸）壮（土）田多柔（擾）。弋（式）話
（許）。勿使欶（散）亡。余宕其參，女（汝）宕其貳。其钇（兄）
公，其弟乃（仍）。」**余惠〔于君氏〕大章**，報寢（婦）氏帛束、
璜一，有嗣（司）眔（暨）舞（賜）兩戽（璧）……

或許〈五年琱生簋〉「余惠于君氏大章」和新出〈琱生尊〉「余惠大章」，在通
篇銘文皆具有承上啓下的作用。如〈五年琱生簋〉「余惠于君氏大章」，總結
上句「婦氏」代替「君氏」所傳達的指令（以斜體字表示）。〈琱生尊〉「余惠
大章」，也是總結「召姜」代替「君氏」所傳達的指令（以斜體字表示）。若
此，則〈五年琱生簋〉和〈琱生尊〉的「章」字，比較可能爲「君氏」對「琱
生」的恩德，此是從之前「婦氏」（「召姜」）代替「君氏」所傳達的指令窺出
（以斜體字表示的內容）。若此說可信，則「余惠于君氏大章」和「余惠大章」
的「主語」，皆必是「君氏」，「于」爲「被動式」的標誌。

或有些學者認爲〈五年琱生簋〉的「于」字句並非「被動式」，直接將此
句翻譯成「我惠贈給君氏的是大玉璋，報答婦氏的是束帛和玉衡」；同理，〈琱
生尊〉則是翻譯成「我惠贈給君氏的是大玉璋，報答婦氏的是束帛和玉衡，
有參與的有司是兩塊玉璧」，如是理解則會引發某些禮制上的困惑，譬如「君
氏」和「婦氏」都是大宗召氏一家人，小宗琱生回贈禮物，爲何必須分開贈

送，當時「婦氏」的地位，已經可與「君氏」分庭抗禮嗎？另外，從新出〈瑪生尊〉所載，瑪生贈送給參與此宗土地糾紛的有司兩塊玉璧，暗示「參與」的重要性，若是有司沒有參與這樁土地糾紛，瑪生或許不用贈送玉璧作酬謝；以此類推，據〈瑪生三器〉的陳述，「君氏」從頭至尾皆未現身，若沒有親臨現場參與此事，瑪生應當如何回禮給他呢，較可理解的方式應當是直接將禮物交給親臨現場、參與此事的「婦氏」，由她代表大宗「召氏家族」收受此禮才是。

基於上述總總理由，既然西周已有「于字式被動句」，且此句式中的被動式標誌「于」與「施動者」皆可省略，尤其在顧及通篇文意理解的條件下，或許將〈五年瑪生簋〉「余惠于君氏大章」分析爲「被動式」，是比較好的一種選擇。

2. 〈瑪生三器〉與〈孔子詩論〉所載之「禮尚往來」

「禮尚往來」，出自《禮記・曲禮上》，原文爲「太上貴德，其次務施報。禮尚往來。往而不來，非禮也；來而不往，亦非禮也」。中國傳統「禮制」向來十分重視交往間的「平等」，陳來甚至認爲，「禮尚往來只是消極平等」。〔註187〕其實「禮尚往來」，還可參考社會學的「交換理論」，進行下一步的詮釋。譬如交換的過程乃是一種外在籌賞而發的行爲，交換之物的價值可相，亦可不相等，若有不均等的交換過程出現，即會促成權力的產生……等。〔註188〕

學者通常贊同〈瑪生三器〉爲大小宗間的「禮尚往來」實錄。〔註189〕依照上文語法分析，〈瑪生三器〉的「以」字尚未完全虛化，以及「于字句」爲被動式等，重新對〈瑪生三器〉展開全面性的理解。小宗瑪生可能是因爲在王朝謀得職位，於是想率領自己的家族另立族氏，從召族內部分出屬於自己的土地與屬民，以作爲自己家族安身立命的根本。但此需敦請大宗召伯虎出面處理，故先進獻禮物給大宗召伯虎家，由大宗召伯虎之母「🔲（婦）氏🔲（召）姜」代爲接受，且回贈小宗瑪生「🔲五🔲（尋）、壺兩」。召伯虎應允解決此案，瑪生爲感念召氏家族恩澤，再回報婦氏「帛束、璜一」。此流程爲中國傳統同宗族間的情感維繫模式，所以比較合情理的方式，應由大、小宗間相互

〔註187〕陳來，〈儒家禮的觀念與現代世界〉，《孔子研究》，2001 年 1 期，頁 4～12。

〔註188〕蔡文輝，《社會學理論》（臺北：三民書局，2006 年 5 月 3 版），頁 244。

〔註189〕目前只有馮時認爲是「鄉飲酒禮」，參〈瑪生三器銘文研究〉，《考古》，2010 年 1 期，頁 69～77。

「禮尙往來」。

〈瑚生三器〉所載的「禮尙往來」，其原理可參考：

> 〔木瓜昃（得）〕希（幣）帛之不可达（去）也，民眚（性）古（固）
> 然。亓（其）陵（隱）志必又（有）昌（以）俞（喻）也，亓（其）
> 言又（有）所載而后（後）内（納），或前之而后（後）交，人不可
> 㪅（捍）／鼻（觸）也。【上海博物館藏戰國楚竹書（一）·孔子詩
> 論，簡20】〔註190〕

葉國良等認爲〈孔子詩論〉簡 20 所載爲「賓贈禮儀」。古代相見禮儀，在獻
上幣帛前，得先派人攜帶較小的禮物前往致意，謂之「先」；待對方應允後，
再正式見面、並獻上禮品，然後才能向對方有所請求，謂之「後」。〔註191〕
以此「賓贈禮儀」詮釋〈瑚生三器〉的兩次「禮尙往來」，第一次瑚生進獻「余
獻」爲「先」；第二次瑚生再進獻「帛束、璜一」爲「後」。且「禮物」間的
往返不限於實際物品，大宗召伯虎對小宗瑚生的承諾，也算是禮物。

據〈六年瑚生簋〉，當土田重新分配事務告一段落，瑚生獻上土地名册，
伯氏召伯虎再「報璧」，也符合「禮尙往來」精神。且此處的「璧」，同〈五
年瑚生簋〉「瑚生（甥）則董（觀）圭」的「圭」，都是古代的「契約憑據」。
〔註192〕

最能闡釋〈瑚生三器〉「禮尙往來」背後的象徵意義，當推近出〈孔子詩
論〉中，對《詩經·衛風·木瓜》的評述，原詩爲：

> 投我以木瓜，報之以瓊琚。匪報也，永以爲好也。
> 投我以木桃，報之以瓊瑤。匪報也，永以爲好也。
> 投我以木李，報之以瓊玖。匪報也，永以爲好也。

毛《序》：「美齊桓公也。衛國有狄人之敗，出處于漕，齊桓公救而封之，遺
之車馬器服焉。衛人思之，欲厚報之，而作是詩也」。但多數學者闡述本詩時，
還是採用毛《傳》孔子曰：「吾於〈木瓜〉，見苞苴之禮行」；或是朱熹《詩集
傳》：「疑亦男女相贈達之詞」的詮釋角度。近出〈孔子詩論〉說：

〔註190〕季旭昇主編，《上海博物館藏戰國楚竹書（一）讀本》（臺北：萬卷樓圖書股
　　　　份有限公司，2004 年 6 月），頁 44。趙苑夙，《上博楚簡〈孔子詩論〉文字研
　　　　究》（臺中：中興大學中文所碩士論文，2005 年 1 月），頁 158～163。
〔註191〕葉國良等，〈上博楚竹書《孔子詩論》箚記六則〉，《臺大中文學報》17，2002
　　　　年 12 月，頁 15。
〔註192〕許倬雲，《西周史》（北京：三聯書店，2001 年 1 月），頁 181。

1. 〔〈木瓜〉旻（得）〕希（幣）帛之不可迲（去）也，民眚（性）
   古（固）然。亓（其）陻（隱）志必又（有）呂（以）俞（喻）
   也，亓（其）言又（有）所載而后（後）内（納），或前之而后
   （後）交，人不可皁（捍）／鼻（觸）也……【簡20】

2. 因〈木苽（瓜）〉之保（報）呂（以）俞（喻）亓（其）悹（婉）
   者也。……【簡18】

3. 〈木苽（瓜）〉又（有）藏恋（願）而未尋（得）達也。【簡19】

   〔註193〕

〈琱生三器〉「禮尚往來」的過程，等同於〈孔子詩論〉「帀（幣）帛之不可迲
（去）也」，爲何它們都不算「賄賂」，而是「民眚（性）古（固）然」呢？
因爲「禮尚往來」的雙方，無論指涉對象爲君臣、君民、或是情侶，「受事者」
與「施動者」彼此或有「陻（隱）志未俞（喻）」，或有「藏恋（願）未達」，
所以必須藉由「禮尚往來」之「報」的儀式，「呂（以）俞亓（其）悹（婉）
者也」，表達心中委婉的情致。「禮也者報也」（《禮記・學記》），在「報」的
法則中，都是以「互惠」爲原則，其目的不僅是單純的償付式回報，而是促
進雙方更進一步的友好、互助和合作，就像〈木瓜〉原詩所言：「匪報也，永
以爲好也」。

中國古代社會的「還報」，絕少單次交易，通常都是在已建立關係的兩個
人或兩個家族之間，一本由來已久的社交收支簿上又加上一筆。〔註194〕〈琱
生三器〉即是如此，大宗召伯虎與小宗琱生同爲「召氏家族」，有血緣關係，
上述多次「禮尚往來」的儀式，不會是「空前」，也不會是「絕後」。古代社
會就是依此循環反覆之「報」的儀式，不斷凝聚同宗族間的向心力。

〈孔子詩論〉記載另外一篇與「召氏家族」相關的詩是〈甘棠〉，〈孔子
詩論〉評論此詩時也特別強調「報」的觀念：

1. ……〈甘棠〉之保（報）……【簡10】

2. 甘棠及亓（其）人，敬蠡（愛）亓（其）桓（樹），亓（其）保
   （報）厚矣。甘棠之蠡（愛），呂（以）邵公也。【簡13、15】

〔註193〕季旭昇主編，《上海博物館藏戰國楚竹書（一）讀本》，頁44。趙苑夙，《上
博楚簡〈孔子詩論〉文字研究》，頁158～163。

〔註194〕楊聯陞，〈報──中國社會關係的一個基礎〉，《中國思想與制度論集》（臺北：
聯經出版事業股份有限公司，1976），頁362、364～365。

3. 虗（吾）呂（以）〈甘棠〉旻（得）宗富（廟）之敬，民眚（性）
古（固）然⋯⋯【簡24】〔註195〕

〈甘棠〉之「報」，是百姓對召公奭的感恩圖報。但有些學者認爲「報」
的含義不僅於此，如晁福林認爲與社祭相關。羅新慧也認爲包括祭祀和崇
拜，既有對召公的報德之祭，也有對社樹本身的祭祀。趙雅麗甚至認爲除
了「保（報）」之外，亦有「保」、「保（褒）」的涵義，「保」本身就有保
民義，恰好是召公作爲太保的職責，「保（褒）」是對「保」、「保（報）」
的讚賞。〔註196〕

　　法國人類學家毛斯（Marcel Mauss）的「交換理論」，主張藉由「表達性
禮物」的「交換儀式」，確立彼此間的身分關係，在人與人之間製造出一種紐
帶，建立「互惠體系」。故驅使〈琱生三器〉的「琱生」進獻禮物，和督促「召
伯虎」回報承諾，其背後的力量爲「召氏宗族」加諸他們身上的使命。他們
藉由「禮尚往來」的儀式，讓大宗召伯虎與小宗琱生間的等級關係再次確立，
故此儀式隱含權力支配。在「給予」的義務、「接受」的義務、與「回報」的
義務此交換儀式中，雙方各自獲得他們在宗族間的「歸屬感」。所以馬林諾夫
斯基（Bronislaw Malinowski）指出此循環交換體系，不具經濟價值，卻維繫
了社會連帶。〔註197〕

　　總之，〈琱生三器〉所記錄「依循血緣身份進行土地分配」背後的原理，
簡言之即〈琱生尊〉的「勿使散亡」與《詩經‧常棣》的「糾合宗族」。且在
「依循血緣身份進行土地分配」的過程中，搭配大小宗間的「禮尚往來」儀
式，其作用除了確認大小宗間的權力支配外，更重要的是凝聚同宗族間的血
緣情感。

四、結　語

〔註195〕季旭昇主編，《上海博物館藏戰國楚竹書（一）讀本》，頁31、44。
〔註196〕晁福林，〈上博簡《甘棠》之論與召公奭史事探析〉，《南都學壇》，23卷5期，
　　　　2003年9月，頁19～25。羅新慧，〈上博簡《詩論》「甘棠」與上古風俗〉，《陝
　　　　西師範大學學報》，35卷2期，頁21～24。趙雅麗，〈召公與孔儒思想〉，《唐
　　　　都學刊》，2005年5月，頁74～78。
〔註197〕本段「交換理論」參考馬塞爾‧莫斯（Marcel Mauss），《禮物》（上海：人民
　　　　出版社，2005年9月）。馬衛東、張林，〈周代社會中禮物的功能及其流變〉，
　　　　《社會科學戰線》，2004年4期，頁145～149。彼得‧柏克（Peter Burke），
　　　　《歷史學與社會理論》（臺北：麥田出版社，2002年8月），頁154。

　　本文以《詩經》與「召氏家族」相關的篇章和西周〈琱生三器〉作為材料，探討西周宗法體制賦與「宗族長」的「法律審判權」與「土地所有權」，以及嘗試申論此「依血緣身份進行土地分配」背後的象徵意義。

　　韋伯（Max Weber）在《支配社會學》，認為秦漢以後，大一統的中華帝國還是典型的家產制國家。〔註198〕在《中國的宗教》，認為中國傳統社會的行政、法律與司法，在在都顯示家產制色彩，帝王擁有絕對的自由裁量權，在實際司法審判時，容易被法律外的倫理因素左右，重視實質的正義公道，而非形式的法律規定。〔註199〕本節探討的「西周」王朝，與韋伯所理解秦漢後的傳統中國十分相似，都十分重視實質的公道正義，而非法律的表面形式。

　　西周宗法體制，大宗對小宗的權力支配是全面的，如〈逆鐘〉（《集成》00060～00063，西周晚期），大宗叔氏的家臣逆，要擔負小子室家的事務。又如〈不其簋〉（《集成》04328，西周晚期），伯氏命不其，以伯氏之戎車與玁狁作戰，不其建立戰功，伯氏可賜不其「臣五家，田十田」作獎勵。再加上本文〈琱生三器〉，大宗對小宗具有「法律審判權」與「土地分配權」。凡此，皆強調西周宗法社會所賦與大宗宗子的權力之大；但相對其肩負的責任亦重。如裘錫圭所言：

　　　　大宗宗子的支配權，是以全宗族代表的身分來支配宗族財產，「庇
　　　　族」、「收族」對宗主來說不僅是美德，而是必須承擔的義務。〔註200〕
中國古代社會，相當重視「大宗」對於「整個宗族（群體）」的「責任」與「義務」，而非「大宗」個人的「權力」或「權利」。

　　西周宗法體制的權力結構必需用「層次組合」的方式理解，如〈小子省卣〉：

　　　　甲寅，子商（賞）小子省貝五朋，省珥（揚）君商（賞），用乍（作）
　　　　父己寶彝。【《集成》05394，商代晚期】
大宗「子」賞賜給小宗「小子省」貝五朋，小宗答謝大宗賞賜時，稱大宗為「君」，將宗子比作「君」。又如〈虞簋〉：

　　　　虞拜頴首，休躬（朕）匍（實）君公白（伯），易（賜）㡀（厥）臣

〔註198〕韋伯著、康樂譯，《支配社會學Ⅰ》（臺北：遠流出版社，1993年），頁84。此書有時翻成《支配的類型》。
〔註199〕韋伯著、簡惠美譯，《中國的宗教》（臺北：遠流出版社，1989年），頁165。
〔註200〕裘錫圭，〈從幾件周代銅器銘文看宗法制度下的所有制〉，《盡心集——張政烺先生八十壽慶論文集》（北京：中國社會科學出版社，1996年），頁127～136。

弟彔井（邢）五彙（量）……【《集成》04167，西周中期】

作器者「彔」自稱「弟」、又稱「臣」，「伯／弟」對稱爲「宗統」，「君／臣」對稱爲「君統」。以此邏輯類推，在「君統」、「宗統」一體化的社會結構裡，「封建國家」與「宗法家庭（家族）」同構，所以「封建國家」的組織原則，會處處呈現「宗法家庭（家族）」的倫理精神。

在天子坐擁最高宗子權的前提下，讓各小宗族長獨自處理宗族內部事務，反可維繫天子統治。如本節討論《詩經》中與「召氏家族」相關的篇章與〈琱生三器〉，皆展示當時的「宗族長」可算是擁有完全的「法律審判權」與「土地分配權」。因爲統治者深切體認，「政治群體」的感情永遠無法取代「族群」感情，中國傳統社會的宗族血緣力量，始終是中國傳統社會內在秩序的精神堡壘。這些宗法族規不見得都會轉換成法律條文，但卻能左右宗族成員每日的生活起居。即使自西周末年以後，宗法社會不再與封建政治密切結合，但其對社會的規範力或影響力卻未曾稍減，遑論〈琱生三器〉所屬的西周時期。

西周宗法制度依循「血緣身分」進行土地分配，背後所象徵的「實質正義」或「公道」爲「血緣倫理」。中國傳統社會習慣以「家族」而非「個人」作爲法律主體，「個人」對「家族」的責任，比任何「個人權利」都重要。無論是〈琱生尊〉強調的「勿使楸（散）亡」、「其兒（兄）公，其弟乃（仍）」，或是〈琱生三器〉所載大小宗間繁複的「禮尚往來」儀式，都是爲了宣稱「血緣倫理」永遠是中國古代社會的核心價值。雖然秦漢以下政府掌握民力轉依賴戶籍制度，但是基層社會秩序仍多仰賴「血緣倫理」維繫。對傳統、甚至是今日的中國人而言，每個人至少都隸屬於「某家族」或「某宗族」，絕非孤零零的社會存在，此種「血緣」聯繫，比起任何形式的「地緣」或「業緣」聯繫都要穩固，可一脈相傳，綿遠流長，其影響力很難被抹煞。

第二節　秦漢郡縣體制之軍功爵位與土地分配

任憑置身於中國歷史潮流中的哪個階段，「爵位」永遠是衡量中國古代「社會身分」的重要指標。秦漢郡縣體制之「軍功爵位」，緣起於西周，萌芽於春秋戰國，成熟於秦漢。雖然戰國秦漢期間的社會階層，不能單純地以「軍功爵位」全部涵蓋；且「爵位」的獲得途徑相當多元，除「軍功」外，還包括

官職、納粟、買賣、移民、以及廣賜民爵等。但是從相關傳世文獻與出土材料的研究顯示，「軍功」依舊是秦漢王朝獲得「爵位」、組織架構社會階層的重要參照體系。

近出《張家山漢墓竹簡・二年律令》的兩則〈戶律〉（簡 310～313、314～316），詳實記載漢初政權以「二十等軍功爵位」作爲標準，依次分配土地田宅的過程。且被分配的對象，除擁有「二十等軍功爵位」者外，竟包括「平民」與「輕型罪犯」；平民如「公卒」、「士伍」和「庶人」；輕型罪犯如「司寇」和「隱官」。從「凡爵列、官職、賞慶、刑罰，皆報也，以類相從者也」（《荀子・正論》），可知「爵位」的分配被歸屬於「報」的範疇，其分配過程是否符合當時的社會正義，對整體社會秩序的維繫可說是茲事體大。本文旨在揭櫫秦漢帝國依循「軍功爵位」分配土地田宅，支撐其運作，背後所預設的「正義原則」爲何？

本節論述程序，首先嘗試建構「軍功爵制」從西周緣起至秦漢成熟之歷史沿革，其次檢討秦漢軍功爵制依照「軍功爵位」等級分配土地田宅，是否實踐「分配參照體系」從「歸屬性地位」（ascribed status）至「獲得性地位」（achieved status）的歷史演變或社會轉型？〔註201〕且將「平民」、「輕型罪犯」納入分配體系，是否更符合「機會平等」原則？上述所列即「軍功爵制」所賴以興存的「正義條件」嗎？

一、軍功爵制的歷史沿革

西周封建爵制，一般區分爲「五等爵」和「六等爵」，前者涉及國際秩序，後者涉及國家權力支配，雖然應用範圍有異，但構成原則皆是以「血緣關係」作爲基礎，多數對與統治者有血緣關係的貴族開放。不過此封閉型的身分秩序，卻在秦「二十等爵」出現後被徹底打破，開啓平民參政的制式化管道。

（一）緣起：西周爵制

西周封建爵制的傳世文獻，可參考《孟子・萬章下》，北宮錡問曰：「周室班爵祿也，如之何？」孟子答曰：

其詳不可得聞也，諸侯惡其害己也，而皆去其籍。然而軻也嘗聞其

〔註201〕本文「歸屬性地位」和「獲得性地位」的概念，是依據默頓（R.K. Merton）的定義，可參見其著作《社會理論和社會結構》（南京：鳳凰出版傳媒集團　翻譯出版社，2006 年 7 月），頁 583～585。

略也。天子一位，公一位，侯一位，伯一位，子、男同一位，凡五
等也。君一位，卿一位，大夫一位，上士一位，中士一位，下士一
位，凡六等……

又見《禮記・王制》：

王者之制祿爵，公、侯、伯、子、男，凡五等。諸侯之上大夫卿、
下大夫、上士、中士、下士，凡五等。

公、侯、伯、子、男五等是國際關係，相當於西周早期〈大盂鼎〉（《集成》
02837）的「殷邊侯田（甸）」，或是《尚書・酒誥》的「越在外服，侯、甸、
男、衛、邦伯」。「外服」是分封制度，將王畿外的地區分封給諸侯，由諸侯
進行統治。而君、卿、大夫、上士、中士、下士六等是各國內部秩序，相當
於〈大盂鼎〉的「殷正百辟」，或是〈酒誥〉的「越在內服，百僚、庶尹。惟
亞惟服，宗工，越百姓、里居（君）」。「內服」是由君王直接掌控管理王畿的
官僚體系。

　　西周時期是否有公、侯、伯、子、男「五等爵」，在王國維之後的學者，
如傅斯年、郭沫若、楊樹達、陳槃等，皆據金文與傳世文獻「諸侯爵稱不定」，
否定「五等爵」。〔註 202〕直到王世民發表〈西周春秋金文中的諸侯爵稱〉，
他認為過去的學者只在乎國別與爵稱的排列相異，忽略探討爵稱不同的原
因；現在應當更注意各器物的年代與國別，且將諸侯的生前稱號與死後追稱
作區別，如是似乎就可尋繹規律，以解釋爵稱不定的現象。〔註 203〕其後，
陳恩林〈先秦兩漢文獻中所見周代諸侯五等爵〉，則是全面考查傳世文獻，
再次論證中國古代確曾有「五等爵」。〔註204〕這兩派意見，迄至目前為止，

〔註202〕傅斯年，〈論所謂五等爵〉，《中央研究院歷史語言研究所集刊》，2 卷 1 期，
　　　　1930 年，又見《傅斯年全集》（臺北：聯經出版事業股份有限公司，1980），
　　　　頁 34～70。郭沫若，〈金文所無考〉，《郭沫若全集》（北京：科學出版社，2002），
　　　　頁 81～120。楊樹達，〈古爵名無定稱說〉，《積微居小學述林全編》（上海：
　　　　上海古籍出版社，2007），頁 386～396。陳槃，《春秋大事表列國爵姓及存滅
　　　　譌異三訂本》（臺北：中央研究院歷史語言研究所，1997），頁 14～15。陳槃
　　　　的看法有所轉變，他在《春秋大事表列國爵姓及存滅譌異》一書的〈後敍〉
　　　　裡言「五服五等之制，兩周所無……槃初謂然。于今觀之，則似不無可商」，
　　　　於是下引《史記・楚世家》成王賜楚鬻熊以子、男田之事，認為成王時已為
　　　　定制。
〔註203〕王世民，〈西周春秋金文中的諸侯爵稱〉，《歷史研究》1983 年 3 期，頁 3～17。
〔註204〕陳恩林，〈先秦兩漢文獻中所見周代諸侯五等爵〉，《歷史研究》，1994 年 6 期，
　　　　頁 59～72。

尚不能有一公認的定論。

　　本文更關切當時各國內部的等級秩序，上述「君、卿、大夫、上士、中士、下士」等，僅陳述「社會階級」的前半部，乃依靠血緣關係世襲繼承身分的統治階級。「社會階級」的後半部，則是與統治者毫無血緣關係的庶民與奴隸。所以較完整的「社會階級」，應參見楚無宇所論「人有十等」：

　　　　王臣公，公臣大夫，大夫臣士，士臣皁，皁臣輿，輿臣隸，隸臣僚，

　　　　僚臣僕，僕臣臺。馬有圉，牛有牧……（《左傳‧昭公七年》）

「士」以上為貴族。「士」以下的「皁」為穿黑衣的衛士，無爵而有員額；「輿」是眾庶。「隸」以下是不同等級的刑徒和奴婢。〔註205〕

　　總之，西周封建體制國家，通常必須與統治者有血緣關係的貴族，才能獲得象徵身分的「爵」位。而下文所述的「軍功爵位」，雖依然是「身分」的表徵，但它打破傳統「血緣」限制，草創另外一套依照「軍功成就」，分配爵位的制度。

（二）萌芽：春秋戰國軍功爵制

　　春秋、戰國之際，以宗法血緣關係作為基礎的政治社會體系正逐步瓦解；此時列國統治者為順應局勢，力求在最短暫的時間內富國強兵，故紛紛開始重視「軍功爵位」的賞賜，下文擬依照國別，簡述列國實施狀況於後。

　　秦國，春秋時已有「軍功爵制」，如「秦師敗績，獲秦成差及**不更**女父……」之「不更」（《左傳‧成公十三年》），或「秦庶長鮑、**庶長**武帥師伐晉以救鄭……」之「庶長」（〈襄公十一年〉）。但「軍功爵制」的設計漸趨完善且廣佈全國，還是得歸功於戰國秦孝公時的商鞅變法，商鞅將「軍功爵位」由低至高依次排序如下：

　　　　……能攻城圍邑斬首八千以上，則盈論；野戰斬首二千，則盈論。

　　　　吏自操及校以上大將，盡賞行間之吏也。故爵**公士**也，就為**上造**也。

　　　　故爵上造，就為**簪裊**。故爵簪裊，就為**不更**。故爵不更，就為**大夫**。

　　　　爵吏而為縣尉，則賜虜，六加五千六百。爵大夫而為國治，就為大

　　　　夫。故爵大夫，就為**公大夫**，就為**公乘**，就為**五大夫**，則稅邑三百

　　　　家。故爵五大夫，皆有賜邑三百家，有賜稅三百家。爵五大夫，有

　　　　稅邑六百家者，受客。大將御參，皆賜爵三級。故客卿相論盈，就

〔註205〕杜正勝，《編戶齊民　傳統政治社會結構之形成》（臺北：聯經出版事業股份有限公司，1990年3月初版，2004年6月初版3刷），頁38。

正卿，就爲**大庶長**，故大庶長就爲**左更**。故四更也就爲**大良造**，以戰故，暴首三，乃校三日，將軍以不疑，致士大夫勞爵。夫勞爵，其縣四尉，訾由丞尉……（《商君書·境內》）

此與後代《漢書·百官公卿表》等傳世文獻所紀錄的「二十等爵」相較，後者可概分爲「侯」、「卿」、「大夫」、「士」四大類：

1. 侯：徹侯、關內侯
2. 卿：大庶長、駟車庶長、大上造、少上造、右更、中更、左更、右庶長、左庶長
3. 大夫：五大夫、公乘、公大夫、官大夫、大夫
4. 士：不更、簪裊、上造、公士

兩份史料雖有差異，但「軍功爵制」所應具備的基本精神，如「有軍功者，各以率受上爵」、「宗室非有軍功論，不得爲屬籍」，和「明尊卑爵秩等級，各以差次名田宅，臣妾衣服以家次。有功者顯榮，無功者雖富無所芬華」等（皆出自《史記·商鞅列傳》），在商鞅變法時，皆已大致底定且廣推於秦。

商鞅履行「軍功爵制」，其意圖在協助當時積弱貧窮的秦國走向富強盛世，此類論點屢見於《商君書》，其中又以〈農戰〉的討論最密集。商鞅覺得「凡人主之所以勸民者，官爵也」，又「國之所以興者，農戰也」，故只有將「官爵」與「農戰」結合，境內之民才不會「務學詩書，隨從外權」，或「靡事商賈，爲技藝」以避農戰。只有在全國皆兵、全民皆農、耕戰合一的條件下，地楚蠻荒的秦國才有統一六國、稱霸中原的機會。

春秋、戰國時期，隨著列國戰爭次數的頻繁，與戰爭規模的擴大，此種打破血緣身分，依照軍功成就行賞的制度，不只見於秦國，東方六國亦是。

齊國，如齊桓公治理國政時，預計達成的目標爲「政既成，鄉不越長，朝不越爵，罷士無伍，罷女無家」（《國語·齊語》），其中「朝不越爵」之「爵」就是「軍功爵位」。

晉國，依叔向所言「夫爵以建事，祿以食爵，德以賦之，功庸以稱之」（《國語·晉語》），君主所任命的職事，所頒賜的俸祿，要以爵位高低作依據，而爵位高低乃取決於品德和功勞，此可與「爵祿循功」（《韓非子·八經》），或是「推功而爵祿」（〈人主〉）相比附。又如春秋晚期趙簡子伐鄭的誓詞：「克敵者，上大夫受縣，下大夫受郡，士田十萬，庶人工商遂，人臣隸圉免」（《左傳·哀公二年》），「庶人工商遂」，庶人、工、商可因殺敵有功，而免去對他

們不得仕進的規定。〔註206〕

　　當然成效最卓著的還是楚國，戰國楚悼王時的「吳起變法」，可與戰國秦孝公時的「商鞅變法」互相媲美，茲徵引幾則與「吳起變法」相關的文獻於下：

1. 吳起爲楚悼王立法，卑減大臣之威重，罷無能，廢無用，損不急之官，塞私門之請，一楚國之俗，禁游客之民，精耕戰之士……（《史記·范雎蔡澤列傳》）

2. 昔者吳起教楚悼王以楚國之俗曰：「大臣太重，封君太眾，若此則上偪主而下虐民，此貧國弱兵之道也。不如使封君之子孫三世而收爵祿，絕滅百吏之祿秩，損不急之枝官，以奉選練之士。」（《韓非子·和氏》）

3. 吳起曰：「將衰楚國之爵而平其制祿，損其有餘而綏其不足，砥礪甲兵，時爭利於天下」。（《淮南子·道應訓》）

當時楚國曾因「大臣太重，封君太眾」而國貧兵弱，故吳起的改革之道在「將衰楚國之爵而平其制祿」，實際作法是沒收封君子孫三世的爵祿，改賞耕戰之士。凡此，皆是君王迫於局勢，體認惟有「砥礪甲兵」，才有爭利天下的機會。

　　《荀子·議兵》和《漢書·刑法志》甚至將「齊國」、「魏國」和「秦國」的「軍功爵制」相比較，討論爲何「秦國」的「軍功爵制」最具成效？

　　首先評論「齊國」：

1. 齊人隆技擊，其技也，得一首者，則賜贖錙金，無本賞矣。是事小敵毳則偷可用也；事大敵堅則渙焉離耳，若飛鳥然，傾側反覆無日，是亡國之兵也，兵莫弱是矣，是其去賃市傭而戰之幾矣。（《荀子·議兵》）

2. 若齊之技擊，得一首則受賜金。事小敵脆，則媮可用也；事鉅敵堅，則渙然離矣。是亡國之兵也。（《漢書·刑法志》）

齊國爲亡國之兵，只可事小敵毳，無法事大敵堅，關鍵在「無本賞」。「無本賞」，指齊國只看是否斬獲敵人首級以進行獎賞，不問戰事勝敗。是故只要斬首，雖

〔註206〕李家浩，〈齊國文字中的「送」〉，《著名中年語言學家自選集·李家浩卷》（合肥：安徽教育出版社，2002年12月），頁42。

戰敗亦賞；不斬首，雖戰勝不賞，可謂本末倒置，違背賞賜的初衷。〔註207〕

其次評論「魏國」：

1. 魏氏之武卒，以度取之，衣三屬之甲，操十二石之弩，負服矢五十個，置戈其上，冠冑帶劍，贏三日之糧，日中而趨百里，中試則復其戶，利其田宅，是數年而衰，而未可奪也，改造則不易周也，是故地雖大，其稅必寡，是危國之兵也。（《荀子・議兵》）

2. 魏氏武卒，衣三屬之甲，操十二石之弩，負矢五十个，置戈其上，冠冑帶劍，贏三日之糧，日中而趨百里，中試則復其戶，利其田宅。如此，則其地雖廣，其稅必寡，其氣力數年而衰。是危國之兵也。（《漢書・刑法志》）

魏國爲危國之兵，關鍵在「中試則復其戶，利其田宅」。「復其戶」，免除他家的繇役。「利其田宅」較有爭議，或說是不收田宅稅，或說是給予好的田宅，或是融合二說，既賞賜未開墾的田地，且在若干年間，免除對這些土地的稅務負擔。〔註208〕如此國家的賦稅將日益稀少，即使腹地再廣大，也難逃國勢衰弱的命運。

最後評論「秦國」：

1. 秦人，其生民也陿阸，其使民也酷烈，劫之以埶，隱之以隘，忸之以慶賞，鰍之以刑罰，使天下之民所以要利於上者，非鬭無由也。阸而用之，得而後功之，功賞相長也，五甲首而隸五家，是最爲眾彊長久，多地以正。故四世有勝，非幸也，數也。（《荀子・議兵》）

2. 秦人，其生民也陿，其使民也酷烈。劫之以勢，隱之以，狃之以賞慶，道之以刑罰，使其民所以要利於上者，非戰無由也。功賞相長，五甲首而隸五家，是最爲有數，故能四世有勝於天下。然皆干賞蹈利之兵，庸徒鬻賣之道耳，未有安制矜節之理也。故雖地廣兵彊，鰓鰓常恐天下之一合而共軋己也⋯⋯（《漢書・刑法志》）

秦國所以能「眾彊長久」，歷經孝公、惠王、武王、昭王「四世有勝」，關鍵

〔註207〕王先謙，《荀子集解》（北京：中華書局，2007 年 4 月 5 刷），頁 271～272。

〔註208〕王先謙，《荀子集解》，頁 272～273。守屋美都雄，《中國古代的家族與國家》（上海：上海古籍出版社，2010 年 3 月），頁 85。

在「功賞相長也，五甲首而隸五家」。王先謙認爲「有功而賞之使相長，獲得五甲首，則役隸鄉里之五家」。〔註209〕守屋美都雄認爲「功賞相長也」，是「功與賞，互相長」，功與賞并行擴大。「五甲首而隸五家」的「隸」，則是「隸僕」（《商君書·境內》），或是「臣妾」。〔註210〕杜正勝認爲「甲首」非敵人首級，是「車右、保介和驂乘」。〔註211〕

由上可知，山東列國鼓舞軍隊士氣的方法與秦不同，此乃勝負的關鍵。山東列國「爵祿分途」，賜爵之途多端，爵流於濫，戰功卻不在內，故無法依照「軍功祿賞」塑造新身分。〔註212〕以至於即使齊國、魏國亦推行「軍功爵制」，但其成效根本不能與秦國相提並論。在春秋、戰國這個兵馬倥傯的亂世裡，唯有「軍功爵制」能夠力保戰士不會在戰爭中臨陣脫逃，永遠維持驍勇善戰的最佳狀態，此也是秦國最終能稱霸中原的主要因素。

（三）成熟：西漢初年軍功爵制

公元前 202 年初，西漢高祖劉邦殲滅項羽統一全國，結束自秦二世以降的紛亂殘局，建立統治長達四百多年的大漢王朝。在國家政治體制方面，學界的共識爲「漢承秦制」，但是否包括「軍功爵制」呢？

西漢高祖劉邦曾在五年五月頒布一道詔書：

> 夏五月，兵皆罷歸家。詔曰：諸侯子在關中者，復之十二歲，其歸者半之。民前或相聚保山澤，不書名數，今天下已定，令各歸其縣，復故爵田宅，吏以文法教訓辨告，勿笞辱。民以飢餓自賣爲人奴婢者，皆免爲庶人。軍吏卒會赦，其亡罪而亡爵及不滿大夫者，皆賜爵爲大夫。故大夫以上賜爵各一級，其七大夫以上，皆令食邑，非七大夫以下，皆復其身及戶，勿事。又曰：七大夫、公乘以上，皆高爵也。諸侯子及從軍歸者，甚多高爵，吾數詔吏先與田宅，及所當求於吏者，亟與。爵或人君，上所尊禮，久立吏前，曾不爲決，甚亡謂也。異日秦民爵公大夫以上，令丞與亢禮。今吾於爵非輕也，吏獨安取此！**且法以有功勞行田宅**，今小吏未嘗從軍者多滿，而有功者顧不得，背公立私，守尉長吏教訓

〔註209〕王先謙，《荀子集解》，頁273～274。
〔註210〕守屋美都雄，《中國古代的家族與國家》，頁101。
〔註211〕杜正勝，《編戶齊民——傳統政治社會結構之形成》，頁345～346。
〔註212〕杜正勝，《編戶齊民——傳統政治社會結構之形成》，頁383～392。

甚不善。其令諸吏善遇高爵，稱吾意。且廉問，有不如吾詔者，
以重論之。(《漢書・高帝紀下》)

朱紹侯認為此詔書的重點有三，一是令逃亡山林的流民回歸原籍，恢復其在
秦朝的爵位田宅；二是將奴隸免為庶人；三是提高軍吏卒的爵位與官位。其
中「法以有功勞行田宅」，最能展現西漢初年按照「軍功」行賞田宅的樣貌。
〔註213〕

　　漢高祖五年詔書，楊一民認為是漢朝最後一次實行「軍功爵制」，自此漢
代全面推行「民爵制」，以漢惠帝即位時發布的詔令為標誌。〔註214〕邢義田也
認為漢初的《二年律令》已無《軍爵律》，但有《爵律》之目，依「二十等爵」
授田宅的律則，被整理者安排在《戶律》，授田宅已和軍功無關，從《軍爵律》
變化為《爵律》、《戶律》，正好說明軍民律令之分化。〔註215〕當今學界一般認
為秦漢賜爵的最大差別，秦是依照「軍功」績效進行授與，而漢是廣對庶民
毫無差別的賜予，兩漢共420年間，廣賜民爵的次數竟高達90回，眾多庶民
都成為有爵者；說明皇帝與庶民間，正是以「爵」作為媒介結合。〔註216〕但
是「軍功爵」與「民爵」真能截然二分嗎？且分界點真是漢高祖五年的這道
詔書嗎？

　　1978年，青海孫家寨115號墓出土近400枚木簡，包括西漢前期的軍事
法規文書，仍記載軍功受爵的相關內容。〔註217〕且近出《張家山漢墓竹簡・
二年律令》雖然沒有〈軍爵律〉，但亦保有不少與「軍功爵制」相關的法規。
關於〈二年律令〉的年代，目前有呂后二年、高祖二年、惠帝元年、和惠帝
二年等諸說（可參考本論文〈緒論〉），本文較贊成呂后二年只是下限，而抄
寫上限應始自高祖五年。〔註218〕換句話說，〈二年律令〉是歷經高帝、惠帝和
呂后三朝而成，故最懂慎的態度是寬泛地以「漢初」視之。當〈二年律令〉

〔註213〕朱紹侯，《軍功爵制考論》（北京：商務印書館，2008年11月），頁95～98。
〔註214〕楊一民，〈戰國秦漢時期爵制和編戶民稱謂的演變〉，《學術月刊》，1982年9
　　　　月，頁68～73。
〔註215〕邢義田，〈從張家山漢墓竹簡〈二年律令〉重論秦漢的刑期問題〉，《台大歷史
　　　　學報》36，2005年12月，頁407～432。
〔註216〕西嶋定生，《中國古代帝國的形成與結構》（北京：中華書局，2004年10月），
　　　　頁551。
〔註217〕冨谷至，《秦漢刑罰制度研究》（桂林：廣西師範大學出版社，2006年4月），
　　　　頁214～216。
〔註218〕李力，《張家山247號墓漢簡法律文獻研究及其述評》（東京外國語大學アジ
　　　　ア・アフリカ言語文化研究所，2009年11月13日），頁361～362。

的這兩則〈戶律〉（簡 310～316），參照「二十等爵位」，賞賜不同比例田宅時，因爲距離西漢一統天下的時間尚不太遠，此「二十等爵」的位階高低，還是依據「軍功」大小才是。頂多〈二年律令・戶律〉所載之「被分配不同比例田宅」的「接受者」，並非當初建立軍功者，而是經血緣身分繼承的後世子孫，但是依「二十等爵位」分配田宅的等級差異，評斷的標準，仍是舊時的軍功成就，而非血緣身分。

二、秦漢郡縣體制依循軍功爵位分配土地的相關討論

「爵位」，自始至終皆是中國傳統「社會身分」的象徵。不同的是，西周封建爵位，探認的是受爵者與統治者間的「血緣」關係，而戰國秦漢軍功爵位，探認的是受爵者對國家的「軍功」貢獻。二者頗符合默頓（Robert King Merton）所定義的「歸屬性地位」（ascribed status）與「獲得性地位」（achieved status）之別。〔註 219〕本文擬以《張家山漢墓竹簡・二年律令》的兩則〈戶律〉作爲分析文本，探討當時依照「軍功」高低「名田宅」，背後所象徵的意義。

上述西漢高祖劉邦於五年詔書的「以有功勞行田宅」，並非高祖首創。依照「軍功」授田宅的源流甚早，西周初年除遵循「親親」原則分封同姓子弟之外，也會對伐商有功的將士進行封賞，如「武王伐紂，士伍往者，人有書社」（《管子・版法解》）。西周其他封賞田地給戰士的例證，還可參見〈大保簋〉、〈不娶簋〉、〈敔簋〉、〈多友鼎〉等。〔註 220〕茲舉〈大保簋〉爲例：

> 王伐彔子耶（聽），叔雫（厥）反。王降征令于大保，大保克敬亡魯（譴）。
> 王侃大保，易（賜）休余土，用丝（兹）彝對令。【《集成》4140，
> 西周早期，《銘文選》36】

且商鞅雖非「以軍功賜爵」和「田宅占有制度」的創建者，但他卻是把「耕戰」作爲獲得「爵位」和「田宅」的前提，並使之「制度化」的第一人。劉邦繼承的正是從商鞅變法以來，秦國所實行「以爵位名田宅」的體制。

西方學者對於歷史潮流中「歸屬性地位」逐漸被「獲得性地位」取而代之，多持肯定的態度。如柏拉圖在《理想國》，提出統治者不該基於「出生」，而是應該參照「成就」，分配每個人的「社會地位」，比較符合「正義」原則。

〔註 219〕默頓（R.K. Merton），《社會理論和社會結構》（南京：鳳凰出版傳媒集團 翻譯出版社，2006 年 7 月），頁 583～585。

〔註 220〕李朝遠，《西周土地關係論》（上海：人民出版社，1997 年 1 月），頁 118。

亞里斯多德《倫理學》和羅馬《查士丁尼法典》也有相似的說法。〔註221〕依此檢視「軍功爵制」，其最為後人津津樂道處，就在於它採認「軍功成就」，此類似於「獲得性地位」的標準，依此原則分配田宅，是否更符合「正義原則」，將於下文中討論。

《張家山漢墓竹簡‧二年律令》的兩則〈戶律〉，除上述依照「軍功成就」分配土地田宅外，另外一項顯著特色即是廣對「庶民」和「罪犯」分配土地田宅。後者可挪用羅爾斯（John Rawls）在《正義論》和《作為公平的正義：正義新論》皆有提到「兩項正義原則」的「第二項正義原則」作為檢證標準。因為《作為公平的正義：正義新論》後出，對《正義論》首創的定義做過修正，故本文以《作為公平的正義：正義新論》的修改定義為主：

　（2）社會和經濟的不平等應該滿足兩個條件：第一，它們所從屬的職位和地位應該在公平的機會平等條件下對所有人開放；第二，它們應該讓社會之最不利成員獲得最大好處（差異原則）；在第二原則中，公平的機會平等優先於差異原則。〔註222〕

漢律中廣對「庶民」和「罪犯」分配土地田宅，可供「正義原則」檢驗的標準分別為是否更符合機會平等條件？且能讓社會最不利成員獲得最大好處嗎？

（一）軍功爵位將分配標準由「身分」向「才能」開放

西周封建制的特色之一便是「世襲」，不只天子、諸侯、大夫世襲，基層社會也世襲，故有「農之子常為農，工之子常為工」（《管子‧小匡》）的傳統，相當重視「血緣關係」。演變為秦漢皇帝制後，除皇帝仍為世襲外，其他居地方行政首長之位的郡守及縣令長等，皆由皇帝視其政績任用，不世襲，稱為「尚賢」。自此「血緣關係」逐漸退出國家權力舞台，但依然為社會結構的基石。此從「血緣身分世襲制」至「軍功才能尚賢制」的演變，導致整個社會型態開始從「封閉」走向「開放」，處處充斥著「社會階級」的自由流動。

1.《張家山漢墓竹簡‧二年律令‧戶律》依軍功分配田宅

〔註221〕丹尼斯‧羅伊德（Dennis Lloyd），《法律的理念》（北京：新星出版社，2005年11月），頁93。

〔註222〕羅爾斯，《作為公平的正義：正義新論》（臺北：左岸事業有限公司，2002年11月），頁53～54。

　　秦代「土地所有權」，可概分爲「原始取得」與「賜爵、承繼取得」兩種。
〔註223〕《張家山漢墓竹簡·二年律令》的兩則〈戶律〉，爲西漢官府依照「軍
功爵位」分配田宅的實錄。（直接相關簡文，以加底線的方式標示）：

1. 關內侯九十五頃，大庶長九十頃，駟車庶長八十八頃，大上造八
   十六頃，少上造八十四頃，右更八十二頃，中更八十頃，左更七
   十八頃，右庶長七十六頃，左庶長七十四頃，五大夫廿五頃，公
   乘廿頃，公大夫九頃，官大夫七頃，大夫五頃，不更四頃，簪裊
   三頃，上造二頃，公士一頃半頃，公卒、士五（伍）、庶人各一
   頃，司寇、隱官各五十畝。不幸死者，令其後先擇田，乃行其餘。
   它子男欲爲戶，以受其殺田予之。其已前爲戶而毋田宅，田宅不
   盈，得以盈。宅不比，不得。【戶律 310～313，216～219】

2. 宅之大方卅步。徹侯受百五宅，關內侯九十五宅，大庶長九十宅，
   駟車庶長八十八宅，大上造八十六宅，少上造八十四宅，右更八
   十二宅，中更八十宅，左更七十八宅，右庶長七十六宅，左庶長
   七十四宅，五大夫廿五宅，公乘廿宅，公大夫九宅，官大夫七宅，
   大夫五宅，不更四宅，簪裊三宅，上造二宅，公士一宅半宅，公
   卒、士五、庶人一宅，司寇、隱官半宅。欲爲戶者，許之。【戶
   律 314～316，216～219】

此二十等軍功爵位，由高至低依次爲：

徹侯、關內侯、大庶長、駟車庶長、大上造、少上造、右更、中更、
左更、右庶長、左庶長、五大夫、公乘、公大夫、官大夫、大夫、
不更、簪裊、上造、公士。

學者大致贊同上述二十等爵位，可再劃分爲「侯──卿──上大夫──下大
夫──士」五大等級，與《續漢書·百官志》引劉劭〈爵制〉大體相近。〔註
224〕西漢政權依照「軍功爵位」，進行「財產」、「權力」再分配的歷史任務尚
未完成，所以時至西漢初年，整個王朝仍舊是軍功地主們的天下。

　　秦漢郡縣體制參照的「軍功爵位」屬於「獲得性地位」，西周封建體制參

〔註223〕傅榮珂，〈秦律民法所有權之研究〉，第一屆簡牘學術研討會，嘉義：嘉義大
　　　　學中文所，2003 年 7 月 12 日。

〔註224〕邢義田，〈張家山漢墓竹簡二年律令讀記〉，《燕京學報》，新 15，2003 年 11
　　　　月，頁 1～46。

照的「血緣身分」屬於「歸屬性地位」，依照「軍功爵位」分配土地田宅，是否會比依照「血緣身分」更符合「正義原則」呢？

西周封建體制參照「血緣身分（歸屬性地位）」的分配方式，就像荀子所言之「以世舉賢」，此是亂世既有的社會現象。因爲「以世舉賢」，其精神爲「先祖當賢，子孫必顯，行雖如桀、紂，列從必尊，此以世舉賢也」。但是夏禹、商湯的賢能，但並不足以保證其後代子孫夏桀、商紂亦能克紹箕裘，賡續其治國理念，開創另一番歷史新局。「以世舉賢」僅看重「禹——桀」、「湯——紂」間的「血緣傳承」，即使明知「桀、紂」不適任，也必須讓他們繼承君位。所以荀子會對此立下「雖欲無亂，得乎哉」的歷史評價（上述原文皆參《荀子‧君子》）。且依照「血緣身分（歸屬性地位）」分配身分，會讓社會成員持「命定論」，因再也無法憑恃個人後天奮鬥，改善目前的社經地位，整個社會皆因此變成缺乏階級流動的「封閉型社會」。

反之，秦漢郡縣體制參照「軍功爵位（獲得性地位）」的分配方式，此不過問血緣出身，只要建立軍功，即可依照軍功成就重新分配爵位，再次審定其社會身分；整個社會皆因此變成階級間可自由上下流動的「開放型社會」。墨子於其學說中，特別提倡「尚賢」，毫無疑問應爲「獲得性地位」的擁護者，如：

> ……故古者聖王甚尊尚賢而任使能，不黨父兄，不偏貴富，不嬖顏色，賢者舉而上之，富而貴之，以爲官長；不肖者抑而廢之，貧而賤之以爲徒役……雖在農與工肆之人，有能則舉之，高予之爵，重予之祿，任之以事，斷予之令……量功而分祿，故官無常貴，而民無終賤，有能則舉之，無能則下之，舉公義，辟私怨，此若言之謂也……（《墨子‧尚賢》）

墨子「不黨父兄，不偏貴富」，反對「世官世祿」，認爲「才德功績」才是社會階級流動的首要條件。

法家向來非常重視「官職爵祿」的分配，如韓非子主張：

> ……明主之爲官職爵祿也，所以進賢材勸有功也。故曰：賢材者，處厚祿任大官；功大者，有尊爵受重賞。官賢者量其能，賦祿者稱其功。是以賢者不誣能以事其主，有功者樂進其業，故事成功立……（《韓非子‧八姦》）

此即「明主之道，取於任，賢於官，賞於功」（〈八經〉）。韓非嘗試區分「賢

於官」與「賞於功」，非常值得推崇。「賞於功」，爲依照「功勞」大小決定「爵位」高低，當時的「功」以「軍功」爲主。至於「賢於官」，下文會再細論。韓非認爲「賞於功」，「則人不私父兄而進其仇讎」，民眾就會知道獎賞的標準「出乎公利」，會使「民尊爵」，進而「民重所以賞也則國治」（〈八經〉）。但若是「用諸侯之重，聽左右之謁，父兄大臣上請爵祿於上，而下賣之以收財利及以樹私黨」、「有左右之交者請謁以成重」，則「有功者墮而簡其業，此亡國之風也」（〈八姦〉）。故明主務必「推功而爵祿」，讓「有功者受重祿」，更重要的是止「私門之請」、散「私門之屬」（〈人主〉）。當時社會最重要的「私門」爲「血緣宗親」，如「父兄大臣上請爵祿於上」就是「私門之請」。由此推論，依照「軍功成就」分配「社會身分」最重要的「政治正當性」，即在於「公利」二字。

且秦漢郡縣體制依循「軍功爵位」分配土地，是身負歷史任務的。此可參「慶賞不漸則兵弱，將率不能則兵弱」（《荀子・富國》），又如「好士者強，不好士者弱」、「賞重者強，賞輕者弱」、「重用兵者強，輕用兵者弱」（〈議兵〉）等。「軍功爵位」崛起於春秋，盛行於戰國，當時戰爭頻仍，勝負往往取決於將士的戰鬥力，重賞之下必有勇夫，以「軍功爵位」作爲獎賞，不啻爲激發將士昂揚鬥志的良計。此「軍功爵制」所肩負的歷史任務以《商君書・農戰》所述最詳，因「凡人主之所以勸民者，官爵也」，又因「國之所以興者，農戰也」，既然國家興盛的關鍵在「農戰」，而人主最能勸民從事「農戰」的籌碼在「官爵」，所以「軍功爵制」，就在此歷史背景下應運而生。

《張家山漢墓竹簡・二年律令》的兩則〈戶律〉之所以彌足珍貴，其價值在於它們不僅與「軍功爵制」相涉，亦與「授田制」有關。此乃首份揭櫫「秦漢軍功爵位層級高低」與「土地田宅分配比例多寡」呈現「正相關」的「同時史料」。

西周土地制度，推測大致爲「宗族」、「井田（共耕）」的方式，但是從戰國以來，列國多轉爲「授田制」。〔註225〕而「受田」的依據多是「軍功爵位」，如「能得爵首一者，賞爵一級，益田一頃，益宅九畝」（《商君書・境內》），又如本文所列舉的這兩則〈戶律〉。綜觀春秋、戰國時期的社經條件，鐵製農具和牛耕技術相繼出現，西周那種宗族、井田（共耕）的農作型態，實在沒

〔註225〕裘錫圭，〈戰國時代社會性質試探〉，《古代文史研究新探》（南京：江蘇古籍出版社，2000 年 1 月 2 刷），頁 415～418。

有繼續的必要。再加上集權君主「個別支配人民」成為主流，其措施包括徵收算賦、口賦、貲產稅，徵調服繇役、兵役，徵收田租等，依照「軍功爵位」分配田宅僅是其中的一環。鑒於「授田」往往與「服役」相輔相成，故這兩則〈戶律〉雖僅規定人民擁有從國家獲得田宅的權利，但其實也代表這些接受田宅的民眾，必須擔負起對國家履行兵役的義務。邢義田甚至認為政府賜庶民田宅、土地和爵的根本原因，是由於當時人們思考仍無法跳脫「唯士以上可以執干戈以衛社稷的封建觀念」，所以「秦漢二十等爵的最後一級仍以公士為名」。〔註226〕

至於這兩則〈戶律〉依照「軍功爵位」分配田宅，是否符合「正義原則」呢？當時政權按照六級等次授與田宅，其授田總數不僅高於秦，也高於呂后以後的漢。依照朱紹侯的統計分析：

1. 卿爵級和大夫爵的前三級，其佔有田宅數高於秦國早期軍功爵制，
2. 官大夫佔有田宅數與秦國早期軍功爵制相等，
3. 大夫及小爵四級佔有田宅數均低於秦國早期軍功爵制。〔註227〕

經此比對，「軍功爵制」的發展歷程，有愈來愈向高爵傾斜的特徵，低爵者已不再可能像秦國早期「軍功爵制」，可逐級晉升至高爵。若此，則漢初《張家山漢墓竹簡・二年律令》的這兩則〈戶律〉（簡310～316），以田宅分配的「比例」而言，反倒不如秦國早期商鞅變法時的「軍功爵制」符合「正義」。

依照軍功爵位劃分「社會身分」，甚至依照軍功爵位「名田宅」，從某些角度而言，的確比依照「血緣身份」更符合分配正義。因為「血緣身份」是命定的，不可能再靠後天努力改變；反之，「軍功成就」是人成的，可以憑恃自身意志改變。此也是古今中外學者或常人，皆認同依照「獲得性地位」分配，比依照「歸屬性地位」分配更符合「正義原則」的原因吧！不過若是為了「搶軍功」、「奪爵位」而不擇手段，如：

> 斬一首者爵一級，欲為官者為五十石之官；斬二首者爵二級，欲為官者為百石之官。（《韓非子・定法》）

此「商君之法」的「官爵之遷」，明顯與「斬首之功」相符稱。又如

〔註226〕邢義田，〈從張家山漢墓竹簡〈二年律令〉論秦漢的刑期問題〉，《台大歷史學報》31期，2003年6月，頁311～323。

〔註227〕朱紹侯，《軍功爵制研究》（上海：人民出版社，1990年），頁100～102、186。

《睡虎地秦墓竹簡・封診式》的兩則奪首案件，分別為：

> ……甲告曰：「甲，尉某私吏，與戰刑（邢）丘城。今日見丙戲旞（遂），
> 直以劍伐癏丁，奪此首，而捕來詣……【封診式31～33，153】

「旞」疑讀為「遂」，《史記・蘇秦列傳》索隱曰：「道也」。「直」，《史記・留侯世家》索隱引崔浩云：「猶故也」，即故意。此案敘述士伍丙故意用劍砍傷丁，搶奪首級，所以甲將丙捕獲，且要丁驗傷。以及：

> □□□□某爰書：某里士五（伍）甲、公士鄭才（在）某里曰丙共
> 詣斬首一，各告曰：「甲、丙戰刑（邢）丘城，此甲、丙得首殹（也），
> 甲、丙相與爭，來詣之」……【封診式34～36，153】

此或許即戰國名士魯仲連為何要協助趙國抵禦秦國的緣由，因為他認為秦國是「棄禮義而上首功之國也」（《戰國策・趙三・秦圍趙之邯鄲》）。當境內百姓為了謀取軍功成就，甚至泯滅人性的爭奪敵方首級，這樣的國家即使富強，卻已喪失禮義薰陶，其社會風氣將再難回復原先的純厚善良！

2.「官爵合一」與「官爵分立」

西周封建「爵位」，兼具「身份」和「官祿」雙重意義，因為西周封建是「以官爵人」（《儀禮・士冠記》）。此「官爵不分」的傳統，至秦爵第五等以上的大夫亦然，與漢爵「官爵分立」並不相類。但漢代官僚體制追求「以能任官」，最後卻導致「官爵分離」和「二十等爵」消亡。簡言之，若要概分秦漢「官、爵制度」的差別，秦代是「爵重於官」，漢代則是「官重於爵」。〔註228〕

西漢惠帝將「賜吏爵」制度化，即已聲明「爵」、「官」不再相關。〔註229〕此西漢開始「爵」、「官」漸趨分離的證據，還可參考《張家山漢墓竹簡・二年律令》，尤其是〈賜律〉，如「吏官卑而爵高」（簡294），同時揭示當時「官爵分離」以及「官重爵輕」的現象。又如：

> 賜不為吏及宦皇帝者，關內侯以上比二千石，卿比千石，五大夫比
> 八百石，公乘比六百石，公大夫、官大夫比五百石，大夫比三百石，
> 不更比有秩，簪裊比鬥食，上造、公士比佐史。毋爵者，飯一鬥、

〔註228〕陳直，《居延漢簡研究》（天津：天津古籍出版社，1986年），頁63。杜正勝，
　　　　《編戶齊民　傳統政治社會結構之形成》，頁325～330。卜憲群，〈二十等賜
　　　　爵制與官僚制〉，《原學》6（北京：中國廣播電視出版社，1998年），頁92、
　　　　94。
〔註229〕高敏，《秦漢史論稿》（臺北：五南圖書出版，2002年8月），頁41～45。

肉五斤、酒大半鬥、醬少半升。司寇、徒隸，飯一鬥、肉三斤、酒
少半鬥、醬廿分升一。【賜律 291～293，211～212】

此乃「爵位」與「官級」間的階級對照。

其實據《張家山漢墓竹簡‧二年律令》，有關「官」、「爵」的階級對照標
準並非僅此一套，如〈傳食律〉就另有標準：

丞相、御史及諸二千石官使人，若遣吏、新爲官及屬尉、佐以上徵
若遷徙者，及軍吏、縣道有尤急言變事，皆得爲傳食。車大夫粺米
半斗，參食，從者糗（糲）米，皆給草具。車大夫醬四分升一，鹽
及從者人各廿二分升一食馬如律，禾之比乘傳者馬。使者非有事其
縣道界中也，皆毋過再食。其有事焉，留過十日者，稟米令自炊。
以詔使及乘置傳，不用此律。縣各署食盡日，前縣以誰續食。食從
者，二千石毋過十人，千石到六百石毋過五人，五百石以下到二（三）
百石毋過二人，二百石以下一人。使非吏，食從者，卿以上比千石，
五大夫以下到官大夫比五百石，大夫以下比二百石；吏皆以實從者
食之。諸吏乘車以上及宦皇帝者歸休若罷官而有傳者，縣舍食人馬
如令。【傳食律 232～237，184～186】

此律說明政府派人出差，對於有爵位、而非現任官吏者，他們寄居傳舍（政
府招待所）時，各級人員皆有不同的伙食標準。由於此僅是對暫住人員的規
定，所以「官」、「爵」對照僅粗略地分作「卿以上」、「五大夫以下至官大夫」、
「大夫以下」三個等級，而「大夫爵位」與「官級」的對照差距不斷擴大，
甚至出現多人徒有「爵位」卻無「官職」的懸殊差距，此總體發展的趨勢爲
「官重爵輕」。〔註230〕

再據《張家山漢墓竹簡‧奏讞書》，漢初的「求盜」、「亭校長」、「發弩」、
「獄史」之類的走卒胥吏，竟擁有「大夫」、「大庶長」爵位。又如〈奏讞書〉
案例十五的「醴陽令恢」，他的官秩僅六百旦，但他的爵位竟高達「卿」的最
後一級「左庶長」（簡 69～74）。整體而言，漢初「軍功爵位」的賞賜愈來愈
輕濫，所以從「官爵合」至「官爵分」，可說是歷史發展的必然走勢。

其實依照「爵位」賞賜「官秩」本就不妥當，因此潛藏官員未必擅長政

〔註230〕朱紹侯，〈從《二年律令》看與軍功爵制有關的三個問題〉，《張家山漢墓竹簡
　　　　《二年律令》研究文集》（桂林：廣西師範大學出版社，2007 年 6 月），頁 75
　　　　～76。

事的弊端。無論當時「爵位」的取得，是依照「血統身分」或是「軍功成就」，皆不符合擔任「行政官僚」所必備的條件。西漢「國家官僚體制」若要健全發展，都勢必走向「官爵分離」這條路，「爵以功爲先後，官用能爲次序」（《漢書‧外戚恩澤侯表序》），「官僚體系」得另外建立一套更合理的任用標準。

先秦時代諸子百家不約而同地都相當推崇個人「才能」，尤其是官僚體制中每位官員的「政治才能」。儒家相關主張，如「賢者在位，能者在職」（《孟子‧公孫丑上》）；「若夫譎德而定次，量能而授官，使賢不肖皆得其位，能不能皆得其官，萬物得其宜，事變得其應」（《荀子‧儒效》）；「王者之論，無德不貴，無能不官，無功不賞，無罪不罰。朝無幸位，民無幸生。尚賢使能，而等位不遺；析愿禁捍，而刑罰不過」（〈王制〉）；「德必稱位，位必稱祿，祿必稱用」（〈富國〉）；「論德而定次，量能而授官，皆使人載其事而各得其所宜……」（〈君道〉）等。

但先秦儒家所言的「才能」，眞是特指「官僚體制」所必備的「政治才能」嗎？法家韓非有一段論述可資借鑑：

> ……商君之法曰：「斬一首者爵一級，欲爲官者爲五十石之官；斬二首者爵二級，欲爲官者爲百石之官。」官爵之遷與斬首之功相稱也。
> 今有法曰：斬首者令爲醫匠，則屋不成而病不已。夫匠者，手巧也；而醫者，齊藥也；而以斬首之功爲之，則不當其能。今治官者，智能也；今斬首者，勇力之所加也。以勇力之所加、而治智能之官，是以斬首之功爲醫匠也……（《韓非子‧定法》）

韓非區分「官」、「爵」，他認爲商鞅將「官爵之遷」與「斬首之功」相稱並不合理。戰士、官員、醫生、工匠等各行各業的人，各有其才能，會打戰的戰士不見得會醫病，會建築的工匠不見得會治國。眞正的明君，是懂得操持君王之「術」者。所謂「術者」，「因任而授官，循名而責實，操殺生之柄，課群臣之能者也，此人主之所執也」（〈定法〉），即明君應當「據法而進賢」（〈內儲說上〉）。法家所言之「法」不限於「刑法」，而是一切「制度」的總稱，包括「客觀化的官僚制度」和「客觀有效的行政系統」。〔註231〕而具體操作手段爲「審核刑名」，如：

> 爲人臣者陳而言，君以其言授之事，專以其事責其功。功當其事，

〔註231〕余英時，〈君尊臣卑下的君權與相權——反智論與中國政治傳統餘論〉，《中國思想傳統的現代詮釋》（南京：江蘇人民出版社，2004 年），頁 94。

事當其言，則賞；功不當其事，事不當其言，則罰。(〈二柄〉)

即必須「任之以事，而愚智分矣」，「明主聽其言必責其用，觀其行必求其功，然則虛舊之學不談，矜誣之行不飾矣」(〈六反〉)，「故明主之吏，宰相必起於州部」(〈顯學〉)，「程能而授事」(〈八說〉) 等。凡此，都是陳述僅有真正的「行政績效」，才是官吏審核的惟一標準。故「因能而受祿，錄功而與官」(〈外儲說左下〉) 才是治國良策，漢初將「軍功爵位」與「官職俸祿」分別對待，才是正道。

(二) 軍功爵位與「機會平等」

依照《張家山漢墓竹簡・二年律令》中兩則〈戶律〉(簡 310～313、314～316)，西漢劉氏政權賞賜田宅的範圍包括「二十等軍功爵」、「庶民」以及「輕型罪犯」。「二十等軍功爵」依次為：

徹侯、關內侯、大庶長、駟車庶長、大上造、少上造、右更、中更、左更、右庶長、左庶長、<u>五大夫</u>、公乘、公大夫、官大夫、大夫、不更、簪裊、上造、公士。

其中「五大夫」屬於臨界性爵級，「五大夫」以下皆為編戶民。西漢從高祖劉邦起，屢次「廣賜民爵」，所以「二十等軍功爵」的「不更、簪裊、上造、公士」所組成的秦國基層，徹底地改變封建國家的社會基層結構。且「廣賜民爵」的範圍，甚至遍及「庶民」與「輕型罪犯」；「庶民」包括「公卒」、「士五 (伍)」和「庶人」；「輕刑罪犯」包括「司寇」和「隱官」。僅「皇帝」、「諸侯王」、「奴隸」與「重型罪犯」被排除在外，其象徵意義為藉此凝聚人心、增加國家向心力，塑造真正的「大一統」局面等，都將是下文討論的重點。

1. 《張家山漢墓竹簡・二年律令・戶律》對「庶民」、「罪犯」受爵

《張家山漢墓竹簡・二年律令》的兩則〈戶律〉，證明西漢初年劉氏政權可對「庶民」和「輕型罪犯」們「名田宅」(直接相關簡文，以加底線的方式標示)：

1. 關內侯九十五頃，大庶長九十頃，駟車庶長八十八頃，大上造八十六頃，少上造八十四頃，右更八十二頃，中更八十頃，左更七十八頃，右庶長七十六頃，左庶長七十四頃，五大夫廿五頃，公乘廿頃，公大夫九頃，官大夫七頃，大夫五頃，不更四頃，簪裊三頃，上造二頃，公士一頃半頃，<u>公卒、士五 (伍)、庶人各一</u>

項，司寇、隱官各五十畝。不幸死者，令其後先擇田，乃行其餘。它子男欲爲户，以受其殺田予之。其已前爲户而毋田宅，田宅不盈，得以盈。宅不比，不得。【户律 310～313，216～219】

2. 宅之大方卅步。徹侯受百五宅，關内侯九十五宅，大庶長九十宅，駟車庶長八十八宅，大上造八十六宅，少上造八十四宅，右更八十二宅，中更八十宅，左更七十八宅，右庶長七十六宅，左庶長七十四宅，五大夫廿五宅，公乘廿宅，公大夫九宅，官大夫七宅，大夫五宅，不更四宅，簪裊三宅，上造二宅，公士一宅半宅，公卒、士五、庶人一宅，司寇、隱官半宅。欲爲户者，許之。【户律 314～316，216～219】

西周封建「爵位」爲貴族獨享，因其分配依據是血緣身份，與統治者沒有血緣關係的廣大庶民皆與爵位無涉。此與秦漢郡縣體制將「軍功爵位」開放給全民的理念不同，以羅爾斯（John Rawls）《正義新論》中「在公平的機會平等條件下對所有人開放」的標準衡量，「軍功爵位」的確比較符合分配正義。

　　但秦漢郡縣體制依照「軍功爵位」分配，是否符合羅爾斯（John Rawls）《正義新論》的另外一項標準，「讓社會之最不利成員獲得最大好處」？對此作衡量前，得先確認上述簡文提及之「公卒」、「士五（伍）」、「庶人」、「司寇」、和「隱官」等，究竟應該歸屬於整體社會結構中的哪些層級？

　　「公卒」，若等同於「士卒」，裘錫圭認爲通常指國家賦役的主要負擔者，亦即已經成家立業的正丁，〔註232〕特指「無爵位」的士兵。

　　「士五」，此身分概括爲沒有官職、沒有爵位，或曾有爵被奪爵，在户籍上有名且達服役年齡的男性公民，所以東漢衛宏歸納「無爵爲士伍」（《漢舊儀》）大致正確，他們是庶民，多數從事農業勞動，也有少數從事其他職業。〔註233〕

　　「庶人」，若等同於農民，其社會等級是在「士」之下、「奴隸」之上，

〔註232〕裘錫圭，〈戰國時代社會性質初探〉，《古代文史研究新探》（南京：江蘇古籍出版社，1992 年），頁 402～422。

〔註233〕劉海年，〈秦漢士伍的身分與階級地位〉，《文物》，1978 年 2 期，又見《戰國秦代法制管窺》（北京：法律出版社，2006 年 3 月 1 版，2006 年 3 月），頁 313～321。朱紹侯，《軍功爵制研究》（上海：人民出版社，1990 年），頁 405～416。

他們不是貴族，沒有官職，亦非奴隸，是一種具有自由身分的民眾。〔註234〕

　　參閱各家說法，似乎很難為「公卒」、「士五（伍）」和「庶人」三者做區分。日籍學者曾對秦漢「士」、「卒」展開研究，大庭脩、米田賢次郎等認為「士」（騎士、材官、衛士等）是具有官吏資格、資產達四萬錢以上的人；而「卒」（正卒、衛卒等）是不具備財產資格，在軍務上從事雜役的人。越智重明則認為西漢的「士」（騎士、衛士、材官等）是下級職業軍人，一般庶民是替騎卒、衛卒、材官卒等「卒」服役。〔註235〕即「公卒」指庶民，在軍務上從事雜役，不具備官吏資格。

　　更重要的是「公卒」、「士五（伍）」、「庶人」皆非「奴隸」，如：

　　告臣　　爰書：某里士五（伍）甲縛詣男子丙，告曰：「丙，甲臣，橋（驕）悍，不田作，不聽甲令。謁買（賣）公，斬以為城旦，受賈（價）錢。」【睡虎地秦墓竹簡・封診式・告臣37～38，154～155】

「士五甲」居然可以豢養「臣丙」，「丙」平日幫「甲」從事農業耕作。判定「臣丙」為「奴隸」的依據，在於當「臣丙」不聽主人「士五甲」之命時，主人「士五甲」可以任意的將「臣丙」販賣給政府，「臣丙」毫無「人身自由」可言。

　　簡言之，「公卒」、「士五（伍）」和「庶人」，皆是「無爵平民」，在社會階層中介於「上層貴族」與「下層奴隸」之間。

　　「司寇」，刑徒名，《漢舊儀》：「司寇男備守，女為作」。

　　「隱官」，據《睡虎地秦墓竹簡》和《張家山漢墓竹簡》，李學勤推測為受肉刑後被赦免，從事與一般人相隔離勞役的人。〔註236〕蔣非非將其分成三類：因官吏「故不直」及誤判、遭處肉刑，後經「乞鞫」被平反者；自立軍功或上繳軍功而被赦免之刑徒；因朝廷赦令被赦免之刑徒。〔註237〕李超認為其條件，首先是受「刑」或者身體「不完者」，其次是官府對這些肢體殘缺的人，在「免罪」情況下所進行的特殊管制。〔註238〕劉欣寧認為是刑徒或奴婢，

〔註234〕陳絜，《商周姓氏制度研究》（北京：商務印書館，2007年6月），頁347。
〔註235〕重近啓樹，〈圍繞秦漢兵制的若干問題〉，《殷周秦漢史學的基本問題》（北京：中華書局，2008年9月），頁253～261。
〔註236〕李學勤，〈奏讞書解說（下）〉，《文物》，1995年3期，頁39～44。
〔註237〕蔣非非，〈史記中「隱宮徒刑」應為「隱官、徒刑」及「隱官」原義辨〉，《出土文獻研究》六，2004年12月，頁136～139。
〔註238〕李超，〈也談秦代隱官〉，簡帛研究網，2009年12月27日，http://www.bsm.org.cn/show_article.php?id=1182。

因功、爵或恩惠被免爲庶人，卻受限於肢體殘缺，所以仍無法與庶人平起平坐。〔註239〕

　　簡言之，「司寇」和「隱官」都是罪刑輕微的罪犯。所以他們可以和「無爵」的平民「公卒」、「士五（伍）」和「庶人」等，一起接受國家授田。〈二年律令・傅律〉也規定：

　　　　公士、公卒及士五、司寇、隱官子，皆爲士五。疇官各從其父疇，

　　　　有學師者學之。【二年律令・傅律 364～365，234】

「疇」，世業。《史記・曆書》集解引如淳曰：「家業世世相傳爲疇」。「平民」之「公士」、「公卒」及「士五」，以及輕型罪犯「司寇」和「隱官之子嗣」，皆可承繼家業，再次印證「平民」和「輕型罪犯」在「法律地位」的分類上，有時可籠統地歸屬於同一層級。

　　若以《張家山漢墓竹簡・二年律令》的兩則〈戶律〉（簡 310～313，314～316），檢驗西漢「軍功爵制」是否符合羅爾斯的「正義原則」，可以發現「軍功爵制」不但依照「二十等爵位」分配田產和住宅，照顧有爵位者。在分配過程裡，還顧及沒有爵位的「庶民」，如「公卒」、「士五」和「庶人」，以及輕型罪犯，如「司寇」和「隱官」等。在西漢社會結構裡，「公卒」、「士五」、「庶人」、「司寇」和「隱官」等，所獲得的「收入」、「財富」及「自尊」，〔註240〕相對於擁有「二十等爵位」的軍功貴族，可算是羅爾斯所謂「處境最不利成員」。雖然被排除在此制度之外的「奴婢」和「重型罪犯」，如「隸臣妾」、「城旦舂」和「鬼薪白粲」等，更符合羅爾斯「處境最不利成員」的條件。但是在君主專制時代，「公卒」、「士五」、「庶人」、「司寇」和「隱官」，竟可獲得基本生活的最低保障，已算是趨近於「正義原則」的社會制度了！

　　爲何《張家山漢墓竹簡・二年律令》這兩則〈戶律〉（簡 310～313，314～316），對田宅的分配顧及「平民」和「輕型罪犯」，會比較符合《正義新論》中「在公平的機會平等條件下對所有人開放」，和「讓社會之最不利成員獲得最大好處」的「正義原則」呢？因此涉及另外一個與「正義」休戚相關的概念「平等」。

〔註239〕劉欣寧，《由張家山漢簡二年律令論漢初的繼承制度》（臺北：台灣大學出版委員會，2007 年），頁 75。

〔註240〕張福建，〈羅爾斯的差異原則及其容許不平等可能程度〉，《正義及其相關問題》（臺北：中央研究院中山人文社會科學研究所，1991 年），頁 284～289。

　　「平等」，是人類社會的普世價值，但在顧及「經濟效率」和「社會總體利益」的前提下，「社經地位」的「平等」往往不列入執政者的規劃藍圖。故「平等」與「不平等」間的分寸應該如何拿捏，最能符合「社會正義」呢？據羅爾斯《正義新論》的修改定義，其肯定「社經地位的不平等」符合「正義原則」，但前提是「必須對所有人開放」，且「讓最不利成員獲得最大好處」；秦漢「軍功爵制」，最讓人激賞之處即在於此。雖然秦漢二十等「軍功爵位」，給與庶民的爵位僅限於第八級公乘以下，第九級五大夫以上的爵位，是要成為「秩六百石」以上之官吏才能給與，〔註241〕但與西周封建爵位（只賞賜給與王室有血緣關係的貴族）相較，秦漢軍功爵位已算是對全民開放的一種「公平」制度。

　　至於哪些人屬於「處境最不利成員」？據張福建分析，他認為羅爾斯假定「收入」、「財富」及「自尊」，為界定「最不利成員」的標準。〔註242〕《張家山漢墓竹簡‧二年律令》的這兩則〈戶律〉，所提及的「平民」與「輕型罪犯」，完全符合羅爾斯評價「處境最不利成員」的條件。羅爾斯主張社會上處境較佳的成員，必須協助改善處境最不利成員的生活條件，因為任何人的成就，都應將部份歸功於社會互助合作的成果。所以《張家山漢墓竹簡‧二年律令》這兩則〈戶律〉，將田宅賞賜給「平民」與「輕型罪犯」，可與羅爾斯的「正義原則」相契合。

2.「廣賜民爵」的意義

　　漢代「軍功爵」的發展走向，後來是大舉為「民爵」所取代。

　　《商君書‧境內》所記錄秦國早期的「軍功爵」，是由下逐級上升，不似年代稍後的「二十等爵」，有明顯的「民爵（前四級）」與「吏爵」之分。關於秦漢「軍功爵」的賞賜過程，除《商君書‧境內》外，還可參考《睡虎地秦墓竹簡‧軍爵律》，包括「勞」、「論」、「賜」三個程序，「勞」是擺功勞大小，「論」是評定、議論、論定功勞大小，「賜」是賜爵、賜田宅財物等。〔註243〕而賜爵的條件，漢初以前都是以「軍功」為主，當然還有其他途徑如納粟賜

〔註241〕西嶋定生，《中國古代帝國的形成與結構》（北京：中華書局，2004 年 10 月），頁 551。

〔註242〕參考張福建，〈羅爾斯的差異原則及其容許不平等可能程度〉，《正義及其相關問題》（臺北：中央研究院中山人文社會科學研究所，1991 年），頁 284〜289、291〜292。

〔註243〕高敏，《秦漢史論稿》（臺北：五南圖書出版，2002 年 8 月），頁 15〜16。

爵、買爵、移民墾荒賜爵，以及對庶民無差別的賜爵等。其實秦昭王、秦始皇、漢高祖都曾賞賜民爵，但都有條件限制，尚未廣泛推行。不過從呂后以惠帝之名發布詔令後，便正式開啓無條件廣賜民爵一級的先例。賜爵制的變化之所以肇始於惠帝、呂后，實導因於當時戰爭減少、國家統一，需要獎勵的是「農耕」，而非「軍功」。故「賜民爵」、「賜吏爵」順應局勢代之而起，以致「二十等爵」的爵名、爵序與爵等雖未變化，但賜爵的實質作用卻改變了。〔註244〕據文獻記載，在兩漢的420年間，廣賜民爵的次數竟高達90回，庶民多成爲有爵者，此社會現象究竟應該如何評價呢？

　　二十等爵不只賞賜給貴族，還包括廣大庶民，但庶民的爵位限於第八級公乘以下，第九級五大夫以上的爵位，要成爲「秩六百石」以上的官吏才能給與；以及「民爵」的賞賜對象，只限於編戶良民，包括大男（十五歲以上）、小男（14歲以下），甚至10歲以下也作爲賜爵對象，但不包括奴婢。〔註245〕且「吏爵」和「民爵」是有「身分」差異，「吏是指六百石以上的官吏，民則包括四百石的吏，主要指四百石以下的官吏和人民」；〔註246〕「賜民爵不只包括一般編戶齊民，也包括地主、商人，以及六百石以下的官吏」。〔註247〕凡此，皆可證明秦漢帝國的專制君主，是以「爵」作爲手段，其廣賜爵位給們民眾的真正用意，非關乎「分配正義」，而是企圖從「封君」手上奪回對所轄臣民「完全」的「個別人身支配權」。〔註248〕

　　漢代皇帝廣賜民爵的優點是促進社會階級流動，在機會上塑造更多的平等性，此有助於緩解任何不平等系統內所固有的緊張性。但不再依照「軍功」賜爵，會使原本想藉此獎勵耕戰、鼓勵庶民立功升遷的美意遭到破壞；但此也是帝國形成後，「軍功爵」原本肩負財產與權力再分配的歷史任務已經完成的必然結局。

（三）軍功爵位是「功績制」或「身分制」？

　　秦漢「軍功爵制」最讓後人讚賞處，即是開啓依照「軍功」直接行賞的

〔註244〕高敏，《秦漢史論稿》，頁41～45。

〔註245〕西嶋定生，《中國古代帝國的形成與結構》（北京：中華書局，2004年10月），頁551～552。

〔註246〕朱紹侯，《軍功爵制研究》（上海：人民出版社，1990年），頁98～99。

〔註247〕卜憲群，《秦漢官僚制度》（北京：社會科學文獻出版社，2002年），頁161。

〔註248〕西嶋定生，〈關於中國古代社會結構特質的問題所在〉，《日本學者研究中國史論著選譯（二）》（北京：中華書局，1993年10月），頁24、32。

扉頁，打破傳統的「身分等級」制，讓「儀禮所賴以存立的身分制度，逐漸爲實力勢力所形成的秩序所代替」，〔註249〕「社會身分」的參照體系也逐漸從「歸屬性地位」（ascribed status）被「獲得性地位」（achieved status）取而代之。〔註250〕但「軍功爵位」果眞能完全歸屬於「獲得性地位」，沒有「歸屬性地位」特質嗎？

　　「爵位」，在中國傳統社會素來都是身分地位的象徵。閻步克在《品位與職位》定義「品位」爲「以人爲中心，依地位高低來分類和定待遇」；「職位」是「以事爲中心，依工作職責和貢獻大小分類和定待遇」。〔註251〕在尚未對此課題作深入研究前，勢必會如上文將西周依照「血緣身分」劃分的爵位歸爲「品位」，戰國秦漢依照「軍功成就」劃分的爵位歸爲「職位」，簡單地區分二者，甚至大膽地推論戰國秦漢完成了此類社會型態的轉型。其實，在參閱閻步克的相關研究後發現，「二十等爵仍是個人的身分、地位，它依然是一種品位分等之制，與周爵性質一脈相承」。〔註252〕或者更周延的說法應該是，「二十等爵」既是功績制、又是身份制；既是推動社會流動的功績制，又是保障血緣世襲的身分制。

　　「二十等爵」的直接來源是「軍功」，此類「功績制」性質對於「周爵」而言是重大突破。但軍功經「品位化」成爲「爵位」，還是確認身分的手段，完全繼承周朝「爵本位」的傳統特性。也就是即使到了戰國秦漢，王朝依然習慣用「爵位」確認社會身分，依「爵」占田，依「爵」贖罪，將眾多禮遇依「爵」配置，以及將「爵」視爲最大的榮耀等觀念，都是「周爵」的餘緒。〔註253〕故本文選用「依爵占田」，證明「軍功爵位」依照「軍功成就」分配田宅爲「功績制」的同時，竟驚覺此「軍功爵位」的「爵位」本身，也是一種「身分」象徵。

　　秦漢「軍功爵位」屬於「身分制」的證據，還可參見《睡虎地秦墓竹簡》：

〔註249〕楊日然，〈從先秦禮法思想的變遷看荀子禮法思想的特色及其歷史意義〉，《社會科學論叢》23，1975 年 4 月，頁 13。

〔註250〕本文「歸屬性地位」和「獲得性地位」的概念，是依據默頓（R.K. Merton）的定義，可參見其著作《社會理論和社會結構》（南京：鳳凰出版傳媒集團　翻譯出版社，2006 年 7 月），頁 583～585。

〔註251〕閻步克，《品位與職位》（北京：中華書局，2001 年 11 月，2009 年 7 月 2 刷），頁 7。

〔註252〕閻步克，《品位與職位》，頁 93。

〔註253〕閻步克，《從爵本位到官本位》，（北京：三聯書店，2009 年 3 月），頁 70～71、79、85、225。

1. 不更以下到謀人，粺米一斗，醬半升，采（菜）羹，芻稾各半石。・
   宦奄如不更。傳食律【秦律十八種・傳食律181，60】

2. 上造以下到官佐、史毋（無）爵者，及卜、史、司御、寺、府，
   穤（糲）米一斗，有采（菜）羹，鹽廿二分升二。傳食律【秦律
   十八種・傳食律182，60】

〈傳食律〉是關於驛傳供給飯食的法律規定。例1「不更」是秦爵第四級，「謀
人」是秦爵第三級「簪裊」的別稱。例2「上造」是秦爵第二級。從上述〈傳
食律〉所載飯食量的比率，亦可窺見當時「社會身分」之一斑。

除此，西漢文帝即位時的賜爵詔書亦云：「朕初即位。其赦天下，賜民爵
一級，女子百戶牛酒，酺五日」。在此宴會場合，席次的排列亦是取決於爵位，
〔註254〕可見即使是「民爵」，本身亦帶有濃厚的「身份」意味。

當然李學勤也曾提醒我們「由於當時社會不斷分化，有些無爵或低爵的
人，其經濟地位也會超過有較高爵級的人，簡單地以爵制的等級去看秦社會，
並不能得到完整的概念」。〔註255〕但「軍功爵位」的等級序列，依舊是當時「社
會身分」最重要的參考依據。此「身份制」的社會影響力，若僅局限於所占
田宅的大小、驛傳供給飯食的多寡，和集會宴飲的席次，其實並無不妥，畢
竟「爵位」必須是榮譽的象徵，否則大家就不會珍惜，甚至汲汲營營地去追
求擁有較高爵位的可能。但若是將「軍功爵位」與「法律制度」結合，讓違
法者找到法律漏洞，錯認高爵即擁有特權，可以不必遵守法律規定、爲所欲
爲，此就非大家所樂見吧！

秦漢「二十等爵」在法律上具有「爵減」、「爵免」、「爵贖」等身份特權，
源自於商鞅變法的「軍功爵制」，如「爵自二級以上，有刑罪，則貶。爵自一
級以下，有刑罪，則已」（《商君書・境內》），爵位可用來減罪。又如《睡虎
地秦墓竹簡》：

> 欲歸爵二級以免親父母爲隸臣妾者一人，及隸臣斬首爲公士，謁歸
> 公士而免故妻隸妾一人者，許之，免以爲庶人。工隸臣斬首及人爲
> 斬首以免者，皆令爲工。其不完者，以爲隱官工。　軍爵【秦律十
> 八種155～156，55】

〔註254〕西嶋定生，《中國古代帝國的形成與結構》（北京：中華書局，2004年10月），
　　　　頁555。
〔註255〕李學勤，《東周與秦代文明》（上海：人民出版社，2007年11月），頁163。

軍爵要求退還爵位兩級，可贖免現爲「隸臣妾」的親生父母一人；或者退還公士爵位，可贖免現爲「隸妾」的妻一人；皆陳述當時可依「爵」替親屬免罪。

　　秦律對於「議爵」的原則，還散見於各類律令中，但到了漢律卻集中於〈具律〉呈現。〈具律〉類似於刑法總則，是對加重和減輕處罰的具體規定，即後世法典中的〈名例〉。以《張家山漢墓竹簡·具律》爲例，其具體羅列對減刑有影響力的四項因素，分別爲「爵位」、「年齡」、「女性」、「自告與自出」。〔註256〕本文僅探討「爵位」和「減刑」間的關係（「罪名」以加底線的方式標示）：

　　　　上造、上造妻以上，及內公孫、外公孫、內公耳玄孫有罪，其當刑

　　　　及當爲<u>**城旦舂**</u>者，耐以爲<u>**鬼薪白粲**</u>。【張家山漢墓竹簡·二年律令·

　　　　具律82，123】

上述簡文表示，以「爵位減刑」可劃分成兩個層次，分界點是「上造」。且爵位除可替自己減刑外，還可替自己的親屬減刑。至於要理解依「爵」減刑的意義，得先辨析「鬼薪白粲」的「罪刑（名）」，確實比「城旦舂」輕微。

　　「城旦舂」和「鬼薪白粲」皆是「刑徒名」，《漢書·惠帝紀》注引應劭曰：「城旦者，<u>旦起行治城</u>；舂者，婦人不豫外徭，但舂作米：皆四歲刑也。今皆就鬼薪白粲。取薪給宗廟爲鬼薪，坐擇米使正白爲白粲，皆三歲刑也」。按秦律，「城旦舂」的確從事與「土木工程」相關的工作，但有些也執行「守署」或「工藝勞作」等比較輕鬆的工作，刑期爲三年到五年。「鬼薪白粲」的勞役也不限於「伐薪擇米」，有些也從事「土木工程」或「工藝勞動」等工作，刑期爲三年。〔註257〕「城旦舂」、「鬼薪」、「白粲」以及「司寇」等「勞役刑」，原本是以「勞役內容」作區分，差別在於勞役內容的性質、艱苦程度、是否加上刑具，或穿上特殊顏色或樣式的衣帽等。「城旦舂」、「鬼薪」、「白粲」原本是終身刑，可是在終身刑或無期徒刑中，因爲某些還不確定的因素，部分被畫出了期限。〔註258〕如西漢文帝將「城旦舂」、「鬼薪白粲」、「隸臣妾」等

〔註256〕魯家亮，〈張家山漢墓竹簡《具律》中所見影響「減刑」的幾個因素〉，《社會科學》，2008 年 3 期，頁 38～44。

〔註257〕杜正勝，《編戶齊民　傳統政治社會結構之形成》（臺北：聯經出版事業股份有限公司，1990 年 3 月初版，2004 年 6 月初版 3 刷，頁 296～298。冨谷至，《秦漢刑罰制度研究》（桂林：廣西師範大學出版社，2006 年 4 月），頁 3～4。

〔註258〕邢義田，〈從張家山漢墓竹簡〈二年律令〉重論秦漢的刑期問題〉，《台大歷史

無期徒刑，依次更改爲五年、四年和三年的有期徒刑。〔註259〕無論是否具有刑期，「鬼薪白粲」相對於「城旦舂」而言，都是比較輕微的徒刑。

　　秦漢「二十等爵」的「爵減」、「爵免」和「爵贖」，雖然據冨谷至分析，僅限於「死刑」和「肉刑」，伴隨肉刑的「勞役刑」和「財產刑」不在其內；在秦代，對有爵者免除「肉刑」，其實就是對有功之人保留作爲共同社會一員資格的一種恩典。〔註260〕但還是會對法律威信造成莫大傷害，故漢律會另擬「毋得以爵減、免、贖」的法條加以牽制，如《張家山漢墓竹簡・二年律令》：

1. 賊殺傷父母，牧殺父母，歐（毆）詈父母，父母告子不孝，其妻子爲收者，皆錮，令毋得以爵償、免除及贖。【賊律38，25】

2. ▢妻（？）殺傷其夫，不得以夫爵論。【具律84，105】

當然上述法條的成因，除了阻撓「爵減」、「爵免」和「爵贖」，對法律威信造成傷害之外，更可能是因爲「謀殺父母和丈夫」的罪行實在太重，大違倫常所致。

　　漢律對於「爵減」、「爵免」和「爵贖」的相關限定，亦可見《張家山漢墓竹簡・奏讞書》，如〈案例十五〉，發生於西漢高祖七年，醴陽令恢，秩六百石，爵左庶長，竟「令從史石盜醴陽己鄉縣官米二百六十三石八斗」，又「令舍人士五（伍）興、義與石賣，得金六斤三兩、錢萬五千五十」，身爲官吏竟然唆使他人犯罪，其罪行是「當刑者刑，毋得以爵減、免、贖」（頁352～354）。又如〈案例十四〉，發生於西漢高祖八年，獄史平，爵五大夫，居安陸和眾里，屬安陸相，竟「舍匿無名數大男子種一月」。當時逃避人戶登記者必須受「錮」，此是「毋得以爵當、賞免」的懲罰（頁351～352）。

　　冨谷至分析秦律，認爲「罪（crime）」和「罰（punishment）」這兩個概念之間，並沒有嚴格的區分，「罪」不僅被當作「罪」、還兼有「罰」的雙重意義；以及「罪」這種負面行爲，可與「功績」這種正面行爲相互抵消。先秦時的荀子與韓非也認爲「罪」與「罰」，本來如「功」與「賞」，是有區別的，但卻愈來愈混淆。〔註261〕如：

　　　　凡爵列、官職、賞慶、刑罰，皆報也，以類相從者也。一物失稱，

學報》36，2005年12月，頁407～432。

〔註259〕張建國，〈前漢文帝刑法改革及其展開的再探討〉，《帝制時代的中國法》（北京：法律出版社，1999年），頁153～190。

〔註260〕冨谷至，《秦漢刑罰制度研究》，頁221～225。

〔註261〕冨谷至，《秦漢刑罰制度研究》，頁233～234，248～254。

亂之端也。**夫德不稱位，能不稱官，賞不當功，罰不當罪，不祥莫大焉**。昔者武王伐有商，誅紂，斷其首，縣之赤斾。夫征暴誅悍，治之盛也。殺人者死，傷人者刑，是百王之所同也，未有知其所由來者也。**刑稱罪則治，不稱罪則亂**。故治則刑重，亂則刑輕，犯治之罪固重，犯亂之罪固輕也。《書》曰：「刑罰世輕世重。」此之謂也。（《荀子·正論》）

從上述「<u>罰</u>不當<u>罪</u>，不祥莫大焉」和「<u>刑</u>稱<u>罪</u>則治，不稱罪則亂」之「罰」、「罪」對舉，皆證明荀子亦贊同「違法行為的罪」和「針對此罪進行的處罰」乃正相關。是以「殺人者死，傷人者刑，是百王之所同也」，其中的「殺人」和「傷人」是「罪」，而「死」和「刑」是「罰」。

其實真正的混亂不在於「罪」與「罰」的混淆，而是將「罪」這種負面行為，與「功績」這種正面行為「等價轉換」。譬如上述《荀子》引文，其中「賞慶、刑罰，皆報也」，「賞不當功，罰不當罪，不祥莫大焉」，皆是意圖讓「罪」（負面行為）與「功績」（正面行為）相互抵消。此為皇帝私權介入國家公權，提供了方便之門，對刑法維持社會秩序的傷害將不小。尤其到了後來爵位的獲得不再限於軍功，漢文帝「令民得買爵」，漢景帝「賣爵令」等政策的施行，爵位還可透過買賣取得，再加上「爵」可用來減罪、免罪和贖罪，如此高官富豪不就更能明目張膽的魚肉鄉民，只要有錢買爵贖罪，任何刑罰不都束手無策了嗎？

三、結　語

本節首先摘錄「軍功爵制」從西周至秦漢年間的歷史沿革作為論述背景，其次再以近出《張家山漢墓竹簡·二年律令》的兩則〈戶律〉（簡310～313、314～316）作為分析文本，檢討秦漢「郡縣體制」依照「二十等軍功爵位」分配土地田宅，似乎是踐履「分配參照體系」從「歸屬性地位」（ascribed status）至「獲得性地位」（achieved status）的社會型態演變。且上述這兩則〈戶律〉，將「平民」（包括公卒、士五和庶人）與「輕型罪犯」（包括司寇和隱官）皆納入分配體制，不但符合「機會平等」原則，且會讓「社會上最不利成員獲得最大好處」。這些都可算是秦漢「軍功爵制」所賴以維生的「正義條件」。

漢初的「二十等爵位」可概分為「官爵」和「民爵」。所以本文順勢評論漢代「官爵分立」，其實會比秦朝「官爵合一」更貼近於「分配正義」，因為

軍功爵制所參照的軍事本領，和官僚體制所需要的政治才能，兩者本就不宜等量齊觀。而漢初「廣賜民爵」政策，其眞正用意是爲了幫助專制帝王獲得對其所轄臣民的「個別人身支配權」，故此類齊頭式的廣賜民爵，反倒與「分配正義」的理念背道而馳。此也象徵秦漢帝國已經成型，故藉由「軍功爵位」對社會各階層進行「財產」或「權力」再分配的社會體制，也到了該退出歷史舞台的時刻。

　　雖然《張家山漢墓竹簡》的這兩則〈戶律〉，足以證明依照「軍功爵位」分配田宅屬於「功績制」；但在此同時，「軍功爵位」也化身成爲「身分」指標。也就是說，雖然「爵位」的取得途徑，可依照「血緣身分親疏」和「軍功成就大小」，概分爲「歸屬」和「獲得」兩種類型；但是「爵位」本身的「象徵性功能」卻是殊途同歸，「周爵」和「軍功爵」並無差別。且「軍功爵制」必須在兵馬倥傯、國家分裂的歷史背景下才能發揮作用，只要戰爭結束、帝國統一，「軍功爵制」就馬上頓失依附條件而失效。所以中國古代社會僅有在春秋戰國秦漢初年，這種動盪不安的亂世裡，才能短暫地依照「軍功爵位」分配「社會身分」，帶有部份「功績制」意味。但總體而言，中國傳統社會還是維繫著「身份制」基調。

第三節　西周血緣身份與秦漢軍功爵位比較

　　中國傳統社會向來等級分明，尤其是「社經地位」，爲顧及經濟發展效率與社會總體利益，除早期氏族社會與近代共產社會，從不追求齊頭式的假平等。本節擬總結上述兩節，以西周〈琱生三器〉、和西漢初年《張家山漢墓竹簡·二年律令》的兩則〈戶律〉（簡 310～313、314～316），其中所載與「土地分配」相關的法律爲例，研議應是西周〈琱生三器〉依照「血緣身分」的「歸屬性地位」（ascribed status）分配，還是漢初〈二年律令·戶律〉依照「軍功成就」的「獲得性地位」（achieved status）分配，何者較貼近於中國古代社會所期盼的「分配正義」？﹝註262﹞

（一）中國傳統「宗法社會」的基本假設

﹝註262﹞本文「歸屬性地位」和「獲得性地位」的概念，是依據默頓（R.K. Merton）的定義，可參見其著作《社會理論和社會結構》（南京：鳳凰出版傳媒集團　翻譯出版社，2006 年 7 月），頁 583～585。

其實「分配正義」與「社會體系的選擇」密切相關。〔註263〕故探討中國傳統社會「分配正義」之相關問題，較周延的研究方式，是先顧及中國傳統社會的基本型態。所以本節擬先將西周「血緣身份」代表的「封建社會體系」，與秦漢「軍功爵位」代表的「郡縣社會體系」並置，觀察於何種「社會體系」所擬制的「分配準則」，會比較契合中國古代社會的「正當期待」。

中國歷史的演進，從史前至文明時代有一個非常重要的「連續性」因子，據張光直研究，是「宗族制度」。因為上古夏、商、周皆具備「宗族式的統治機構」。〔註264〕以西周宗族式的分封制為例，當它在發展「地緣單位政治性格」的同時，亦未放棄保有「宗族族群的性格」。〔註265〕中國傳統社會長期維繫此「血緣」、「地緣」共存的格局，並未從根本改變此以「宗族」為基本單位的「政治社會結構」。

秦漢帝國的政治結構，據西嶋定生研究，是由皇帝直接對農民實施「個別人身支配」。為使「個別人身支配」的政策順利執行，其條件有二，一是春秋以前的支配氏族解體，以便從中產生父家長式君主；二是被支配氏族也需走向族的解體，才能離析出個體化小農民。〔註266〕但秦漢帝國是否真能落實「支配氏族」與「被支配氏族」的同時解體，西嶋定生早已發現「郡縣體制」在中國古代社會的發展侷限，舊有「氏族」依然活躍於「郡縣體制」的底層。〔註267〕

研究秦漢時代的社會型態必須把握兩點，首先，一個以安土重遷為特色的農業社會，從先秦至兩漢根本沒有大變動。其次，新里制並無破壞原有的血緣性聯繫，而是與舊聚落疊合。〔註268〕換句話說，傳統中國無論地方行政組織如何細密，統治機能如何有效，基層社會秩序仍多仰賴血緣族群維繫。

〔註263〕羅爾斯，《正義論》（北京：中國社會科學出版社，1988 年 3 月），頁 2～3、6、58～59、304、312。

〔註264〕張光直，《中國青銅時代》（臺北：聯經出版事業股份有限公司，1983 年），頁 38。張光直，《中國青銅時代（第二集）》（臺北：聯經出版事業股份有限公司，2001 年 4 刷），頁 116～120。

〔註265〕許倬雲，《西周史》（北京：三聯書店，2001 年 1 月），頁 155。

〔註266〕西嶋定生，《中國古代帝國的形成與結構》（北京：中華書局，2004 年 10 月），頁 550。

〔註267〕西嶋定生，《中國古代帝國的形成與結構》，頁 558。

〔註268〕邢義田，〈漢代的父老、僤與聚族里居〉，《秦漢史論稿》（臺北：東大圖書股份有限公司，1987 年 6 月），頁 229～243。邢義田，〈從戰國至西漢的族居、族葬、世業論中國古代宗族社會的延續〉，《新史學》，6 卷 2 期，1995 年 6 月，頁 1～42。

所以戰國秦漢的「里居」，仍保留不少古代「聚落共同體」的痕跡。〔註 269〕
秦漢帝國的郡縣體制，只是讓與王室有血緣關係的貴族集團遠離政治權力核
心，卻未能讓宗法社會結構產生質變。故研究中國古代法律的「分配問題」，
還是得特別留意一項基本假設：中國傳統社會，還是維繫著相當濃厚的「宗
族族群性格」。所以中國古代法律，特別重視「宗族」的「血緣屬性」，尤其
是「父子血緣關係」。

　　既然中國古代政治，無論是西周的「封建體系」，或是戰國秦漢的「郡縣
體系」，皆是在「宗法血緣社會組織」的基礎上求發展。那麼搭配「封建體系」
的選用人才標準──「血緣身份」，與搭配「郡縣體系」的選用人才標準──
「軍功成就」，應該如何評價？其實帝王們或可依賴連結他們祖先的血緣紐
帶，確保臣子的忠誠以對抗個人野心，或可基於才能，通過控制官員的任命
來營運自己的政府，沒有什麼原則是完全有效。〔註 270〕既然依照「血緣」、或
是依照「才能」，都沒有絕對的好壞，再加上中國自古以來皆是「宗法社會」，
將此因素納入考慮，似乎仍以依照「血緣身份」分配，會比較符合中國傳統
社會的「正當期待」。

（二）「血緣身份」與「軍功爵位」之分配制度檢討

　　據前人研究，「歷代都有身份定位，除商、周及魏晉南北朝外，都留有極
大的範圍給成就定位」。〔註271〕且秦漢「軍功爵制」不僅具備「獲得性地位」
特質，依照〈本章　第二節〉的相關討論，其實「軍功爵制」應兼具「功績
制」與「身分制」。簡言之，「功績制」與「身分制」並非如此簡單地可以劃
出楚河漢界，這兩種分配制度本身都有符合「分配正義」的條件，當然也各
有缺點。下文擬將「血緣身份制」與「軍功功績制」並列檢討。

　　「血緣身份制」與「軍功功績制」所具有的社會功能，若參照美國人本
心理學家馬斯洛（Abraham Maslow），在《動機與人格》（Motivation and

〔註269〕杜正勝，《編戶齊民 傳統政治社會結構之形成》（臺北：聯經出版事業股份有
　　　　限公司，1990 年 3 月初版，2004 年 6 月初版 3 刷），〈第五章　聚落的人群結
　　　　構〉。
〔註270〕Michael Loewe,"The Heritage Left to the Empire",in The Cambridge History of
　　　　Ancient China：From the Origins of Civilization to 221B.C.,ed. Michael Loewe
　　　　and Edward L,Shaughnessy（Cambrige：Cambrige University Press,1999），p.1031.
〔註271〕孫廣德，《中國政治思想專題研究集》（臺北：桂冠圖書股份有限公司，1999
　　　　年 6 月），頁 397。

personality）所建構的「需求層次理論（Need-hierarchy theory）」作檢討：西周依照「血緣身分」分配，與秦漢依照「軍功成就」分配，對一個「完整的人」，各有何重要性呢？在比較之前，先簡介此五類基本需求，包括：

1. 身體的需要（The physiological needs）；

2. 安全的需要（The safety and security needs）；

3. 是愛、感情與歸屬感的需要（The love and belonging needs）；

4. 是自尊的需要（The esteemneeds）；

5. 是自我實現的需要（Self-actualization needs）。

愈前面的需求，就如金字塔的底層一樣愈基本。〔註272〕或許可以簡單歸類，漢初《張家山漢簡‧二年律令‧戶律》依照「軍功爵位」分配，可以滿足人類第五層「自我實現」的需求。西周〈瑂生三器〉依照「宗法血緣」分配，可滿足人類第三層「愛、感情與歸屬感」的需求。這兩方面的需求，對一個「完整的人」皆不可偏廢，但「血緣身份」所代表「愛、感情與歸屬感」的需求，比「軍功爵位」所代表「自我實現」的需求更加基本。

本章「分配正義」，主要借用羅爾斯（John Rawls）《正義論》和《正義新論》的某些基本概念和操作模式，作為全文預設的分析工具，故本節亦先謹從慣例，參照羅爾斯的「正義學說」，分析「血緣身份制」與「軍功功績制」。羅爾斯原先認為封建世襲不公平，因為根據出身這種偶然條件，進行收入、財富、機會與權力的分配並不適當；但羅爾斯後來也認為才能至上（meritocracy），任由天生智愚決定財富分配，並不見得會比依照出身貴賤更為合理。那些表面上看似個人努力的成果，歸根究底總和我們的自然能力及家庭環境分不開。所以「才能」應視為社會的「共同資產」，任何個體的成就，都應將部份歸功於社會互助合作的成果，甚至開始重視「共同體的依戀情感」。〔註273〕

羅爾斯所言之「共同體的依戀情感」，對中國傳統社會並不陌生，此是由

〔註272〕馬斯洛（Abraham Maslow）著、程實定譯，《動機與人格》（臺北：結構群文化，1991年），頁51～67。

〔註273〕羅爾斯，《正義論》（北京：中國社會科學出版社，1988年3月），頁444、475。周保松，〈自由主義、平等與差異原則〉，《政治與社會哲學評論》第8期，2004年3月，頁142。麥可‧桑德爾（Michael J. Sandel），《正義：一場思辨之旅》（臺北：雅研文化出版股份有限公司，2011年3月），頁173～187。

「宗法血緣身份」凝聚而成。不只中國學者歌頌其價值，德國社會學家費迪南・滕尼斯（Ferdinand Tonnies）在《共同體與社會》，也帶著懷舊的情緒，描述從「禮俗社群」向「現代社會」（法理社會）過度的感嘆。〔註274〕甚至出現一批「社群主義」者（communitarian），特別強調「共同體」的「社群」情感。譬如麥金泰爾（Alasdair MacIntyre），在《追尋美德》（After Virtue）認為：

> 「人」是講故事的動物。唯有先回答「什麼故事中有我的角色」這
> 個問題，才能回答「我要做什麼」……我從我的家庭、城市、部落、
> 國族的過去，繼承了各種債務、遺產、正當期望、正當義務。這些
> 構成我的人生已知，我的道德起點。某種程度上，正是這種繼承，
> 賦予我生命其道德特殊性……

麥金泰爾「社群主義」的說法，必會與當代「個體主義」相牴觸。〔註275〕但卻與中國傳統社會特重「血緣倫理」的思想若合符契。

此還涉及一個政治制度理論層面的問題，羅爾斯在《政治自由主義》修正自己《正義論》的某些觀點，他承認人生確有些情感、奉獻、忠誠，是人們自己認為不會、不可能，也不應該切割。但還是不宜將這類道德、宗教信仰，帶進正義、權利的公共討論，公民身分應與廣義的道德人身分切割，這是為了尊重當代良善觀的「合理多元事實」。〔註276〕此強調的是政治制度中「公共理性」的重要性，每個公民都可以有自己的全面性學說，他可以依據這些全面性學說所提供的理由，處理非關憲政或社會正義的基本問題；但當他面對憲政和基本正義的問題時，仍必須以民主公民本身所應有之共同且公共的理由作為思考的基礎。〔註277〕

但「社群主義」另外一位重要學者麥可・桑德爾（Michael J. Sandel）所言，更具有參考價值：

> 邁向正義社會，大家必須一起理性思辨良善人生之真諦……正義不
> 僅是財務名分的正確分配，也是價值的正確評估……如果強烈的社
> 群意識是正義社會所必備，政府就必須在公民心中養成關切社群、

〔註274〕彼得・柏克（Peter Burke），《歷史學與社會理論》（臺北：麥田出版社，2002），頁48～49。
〔註275〕麥可・桑德爾（Michael J. Sandel），《正義：一場思辨之旅》，頁247～252。
〔註276〕麥可・桑德爾（Michael J. Sandel），《正義：一場思辨之旅》，頁277。
〔註277〕林火旺，〈公共理性的功能及其限制〉，《政治與社會哲學評論》第8期，2004年3月，頁59。

奉獻共善的精神。〔註278〕

中國古代在設計「法律制度」時，必顧及「血緣倫理」，所以會依照「血緣身份」進行土地分配。它的價值就在於：當大、小宗依照「血緣身份」進行土地分配的同時，所有參與人員皆能因此培養孝順、兄友弟恭的傳統美德，和實踐與同宗血緣互助互信的生活方式，培養關切社群、奉獻共善的精神，在一起「邁向正義社會」的同時，也一併「理性思辨」了「良善人生之眞諦」，此不是一舉數得嗎！

（三）小　結

綜上所述，依照「血緣身分」的分配機制，之所以能夠長存於中國傳統社會，除上述基本假設，中國傳統社會始終以「宗族」作爲基本結構未曾改變外，其實依照「血緣身分」分配，本身即富有「政治正當性」。

對傳統中國人而言，「愛、感情與歸屬感」的獲得，始終比「自我實現」更加重要。因爲古代中國人，習慣將「個體價值」融入「群體價值」中衡量。「宗族」的出現與持續，既是人類實際生活所需，也是人們爲滿足自身「歷史感」與「歸屬感」的體現。借用哲學概念理解，此類「歷史感」與「歸屬感」，都是屬於人類的「本體性」需求。〔註279〕所以傳統中國社會才會一直維繫著「宗法體系」，且比世界上其他民族更加重視「共同體」的「依戀情感」。此亦是傳統中國爲何通常在當時政權允許的前提之下，當遭遇「私法」案件，如土地等民事糾紛時，大部分還是會選擇仰賴宗法力量進行調解。以本章所舉西周〈琱生三器〉，依照「血緣身份」進行土地分配爲例，此非但不會與傳統社會的理念背道而馳，還可藉此增進同宗族間的依戀情感。

中華法系另外一項容易引人非議的特色爲太過重視「實質的正義公道」，缺乏西方近代法律所具備的「形式合理性」。中華法系因此被西方學者歸類爲「實質不理性」的傳統法，當中國傳統社會的法官在審理案件時，會綜合考慮「法」、「理」、「情」三個層面。「法」、「理」尚具普遍性和客觀性，「情」有的僅是具體性和心情性。〔註280〕也就是說，中國傳統社會的法官，會受到法律外的倫理或其他價值觀影響，而做出逾越法律形式規定的判決。

〔註278〕麥可・桑德爾（Michael J. Sandel），《正義：一場思辨之旅》，頁 290～293。
〔註279〕錢杭，《中國宗族史研究入門》（上海：復旦大學出版社，2009 年 5 月），頁 6。
〔註280〕林端，《韋伯論中國傳統法律》（臺北：三民書局，2004 年 5 月初版 2 刷），〈自序與導論〉頁 11，內文頁 25～26、40、76。

　　中國傳統法官的非形式判決，可算是「古典社會」與「現代化社會」，在「價值合理性」與「目的合理性」間的衝突；亦算是政治組織科層化的「實質合理性」與「形式合理性」間的衝突。科層化強調的統治特徵，是基於「形式合理性」的「純形式的法律規範或程序」，於是由「某些特定價值衍生出來的法律或倫理原則」將不再是措意所在。上述的「現代化」危機，若推至極致，將會在「去人性化」的過程中，「異化」人本身的尊嚴。〔註281〕依此而言，中國傳統法律重視「實質合理性」，法官斷案時兼顧「情」、「理」、「法」，且以「血緣倫理」之「情」作為首要考量，在中國傳統社會裡，不但能維繫「共同體的依戀情感」，且更能確保每位法律主體的人性尊嚴，不至於被異化。

〔註281〕林啓屏，《儒家思想中的具體性思維》（臺北：學生書局，2004 年 2 月），頁212～213、270～271、296～297。